新世纪高等学校教材

应用心理学系列教材

行为改变技术

XINGWEI GAIBIAN JISHU

李祚山　陈小异　主　编

北京师范大学出版集团
BEIJING NORMAL UNIVERSITY PUBLISHING GROUP
北京师范大学出版社

图书在版编目(CIP)数据

行为改变技术 / 李祚山 陈小异主编. —北京：北京师范
大学出版社，2013.7 (2019.6 重印)
新世纪高等学校教材. 应用心理学系列教材
ISBN 978-7-303-16500-1

Ⅰ. ①行… Ⅱ. ①李… ②陈… Ⅲ. ①行为科学－高
等学校－教材 Ⅳ. ①C0

中国版本图书馆 CIP 数据核字 (2013) 第 100538 号

营 销 中 心 电 话　010-58809014
北师大出版社教育科学分社网　http：//jykx.bnup.com
电 子 信 箱　jiaoke@bnupg.com

出版发行：北京师范大学出版社 www.bnup.com
　　　　　北京新街口外大街 19 号
　　　　　邮政编码：100875
印　　刷：三河市兴达印务有限公司
经　　销：全国新华书店
开　　本：170 mm×230 mm
印　　张：23.5
字　　数：380 千字
版　　次：2013 年 7 月第 1 版
印　　次：2019 年 6 月第 4 次印刷
定　　价：48.00 元

策划编辑：周雪梅　　　　责任编辑：周雪梅　王晚蕾
美术编辑：纪　潇　　　　装帧设计：纪　潇
责任校对：李　菡　　　　责任印制：马　洁

编　委　会

前 言

　　本书是重庆市高等学校特色专业应用心理学专业教材建设的项目之一。近年来，随着社会的发展，竞争的加剧，东西方文化和价值观的冲突，人们在行为问题上的表现也比过去更为突出和严重，而且培养应对激烈竞争和富有个性的新时期人才与传统的教育方式之间的矛盾所导致的儿童个体的行为问题也变得更加普遍和突出。为了应对和解决个体的心理和行为问题，心理学工作者越来越关心如何利用从学习心理学或其他实验心理学研究中所获得的原理原则，有效改变人类的行为，包括良好行为的塑造和养成以及不良行为的矫正和根除等。这种运用学习原理来改变行为的方法称为行为改变技术或行为矫正。这种方法是心理咨询和治疗中的一个传统方法，对很多行为问题都可以起到较好的矫正或者治疗作用。然而，在应用心理学专业教材的建设方面，存在以下一些问题：一是国外的教材和专著尽管具有较高的研究价值和较完善的体系，案例丰富，可阅读性较强，但存在的一个最大的问题就是由于东西方文化的差异，案例的理解和可复制性比较差；二是国内现存的一些教材和专著，偏向于关注特定的人群（残障人士或儿童），研究对象带有一定的局限性，内容上也较多参考和依据国外的体系和思路，使得学生在学习的过程中可能遇到一些难以解决的问题，从而较难找到更好的解决办法。

　　鉴于以上原因，我们在专业建设的同时，加快了教材建设。本书是在我校1999年开设应用心理学专业、自编的《行为改变技术》讲义的基础上，经多年教学逐渐修改、完善和丰富而形成的。全书具有以下特点：理论介绍强调前瞻性，但写作生动有趣、通俗易懂；案例选择强调本土化、科学化和可操作性。全书共16章。第一至五章主要涉及绪论、行为改变技术的理论基础、行为的观察、记录与评估、实验设计和行为改变技术的系统步骤，重点介绍行为改变技术的一些基础知识，为学生进一步学习和应用打下基础。第六至十六章主要涉及行为改变的常用基本原理，例如，强化原理、塑造原理、渐隐原理、链锁原理、模仿学习原理、代币制与行为契约、类化原理、惩罚原理与厌恶疗法、消退原理、系统脱敏法和认知行为改变理论等。在六至十六章中，每一章均通过一些浅显易懂的案例引入该行为改变技术，并结合实例分析该技术的基本原理和理论，以及使用过程中的各种注意事项，使学生对该技术的了解和掌握更加全面、准确。每一章均专门以一节从对该技术的正用和误用的角度来探讨该技术的使用，为学生提供更全面的角度，加深学生对相应原理和应用技术的理解和掌握。为了进一步促进学生对理论与实务的掌握，每章末尾均对该章的主要内容进行了简要回顾，并设置了相应的复习思考题为学生全面了解和掌握相应知识的核心技术提供方向。

本书的大纲由重庆师范大学李祚山制订，各章的撰稿者为：重庆师范大学李祚山（第一、二章）、重庆市第三十七中金泽勤（第三、七、十二章）、重庆工程职业技术学院雷小燕（第四章）、第三军医大学刘晶（第五、八章）、重庆师范大学陈小异（第六章）、湖南郴州职业技术学院王丽平（第九、十、十一、十四、十五章）、重庆师范大学唐春（第十三章）、重庆市长寿区健康教育所赵均（第十六章），金泽勤、陈小异博士对本书进行了前期统稿，最后由李祚山和陈小异博士共同统稿和定稿。

本书既可以作为心理学各专业的教材或参考书，也可以作为特殊教育、小学教育、教育学等各专业的教材或参考书，同时也可以作为心理咨询师和中小学心理健康教育骨干教师培训教材。另外本书也适合家长、企业管理人员以及热衷于行为改变技术应用的人员阅读。

由于编者本身的知识结构还不完善、能力有一定的欠缺等原因，教材在编写的过程中可能会存在各种缺陷和疏忽，恳请各位读者批评指正，以便我们可以有效地改进，共同促进该学科的进步、发展和应用。

本书得到了重庆师范大学教材出版资金的资助，在此表示感谢！

李祚山

2012-07-30 于重庆师范大学

目 录

第一章 绪 论 ……………………………………… (1)
　第一节 行为改变技术概述 ……………………… (1)
　　一、行为 ……………………………………… (2)
　　二、行为改变技术 …………………………… (4)
　　三、行为改变者的道德自律及信条 ………… (9)
　第二节 行为改变技术的应用领域 …………… (10)
　　一、教育和教学方面 ………………………… (10)
　　二、儿童行为塑造和改变方面 ……………… (12)
　　三、医学和临床心理学方面 ………………… (12)
　　四、组织行为管理方面 ……………………… (13)
　　五、社区心理学方面 ………………………… (14)
　　六、个人问题的自我管理方面 ……………… (14)
　第三节 行为改变技术的发展简史 …………… (15)
　　一、国外行为改变技术的发展概况 ………… (15)
　　二、我国行为改变技术的发展概况 ………… (18)
第二章 行为改变技术的理论基础 …………… (20)
　第一节 反应性条件反射理论 ………………… (20)
　　一、巴甫洛夫的经典条件反射实验及理论 … (20)
　　二、制约与反制约的经典实验 ……………… (23)
　　三、沃尔普的临床实验 ……………………… (25)
　　四、反应性条件反射与行为改变技术 ……… (26)
　第二节 操作性条件反射理论 ………………… (27)
　　一、斯金纳的动物操作条件反射实验 ……… (27)

　二、反应性条件反射和操作性条件反射的比较 ……………………（29）

　第三节　认知行为改变理论 ……………………………………（30）

　　一、认知行为改变理论的产生背景 ……………………………（30）

　　二、认知行为改变理论的基本内容 ……………………………（32）

　第四节　社会学习理论 …………………………………………（35）

　　一、观察学习 ……………………………………………………（35）

　　二、"三位一体的交互决定论" …………………………………（36）

　　三、间接强化在学习行为中的作用 ……………………………（37）

　　四、观察（认知）决定学习的观点 ……………………………（37）

　　五、观察学习的主要心理过程 …………………………………（39）

第三章　行为的观察、记录与评估 ………………………………（44）

　第一节　行为观察 ………………………………………………（44）

　　一、观察法概述 …………………………………………………（44）

　　二、行为改变技术中的观察 ……………………………………（46）

　第二节　行为记录 ………………………………………………（50）

　　一、选用合适的记录方法和记录工具 …………………………（51）

　　二、记录时的注意事项 …………………………………………（59）

　第三节　观察信度的检验 ………………………………………（60）

　　一、常用的观察信度检验方法 …………………………………（60）

　　二、观察信度的计算方法 ………………………………………（61）

　　三、提高观察信度的有效途径 …………………………………（64）

　第四节　行为评估 ………………………………………………（65）

　　一、行为评估概述 ………………………………………………（65）

　　二、行为评估的形式 ……………………………………………（65）

　　三、行为评估的方法 ……………………………………………（68）

　第五节　行为的观察、记录与评估应用案例分析 ………………（70）

第四章　实验设计 …………………………………………………（75）

　第一节　行为改变实验方法概述 ………………………………（75）

　　一、行为改变实验方法的基础 …………………………………（75）

　　二、行为改变的基本实验设计模式及其特点 …………………（75）

　　三、行为改变实验方法的三个基本阶段 ………………………（76）

　　四、行为改变实验数据的常用记录方式——图表 ……………（78）

　第二节　倒返实验设计 …………………………………………（85）

一、倒返实验设计的基本原理 ……………………………………（85）

二、倒返实验设计的不同模式 ……………………………………（85）

三、有效运用倒返实验设计的注意事项 …………………………（90）

四、倒返实验设计的效果评估 ……………………………………（91）

五、倒返实验设计案例分析 ………………………………………（93）

第三节 多项基线设计 …………………………………………………（97）

一、多项基线设计的原理 …………………………………………（97）

二、多项基线设计的类型 …………………………………………（97）

三、有效运用多项基线设计的注意事项 ……………………………（103）

第四节 逐变标准设计 …………………………………………………（104）

一、逐变标准设计的原理 …………………………………………（104）

二、逐变标准设计的特点及应用 …………………………………（104）

三、有效运用逐变标准设计的注意事项 …………………………（105）

四、逐变标准设计案例分析 ………………………………………（106）

第五章 行为改变技术的系统步骤 ……………………………（110）

第一节 界定问题行为 …………………………………………………（110）

一、把握问题行为的类型 …………………………………………（110）

二、正确评量问题行为 ……………………………………………（112）

三、遵循问题行为评量原则 ………………………………………（113）

第二节 探究问题行为的前因后果 ……………………………………（114）

一、探究问题行为的三大要素 ……………………………………（114）

二、注意机体变项对行为的前因后果的影响 ……………………（116）

第三节 制定行为改变方案 ……………………………………………（117）

一、确定目标行为和终点行为 ……………………………………（117）

二、选择适当的强化物 ……………………………………………（119）

三、选用适当的行为改变策略 ……………………………………（120）

四、确定实验设计模式 ……………………………………………（120）

五、创设有利的训练情境 …………………………………………（121）

六、安排实施方案的日程表 ………………………………………（122）

第四节 实施行为改变方案 ……………………………………………（122）

一、正式实施行为改变方案前的准备 ……………………………（122）

二、实施行为改变过程中应注意的事项 …………………………（123）

三、实施行为处理后的行为改变效果评估 ………………………（125）

第六章 强化原理 …………………………………… (128)

第一节 强化原理概述 …………………………… (128)

一、强化的含义 ………………………………… (128)

二、强化的分类 ………………………………… (129)

三、强化物 ……………………………………… (131)

第二节 强化的程序 ……………………………… (133)

一、固定比例强化 ……………………………… (133)

二、可变比例强化 ……………………………… (134)

三、固定间隔强化 ……………………………… (135)

四、可变间隔强化 ……………………………… (135)

五、影响强化效果的因素 ……………………… (136)

第三节 强化原理应用案例分析 ………………… (139)

一、正用 ………………………………………… (139)

二、误用 ………………………………………… (144)

第七章 塑造原理 …………………………………… (149)

第一节 塑造原理概述 …………………………… (150)

一、塑造的含义 ………………………………… (150)

二、塑造的特点 ………………………………… (150)

第二节 塑造原理的运用 ………………………… (152)

一、运用塑造原理的意义 ……………………… (152)

二、行为塑造的实施步骤 ……………………… (153)

三、运用行为塑造的注意事项 ………………… (155)

四、行为塑造的实施原则 ……………………… (157)

第三节 塑造原理应用案例分析 ………………… (158)

一、正用 ………………………………………… (158)

二、误用 ………………………………………… (161)

第八章 渐隐原理 …………………………………… (165)

第一节 渐隐原理概述 …………………………… (165)

一、渐隐的含义 ………………………………… (165)

二、渐隐的优点 ………………………………… (166)

三、渐隐与塑造之间的区别与联系 …………… (167)

第二节 渐隐原理的运用 ………………………… (167)

一、运用渐隐原理的意义 ……………………… (167)

二、有效运用渐隐原理的原则 ……………………………… (168)

三、渐隐原理在实施过程中应注意的事项 ……………… (170)

第三节　促进的类型与影响渐隐技术的因素 …………… (170)

一、促进的类型 …………………………………………… (170)

二、促进在渐隐中的作用 ………………………………… (172)

三、影响渐隐效果的因素 ………………………………… (172)

第四节　渐隐原理应用案例分析 ………………………… (174)

一、正用 …………………………………………………… (174)

二、误用 …………………………………………………… (176)

第九章　链锁原理 ……………………………………………… (179)

第一节　链锁原理概述 …………………………………… (180)

一、链锁的含义 …………………………………………… (180)

二、链锁性行为的分类 …………………………………… (181)

三、链锁训练的方式及其选用 …………………………… (183)

四、塑造、渐隐和链锁三种原理的比较 ………………… (186)

第二节　链锁原理的运用 ………………………………… (187)

一、运用链锁原理的意义 ………………………………… (187)

二、运用链锁原理训练的实施步骤 ……………………… (188)

三、运用链锁原理的注意事项 …………………………… (190)

第三节　链锁原理应用案例分析 ………………………… (192)

一、正用 …………………………………………………… (192)

二、误用 …………………………………………………… (194)

第十章　模仿学习原理 ………………………………………… (199)

第一节　模仿学习原理概述 ……………………………… (199)

一、模仿的含义 …………………………………………… (200)

二、模仿的方式 …………………………………………… (200)

第二节　模仿学习原理的运用 …………………………… (203)

一、运用模仿学习原理的意义 …………………………… (203)

二、模仿学习原理的运用对行为改变的作用 …………… (204)

三、影响模仿学习效果的因素 …………………………… (208)

四、有效运用模仿学习的注意事项 ……………………… (210)

第三节　模仿学习应用案例分析 ………………………… (211)

一、正用 …………………………………………………… (211)

二、误用 ……………………………………………………………… (213)

第十一章 代币制与行为契约 ……………………………………… (218)

第一节 代币制概述 ………………………………………………… (218)

一、代币制的含义 ………………………………………………… (219)

二、代币制系统的组成 …………………………………………… (220)

三、代币制的优点与弊端 ………………………………………… (223)

第二节 代币制的运用 ……………………………………………… (225)

一、代币制运用的意义 …………………………………………… (225)

二、代币制运用的实施步骤 ……………………………………… (226)

三、运用代币制的注意事项 ……………………………………… (229)

第三节 代币制应用案例分析 ……………………………………… (230)

一、正用 …………………………………………………………… (230)

二、误用 …………………………………………………………… (231)

第四节 行为契约概述 ……………………………………………… (232)

一、行为契约的含义 ……………………………………………… (234)

二、行为契约对行为的影响原理 ………………………………… (234)

三、行为契约的类型 ……………………………………………… (235)

第五节 行为契约的运用 …………………………………………… (238)

一、行为契约运用的意义 ………………………………………… (238)

二、行为契约的形成过程 ………………………………………… (239)

三、行为契约的签订原则 ………………………………………… (241)

四、行为契约运用中的注意事项 ………………………………… (242)

第六节 行为契约应用案例分析 …………………………………… (242)

一、正用 …………………………………………………………… (242)

二、误用 …………………………………………………………… (245)

第十二章 类化原理 ………………………………………………… (251)

第一节 类化原理概述 ……………………………………………… (252)

一、类化的含义 …………………………………………………… (252)

二、类化形成的条件 ……………………………………………… (253)

三、类化、分化与辨别 …………………………………………… (254)

四、类化的分类 …………………………………………………… (254)

第二节 影响类化效果的因素与促进类化的方法 ………………… (256)

一、影响类化效果的因素 ………………………………………… (256)

二、类化的促进方法 ……………………………………………………（258）

三、类化的促进步骤 ……………………………………………………（262）

第三节　类化原理的运用 ……………………………………………………（263）

一、类化原理的运用意义 ……………………………………………（263）

二、类化原理的运用原则 ……………………………………………（264）

三、类化原理的运用技巧 ……………………………………………（266）

第四节　类化原理应用案例分析 …………………………………………（267）

一、正用 ………………………………………………………………（267）

二、误用 ………………………………………………………………（270）

第十三章　惩罚原理与厌恶疗法 …………………………………………（275）

第一节　惩罚原理概述 ………………………………………………………（276）

一、惩罚的含义 ………………………………………………………（276）

二、惩罚的理论基础 …………………………………………………（276）

三、惩罚的分类 ………………………………………………………（277）

第二节　惩罚原理的运用 ……………………………………………………（279）

一、惩罚运用的意义 …………………………………………………（279）

二、惩罚运用的方式 …………………………………………………（280）

三、惩罚的运用原则 …………………………………………………（284）

第三节　惩罚原理的具体运用——厌恶疗法 …………………………（287）

一、厌恶疗法的含义 …………………………………………………（287）

二、厌恶疗法的治疗原理及应用范围 ……………………………（288）

三、厌恶疗法的治疗方式 ……………………………………………（289）

四、使用厌恶疗法的注意事项 ……………………………………（290）

第四节　惩罚原理与厌恶疗法的应用案例分析 ………………………（291）

一、正用 ………………………………………………………………（291）

二、误用 ………………………………………………………………（294）

第十四章　消退原理 …………………………………………………………（297）

第一节　消退原理概述 ………………………………………………………（297）

一、消退原理的含义 …………………………………………………（298）

二、消退过程中的特征 ………………………………………………（298）

三、消退现象的种类 …………………………………………………（299）

第二节　消退原理的运用 ……………………………………………………（301）

一、消退原理运用的意义 ……………………………………………（301）

二、消退原理运用前应考虑的问题 ……………………………… (302)

三、消退原理运用过程中应注意的问题 ………………………… (304)

第三节 消退原理应用案例分析 …………………………………… (306)

一、正用 ……………………………………………………………… (306)

二、误用 ……………………………………………………………… (309)

第十五章 系统脱敏法 …………………………………………………… (312)

第一节 系统脱敏法概述 …………………………………………… (313)

一、系统脱敏法的含义 …………………………………………… (313)

二、系统脱敏法的理论基础 ……………………………………… (314)

三、系统脱敏法的变式 …………………………………………… (315)

第二节 系统脱敏法的运用 ………………………………………… (316)

一、系统脱敏治疗的操作步骤 …………………………………… (317)

二、系统脱敏法运用注意事项 …………………………………… (322)

第三节 系统脱敏法应用案例分析 ………………………………… (324)

一、正用 ……………………………………………………………… (324)

二、误用 ……………………………………………………………… (327)

第十六章 认知行为改变理论 ………………………………………… (330)

第一节 艾里斯的理性情绪疗法 …………………………………… (330)

一、理性情绪疗法概述 …………………………………………… (330)

二、不合理信念及其特征 ………………………………………… (331)

三、理性情绪治疗的基本过程 …………………………………… (332)

四、理性情绪疗法的应用领域 …………………………………… (333)

五、理性情绪疗法的实施案例 …………………………………… (334)

第二节 贝克的认知疗法 …………………………………………… (335)

一、贝克认知疗法概述 …………………………………………… (335)

二、贝克认知疗法的基本技术 …………………………………… (336)

三、贝克认知疗法的基本过程 …………………………………… (337)

四、贝克认知疗法的具体实施方法 ……………………………… (338)

五、贝克认知疗法的应用 ………………………………………… (339)

六、贝克认知疗法的实施案例 …………………………………… (340)

第三节 梅晨保的自我指导训练法 ………………………………… (340)

一、自我指导训练法概述 ………………………………………… (341)

二、关于内部对话的观点 ………………………………………… (341)

三、自我指导训练法的基本过程和方法 …………………………（341）

四、自我指导训练法的应用 …………………………（343）

五、自我指导训练法的实施案例 …………………………（343）

第四节 格拉塞的现实疗法 …………………………（344）

一、现实疗法概述 …………………………（344）

二、现实疗法的基本理论 …………………………（344）

三、现实疗法实施的特点 …………………………（347）

四、现实疗法的实施步骤 …………………………（348）

五、现实疗法的注意事项 …………………………（350）

六、现实疗法的应用 …………………………（351）

七、现实疗法的实施案例 …………………………（351）

参考文献 …………………………（355）

第一章　绪　论

刘明是一名大学生，他现在遇到的问题是总是喜欢不分时间、地点和场合地不断地照镜子，这已经严重地影响到了他的正常学习和生活。为此他求助于学校的心理咨询师，咨询师建议他在手上套一根较粗的橡皮筋，每当他一想到照镜子时，便用手指使劲拉开橡皮筋后突然放开，使其产生疼痛的感觉，从而改变自己喜欢不断照镜子的不良行为。

小王夫妇由于经常吵架，他们的婚姻正面临困境，婚姻顾问帮助他们达成了一项行为协定，在协定中小王夫妇同意每天都做几件让对方愉快的事情。结果彼此之间积极的作用增加了，消极的作用(吵架)减少了。

明亮是初中二年级的学生，他现在遇到的问题是做作业时总是比较粗心，经常把会做的题做错，这种行为已经迁移到了他的学业考试中，严重地影响到了他的学习成绩。为此，他求助于学校心理咨询师，心理咨询师给明亮的建议是：将其最喜欢的经典唱片暂时寄存于心理咨询室，如果明亮按照预定的计划减少了作业粗心的出现比率，他就可以逐渐地领回唱片，否则他会因此而丧失部分唱片，这些唱片会被捐献给学校图书馆。结果，明亮为了避免丧失唱片，在做作业时粗心的出现率逐渐减少，到后来基本上克服了做作业时的粗心行为，学业考试中的粗心行为也得到了有效的抑制，学业成绩进步明显。

以上例子都是利用了心理学的原理来改变人们的行为，并获得成功的事例。凡是利用心理学的原理、原则和方法促使行为发生改变的技术，我们通常称之为行为改变技术。本章的主要内容是行为改变技术的概述，并介绍其功用和发展简史。具体内容包括行为改变技术的定义、目的、特征、原则、功用及其在国内外的发展简史。

第一节　行为改变技术概述

行为主义心理学的观点认为，行为不是天生的，而是通过后天学习获得的。个体通过学习不仅能够学会各种知识和技能，而且也能够学会各种做人的规范和行为准则。离开了人类所生活的环境，即使具有良好的遗传物质，也难以发展成人的社会行为，狼孩的故事便是最好的说明。因此，学习对于人们行为的形成具有至关重要的作用。然而，人们在后天学习的过程中,不仅会学会一些良好的、有利于适应社会的行为,同时也有可能学会一些不良的行为。因此,如何塑造和培养良好行为、矫正不良行为,这便是行为改变技术所关心的核心内容。本节主要介绍行为改变技术的含义、目的、特征、原则以及实施行为改变技术应遵循的道德自律和信条。

一、行为

人们都知道,吃饭、走路、读书、写字,甚至咳嗽、吐痰等,都是人们最基本的行为表现。但有时人们却会看到,一个原本爱说爱笑的人突然像换了一个人,很长一段时间里都显得少言寡语,郁郁寡欢;一个从不吮吸大拇指的小孩,在上学后却突然吮吸起拇指来……这是怎么回事呢?人们并不一定清楚。要解决这一问题,首先得了解行为的定义、行为的特点、行为的影响因素及行为问题产生的原因。

(一)行为的定义

行为在心理学中是一个非常重要的概念,但也是一个难以界定的概念。传统的行为主义学者将行为定义为可以观察和测量的外显的反应或活动;新行为论者则将行为的定义放宽,除了可以观察和测量的外显行为,还包括内隐的意识历程;认知学派则将行为视为心理表征的历程,对外显和可以观察的行为反而不太重视。本书对行为采用一个较为广泛的定义,认为行为既包括了可以直接观察和测量的外显反应和活动,也包括了内隐的意识历程。行为是人与环境相互作用的结果,是通过学习获得的。

(二)行为的特点

个体的行为具有以下四个方面的特点。

1. 动态特点

行为无论是外显的、可以被人观察到的动作、反应或行动,还是内隐的、难以被人轻易观察到的心理活动,都是动态的,因此行为具有动态的特点。如婴儿从不会说话到会说话,从不会走路到行走自如,行为是一个不断发展变化的动态过程。

2. 可塑性

人的行为大都是通过学习获得的,这显示了行为具有可塑性这一特点。行为主义心理学家华生有一段经典的名言:"给我一打健康的婴儿,一个由我支配的特殊的环境,让我在这个环境中养育他们,我可担保,任意选出任何一个,不问他们的才能、倾向、本能和他们父母的职业及种族如何，我都可以把他们训练成我所选定的任何类型的特殊人物——医生、律师、艺术家、大商人，甚至于乞丐、小偷。"①这正是突出了行为具有可塑性这一特点。（虽然他过分夸大了行为的可塑性，在现实生活中这种可塑性还是有一定的限制的。）

3. 稳定性和完整性

尽管行为会随着情境（时间和空间）的改变而变化，行为具有动态性、可塑性，并不说明行为就是瞬息万变、不可预测的。恰恰相反，行为一旦形成，就具有相对的稳定性和完整性。因为许多行为的发展往往都要经历一段时间的巩固、稳定之后才可能有新的发展。如婴儿走路的行为，就必须要经过一段时间的练习巩固后才能行走自如，这种行走自如实际上是一种相对稳定和完整的行为，较长时间不会发生大的变化。只有通过不断的训练，才可能在这个基础上形成新的行为模式。

4. 可观测性

外显的行为还具有可观测性。如某人如果具有强迫性的洗手行为，就可以发现他总是频繁洗手，并且有时会持续很长时间，如果留心观察，还可以用特定的指标把他在一天内洗手的次数、洗一次手所花费的时间详细记录下来。

（三）行为的影响因素

现代心理学研究表明，人类行为的形成既有生理成熟的作用，更易受教育和环境的影响。因此，生理成熟、偶发事件和学习是影响个体行为发生改变的三大主要因素。生理成熟有很多是与生俱来的，不仅人类具备，一般动物也有，如吃、性、参与活动等行为。人类的生理成熟虽出自本能，但也可以受到人为环境的影响，有关同卵双胞胎在不同环境下养育形成不同的性格的研究就证明了这一点。疲劳、疾病、药物或情绪紧张等偶发事件也会导致个体行为发生变化。例如，一个一向上课认真听讲、专心学习的学生也会因病在课堂上打瞌睡；一个过量酗酒的人会出现情绪失控，甚至表现出不良行为。学习是影响行为的主要因素，具有行为主义倾向的心理学家认为，学习是"由练习或经验引起的相对持久的行为变化"。学习具有生物意义和社会意义。学习是有机体适应环境的手段，人作为高级动物也不例外，在人的发展过程中，学习还可以塑造和改变人性。因此人的行为大多靠学习得来，学习同生理成熟一样对个体的行为变化产生持久影响。

---

① 引自朱志贤著(1988). 儿童心理学史. 北京：北京师范大学出版社：151.

（四）问题行为

人类的行为可以按照其结果是否符合社会道德和法律规范及行为与行为人的性别、年龄和文化背景相符合的程度分为两大类，即正常行为和不正常行为。正常行为是指那些普通人能做到的，与个体的性别、年龄以及所处的文化背景大体相适应，并与社会规范、道德标准和法律法规的要求基本相符的行为。不正常行为也叫问题行为、异常行为或不良行为，一般是指不符合环境要求和个体需要的行为，如多动症、逃学、上中学仍用奶瓶喝水等。个体从出生经成熟到衰老的整个过程中，其生理和心理总是由简单到复杂，由低级到高级，由旧质到新质不断变化的，在这一变化过程中，个体也是一个不断适应的过程。也就是说，个体总是在不断发展与适应中寻求生存。瑞士认知心理学家皮亚杰（Jean Piaget）认为可以用经验的同化和顺应这两个过程来诠释人类适应的过程。个体将新经验纳入旧经验的结构中并统整为新的经验结构，这一过程就是同化；个体改变已有的旧经验结构以迎合所处环境的要求则为顺应；而当同化和顺应之间相互作用达到相对平衡时，个体就处于适应。因此，在个体发展的过程中，如果不能有效地进行同化和顺应，其个体行为就很难达到一种相对平衡的状态，因而易产生行为失调，导致问题行为。事实上问题行为与正常行为只是相对而言的，更多的是属于量上的差异，也就是说，正常和不正常是一个连续体，连续体的两极就是正常和不正常，行为从正常向不正常过渡，因此一般的成人和儿童都存在着问题行为，只是程度不同而已。

二、行为改变技术

既然行为主要是通过学习获得，又具有可塑性和可观测性，因此，对于问题行为，就可以借助行为改变技术，有效地将其减弱或消除。行为改变技术不仅能矫正问题行为，还能塑造良好的正常行为，促进正常行为得到进一步的维持与加强。

（一）行为改变技术的定义

众所周知，心理学是一门研究人的心理及其行为活动规律的科学。因此，从广义的角度来说，凡是利用心理学的原理、原则和方法来促使行为改变的技术，都可以将其称为行为改变技术。行为改变技术的英文是"behavior modification"，它最早出现在华生1962年的一篇文章上。1965年美国心理学家乌尔曼和克拉斯拉（L. P. Ullmann & L. Krasner）在其合编的两本专著(《行为改变个案研究技术汇编》和《行为改变技术研究》)中指出，应用学习理论进行行为矫正容易产生成效，而且比传统的精神分析治疗更客观易行。行为改变技术作为一个专用术语——尽管早期的行为改变技术的界定仅限于应用学习理论的成果去改变不良适应行为的方法，但因其应用价值得到了专家、学者、教育工作者、临床工作者的认可，后来也得到了广泛的应用。行为改变技术最近的发展趋势则是兼顾不良适应行为的矫正和良好行为的塑造和促进，依据的原理也不仅限于学习理论，而是扩展到了有关行为的所有理论。因此，综合以上行为改变技术的发展过程，可以对行为改变技术做如下理解：行为改变技术是根据实验心理学(尤其是学习心理学及社会心理学)的行为原理与技术，注重处理效果的验证程序，客观而系统地改变行为的有效方法。行为改变技术可应用于几乎所有的人类行为情境，如一般教育、儿童养育、身心康复、特殊教育扶助、心理治疗，企业管理、社会工作以及各类辅导等。在一般情况下，人们把行为改变技术运用于处理儿童和成人的心理问题、困扰和失常行为，并称之为行为治疗。由此可见，行为改变技术包含的范围比行为治疗更为广泛，因此本书中所提到的行为改变技术实际上也包含了行为治疗这一概念。

(二)行为改变技术的特征

应用实验心理学的研究成果，强调客观系统的处理方法，重视后天环境的学习历程，注重具体量化的特殊行为和注意客观环境的适当配合，以解决个体问题、增进个体社会适应能力，是行为改变技术的主要特征。此外，行为改变技术还彰显着明确的方法和理论基础。

1. 应用实验心理学的研究成果

行为改变技术是一门应用心理科学的分支，着重应用学习心理学的原理原则，以促进个体的良好反应、消除个体的不良行为。因此，行为改变的先驱学者在开始寻求有效的辅导技术及策略时，常常借用实验心理学的步骤。他们认为唯有借用实验的方法，才可以了解问题行为产生的原因；唯有透过实验的结果，才可用来改变某种行为。经过40多年的努力和探索，从事人类和动物研究的实验心理学家，已经能精确有效地测量行为，并且建立了相应的行为原则与理论。目前行为改变技术中的强化原理、消退原理、行为塑造、区别强化、类化原理、惩罚原理等均由行为主义者由多年的动物实验或临床实验所得。因此，可以说行为改变技术大部分源自实验心理学实验室中的研究。

2. 强调客观系统的处理方法

行为主义学派的兴起，是缘于对当时精神分析学派过分重视主观内省法的反对，从而开始了学习心理学的实验研究，在此基础上发展起来的行为改变技术经过不断的研究和实践才发展成了一套客观而系统地处理人类适应不良行为的有效方法。所谓系统是指行动前后连续、左右衔接，换言之，这种方法必须遵循一定程序，或按时间先后或依空间次序进行，使每一个步骤、每一个环节，都密切配合。所谓客观就是指不受主观因素的影响，在解决过程中，无论工具使用、资料分析，甚至结果呈现等各方面都按一定准则处理。因此，行为改变技术人员，若能了解其他同事所从事的行为改变技术的步骤，将它模仿复制，亦可获得相同的结果。由于行为改变技术具有客观而系统的处理行为方法的特征，教师、家长、企业管理人员和社会工作者，只要能够系统地学习行为改变技术的知识和接受行为改变技术的训练，便可以在专业人员的帮助下，自己实施行为改变的程序，来矫正和塑造人们的行为。

3. 重视后天环境的学习历程

许多心理学派强调人类行为是个体遗传因子与环境因素互动的产物，唯独行为主义学派的学者相信个体的一切行为都是后天学习的结果，与遗传无关。在日常生活中，语言能力、社交技巧、工作技能等，都需要通过学习，才能获得；人们的不良行为如脾气暴躁、过度叛逆、过度恐惧、独自游戏、不做作业、破坏公物、满口秽言等也是个体在教室、家庭、社会情境学习而来。行为既然是通过学习获得的，当然也可以通过学习来予以改变。

行为既然由学习而来，而学习有关的因素都是由环境造成，因此，行为改变技术人员十分强调通过对环境的控制和操纵来促使个体行为的改变。如果个体未具备某种基本的良好行为，就可以通过营造良好环境供他学习而促进学习效果；父母或老师如果发现儿童有行为困扰，就可从环境着手，通过营造有利的情境来改变不良习性。

4. 注重具体量化的特殊行为

由于行为主义学者重视科学的研究方法，在这种背景下产生的行为改变技术也不例外，即行为改变技术具有科学特质。这种特质的主要表现是：以具体的、可测量的特殊行为作为处理的对象。所谓具体是指处理的行为是通过现实知觉可以被观察描述的；所谓可测量是指要处理的行为特质可以用数字来描述其特征。这样做有两个好处：一方面，可以通过对行为的观察和测量为制定行为改变技术的方案提供依据；另一方面，也可以评价行为改变技术的成效。

5. 注意客观环境的适当配合

行为改变技术的处理程序和技术是采用各种方法，重新安排与个案有关的生活环境和日常活动，以帮助他们在社会环境中发挥更好的适应能力。这是行为改变技术的一个重要特征。环境是指一个人当时周围具体的实际变量。例如：一个学生在教室里，那么，在他所处教室内的桌椅、黑板、教师及其他学生就是他的环境。这位学生的一举一动也是环境的一部分，不仅他会影响环境，而且环境也会影响他。在某些案例中，行为改变技术实施者可以帮助需要行为改变的人在自我控制计划中安排自己的环境。

6. 彰显明确的方法和理论基础

行为改变技术的方法和理论基础可以明确加以描述。这样，行为改变技术者可以阅读其他同行所使用的程序说明，重复这些程序，并取得基本一致的结果。而且教授行为改变技术程序，也比教授其他心理疗法更容易些。

由于行为改变技术实施者能够准确详细地说明他们的方法，并根据实际改进的情况，来测量行为改变策略的有效性。这方面的情况不断发展，使有效的方法得以发展，效果较差者则逐渐被忽视。在这些方面或许学者间有不同的看法而言，但对任何行为改变技术的各种方法而言，最终的检验，主要是看能否证明它是有效地按照所希望的方向来改变行为的；这是较为一致的看法。

(三)运用行为改变技术的目的

人们通过学习所获得的行为并非都是正常行为，而且正常行为也需要塑造和培养。因此，采用行为改变技术对行为进行改变有两方面的目的：一是对问题行为的矫正；二是对良好行为的塑造和养成。

由于问题行为的确定是相对的，在使用行为改变技术之前，必须对问题进行仔细分析，分析该项行为是应予以减弱(少)、限制，还是消除。减弱(少)是指该项行为的发生比率下降或强度减弱，通常是指那些表现太过分的行为，如过食、插嘴、高声谈话等。限制，是指问题不是行为本身，而是它发生在不该发生的环境中，所以必须使该行为限制在特定的、适当的环境中；如儿童用笔在书本、衣服、家具、墙壁上写字或画画就不可以简单地消除或减少，而应使该行为在一定的条件下才可表现出来。消除，是指使该行为尽可能永远不再发生或出现，这主要针对那些对他人、社会、行为者本人有害的行为。

对于良好行为的塑造和培养，一是行为的加强，即个体应该表现出的良好行为并没有经常发生，通过行为改变技术而设法提高其发生频率(如学生在交往中本应较多使用礼貌用语，但其使用较少，通过行为改变技术增强其使用礼貌用语的频率)；二是行为的发展，即让个体学会一些良好行为并加以表现(如让学生学会预习、复习、独立完成作业等)；三是行为的扩展，即让只表现在若干情境中的行为，也能在其他有关的情境中表现出来(如只服从班主任指导的学生也能听从其他任课老师的指导；让只能安稳地在自己床上睡觉的儿童也能好好地在陌生的床上过夜)。

(四)运用行为改变技术的原则

在使用行为改变技术来矫正不良行为、塑造和养成良好行为的过程中，为了能更好地达到预期的效果，除了正确地选择行为改变技术的具体方法以外，还必须遵循一些共同的使用原则和注意事项。

1. 特定行为原则

行为改变技术中强调特定的行为才是改变的主要目标。特定的行为是指那些客观的、可观察的、可测量的行为，而那些可能来自主观的或受主观影响的、难以观察和测量的心理成分，如认知、情感、意识、态度等，就不应成为行为改变的主要目标。但是行为改变技术者又认为，当问题行为得到矫正以后也能够使个体在非行为方面有积极的变化。如在情感方面至少应能够缓解个体的紧张情绪，进而在情绪、尤其在自我感觉方面发生积极变化。又如在认知方面能使个体在一定程度上产生领悟，从而对自己问题的来龙去脉有一种清晰的理性认识。必须指出的是，运用行为改变技术矫正问题行为、塑造良好行为才是首要的目标。至于情感、认知等方面的变化则是个体特定问题行为已经得到矫正、良好行为已经得到养成之后所带来的结果。

2. 此时此地原则

行为改变技术强调解决的是此时此地的问题，即在当前情境中发生或表现的问题行为。当然，行为改变技术要能有效地处理问题行为，塑造和养成良好行为也需要了解和分析其背景和形成过程，但这种了解和分析是以解决当前现实情境中的问题为出发点和归宿的。

3. 不贴标签原则

行为改变技术中强调不贴标签，就是指不轻易地把个体归入这一类或那一类问题，即主张不要把有问题行为的人称之为"变态的"、"异常的"或"有精神病的"等，这种把个人类型化、贴上标签的做法只会造成晕轮效应，常常使人们按类型或标签去认识问题行为者，而忽视或无视了真正应予重视的特定行为。

4. 建立和谐积极的人际关系原则

这里的人际关系主要是指从事行为改变的专业工作人员或有关人员同当事人之间的心理关系。要求双方彼此具有积极的情感和互惠的人际关系。积极的情感，是指彼此能互相悦纳，彼此尊重，相互信任。互惠的人际关系，是指在双方的人际交往和关系中，彼此都认为能够从中获益，也能够使对方从中获益。在行为改变技术的整个过程中，尤其在开始阶段，务必力求建立、维护和发展良好的人际关系。

5. 重视观察记录和分析评定的原则

行为改变技术的整个过程都离不开观察记录和分析评定。即不仅在进行行为处理时，而且还要在处理之前和之后都要进行观察记录和分析评定。通过观察记录，既能真实地反映目标行为的情况，又能为分析和评定目标行为提供客观的资料性依据。分析和评定客观行为时，除依据观察记录所得的资料外，还应参考有关调查和测验所得的结果，问题行为者本人陈述所提供的情况以及其他有关人员或资料所提供的信息。通过分析评定，可以确定目标行为的性质和有关背景情况，可以确定目标行为应予强化、发展、扩展，还是应予消除、减弱和限制。明确选择具体的行为改变方法、程序、计划，随时把握行为改变的进展情况，检查行为改变的效果。

6. 方法学原则

方法学方面的原则要求正确认识行为改变技术的方法和效果。行为改变技术的各种方法之间本身无优劣之分，但是必须根据不同的当事人、不同的个案情况有针对性地来选择不同的方法，方能收到理想的效果。

三、行为改变者的道德自律及信条

行为改变技术的理论体系完备，方法简明，效果明显，这些都是在使用行为改变技术过程中存在的优点。但是，由于行为改变技术牵涉到的因素特别多，尤其是受训者的权益问题是大家最为关心的问题。因为在监狱、精神病医院、养护机构或戒毒所里，有时会使用到令人厌恶的刺激物，若不能很好地遵循行为改变技术的道德自律及信条，有可能会伤害到受训者的身心。因此，行为改变技术者应遵循以下的道德自律及信条。

第一，实施行为改变方案时，务必要先征得受训者或监护人的同意，让他们明白实施的目的和程序。实施方案必须合法，并符合一般常理。实施计划必须公开。

第二，尽量选用对受训者具有最大帮助和最小伤害的方法，应多用积极强化物，少用厌恶刺激物。为达到这一标准，使用者（或称训练者）必须精研行为改变技术。

第三，行为训练方案主持人应先取得专家资格，才可判断哪种行为标准是可行而合理的，哪种行为是不必小题大做的，如果勉强去改变某一行为，受训者不但不能受益，反而易受伤害。

第四，合格的行为改变专家，应教导教师及父母对应用行为改变技术有正确的认识，避免误用及滥用。在不伤害人性尊严的前提下促进人类的适应功能应该是使用行为改变技术的最终结果。

第二节　行为改变技术的应用领域

从条件反射理论发展出来的行为改变技术迄今已有 40 多年的历史，帮助人们改造各种各样的问题行为。行为改变技术实施的对象范围、情境和目标行为都在不断拓展。实施对象既有智力严重迟钝者，也有特别聪明者；既有儿童，也有老人。实施情境，既有在高度控制情境中的应用，也有在未经控制的社交情境中的应用。目标行为既有简单的驾驶行为，也有复杂的智力问题。行为改变技术的应用的领域也在不断增加，如教育、社会工作、护理、临床心理学、精神病学、社区心理学、医学、商业和工业等，本节主要介绍行为改变技术在这些领域中的运用。

一、教育和教学方面

在教育和教学情境中，教育者经常关心如何培养和激发学生的学习动机，革新教学方法，促进学生的学习，有效地控制教学中的不正常行为。行为改变技术的原理和方法在这些方面有着广泛的用途。

(一)激励学习动机

学生从事各项学习能否获得较高成绩，与个人的学习动机有密切的关系。享受读书之乐的人，都具有强烈的学习动机；如果学生缺乏学习动机，定会因事倍功半、效率不高而心灰意冷，逐渐失去信心与毅力，甚至导致挫折与失败。行为主义学派的先驱强调：个体刚刚开始从事各种学习活动，就应立即予以强化，然后逐渐减少强化次数，直到活动本身拥有次级强化力量为止。在这种情形下，斯金纳认为可以发展出沉迷式的学习行为。教师运用这种原理，随时强化学生良好行为的宗旨，必须是使学生获得满意的后果，只有这样才能刺激学生采取行动，促进学习动力。

（二）革新教学方法

行为改变技术研究工作的开展，在改进教学方法方面取得了长足的进步。行为改变技术的学者分析了教室中教师和学生之间的关系，改进了各种教学方法。如教育界一直很盛行的若干教育设施中，开放教室（open classroom）、程序教学（programmed instruction）、电脑教学（computerized instruction）以及成绩签约教学（contract performance instruction）等都是应用行为改变技术中的强化原理，以激励学生自动学习的措施。

（三）促进语言学习

儿童为何及如何学习语言，学者说法不尽相同。从行为学习论的立场而言，语言行为的形成，原则上和一切其他行为形成的机制是一样的。换言之，儿童学习语言主要是由于外界的强化作用所引发。一般认为，婴儿的双亲或照顾他的人，会刻意地引发婴儿发出声音，若婴儿声音很近，双亲会给他奖励。由此一步步通过训练，儿童才能学会语言。例如，婴儿最初的发音都没有意义，一般来说"m"、"ma"等唇音，在出生后40天就能发出了，但当小孩子发出"ma ma"的语音时，妈妈就会走近他的身旁，随声附和着说："妈妈来了！"以后儿童渐渐发觉"ma ma"的声音一出现，就有妈妈在他身旁出现，就像白鼠压动杠杆就会发现食物丸一样高兴。这样"ma ma"和"妈妈"发生了关联，使他逐渐懂得"ma ma"的意义，而喜欢叫妈妈了，同时也由于妈妈的行动，给"ma ma"赋予意义。

（四）教室常规管理

教室常规管理的好坏，直接影响到教学活动能否顺利地进行。教师如果能有效地利用行为改变技术的强化原理和惩罚原理，使学生的良好行为都能获得积极强化，不良行为都能受到相应的惩罚，就很容易有效地控制教室情境，建立起良好的教室常规。行为改变技术还可以运用于教室内良好人际关系的建立、物质设备的合理利用等。

（五）增进特殊教育发展

在特殊教育领域中，行为改变技术的运用比在任何其他领域中的运用都更为广泛，特殊儿童常常都伴有各种行为不足的症状，而行为改变技术常常被运用来训练特殊儿童掌握各种技能，如自助技能(吃东西、穿衣、上厕所和个人卫生等)、社会技能、交往技能、职业技能以及各种社会生存行为等；同时行为改变技术还被用来矫正特殊儿童的一些问题行为，如自伤行为、侵犯行为和破坏行为等。

二、儿童行为塑造和改变方面

行为改变技术在儿童行为的管理方面有着广泛的应用，心理咨询人员、家长和老师如果能够学习和掌握行为改变技术的程序和方法，一方面，可以用来培养儿童养成良好的行为习惯，如在家里使儿童养成按时起床、整理学习用品和培养良好的用餐习惯等，在学校里可用来对儿童的教室常规、语言沟通和学业能力方面进行训练；另一方面，可用来矫正儿童的一些不良行为习惯或者是问题行为，如可以用来矫正儿童的过分吵闹、不合作、过分依赖、乱发脾气、咬指甲、不礼貌行为、口吃和具有攻击性等不良的行为习惯或问题行为。

三、医学和临床心理学方面

临床和咨询心理学家对门诊病人进行行为治疗时中经常涉及的问题有：焦虑障碍、强迫观念和强迫行为障碍、与压力有关的问题、抑郁症、肥胖症、婚姻问题、性机能失调和人格障碍。

在医学保健领域方面行为改变技术也得到了广泛的运用，如众所周知的行为医学，其宗旨在于考虑心理因素如何影响或引起疾病，以及如何练习健康行为以预防疾病产生。其主要领域包括：

1. 直接治疗疾病

因考试而引发的生理疾病如头痛、背痛或胃痛等心因症。在1960年以后，健康心理学家直接应用行为改变技术来治疗这类生理症状，取得了较好的疗效，也形成了相应的治疗规范。

2. 建立治疗承诺

对于一般病患，患者有50%未能遵照医生处方来服药，极大地降低了疗效，因此，健康心理学家就来协助病患承诺，遵照医生处方及时用药，这种协助依赖于行为改变技术。

3. 培养健康生活习惯

一个人的健康与运动、饮食有密切关系，行为改变技术可以帮助人们均衡饮食，督促人们合理运动，培养良好习惯，以促进个体的健康生活。

4.处理老年或慢性疾病

当人口逐渐老化时，愈来愈多的个人，必会因老化和慢性疾病所造成的技巧和能力的丧失，导致无法独立处理日常事务，行为改变技术正可以协助克服这些问题。

5.激励医疗人员

行为改变技术不仅可以关心病患的行为，而且可以激励医疗人员包括护士、治疗人员及医药人员，以增进他们对病人的服务。从发展观点来看，尽管行为医学和健康心理学都非常年轻，但其对现代医学和健康照顾的效率和效能有着深远的影响，且极具潜能。

四、组织行为管理方面

行为改变技术还可以应用于改进人们在各种组织机构中的行为表现，这就是所谓组织的行为管理（Organization Behavior Manage，OBM）。组织行为管理是应用行为原则和方法来研究并控制组织机构内的个体或群体的行为，比如：提高生产力、减少迟到和旷职现象、降低职工的离职率、增加销售量、建立新业务、改善工人的安全条件、减少雇员的偷窃现象、减少商店被盗现象以及改善雇主和雇员的关系。

综合近年来的研究成果，在组织行为学中，行为改变技术的具体用途主要表现在以下几个方面。

第一，提升员工生产力。到目前为止，多数的应用集中在绩效的产出上。大量的研究表明，员工的生产力或者任务的完成情况受到良好行为管理技术的积极影响，使得员工绩效的质和量都有所提高。

第二，避免缺勤和迟到。在该领域中常常使用小额的金钱激励或者奖券激励作为对出勤或准时的奖励，或作为对缺勤或迟到的惩罚。有6个采用最合理方法的研究报告，缺勤率减少8%～50%，迟到率减少90%。

第三，解决安全问题和事故预防。大多数组织，特别是制造业公司以及其他使用危险设备的公司，都非常关注安全问题。有关研究表明，行为改变技术在这一领域中取得了巨大的成功。如弗吉尼亚电力公司实施了有安全工作习惯的员工可以得到50～1000美元的规定后，更多的员工养成了良好的安全习惯；南方新英格兰公司对没有发生安全事故的员工给予赠券后，没有发生安全事故的员工越来越多；南方精冲是一家拥有225名金属开采工的企业，在实行了针对安全问题的行为管理计划后，事故减少了33％，伤害所造成的平均成本从平均 1400 美元降低到了 500 美元。

第四，提高销售业绩。销售经理或者培训者依赖于内在激励技术激励销售人员提高他们的业绩。比如，一位行为管理技术顾问告诉一家公司，应该给其销售人员实行多媒体培训计划，这将教给他们有效的销售技巧。然而，当热情高涨的受训者结束了培训计划，并开始使用培训计划教给他们的东西时，他们却得不到任何反馈和强化。在几个星期后，这种热情便开始消退，最重要的是销售业绩开始下降。方案失败的原因在于其激励系统没能有效地运用。

五、社区心理学方面

在社区心理学中，行为改变技术可以通过使每个人都受益的方法来影响很多人。社区行为的干预目标包括：减少乱扔垃圾的行为，增加废物利用和资源再循环，减少能源和资源浪费，削减危险驾驶，减少吸毒，增加安全带的使用率，减少占用残疾人空间和违章停车及降低驾驶速度等。

六、个人问题的自我管理方面

在我们许多人的日常生活中，经常有一些问题行为和不良习惯在困扰着我们，这已经成为影响我们自身发展的严重障碍，如懒惰、做事缺乏目的性和自信心，每个人都希望在某些方面改变自己，比如：怎样才能使自己的体重减轻？如何使自己变得更加自信？如何培养自己的意志能力和良好的习惯？行为改变技术中的自我管理、自我控制、自我调整、自我矫正和自我指导等策略在这一领域中已取得了相当大的进展。进行自我管理要想取得成功，需要学会行为改变技术的一些技能，包括重新安排自己的环境以控制自己以后的行为。在心理文献中报道了上百份成功的自我矫正设计，它们所解决的问题包括：在课堂上不敢发言、缺乏锻炼、不良学习习惯以及咬牙行为等。

总之，在能够成功处理人类问题的方法中，行为改变技术的发展迅速，成效显著，涉及从抚养孩子到处理老人问题，从工作到娱乐等许多领域。它既适用于有严重心理障碍的人，也适用于有天分的学生；既可用于自我改进，也可用来保护我们的生活环境。

第三节　行为改变技术的发展简史

　　心理学有一个很长的过去，但只有一个短暂的历史，行为改变技术的发展史也是如此。自古以来人们就广泛运用各种表扬、褒奖或惩罚的手段来增强或减弱人们的某种行为；而且使用某种方法有目的地去改变人们的某种行为，以达到治病的目的，在医籍中也早有记载。南宋名医张从政曾使用厌恶疗法治疗好一位贵妇人对声音恐惧的案例与今天的行为改变技术有很多类似之处，就是很好的例证。但有一定的理论指导，并自觉地运用于行为改变的实践却是近半个世纪以来的事情。本节主要简单回顾行为改变技术在国内外发展的情况。

一、国外行为改变技术的发展概况

　　具有科学理论支撑的行为改变技术始于20世纪初，行为主义创始人华生(1920)指导雷纳运用经典性条件反射原理对儿童进行"恐惧"的著名情绪实验、指导琼斯(1924)的反制约原理实验研究，引发了其他行为主义学者及精神科医学专家的研究应用。到了20世纪30年代以后，由于斯金纳的投入研究，行为主义的发展速度逐渐加快。因理念不同，观念差异，形成不同派别的发展。斯金纳将行为区分为两种：操作性行为和反应性行为，前者是由有机体自己表现出来，后者是由已知的刺激所引发。于是形成了两种不同取向的行为改变技术，现分别就其发展简述如下。

(一)操作性条件反射取向的行为改变技术的发展

　　操作性条件反射取向的行为改变技术经历了萌芽、发展和扩展等几个阶段。

　　1. 行为改变技术一词的出现

　　行为改变技术(behavior modification)一词最先出现在华生于1962年所发表的一篇文章上，在1965年乌尔曼(Ullmann)和克拉斯纳(Krasner)合编的《行为改变技术的个案研究》中，通过对行为改变技术和行为模式与更加传统的心理治疗和医学模式进行比较，认为学习理论可以用于矫治不良适应的行为，并形成一股新的潮流。后来由于热衷此类行为改变技术的学者及教育、医疗、心理等各界实际工作者的逐年增加，行为改变技术得到广泛应用，其应用的原理原则也越来越科学、合理。

2. 操作性条件反射取向的行为改变技术的萌芽

行为改变技术虽然在 1962 年才出现，但其萌芽、发展及理论依据早在 20 世纪初就逐渐形成了。1938 年斯金纳出版了他的著作《有机体行为》。在此著作中，他描述了白鼠为得到食物和水这些强化物，强化了其压杆行为的实验结果，归纳出操作性行为的基本原则。这项创始性工作，激发了实验心理学家开始研究对动物进行强化的效果。

自从 20 世纪 30 年代末期以来，从斯金纳经过研究提出强化与消退观念后，许多学者的研究报告都证明，正强化与消退以可以预见的方式，影响着人类的行为，同时不少个案也可以证明，强化与消退策略的运用能使人的行为朝着让人满意的方向改变。富勒（Fuller，1949）报告说：对于一位住在医院的重度智力不足的成年人，以一杯加糖的温牛奶作为强化物，用来塑造他手臂动作时，他可以把右臂抬高到垂直位置。

3. 操作性条件反射取向的行为改变技术的迅速发展和扩展应用

20 世纪 60 年代后期，操作性制约研究方向在整个北美洲开始迅速发展起来，一些大学建立了训练中心，许多大学对研究生和本科生开设了至少 1~2 门行为改变技术课程，并且把应用推广到正规的学校环境、大学教学工作、家庭和其他人类环境中去。

（二）反应性条件反射取向的行为治疗的发展

反应性条件反射取向的行为治疗的发展，也和操作性条件反射取向的发展一样，经历了萌芽、发展及应用的过程，为矫正问题行为作出了重要的贡献。

1. 反应性条件反射取向的行为治疗的萌芽阶段

从行为改变技术的发展历史来看，其最早萌芽的是反应性制约取向。这要回溯到 20 世纪初巴甫洛夫进行经典制约（经典条件反射）实验。行为主义先驱华生曾经强调人类大部分活动能够以学到的习惯来解释。后来，华生又在 1920 年，指导雷纳从事一项"恐惧制约实验"研究；在 1924 年，指导琼斯进行反制约实验，用来帮助儿童解除对动物的惧怕反应。这两个实验可以说是行为改变技术的萌芽。可惜在此后的 20 年间，虽然文献上出现了一些反应性制约取向的行为改变技术，应用于不良行为的辅导，但相当零散（Yates，1970），且对行为改变技术的发展，并未产生持久的影响。

2. 反应性条件反射取向的行为治疗发展上的里程碑

20 世纪 40 年代赫尔出版的《行为原理》，认为学习就是满足个体需要的各种活动历程。个体皆具有各种驱力，促使个体感到紧张不安，必须借助外界的各种线索而采取各项活动，以求解除紧张，活动结果若能满足需求，即能消除紧张状态。因此，驱力的解除结果，能强化该反应与刺激间的联结，直至形成习惯。虽然赫尔并未进一步使用这种理论来从事行为改变工作，但他所倡导的理论却为行为提供了具体的预测可能。后来多拉德和米勒（Dollard & Miller，1950）使用赫尔的观念来解释精神分析疗法中的各种现象，并出版了《人格与心理治疗法》一书，被认为是行为治疗发展史上的一个重要里程碑。

3. 反应性条件反射取向的新纪元的来临

巴甫洛夫—赫尔学说促进了两项重大发展。其中一项是多拉德和米勒的著作及格斯里（Guthrie）的学习理论。另一项发展产生于南非。沃尔普（Wolpe）在南非进行的研究工作，主要借助于巴甫洛夫的制约条件反射、赫尔的理论、华生及英国生理学家谢灵顿（Sherrington）的早期研究结果——相互抑制。沃尔普把相互抑制的原理加以扩展，并指出，如果能使一种与害怕或焦虑不能共存的反应，与引起害怕或焦虑的刺激同时出现，则这种刺激会停止引起害怕的反应。1958年沃尔普发表了关于相互抑制的第一本论著，这本著作成为了开辟当代行为疗法反应性学说新纪元的标志。

4. 反应性条件反射取向的行为治疗的提出

行为治疗一词比行为改变技术一词出现得更早。根据雷德（1979）的介绍，1953年林斯利、斯金纳和索罗门三人曾经在一所医院里，应用操作性制约原理去治疗精神病患，故采用了行为治疗（behavior therapy）一词，并将其意义界定为："应用制约学习原理去处理心理问题的方法。"他们强调"行为治疗"一词颇能表达这一新方法的两项主要特征：一是以可以观察的客观行为为焦点；二是以治疗为目标。后来南非的拉扎鲁斯，英国的艾森克也在1958年不约而同地使用行为治疗一词。从此以后，这一术语在巴甫洛夫—赫尔—沃尔普学派中也越来越普遍了。在前面已经提到过第一次使用行为改变技术的是华生（1962），因此后来的许多学者把华生提到过的行为改变技术称为以操作性制约取向为根源的行为改变技术，以便和以巴甫洛夫的反应制约取向和赫尔理论为根源的行为疗法区别开来。然而，另一些人并不作如此区别。例如，乌尔曼和克拉斯纳经常交替使用，评论家也往往把操作心理学与其他学习理论混为一谈，把行为改变技术与巴甫洛夫的制约条件反射、行为疗法、制约作用的疗法混为一谈。

5. 反应性条件反射取向的行为治疗的发展

1960年艾森克出版一本著作《行为疗法和神经机能病》。在此书中提出许多临床治疗病例，使用的都是相互抑制和反应性条件反射原理的方法。行为疗法的反应性条件反射作用的研究方向，有时被认为是沃尔普—艾森克学派的。在 20 世纪 60 年代后，沃尔普移居美国，在天普大学开始一项计划，按他自己对行为治疗的特有观点来训练治疗者。1963 年艾森克创办了《行为研究和治疗》(Behavior Research and Therapy)期刊，这一期刊不但发表操作性取向的研究成果，而且也刊登反应性制约取向的研究成果。

以反应性制约取向为指导的行为治疗，在 20 世纪 60 年代和 70 年代十分迅速地发展起来，并被推广到多种多样的恐惧和神经机能失调症的治疗。

二、我国行为改变技术的发展概况

从国外的发展史上看，行为改变技术是从心理治疗发展而来的，并成为心理治疗的一种主要手段。在我国，行为改变技术也一直融合在心理治疗内。根据《中国神经精神疾病》杂志、《中国心理卫生》杂志、《心理学报》所统计的我国学者发表的有关心理治疗的论文数据（仅指涉及个人工作的论文，不包括综述），可以把我国心理治疗与咨询的工作分为三个阶段：1949～1978 年，基本为空白；1978～1985 年为准备阶段；1985 年以后开始进入开展阶段。

目前行为改变技术正广泛地应用于心理疾病和精神疾病的治疗，如强迫症、恐惧症、儿童心理障碍、儿童行为问题以及精神分裂症恢复期和慢性精神分裂症的矫治等。另外，行为改变技术也被有效地用来预防和处理儿童的各种心理障碍和问题行为。近年来，行为改变技术还被运用到医疗康复、社区康复和教育康复等领域，都取得了显著的成效。

另外，行为改变技术的方法与策略也越来越多，早期在行为治疗方面仅限于系统脱敏疗法和厌恶疗法，目前有很多方法都加以介入，如理性情绪疗法、应对治疗技术等都得到了广泛的运用。

本章摘要

1. 行为既包括了可以直接观察和测量的外显反应或活动，也包括了内隐的意识历程。行为具有动态性、可塑性、稳定性和整体性等特点。

2. 人类行为的形成既有生理成熟的作用，也易受教育和环境的影响。因此，生理成熟、偶发事件和学习是影响个体行为发生改变的三大主要因素。人类的行为可分为正常行为和不正常行为。不正常行为也叫问题行为、异常行为或不良行为。

3. 行为改变技术是一种客观而系统地处理行为的有效方法。此种方法主要根据实验心理学（尤其是学习心理学及社会心理学）的行为原理与技术，并注重处理效果的验证程序，以达到妥善解决个人与社会问题、增进人类的适应功能的目的。

4. 采用行为改变技术对行为进行改变有两方面的目的：一是对问题行为的矫正；二是良好行为的塑造和养成。

5. 行为改变技术的特征主要包括：应用实验心理学的研究成果，强调客观系统的处理方法，重视后天环境的学习历程，注重具体量化的特殊行为，注意客观环境的适当配合，显现明确方法论和理论基础。

6. 行为改变技术使用的原则有：特定行为原则，此时此地原则，不贴标签原则，建立和谐而融洽的人际关系原则，重视观察记录和分析评定的原则，方法学原则。

7. 行为改变技术的应用领域不断增加：教育、社会工作、护理、临床心理学、精神病学、社区心理学、医学、商业和工业等领域中行为改变技术都在其中起着重要的作用。

8. 斯金纳将行为区分为两种：操作性行为和反应性行为，前者是由有机体自己表现出来，后者是由已知的刺激所引发，于是形成两种不同的行为改变取向。

9. 我国心理治疗与咨询的工作分为三个阶段：1949～1978 年，基本为空白；1978～1985 年为准备阶段；1985 年以后开始进入开展阶段。

练习题

1. 结合实际谈谈行为改变技术的功用。
2. 实施行为改变技术应该遵循哪些伦理和道德规范？
3. 行为改变技术的特征有哪些？
4. 举例说明行为改变技术的原则。
5. 简述国外行为改变技术的发展史。

第二章　行为改变技术的理论基础

　　行为改变技术在心理咨询，尤其是行为治疗方面发展相当迅速，促使其应用范围不断扩大，影响日渐广泛。那么行为改变技术究竟是以哪些理论为基础而建立和发展起来的呢？行为改变技术的理论基础包括四个方面，即反应性条件反射理论、操作性条件反射理论、认知行为改变理论和社会学习理论。其中尤以前两大理论为主流，它们的理论奠定了行为改变技术的基础，在方法策略的应用上也占据主要地位。后两个理论的内容是在行为改变技术的发展后期才逐渐渗入的。上述理论在其发展过程中，通过相互批评和斗争，终于渐渐融合为一个综合性的理论体系。

第一节　反应性条件反射理论

　　反应性条件反射是始于刺激——反应(S—R)之间的联系。当看到一只蜘蛛时(刺激)，有些人会跳起来，尽管人们有时并没有意识到，但人们的行为中包含了很多这样的刺激和反应之间的联系：如看到血时会感到紧张，闻到巧克力味道时会想到吃。把一种刺激加在另一种刺激上以便生成一个新的刺激—反应的联系，行为改变技术中经常利用这样的原理来矫正问题行为和塑造良好行为。例如，对于一个想戒烟的人，咨询师可能会把烟的形象与使人感到恶心和呕吐的事物联系起来。

一、巴甫洛夫的经典条件反射实验及理论

　　条件反射理论是巴甫洛夫(1849—1936)的重要成果之一。根据他的条件反射研究所演变成的经典条件作用学习理论对以后心理学发展产生了重大的影响。

（一）巴甫洛夫的经典条件反射实验的产生

　　俄国生理学家巴甫洛夫从 1902 年起一直致力于条件反射的研究并取得了丰硕成果。巴甫洛夫最初研究的并不是条件反射，他在 1904 年因研究消化现象卓有成效而获得了诺贝尔奖。在用狗进行消化现象研究时，他发现了一个非常有趣的现象。他将一只狗置于实验台上，实验者将狗的颊部割开，用一根玻璃管的一端直通狗的唾液腺，另一端连接一只量杯，以便观察并测量狗在吃食物时各种消化液的流量变化(如图 2-1 所示)。但经过几

次试验，巴甫洛夫惊奇地发现，狗在还没有喂食前，只要看到盆子或喂食者，就会流唾液，狗好像预先就知道将有食物出现似的。这使巴甫洛夫不能再进行原先的实验。为了消除这种干扰，巴甫洛夫及其同事做了大量尝试，但都以失败而告终。失望之余，大家决定对这一现象进行系统的分析研究。

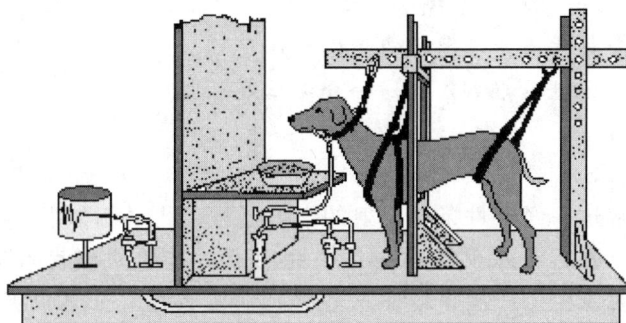

图 2-1　巴甫洛夫经典条件反射的实验装置

开始，巴甫洛夫的同事们都站在狗的立场上来设身处地推测这一现象的根源，但没有得到成功。因为狗在想什么、感觉什么，不同的研究者看法不同，也没有人能证明自己的设想是对的。后来，巴甫洛夫抛弃了这种所谓"内省"的方法，改用客观的实验方法进行研究，从而正式开始了对条件反射的系统研究。

(二)巴甫洛夫的经典条件反射实验程序

巴甫洛夫的条件反射实验的程序是：在喂狗食前几秒钟，发出铃声或节拍器响声，接着再将肉末送入狗的口中。开始时，狗听到铃声只加注视，并不流口水，只是吃到食物时，才流口水。但这种操作过程经过若干次后，只要一发出铃声或节拍器声，狗就立刻分泌唾液。很显然，狗对声音作出了反应。这种本来和唾液分泌无关的铃声和节拍器声，由于它们和食物出现的时间接近，因而可以引起唾液的分泌。这种反应是由后天学习得来的，巴甫洛夫称之为条件反射(Conditioned Response，CR)。铃声和节拍器声称为条件刺激(Conditioned Stimulus，CS)，它们受一定条件的制约。巴甫洛夫称食物为无条件刺激(Unconditioned Stimulus，UCS)，称那种吃食物时流口水的反应为无条件反射(Unconditioned Response，UCR)，因为它是生来就会的，不是后天学习得来的反射活动。

巴甫洛夫的实验中，在给予条件刺激后，立刻给予无条件刺激，这称为强化。这个应答性条件反射过程称为强化过程，或称习得过程。这一学习过程的模式如下。

　　学习之前

　　　　食物(UCS)──→分泌唾液(UCR)

　　　　铃声(中性刺激)──→漠然反应

　　学习过程(继续配对呈现食物与铃声5~6次，

　　　　此时食物作为学习过程的强化物)

　　　　铃声(CS)＋食物(UCS)──→分泌唾液

　　学习之后

　　　　铃声(CS)──→唾液分泌(CR)

为了理解这一经典性条件反射的学习过程，再举例如下。

王芳在下晚自习后要经过一条小巷回家，这学期小巷的路灯经常坏，经过这小巷时发生的一些事情使王芳感到非常害怕，如老鼠突然窜出，有时候突然出现的狗叫声。经过几次这种事情以后，每当王芳走到这个小巷时，就会感到心跳加快、肌肉紧张、呼吸加速等。下面来分析一下这一学习过程。

　　学习之前　　狗叫(老鼠突然窜出)(UCS)──→害怕(UCR)

　　　　　　　　小巷(中性刺激)──→害怕

　　学习过程　　(经过小巷时狗叫和老鼠突然窜出同时出现几次)

　　　　　　　　小巷(CS)＋狗叫(或老鼠突然窜出)(UCS)──→害怕

　　学习之后　　小巷(CS)──→害怕(CR)

从以上的分析可以看出巴甫洛夫这个成功的实验，对学习理论及行为改变技术的发展影响有多大。尤其是巴甫洛夫着重刺激、依靠刺激来控制行为的研究，为以后的刺激—反应研究提供了可借鉴的经验。不仅仅可以在动物身上得到这样的结果，而且人类的一些行为的习得也是按照这一模式进行的。巴甫洛夫的实验结果既然能用于人类行为的习得过程，当然也能用于人类行为的矫正。

(三)条件反射的基本定律——消退、类(泛)化、分化

条件反射形成后，如果仅仅呈现条件刺激物，不给予无条件刺激物，即如果不予强化，那么所形成的条件反射就会逐渐减退而消失，这个过程称为消退。行为改变者可用消退法来消除儿童的不良行为，如儿童的乱发脾气和讲脏话的行为。

在一种无关刺激物已成为条件刺激物，引起条件反射后，与此刺激物

相似的别的刺激，也能引起相同的反应，这种现象称为类化（泛化）。新刺激和原来刺激越相似，就越容易引起类化现象。类化现象在日常生活中也较常见，例如，打过几次针的婴儿只要看到穿白大褂的护士就会大哭起来。类化现象的运用在咨询和行为改变技术当中占有重要的地位，如在咨询室里训练起来的行为如何类化到实际的生活情境中去？在训练情境中培养起来的良好行为和习惯如何在更广的范围中得到运用等。

个体处于类化过程时，对相似刺激间的细微差别是分辨不清的。如果一再重复地对条件刺激进行强化，而对相似的其他刺激不予强化，那么，个体最后只会对特定的条件刺激发生反应，而对其他相似的刺激不再发生反应，这种现象称为分化。巴甫洛夫做过一个有趣的实验：在呈现一个照明的圆形（条件刺激）以后，狗常常得到肉末（无条件刺激）的强化，但在呈现一个椭圆形之后得不到强化。不久，狗就有规则地对圆形流唾液，而对椭圆形不流唾液。这种分化现象的出现，说明了狗可以分辨圆和椭圆的不同。这一原理可以运用于学生对字形和发音相近的字、词的区分。

二、制约与反制约的经典实验

美国行为主义学派主将华生（1878—1958）是巴甫洛夫的信徒，他极力反对把意识经验作为唯一的研究对象，主张采用观察法，以可观察的具体行为作为主要研究对象。

（一）制约情绪反应

1920 年华生和他的研究生雷纳（Rayner）共同发表了一篇十分有影响的实验报告，题目叫"制约情绪反应"。实验对象是一个只有 11 个月大的男孩阿尔伯特。阿尔伯特原先并不害怕小动物，但刺耳的铁锤敲击钢条的声音能引起他强烈的情绪反应，如哭叫、发抖等。实验过程如下：实验者先呈现一只白鼠，当看到阿尔伯特去摸白鼠时，在他背后出现铁锤敲打钢条的尖锐噪音。由于尖锐噪音的干扰，阿尔伯特立刻表现出惧怕或哭叫行为。在一星期中，经过连续七次这样的配对呈现，这只过去从未使阿尔伯特害怕过的白鼠只要一出现（即使不伴随尖锐噪音），也会使阿尔伯特惧怕并立刻哭叫起来，甚至想爬离现场。这就是惧怕情绪制约实验。在实验后期，阿尔伯特出现了类化现象，即看到其他白色的东西如白猫、棉花甚至老人的白发时，都会表现出惧怕情绪反应。华生由此认为，不仅简单的运动习惯，甚至重要的、持久的人格特征，如情绪倾向性等，实际上也可以通过条件反射在孩子身上培养起来。事实上在日常生活中这种类似的例子也有很多，比如，儿童觉察到母亲面带怒容时，往往乖巧得多，这是由于母亲每当责罚他的时候总是满面怒容，怒容成为责罚他的信号，所以孩子学会了看脸色行事。

将以上的学习过程分析如下。

钢棒尖锐声（UCS）——→惧怕（UCR）

白鼠（中性刺激）——→喜欢

白鼠（CS）＋钢棒尖锐声（UCS）——→惧怕

白鼠（CS）——→惧怕（CR）

（二）反制约情绪反应

情绪反应可以通过条件反射来形成，那么能否通过条件反射或其他方法来消除呢？

琼斯（M. C. Jones）在纽约听到华生的演讲，并看到华生的制约情绪实验的影片以后，对华生的研究工作产生了浓厚的兴趣，她在哥伦比亚大学攻读博士学位期间，在华生的指导下，进行了一系列的实验研究。她先在一所养护机构里测试一组从三个月到七岁大的儿童对不同动物的惧怕情形，然后选择有显著惧怕情绪的儿童作为实验对象，进行解除惧怕情绪的实验研究。

琼斯的反制约实验受到华生的制约情绪实验的启发并得了华生的指导。实验对象是一名 34 个月大的男孩彼得。琼斯经观察发现，彼得惧怕许多小动物如白鼠、白兔等，尤其害怕兔子。为了消除彼得的惧怕情绪，琼斯先后尝试了七种方法。

一是废弃法。让惧怕动物的被试彼得连续几个星期，或者几个月不再看到所惧怕的动物，但这种方法未能消除彼得的惧怕情绪反应。

二是语言帮助法。给被试彼得讲有趣的动物故事，或使用语言的鼓励来帮助他减轻对动物的惧怕情绪反应，但这种方法对于减轻彼得的恐惧情绪反应也没有明显的效果。

三是消极适应法。反复呈现彼得所惧怕的动物，以期彼得因见惯该动物而不再害怕。结果这种方法也无法解除彼得的惧怕情绪反应。

四是抑制法。让惧怕动物的彼得参加一群不惧怕该动物的其他儿童的活动，以期因为会受到同辈的嘲笑而抑制对动物的惧怕情绪反应，但效果仍然不明显。

五是分心法。当被试彼得注意到所惧怕的动物以后，实验者和彼得谈话或者给他玩具玩耍，其目的是分散彼得的注意力，来减少惧怕的情绪反应。这种方法能够短暂地消除被试彼得的惧怕情绪反应，但效果无法持久。

六是引导制约法。每当彼得在吃他最喜欢吃的食物时，将他所害怕的物品放在笼内，从远到近，一步步地逐渐向彼得移近，直到移到彼得能够触及地方。这种方法如果运用得当，则效果会比较理想；但如果运用不当，可能会引起彼得对食物的惧怕这种副作用。

七是社会模仿法。将害怕动物的彼得和不害怕动物的其他被试放在一起玩，并让不怕动物的被试逐渐接近动物，并抱着动物玩，害怕动物的彼得在旁边观看，并模仿那些儿童抚玩动物的动作及情绪反应，这种方法对于减少彼得对动物的恐惧反应的效果相当明显。

琼斯于1924年发表了上述研究报告。报告中说明运用社会模仿法和引导制约法可以治疗儿童后天形成的对动物的惧怕心理。这篇报告成为儿童行为矫正的经典作品，影响很大。尤其是引导制约法，后来经沃尔普等人的实际应用及改良，成为行为改变技术的两项基本原理：即交互抑制原理和逐渐系统脱敏原理。这两项基本原理对于治疗各种恐惧症和焦虑症等效果很好。

三、沃尔普的临床实验

沃尔普一直反对精神分析法，认为它既主观又无效，因此他长期致力于对神经官能症形成的原理和治疗方法的研究，并取得了很大成就。特别要强调的是，他在前人研究的基础上，发展倡导了交互抑制和系统脱敏原理。

(一)交互抑制原理的提出

1947年起，沃尔普进行了有关猫的神经官能症的一系列实验。他发现实验性神经官能症，实际上是个体在特定情境中受制约而形成的强烈的焦虑反应。例如，对关在笼内的猫进行电击，猫就产生了焦虑反应，诸如，愤怒、拒绝走入实验笼或拒绝吃东西等。猫一旦形成焦虑反应，即使不给予电击，在其他相似的情境中它也会产生同样的焦虑。在另一实验中，当猫走近食物时，立即给予电击，这同样能引起猫的焦虑性神经官能症，使猫不敢吃东西。

猫的学习过程分析如下。

实验一：

电击（UCS）——➤惧怕（UCR）

笼子（中性刺激）——→漠然反应

笼子（CS）＋电击（UCS）——→惧怕

笼子（CS）——→惧怕（CR）

实验二：

电击（UCS）——→惧怕（UCR）

食物（中性刺激）——→喜欢

食物（CS）＋电击（UCS）——→惧怕（拒绝吃东西）（CR）

根据以上两个实验，沃尔普认为这一焦虑症状可能和"抑制吃东西"发生联系。由此，他又推论道：在不同的情境中，吃东西或许可以抑制焦虑反应。换言之，"吃东西"与"焦虑"两项反应或许会形成相互抑制。这就是沃尔普在以后的实验研究中最擅长的、用以治疗恐惧症或焦虑症的主要原理——交互抑制原理。

运用交互抑制原理可以治疗猫的实验性神经官能症，其方法是在曾经造成猫产生神经官能症的实验笼内，放上它最喜欢吃的东西，以诱导已患实验性神经官能症的猫进食。沃尔普发现，当猫开始吃东西时，它的焦虑症状就暂时消失，但并非所有实验猫都能以此方法得到治疗。

（二）系统脱敏原理

交互抑制法并不能治疗所有的焦虑症，于是沃尔普又想出了另一套方法。该方法是逐渐把猫引入一间与原实验室十分相似的房间里进食。他特别设计了三间房间，根据与原实验室的相似程度分别标明为 A 室、B 室、C 室。A 室最相似，C 室最不相似。将实验猫放到 C 室中进食，直到猫的所有焦虑症状都消失了，再放到 B 室中进食，然后移到 A 室，最后再诱导它进入实验室进食。一旦实验猫能适应实验室情境并进食，那么它的大部分焦虑症状便会消失。上述策略就是系统脱敏原理。

从治疗猫的实验性神经官能症获得了若干成效以后，沃尔普接着使用交互抑制原理和系统脱敏原理来治疗人类的神经官能症。根据沃尔普的报告，对 210 个患者的临床资料结果显示，用交互抑制原理和系统脱敏原理来治疗焦虑症患者的确比传统的心理治疗方法有效，其治愈率高达 90％左右。

四、反应性条件反射与行为改变技术

在行为改变技术的使用中，大部分的行为矫正程序都是为改变操作性条件反射的行为而设计的。然而，某些反应性条件反射的行为，尤其是那些妨碍人体机能正常运行的条件情绪反应行为，例如，害怕在公共场合说话的焦虑，对性生活的焦虑等，都是由于焦虑导致患者产生了一种非常不愉快的感觉。有些时候，惧怕刺激引起的惧怕反应严重到个体为了逃避而不得不改变生活，例如，恐高症患者可能会拒绝到高处去。这些情绪反应行为就需要得到行为改变技术的矫正。

第二节　操作性条件反射理论

斯金纳把动物和人的行为分为反应性行为和自发性行为。反应性行为是对特定刺激的反应，具有不随意性，如食物刺激味蕾引起唾液分泌、风吹眼引起眨眼反应。自发性行为不是对特定刺激产生的反应，而是有机体自发产生的，但他们可以对环境施加影响并受意识控制，因此是操作性行为，如婴儿喃喃自语、鸽子不停地啄地板等。操作性条件反射就是研究这一类行为。斯金纳认为人类大多数行为都是习得的，包括不良行为和心理疾病。他曾经举过一位母亲不知不觉地在孩子身上强化不良行为的例子：在母亲非常忙的时候，她可能对孩子温和的呼唤或心平气和的要求置之不理。这样，孩子只有提高嗓门大声喊叫，随后孩子只能用更大的声音才能引起母亲的反应，这种恶性循环，导致了孩子越来越响的语言行为。实际上，这位母亲的做法就在不知不觉中教会了孩子如何大喊大叫才能引起人注意的不良行为。

一、斯金纳的动物操作条件反射实验

斯金纳（1904－1990）是新行为主义的代表人物，他对行为改变技术理论及方法的创建的贡献很大，影响深远。大学时代，他拜读了巴甫洛夫的条件反射著作，随后又系统地研究了华生的行为主义论文，对条件反射学说颇感兴趣。这促使他放弃文学，改攻心理学。攻读博士期间，他对反射概念的兴趣越来越浓厚，于是便从纯粹的行为观点来探索反射现象，并致力于动物实验研究。

斯金纳的实验，以白鼠和鸽子为实验对象，尤以白鼠为主。其自行设计制造的实验箱，人称斯金纳箱（Skinner Box，见图 2-2）。实验箱内隔音，内有平行设置的杠杆，按压一次杠杆，一粒食丸就会自动滚落到实验装置的食槽内。斯金纳将饥饿的白鼠关入箱内进行实验。开始时，白鼠只会在箱内各处嗅闻并乱碰乱抓，后来偶然按压杠杆，看见有一粒食丸滚进食

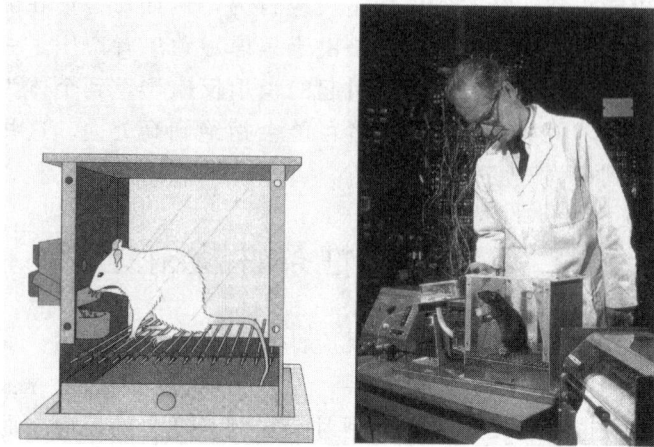

图 2-2　斯金纳和斯金纳箱(Skinner Box)

槽，白鼠立刻吃掉食丸。如此重复多次后，白鼠学会了按压杠杆以获取食丸的行为。也就是说白鼠的压杆行为反应，受到了获得食物的强化，看到杠杆便产生压杆动作的这一条件反射行为，便被建立起来。上述白鼠按压杠杆的反应被称为操作性条件反射，这是由于这一反应是通过操作活动和强化物相联系而引起的。由于上述反应需用工具箱进行，所以也称工具性条件反射。操作性条件反射的学习过程分析如下：

S_1 杠杆 $\longrightarrow$ R_1 压杆(此过程需学习来建立) $\longrightarrow$ S_2 食物掉下

$\longrightarrow R_2$　吃食物(非条件反射)(此处食物作为强化刺激增加压杆行为的出现)

上述过程所阐述的条件反射的学习，说明了人类行为的改变具有下列特征。

1. 行为的改变是依据行为的后果而确定的。若出现的行为后果是愉快的、正价的，则行为出现的频率就会增加；反之，行为出现的频率就会降低。例如，如果学生喜欢阅读，那么他们可能会进行更多的阅读活动；如果学生觉得故事很枯燥，难以全神贯注，那么阅读活动或许就很少，而去选择其他活动来代替阅读活动。

2. 行为的愉快与否主要在于强化物。强化物可以分为正、负两种。在教学情境中经常使用的正强化物包括表扬、分数和彩星等。负强化物是指个体做出的某种行为能够摆脱不愉快的情境或避免不愉快的事件出现。例如，如果学生完成了家庭作业，那么家长就可以不要求孩子洗碗碟。如果洗碗碟是一种不愉快的活动，那么免于此事就是一种强化。

3. 个体在一个情境里所学习的行为，必须是个体生理条件所允许的，即个体具有此项行为的潜能。

4. 个体必须亲自表现这种行为才能得到奖赏。

5. 由于个体做这项行为，会经常得到奖赏，因此，这种行为终于被学会，而长久地保持下来。

6. 行为显现来自于个体的自愿。

7. 和反应性条件反射一样，操作性条件反射也可以形成分化、消退、泛化等过程。

二、反应性条件反射和操作性条件反射的比较

反应性条件反射和操作性条件反射有许多共同的特点：两者都是属于联结学习的范畴，都关注刺激和反应之间的联结，学习规律都需要强化作用的支持，目的都是要引起行为的变化。

反应性条件反射和操作性条件反射的主要差别在于强化出现的顺序不同。在反应性条件反射中，强化物（无条件刺激）与条件刺激几乎同时出现；在操作性条件反射中，条件反射形成之前不给予强化物，强化是伴随条件反射的发生而出现的。因此，反应性条件反射是强化决定反应，即反应性行为是由已知的刺激引发的，而操作性条件反射是反应决定强化。操作性行为不是由已知的刺激引发的，它是由有机体自己表现出来的。换言之，操作性条件反射的基本条件是结果对某种行为的增减产生影响。凡是其结果可使行为增加的，就称"强化"；凡是其结果可使行为减少的，称为"惩罚"。图 2-3 和图 2-4 较好地区别了反应性条件反射和操作性条件反射过程中的主要差别。

图 2-3 表示反应性条件反射的形成过程是一个刺激紧接着另一个具有特定反应的刺激后出现，这两个刺激暂时配对，其结果是第一个刺激诱发出和第二个刺激相同的反应。

反应性条件反射过程：

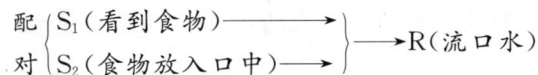

$$\left.\begin{matrix}\text{配} & S_1(\text{看到食物}) \longrightarrow \\ \text{对} & S_2(\text{食物放入口中}) \longrightarrow \end{matrix}\right\} \longrightarrow R(\text{流口水})$$

反应性条件反射结果：S_1（看到食物）趋向于再次引起 R（流口水）

图 2-3　反应性条件反射的建立过程示意图

图 2-4 表示操作性条件反射的形成过程：一个反应出现后，紧接着特

定形式的刺激，结果行为依赖于刺激的强化或惩罚而变化。如果是强化，则反应将趋向于再次发生；如果是惩罚，则反应不会发生。

强化过程：

R（将糖果放入口中）————————S（品尝糖果）

强化

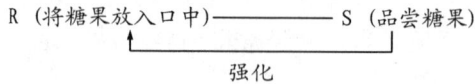

强化结果：R(放糖果入口内的行为)再次出现

惩罚过程：

R（放热胡椒粉入口）————————S（品尝胡椒粉）

惩罚

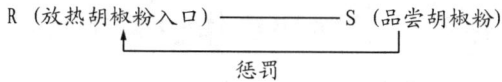

惩罚结果：R(放胡椒粉入口的行为)趋向于不再发生

图 2-4　操作性条件反射的建立过程示意图

必须指出的是，任何行为都可能同时包括反应性和操作性两种条件反射。在某些情境中，人们可以从行为系列中选择某种刺激和反应来研究反应性条件反射，也可从同一行为系列的另一个方面来研究操作性条件反射。事实上，这两种反射活动是整个行为系列的不同环节，是连续不能分的。例如，某个孩子吃过冰激凌后，感到味道很好，以后听到卖冰激凌小贩的喊叫及铃声后就会出现一个相应的行为链。

第三节　认知行为改变理论

认知行为改变理论产生于 20 世纪 70 年代，主要代表人物是艾里斯和贝克。所有的认知行为改变理论都包括三条共同的基本假设：一是行为受到认知事件的调节(如思想、信念等)；二是认知调节的变化导致行为的变化；三是所有的人都积极地参与他们的学习。因此，认知行为改变是基于个体思想和信念的相互作用的关系，其行为改变的措施就是力图通过调整思想和信念，控制行为。本节主要介绍认知行为改变理论产生的背景及其主要内容。

一、认知行为改变理论的产生背景

对于行为形成的过程，无论是反应性条件反射理论，还是操作性条件反射理论，是以"S—R 联结论"的观点来解释的。它们强调经练习而形成习惯，强调从简单的动作反应直到较复杂的行为，都是这种 S—R 的机械式联结。另外，这些 S—R 的联结又依赖于强化因素的作用。例如，若强化后果是愉快的、满足需求的，则行为的反应频率将会提高；反之，如果其行为后果是不愉快的，则行为的反应频率将趋于降低或完全消失。因此行为主义的机械观常遭到批评。同时，行为主义者本身在研究治疗过程时也发现内部思想在行为反应中的作用，所以行为主义的 S—R 的观点逐渐在蜕变中发展。正如卡兹顿分析的那样，行为主义的发展可分成前后略有重叠的三个阶段：第一个阶段是基于华生的创导，强调唯有客观而可观察的行为方能作为心理学的研究对象，并强调行为完全受制于外界因素。从第二阶段起不再强调简单的 S—R 关系，而引进若干中介观点来说明 S—R 间的关系，尤其注意到机体这个变量在 S—R 学习过程中的作用。例如机体的不同状态（如饮食或饥饿）可使反应不完全一样，所以行为公式也随着改为"S—O—R"。在此阶段行为主义者觉察到，简单的 S—R 行为公式已不能完全说明实验室内复杂的学习现象。第三阶段的行为主义者开始对思想、知觉和动机历程等心理现象产生兴趣。一些行为主义者认为从动物实验室所获得的学习型态，似乎已不能用来完全地说明人类的学习和思维过程。

尽管行为改变技术的专家学者在开始阶段总是反对运用一些心理学名词，如思想、知觉，但在实践研究面前他们不得不将这些心理学名词进行一定的调和。例如在解决问题或走迷津的实验中，被试也许会"轻轻地自言自语"地思考，这些个体的自发陈述行为使行为主义者不得不承认它们是行为链的一个部分，它们可以促使正确地解决问题。许多行为改变者已经倾向于同等对待诸如"相信""认为"之类的内部心理现象，并且承认这些内部的心理现象同外显的行为在解决问题过程中有着同等的重要性，特别是在治疗原理及方法上，它们有很大的一致性。

随着行为主义基本观点的改变，行为改变技术的应用领域也随之扩展。一些注意到个体内部的思想过程对行为有影响的行为主义者，试图设计一种行为矫正法，即通过认知历程的改变来改变外部行为，于是产生了认知行为改变理论。

认知行为改变理论是将认知心理学与行为改变技术相结合的综合产物，其主要的理论依据来自于认知心理学和行为主义心理学的理论，认知心理学认为行为受到我们思想的影响，而且相信对人类的行为起主导作用的是行为内部。因此，行为改变直接指向对思想、知觉、信念及其归因的转变。

二、认知行为改变理论的基本内容

认知行为改变理论在 20 世纪 70 年代正式产生，它将治疗焦点放在患者的思想、感受、自我言语以及其他的内部心理活动上。其主要论点是：影响患者的情感和行为的主要因素是认知过程中的障碍。因此，认知行为改变理论是通过矫治患者的不良认知以达到减轻或消除疾病的一类心理治疗方法的总称，它高度重视研究病人的不良认知和思维方式。所谓不良认知，是指歪曲的、不合理的、消极的信念和思想，它们往往导致情绪障碍和不适应行为。

认知行为改变理论不同于一般的行为疗法，它不仅重视不良行为的矫正，而且更重视病人认知方式的改变以及认知—情感—行为这三者的和谐；同时它也不同于传统的内省疗法或精神分析，它重视病人目前的认知对其身心的影响，重视意识中的事件而不是潜意识中的事件，而内省法则偏重既往经验特别是童年经历对目前问题的影响（即重视潜意识而忽视意识中的事件）。

认知行为改变理论的主要代表人物是艾里斯和贝克。艾里斯创立了理性情绪疗法（简称理情疗法）；贝克提出了认知疗法。这些学者的基本理论，构成了认知行为改变理论的基本框架。

（一）艾里斯的理性情绪治疗理论

1. 理论概要

艾里斯的理性情绪治疗理论认为：患者的情绪困扰是由个人的不合理信念所引起的，所以要教导患者学习"理性的想法"，以代替"非理性的想法"，清除患者的情绪困扰。该理论又叫 ABC 理论。在 ABC 理论模型中，A 指诱发性事件；B 指个体在遇到诱发性事件之后建立的相应信念，即对这一事件的想法、解释和评价；C 指在特定情境中，个体的情绪及行为的结果。通常，人们认为情绪及行为反应是直接由诱发性事件 A 引起的，即 A 引起 C。但 ABC 的理论指出，诱发性事件 A 只是引起情绪及行为反应的间接原因，而 B 才是引起人的情绪及行为反应的更直接的原因。

例如，两个学生在一次很重要的考试中都失败了，但他们对这同一事件（A）所持有的信念（B）可能完全不同。其中一个学生的想法可能会是："真不愿在这次考试中失败！真希望事情并不是这样！考坏了这多不好呀!"这时他对此事的情绪反应虽会后悔、惋惜,有一种受挫感,但他却会决定克服这种情绪,再努力以争取下一次考出好成绩。另一个学生则可能会有不同的想法:"必须考好的,却没有考好,这简直糟透了!我没法忍受这种失败!连这样的考试也失败,我简直是个废物!"这样,他会使自己感到自卑、抑郁,很难打起精神再作努力。

从这个例子可以看到,人们对某一事件所持的看法、信念不同,引起的情绪及行为反应也不同。理性情绪疗法中把前一个学生的信念称为合理的信念,把后一个学生的信念称为不合理的信念。合理的信念可以引起人们对事物适当的情绪和行为反应;不合理的信念则只会导致不适当的情绪及行为反应。人如果坚持某些不合理的信念并长期处于不良的情绪状态,他最终会出现某些情绪障碍。

2. 不合理信念的主要特点

艾里斯认为人们所持有的不合理信念往往具有下列 3 个特点。

(1)绝对化要求。对事物的绝对化的要求是人们以自己的意志为出发点,对某一事物怀有其必定会产生或必定不会产生的信念。绝对化要求常和"必须"和"应该"这类字眼联系在一起,成为不合理信念中最常见的特色。比如,因为客观事物的发生不可能按个人意志来转移,所以怀有"我必须获得成功""生活应该是很美好的"等信念的人,就容易陷入情绪困扰。

(2)过分概括化。过分概括化是一种以偏概全的不合理思维方式的表现。艾里斯指出,过分概括化是不合逻辑的,这就好像只以一本书的封面设计来判断一本书的好坏。这些人面对失败或是坏的结果时,往往会认为自己"一无是处"或"一钱不值",是"废物"等。以自己做的某一件事或几件事的结果来评价自己整个人,其结果是导致自责、自卑、自弃的心理以及焦虑和抑郁的情绪。如坐出租车遇到故意绕道的司机,便产生"出租车司机都不是好东西"以及"社会真是现实,人心真是险恶"等想法。

过分概括化的另一方面表现为对他人的不合理评价,即别人稍有差错就认为他很坏、一无可取之处等。这容易导致个体一味责怪他人并伴生敌意和愤怒等情绪。理情疗法的一句名言就是:"评价一个人的行为而不是去评价一个人。"

(3)糟糕至极。糟糕至极是一种不合理想法,即认为某一事情的发生会非常可怕、非常糟糕,是灾难性的,难以挽回或发生改变。这种想法会导致个体陷入极端不良的情绪体验,如耻辱、自责、自罪、焦虑、悲观、抑制之中而难以自拔。

(二)贝克的认知疗法理论

1. 理论概要

贝克创立的认知疗法认为，患者的感情和行为大部分取决于患者本人对于周围世界的解释、想法和认知模式。也就是说，一个人的思想决定了他的内心体验及行为反应。

认知疗法理论的出发点在于确认思想和信念是情绪状态和行为表现的原因。贝克认为，抑郁症病人往往由于错误地作出逻辑判断而产生抑郁，由于歪曲了事实的含义而自我谴责。一件在通常情况下很小的事，会被抑郁病人看成是生活已完全绝望的表现。因此抑郁症病人总是对自己作出不合逻辑的推论，用自我贬低和自我责备的思想去解释所有的事件。因此治疗的目的就是要改变患者不良的或歪曲的认知和观念。所以贝克的认知疗法又被称作"认知转移法"。

2. 认知歪曲的主要形式

认知疗法着重于辨认和改正歪曲且不适应的认知。贝克归结了认知过程中常见的认知歪曲的5种形式：

(1)任意推断。指在证据缺乏或不充分时便草率地作出结论。比如，在街上遇到一位同事匆匆而过，未打招呼，于是心里便想"我什么地方得罪他了？他生我的气了？"实际上是这位同事心中有事，没有注意到他。

(2)选择性概括。指仅根据个别细节而不考虑其他情况便对整个事件作出结论。比如，某青年向女同学提出一起去听演唱会的邀请，遭到婉言拒绝，便认定自己被女同学所讨厌，没有女同学和自己交往了，这实际上也是一种"以偏概全"。

(3)过度引申。指在某一事件的基础上作出关于能力、操作或价值的普遍性结论。比如，一位学生不小心摔坏一个玩具，便认为自己不是一个好学生。

(4)夸大或缩小。指对客观事物的重大意义作出歪曲的评价。比如，一位学生在外出旅游拍照时手抖了一下，把照片拍坏了，就觉得不得了，别人会把他看成无用的人了。

(5)"全或无"思想。指要么全对，要么全错，把生活看成非黑即白的单色世界，没有中间色。比如，一位教师上课讲错了一句话，便认为"现在全完了，我已经一钱不值！"。

从艾里斯和贝克的理论来看，虽然他们的提法、命名等有所不同，但其基本理论思想十分相似，其中心思想都认为认知可以左右行为反应，错误思想及判断是导致患病的主要原因。例如，艾里斯所提出的不合理信念的表现中有一条是"绝对化的要求"，这实际上等同于贝克的"全或无"思想；艾里斯所说的"过分概括化"也类似于贝克所介绍的"选择性的概括"，等等。上述理论为认知行为矫正理论的发展奠定了坚实的基础。

第四节　社会学习理论

社会学习理论认为学习是通过模仿而获得的，即一个人通过观察另外一个人的行为而学习了某种行为，但要使这种模仿学习能够进行运用，就必须给予强化手段。

一、观察学习

社会学习理论的主要创始人之一是班杜拉（Bandura，1925—　）。班杜拉1925年生于加拿大，大学毕业后进入美国爱荷华大学研究所，专攻临床心理学，对学习理论在临床上的应用最感兴趣。1952年获得博士学位后，到斯坦福大学从事儿童的攻击性行为研究。在研究攻击性行为形成的原因时，他十分重视模仿、观察学习以及行为矫正等方面的过程。其所著的影响颇大的《行为改变原理》一书，就是根据社会学习理论来阐明行为矫正观念的。他的社会学习理论提出了一种启发人们正视复杂的社会问题的新观点，具有方法论的意义。

观察学习是班杜拉社会学习理论的一个基本概念。观察学习是指通过观察他人（榜样）所表现的行为及其结果而进行的学习。它不同于刺激反应学习。刺激反应学习是学习者通过自己的实际行动，同时直接接受反馈（强化），即学习者通过直接的反应受到直接的强化而完成的学习。而观察学习的学习者不必直接对刺激作出反应或直接体验强化，他只是通过观察和模仿他人的行为而使自己的行为发生改变。例如，某幼儿园为了预防传染病而要给每个孩子服一粒比较苦的药丸。一位有经验的教师自己先吃了一粒，又让一位平时不怕苦味的孩子站在小朋友面前吃。全班孩子看着他俩有滋有味地咀嚼，似乎很香甜，便纷纷喊着"我也要吃，我也要吃"，不一会儿，所有孩子均吃完了苦药丸。这就是教师利用模仿学习的方法帮助孩子克服恐惧的典型案例。

学习者可经过观察而学得他从未表现的行为，但他是否能表现该行为，就要看他是否具有相应的运动技能。例如，一个小男孩观看他父亲使用锯子，但是由于孩子没有那种体力和相应的技巧，就不能模仿得很好。班杜拉由此认为，运动技能是精确地学习新行为的基础。只有具备了一定的运动技能，观察学习中才能少发生错误，才能进行自我修正和调整，进一步形成熟练的运动技能，从而达到同榜样一致的正确反应。观察学习的优点在于它不仅使学习的过程缩短，而且可以避免由于直接尝试错误和失败所可能带来的重大损失。

二、"三位一体的交互决定论"

行为主义认为人的行为是受环境决定的，并以 S—R 公式表示两者的关系，其研究的重点放在环境和客观条件如何制约个体行为上。认知行为改变理论则把重点放在矫正不正常的思维模式上，其观点认为个体行为是受内部认知和思维模式所决定的。近年来，大多数心理学家及行为改变者也开始注意个体内在因素对行为的影响，并把行为看成个体因素和环境的相互作用的结果。但是班杜拉认为，他们所谈的人和环境是各自独立的整体，行为只是由环境所决定的或由个体内部的认知因素所决定的，这种看法是片面的单向模式，不能充分描述人与环境的相互作用。

基于以上认识，社会学习理论较注重于综合观点。它吸收了其他行为改变理论的精华，把操作性条件反射理论着重观察外部行为、反应性条件反射理论着重自主交感神经系统的制约反应以及认知行为改变理论把焦点放在不合理思想的矫正工作上三种观点熔于一炉，提出了"三位一体的交互决定论"思想——以行动、环境、个体（包括认知和动机）三者的交互决定论作为基本框架，试图解释人类动机、情绪和行为的起源。这一理论中坚持了多种因素相互作用并共同决定行为的观点。班杜拉三位一体的交互作用决定论的思想可通过图 2-5 表示。

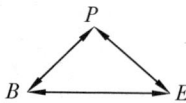

图 2-5　班杜拉三位一体的交互作用示意图
注：P 代表个人因素；E 代表环境；B 代表行为。

班杜拉认为，在交互决定论中，行为、认知和其他个人因素以及环境这三者，作为相互决定的因素，共同地起着作用。他指出，在三位一体交互决定论中，"交互"指因素间的相互作用；"决定论"是指某些因素影响产生某些结果，许多因素影响常常产生一个特定的结果。由于相互作用影响的多重性，同一因素可以是不同种条件的组合成分，同时也可产生不同的结果。因而特定的因素可能与结果相关，而不必然与结果相关。比如，假如一个你不喜欢的人邀请你打网球，你可能会想到和这个人待一下午该是多么的沉闷无趣。因此，你的内部期望可能会使你拒绝邀请。但是，如果对方许诺，假如你答应和他打网球，他就给你买一副你心仪已久的、价格昂贵的球拍，情况会怎样呢？外部环境诱因的强大力量又影响了你的行为，你可能又会同意跟他一起玩。如果，这个人在玩的过程中，又非常风趣、幽默，你可能又愿意经常与他一起玩。在这个案例中，打网球的行为、对球拍的期望值以及在打球过程中环境的愉快，实际上是相互作用的。

综上可知，班杜拉的三位一体的交互决定论的观点可概括为：①行为、认知（个人因素占主要成分）及环境三因素互为因果，组成相互作用的系统；②三因素相互作用导致一果多因、一因多果（注意：结果不仅指个人和环境，也指行为）。

三、间接强化在学习行为中的作用

社会学习是人类所表现的十分复杂的社会现象。关于动物的学习理论很多，但这些理论是否能直接应用于人类，人的学习是否也可按动物的学习规律进行，这主要取决于人学习的主要形式是像动物般以强化为中心的直接学习，还是以认知（模仿）为中心的替代（间接）学习。班杜拉通过控制实验解决了这个问题，获得了强化、认知、模仿等因素在学习过程中各有作用的科学证据。

班杜拉通过实验证实，学习者如果看到他人成功的（被奖励的）行为，就会增加产生同样行为的倾向；如果看到受惩罚的行为，就会抑制发生这种行为的倾向。因此，榜样行为的强化，便可替代性地影响学习者的学习，这意味着即使强化没有直接作用于学习者，也能控制学习者的学习，因此间接强化在人类行为或学习中起着重要作用。

四、观察（认知）决定学习的观点

班杜拉早期的实验中，不能解决究竟是直接强化决定学习还是观察（认知）决定学习这个问题。其后的实验证明，是观察（认知）决定学习而非强化决定学习。

实验过程为：把 66 名男女各半的幼儿园小孩随机分为三组，观看示范者对玩偶娃娃表现的攻击性行为的录像。攻击性行为有三种结果：①奖赏：录像中出现两位成年人，第二位成年人对第一位成年人的攻击行为给予口头赞扬和糖果奖励；②惩罚：第二位成年人怒气冲冲地指责这种攻击行为；③无强化：成人攻击玩偶示范后，录像也就结束。三组儿童分别观看这三段不同的录像，然后把他们带到一个与录像里情境相同的实验情境中，让儿童在那里自由玩 10 分钟，实验者通过单向玻璃观看和记录儿童的行为表现。接着实验者给予诱因，告诉儿童如果模仿录像中的行为表现，就予以奖赏，并记录他们的行为表现。观察结果如图 2-6。

实验结果显示：①示范者的攻击行为所受的强化，明显地影响着儿童的自发反应；②示范者的攻击行为是否受到强化，不影响儿童模仿行为的获得。

这样，班杜拉精细地区分了强化与模仿的关系。在观察学习中，外部强化不影响模仿行为的获得，但影响表现（即出现次数的多少）。实验证明：在观察学习中，认知因素比强化更重要。这一理论不仅否定了斯金纳提出的强化观，即强化在行为获得中的绝对地位，还修正了由班杜拉本人和其他社会理论家在早期对替代性强化是模仿反应获得的重要条件的观点。

经过一系列实验，班杜拉强调，任何性质的强化（外部、替代及自我）均不影响模仿反应的获得，只影响其表现出现率。

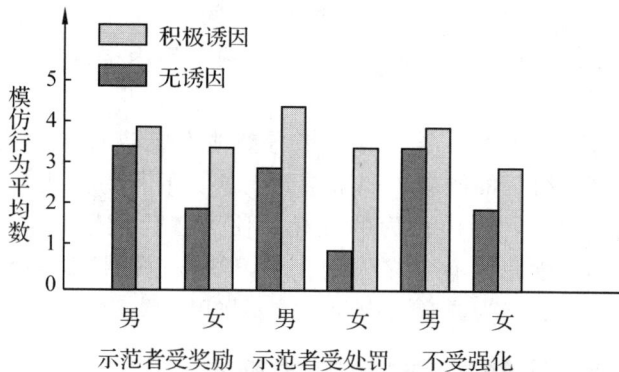

图 2-6　在积极诱因和无诱因情况下儿童模仿反应表现图

五、观察学习的主要心理过程

观察学习产生的信息机能，不是机械的 S—R 简单联合，而受示范者许多特征和观察者自身属性的影响。观察学习主要受四种心理过程的控制。图 2-7 是班杜拉所绘的综合流程图，用以说明观察学习中四个心理过程的相互关系及其内部情况。

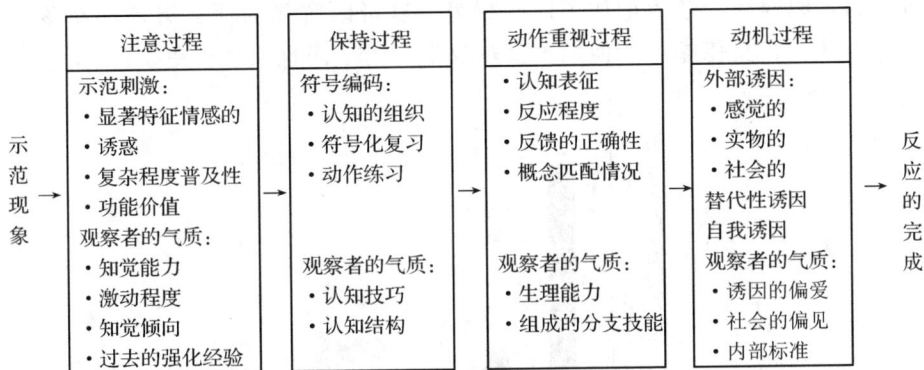

注意过程	保持过程	动作重视过程	动机过程
示范刺激： • 显著特征情感的 • 诱惑 • 复杂程度普及性 • 功能价值 观察者的气质： • 知觉能力 • 激动程度 • 知觉倾向 • 过去的强化经验	符号编码： • 认知的组织 • 符号化复习 • 动作练习 观察者的气质： • 认知技巧 • 认知结构	• 认知表征 • 反应程度 • 反馈的正确性 • 概念匹配情况 观察者的气质： • 生理能力 • 组成的分支技能	外部诱因： • 感觉的 • 实物的 • 社会的 替代性诱因 自我诱因 观察者的气质： • 诱因的偏爱 • 社会的偏见 • 内部标准

示范现象 →　　　　　　　　　　　　　　　　　　　　　　　　　→ 反应的完成

图 2-7　榜样理论的观察学习流程图

(一)注意过程

注意过程主要能引起观察者对示范者的注意，使其产生学习的愿望。影响学习者的因素很多，有诱因条件、观察者特点、示范者特性等，见图 2-7。一般而言，学习者更为关注那些具有吸引力、成功的、有趣的和有名气的榜样。这也是部分青少年喜欢模仿明星的衣着、发型和癖好的原因。行为改变技术人员可以通过呈现清晰、有趣、能引起被矫正者新奇感和新颖感的材料来吸引其注意力。

(二)保持过程

外在示范形象必须保留在脑中，才能重现。换言之，学习者只有通过中介历程，经语言的编码作用，将观察所得转化成符号化的表象，经复述才能长期保持。编码不是将示范现象如同照相机那样拍摄下来，而是转换成容易阅读的图式，以分类、综合的形式，使表象结构化，以有助于保持。

一项研究以一年级和二年级的学生为被试，证明了选择性记忆的重要

性(Slife & Rychalk，1982)①。研究者要求学生说出他们对录像片上每一个
打斗行为的喜爱程度。他们还确认了攻击性榜样用的玩具中，学生喜欢哪
个，不喜欢哪个。然后，模仿班杜拉的经典研究，让学生在一个房间里
玩，研究者在里面放了模仿刚才观察到的攻击行为所必需的材料，然后通
过单向玻璃观察孩子的表现。如图 2-8 所示，当某种行为是学生喜欢的，
而且是用学生喜欢的玩具操作的，这是学生最容易模仿的一种行为。研究
者认为，原因在于学生记住了这些行为。这可以解释为什么男孩比女孩更
具攻击性：和女孩相比，他们更喜欢攻击行为，而且回忆得更多。

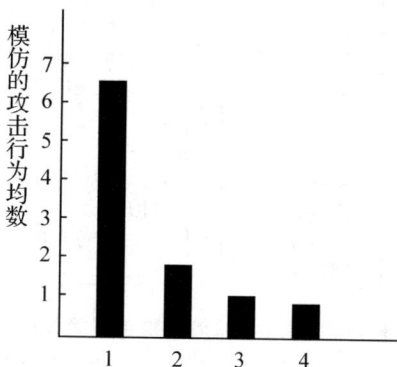

1＝喜欢的玩具和喜欢的行为；2＝不喜欢的玩具和喜欢的行为；3＝喜欢的
玩具和不喜欢的行为；4＝不喜欢的玩具和不喜欢的行为

图 2-8　儿童模仿的攻击行为平均数

引自 Burger，J. M. 著，陈会昌等译. 人格心理学(第一版). 北京：中国轻
工业出版社，2000.

(三)动作重现过程

动作重现过程就是将符号表征转化为实际动作的过程。这个转化过
程，必须有一个学习和尝试错误的阶段。如学习游泳和打球，首先必须对
榜样的行为模式有一个概括的理解，而后才能通过练习，依靠自己有关行
为的信息反馈进行自我修正和调节，并在其他人的指导下，完成所学
动作。

---

① 参考 Burger，J. M. 著，陈会昌等译. 人格心理学(第一版). 北京：中国轻工
业出版社，2000.

（四）动机过程

强化引起动机，传统的强化论是对特别指定的反应给以强化而产生控制性的反应，就是说，根据操作反射原理，按照一定指标的标准来观察被试的反应，如果得到预期的期望标准，就给以正强化（奖赏）；对那些未达到标准的反应，停止正强化，给予负强化，使其逐渐形成期望习惯。这种行为改变或新行为的形成是基于社会性的强化，班杜拉总称此强化为外在强化。班杜拉的社会性学习理论与其说重视上述外在性强化和直接经验的结果形成的观察学习，不如说更重视替代性强化和自我强化对行为的控制。

在观察学习中经常受到预期结果的激励，即正确地模仿榜样就可以获得强化，但是通过观察他人的行为受到强化或惩罚，人们也可以产生学习，这就是替代性强化。例如，彩票发行商总是把获得大奖的事迹进行广泛的宣传，以诱导公众参与购买彩票的行为，尽管每个参与购买彩票的人都清楚获得大奖的机会只有几百万分之一，但是看到别人获得如此可观的大奖，这样的强化促使人们也想参与模仿类似的行为。教师在课堂教学情境中，也经常利用替代性强化的方法。比如，当某个学生无所事事的时候，教师常常选出那些好好学习的人，并强化他们的良好表现。那些行为表现不佳的学生认识到进行学习活动就可以得到强化，他们因此也可以回到学习活动中来。

替代性强化的效果主要有下面 3 种：①环境的辨别：容易出现与得到满足的榜样行为相一致的行为，而抑制对曾受过惩罚的行为的模仿；②诱因动机效果：即看到其他人得到非常好的奖赏，而产生模仿榜样行为的动机；③榜样对行为奖惩出现的情绪反应，也会唤起观察者的情绪反应。

班杜拉对观察学习的研究，除了上述的外在强化、替代性强化外，还有自我强化，即人能够自发地预测自己行为的结果，并依赖反馈进行自我评价和调节，从而控制自己的行为。Drabman，Spitalnik & O'Leary（1973）[①]设计了一个经典的方案来训练学生调节自己的行为。他们首先要求教师每天评价学生的行为，并对获得较高评价的学生进行强化；然后改变训练方案，要求学生猜测教师将会给他们什么样的评价，学生猜对了就会得到强化；最后逐渐取消强化。结果表明在强化和猜测条件下，学生的

---

① 参考罗伯特·斯莱文著，姚梅林等译．教育心理学——理论与实践．北京：人民邮电出版社，2004.

行为都有所改善。即使在方案结束后的很长一段时间内，这种改善依然能够保持下来。研究者认为训练学生准确地判断教师对自己的评价，这可以帮助学生确立自己的行为标准，并对达到这些标准的行为进行自我强化。当自我观察与自我强化相结合时，自我观察常常对学习者的行为具有重要作用。人们在生活中也经常使用这一原理，如自己规定自己只有看完某章节的书以后，才能去吃饭。

本章摘要

1. 行为改变技术的理论基础包括四个方面：反应性条件反射理论、操作性条件反射理论、认知行为改变理论和社会学习理论。其中尤以前两大理论为主流，它们的理论奠定了行为改变技术的基础，在方法策略的应用上也占着重要地位。后两个理论的内容是在行为改变技术的发展后期才逐渐渗入的。上述理论在其发展过程中，通过相互批评和争论，终于渐渐融合为一个综合性质的理论体系。

2. 反应性条件反射以巴甫洛夫的狗分泌唾液的实验为基础，后经过华生的制约情绪反应的实验予以发展，琼斯的反制约情绪反应的实验寻找到了矫正通过制约情绪反应建立起来的行为困扰的方法；沃尔普在南非将这一研究进行了扩展，并衍生了交互抑制原理和系统脱敏原理，这两个原理使行为改变技术得到了广泛的运用。反应性条件反射强调条件刺激和非条件刺激的配对作用，形成条件反射。条件反射是强化决定反应，强化在前，刺激在后。

3. 操作性条件反射是以斯金纳为代表，强调行为的改变是根据行为的后果来决定的：如果行为的后果是愉快的，则行为出现的频率就会提高，反之则会降低。在操作性条件反射中，反应决定强化，反应在前，强化刺激在后。

4. 认知行为改变理论强调机体内部变量在 S－R 的联接过程中的作用，高度重视和关注个体的认知信念对行为的形成和学习过程的影响。认知行为改变理论把焦点放在异常者的不正常思维模式的改变上，通过改变患者的认知模式以达到疾病减轻或消除的目的。

5. 社会学习理论认为学习是通过模仿而获得的，即一个人通过观察另外一个人的行为而学习了某种行为，但要使这种模仿学习能够进行运用，就必须给予强化手段。社会学习理论还提出了"三位一体的交互决定论"的思想，即行为、环境和认知三者作为相互决定的因素，共同起作用。

在观察学习的过程中，个体要经过注意、保持、动作重现和动机四个过程。

练习题

1. 行为改变技术的主要理论基础有哪些？

2. 举例说明在日常生活中人们的哪些行为是由反应性条件反射建立起来的？

3. 举例说明在日常生活中人们的哪些行为是由操作性条件反射建立起来的？

4. 反应性条件反射理论的代表人物有哪些？

5. 琼斯的反制约情绪反应的实验研究过程给你带来哪些启示？

6. 认知行为改变理论的基本内容是什么？

7. 社会学习理论的基本内容有哪些？

8. 简述观察学习的过程。

第三章　行为的观察、记录与评估

12岁的小军有一大"爱好"就是咬衣角、红领巾、被角等一切有角的织物。他在家里要咬；在学校也要咬，紧张时要咬；无聊时还要咬，上课时咬，睡觉依然要咬。

尽管小军的特殊"爱好"明显属不良行为，需要进行行为矫正，改变其不良行为，但这些行为在什么样的情况下发生，发生的频率如何，都需要仔细地观察与记录，必要时须通过医生的诊断来收集有关小军的行为表现资料，并作出客观、详细、准确的分析，才能着手制定详细、科学的矫正方案，对小军进行行为矫正。因此，对个体行为的观察与评估是行为改变技术运用过程中至关重要的一环。本章着重介绍如何对行为进行观察、记录以及相应的一些评估方法。

第一节　行为观察

行为改变技术强调特定的行为改变，因此，行为改变技术实施的关键是资料的全面性。然而，要准确地把握行为改变技术实施对象的具体情况，需要翔实而充分的资料作为铺垫。行为资料的收集方法很多，如档案记录法、问卷调查法、行动研究法、观察法、访谈法等。由于行为改变技术强调解决的是此时此地的问题，也就是解决在当前情境中发生或表现的问题行为。在这个过程中，不仅在行为改变技术实施前要进行观察，以便对问题行为进行准确的评估；在实施过程中，更要认真仔细观察对问题行为的改变程度，以便准确地评估并进行下一步的改变计划；在行为改变技术实施后，还要继续观察，了解行为改变技术实施后的效果，特别要注意了解个体在非行为方面在不同的场合下是否有积极的变化。因此，在行为改变技术过程中，观察法是最主要的也是最重要的行为资料收集方法。

一、观察法概述

观察法是科学研究中最常用的、最基本的方法，在对行为矫正的研究和应用中也不例外。

（一）观察的含义及其特点

研究中的观察与日常观察有所不同。日常观察无计划、无目的，具有自发性和偶发性，几乎人人都会，而研究中的观察则不然。研究中的观察是有目的、有计划地运用感官和科学仪器，对研究对象进行观测，观察的目的在于收集有关研究对象的翔实资料。观察法由于在科学研究中的运用十分广泛，因而被有些社会学家称之为"科学研究的第一方法"。

研究中的观察具有目的性、计划性、系统性等特点。目的性就是观察应具有具体的研究目的或假设，观察的设计、观察的内容、方法、时间安排都要符合预定的目的。计划性表明观察应具有系列的记录准备，如记录的方法、记录表单的设计都应事先确立并准备好。系统性是指在研究假设或目的的指导下，有序地、系统地进行观察。

(二)观察的类型

对于观察法种类的划分，可以从不同的角度进行。

1. 从观察的时间划分，可以分为长期观察和定期观察。

长期观察就是在比较长的时期内(一般可以长到几个星期、几个月或若干年)持续进行有系统的观察。这种观察法有时也叫日记法和传记法。很多心理学者对儿童心理发展所作的日记式或传记式的记录和分析，就属于这种观察法，如达尔文(C. Darvin)的《一个婴儿的传略》和我国陈鹤琴的《一个儿童发展的程序》等①。定期观察，即按一定时期进行观察。例如，为研究学前儿童游戏活动中的行为表现，可以每周观察一两次，每次一两个小时，如此观察若干次。在行为改变技术中，用得最多的是定期观察。

2. 按情境条件划分，可分为自然观察和实验室观察。

自然观察是在自然状态下进行的，不对观察对象活动的各种条件给予人为干预，也不需要对方合作。由于是在现场，可以全面把握情况，获取真实可靠的资料，如对某个学生上课讲话行为的观察。实验室观察是在人为安排好的实验情境中进行的观察，同样的现象可以通过再现相关行为或环境而再次发生，如对儿童模仿行为结果观察。

3. 按观察者与观察对象的接触方式划分，可分为直接观察和间接观察。

直接观察就是观察者凭借自己的感觉器官，在现场获得研究对象的资料。如教师对学生上课时的离座行为观察，父母对子女发脾气行为的观察。间接观察就是以某一事物为中介而获得关于研究对象的资料信息。如通过他人所拍的照片、录像片、音频资料等来了解研究对象的行为特点。

---

① 参考董奇．心理与教育研究法．杭州：浙江教育出版社，2005，354．

由直接观察得来的资料可以为即将进行的或正在进行的研究提供更详细具体的第一手资料。但是如果观察对象的行为比较复杂，直接观察可能会对观察对象的行为观察得不够完全和彻底，而通过对先进的摄录像系统记录的材料进行反复分析则可以避免这方面的缺陷。如果条件许可，提倡二者的结合使用，以便更为准确地观察。

4. 按行为的取样方式划分，可分为事件取样观察和时间取样观察。

事件取样观察只对某种与研究目的直接有关的、预先确定了的行为进行观察与记录。如对小峰在课余时间干扰同学这一行为事件进行取样观察。时间取样观察则在一定的时间间隔内进行观察，对这一时间中发生的各种行为表现作较全面的记录。时间取样可以随机进行，也可以在可能发生典型行为表现的时间进行，一般应在行为改变活动开始、中期和结束阶段都能抽选一定的时间进行观察。如对某个正在医院里因中风而接受康复训练的人独自站立的时间取样观察。

此外，观察法还可按事先是否确定了观察项目分为结构性观察和非结构性观察；还可按观察者是否直接参与所研究的活动，分为参与观察和非参与观察。

二、行为改变技术中的观察

科学的研究离不开观察法，行为改变技术的研究也是如此。行为改变技术强调特定的行为改变，因此，只有在对特定行为进行全面具体的观察的基础上，才能对特定行为进行评估，从而制定出最佳的行为改变方案。

(一)观察前的准备工作

在行为改变技术中，进行观察前应做好以下准备工作。

1. 目标行为的定义

目标行为是指行为改变过程中所要处理的某项特定行为。目标行为既可以是希望个体增加或减少的行为，也可以是希望个体培养的行为。例如，老师减少儿童课堂上擅自离开座位的行为，家长培养孩子学会自己穿鞋子，老师和家长降低儿童乱发脾气的发生次数，减少自闭儿童的攻击性行为等，这些都可以成为行为改变过程中所要处理的问题行为，也就是行为改变计划中的目标行为。对目标行为的精确定义或描述，有利于观察者把目标行为的发生和其他非目标行为区别开来，有利于观察者更准确地观察与记录目标行为，有利于不同的观察者对同一行为的观察得出相同的结果，从而有利于对行为矫正治疗方案的确定。那么，如何定义目标行为呢？

第一，用可观测的词句来描述。如要对"小明上课注意力不集中"的行为定义，就可用"随意离开座位""手玩弄铅笔""眼睛看着窗外"等词句来描述。"离开""玩弄""看着"等动词都是既可观察到，又可被测量的行为动词。一节课离开座位多少次，玩铅笔玩了多久，看着窗外持续了多长时间，都是可测量的。但诸如"生气""沉思""想象"等虽是动词，却无法被其他人观测到。因此，一般不能用这样的词来描述目标行为。如果要了解个体的内心状态对其行为的影响，就要观察各种内心状态下的具体的行为反应。

第二，对目标行为的表述一定要客观、具体而明确，不能过于笼统。如"小明上课注意力不集中"的行为定义，就不可笼统地定义为："上课不专心听老师讲课，不认真、东张西望。"一般说来，对目标行为的动作描述越具体，越明确越好，就越不容易产生观测误差。同时，要尽量做到客观，尽量减少个人的主观偏见。

第三，不要把行为定义与类别名称混为一谈。说到行为，人们常把行为定义与类别名称混为一谈。如说某个小孩子有爱发脾气的行为、有口吃的行为。这当中的"发脾气""口吃"等常被认为是某一行为的定义。其实不然，这些词只是这些行为的类别名称，而不是这些行为的定义。

类别名称是用于对某种行为的一般称呼。类别名称不能用来定义行为，因为类别不能确定个体的行为。但类别名称也有其应用价值，如当提及某个目标行为时，它可以被用于方便地速记。如观察者在观察某个学生的违纪情况时，当他看到被观察者有事先在行为定义中所描述的情况发生时，就可用类别名称"违纪"记录，而用不着通过详细描述行为表现来记录。表3-1列出了一些常见目标行为的行为定义与这些行为相关的类别名称。

表 3-1　常见问题行为的类别名称与行为定义

类别名称	行　为　定　义
学　习	对琪琪来说，学习包括朗读课文、在课文中的句子下面画线、完成数学或英语作业。
发脾气	小强大哭并且躺在地板上；踢墙壁、摔玩具、用棒打东西。
口　吃	晓瑜在说话时重复词语，说某个词语的时候延长这个词的发音，或在一句话的两个词语之间停顿2秒以上。
咬指甲	欣雨把手指放在嘴里并把牙齿合在指甲上、表皮或周围的皮肤上。

综上所述，行为定义是使用主动动词对某一个体所展示的特定行为进行描述，是可观测、客观、具体而明确且有别于类别名称的。如表 3-1 中对"发脾气"等行为的定义。如果不同的人可以观察到同一行为，并且同意这个行为正在发生，那就说明这个行为定义是准确的。

2. 确定观察者

在对目标行为进行定义之后，就应确认由谁来观察和记录这个行为。在行为改变计划中，一般是由表现出目标行为的人以外的个体对目标行为进行观察和记录，如专业人员（比如，心理学家）或在被观察者所处的自然环境中与被观察者具有固定关联的个体（比如，教师、父母、同事或主管）。有时候观察者可以是被观察者本人，因为有些行为是不可能由其他观察者对目标行为进行记录的（例如，在目标行为并不经常出现的情况下，或者当目标行为发生时没有其他人在场的情况下），在这种情况下，观察者就只能是表现目标行为的人，也就是表现目标行为的人自己观察和记录自己的目标行为，这也叫自我监视。自我监视的结果要想更具有价值，最好应与另一个观察者进行的直接观察相结合，相互印证，以达到对目标行为的准确把握。

要真正成为一个研究中的观察者，必须具备以下条件。

第一，观察者必须经过培训。观察者无论是专业人员（如心理学家），还是在被观察者所处的自然环境中与被观察者具有固定关联的个体（如教师、父母、同事或主管），或是被观察者本人，都必须经过培训，学会辨别出目标行为。只有这样，才能在目标行为发生时及时记录下来。培训的内容包括，先学习目标行为的定义，然后在研究者的监督下对行为进行观察与记录。当观察者能可靠地对目标行为进行观察与记录时（在他们与研究者取得了很好的观察者信度之后），就可以在实际的观察阶段中记录目标行为了。

第二，观察者必须有时间观察和记录目标行为，并且愿意充当观察者的角色。例如，一位教师可能被要求观察和记录他的一位学生的目标行为，但他可能不同意这样做，因为他的教学工作可能让他无法抽出时间充当观察者。而在大多数案例中，让观察者在对正常工作影响不大的情况下，对被观测者的目标行为进行观察和记录是完全可能的。

3. 观察地点与时间的选择

行为的出现往往与个体所处的环境有很大的关系，因此地点的选择非常重要，如智障儿童的自伤行为，当有大人在场，特别是父母或老师在场时，就比在独处时严重。有些行为在改变过程中也需要全面观察才能更清楚地了解其改变的效果。比如，训练有自闭倾向的儿童听从指令，研究者就应在不同环境下进行观察：在一对一个别训练中观察其对教师指令的反应，在游戏活动中观察其听从指令的表现，在熟悉的家庭环境中观察其对父母指令的反应等。对行为的观察和记录地点一般分为两种，即自然环境或人为环境。自然环境由一些发生目标行为的典型场所组成，人为环境一般是指观察者易控制和操作的环境。如在教室中观察和记录一位学生的目标行为就是使用自然环境的一个例子，而在诊所的游戏室里对这个学生进行观察就是使用了人为环境，因为待在游戏室里通常并不是这个孩子日常活动的一部分。一般来说在自然环境中的观察可能提供目标行为的更具代表性的例子；而在人为环境中，目标行为可能受到环境的影响，因而对目标行为的观察所提供的例子可能并不代表正常情形下该行为的情况。然而，人为环境中的观察也有好处：它不但比自然环境更容易控制，而且影响行为的变量也更容易操作。

大多数行为出现的时间也是不确定的，也就是说行为并不是随时随地都在发生，特别是问题行为，如精神分裂患者的分裂行为。另外，即使是随时随地可能发生的行为也不可能随时随地跟踪观察，况且也没有必要。比如，一位口吃患者，可能一天中要发生几百次口吃，观察者不可能、也没必要把每次口吃情况都观察记录下来。因此，根据被观察者的情况确定一个具体的时间段来对目标行为进行观察与记录就很有必要。观察阶段就是观察者在一个具体的时间段中对目标行为进行观察与记录。观察阶段一般选择在目标行为最可能发生的时段。例如，如果医院的报告显示一位精神病患者最有可能在用餐前后出现分裂性的行为（定义为尖叫、踱步和辱骂其他病人等），那么观察阶段就会被确定在用餐时间。可以通过从与被观察者的面谈中或其他人那里得到一些间接的评估信息来确定观察阶段最合适的时间。观察阶段的时间还取决于被观察者的活动和偏好、对观察的限制情况以及当时观察人员的可用性。但自我监视不受观察阶段的约束。

（二）进行观察应注意的问题

观察的效果如何，直接影响记录及将来结果的比较，间接影响行为改变方案的实施，因此要应尽量避免那些影响观察结果的不良因素。

1. 避免观察中出现的反应

有时行为观察和记录过程中会引起被观察行为的改变，这种改变甚至有可能在治疗之前就会发生，从而影响治疗中和治疗后的结果比较，这种情况就称作反应。反应可能在观察者观察别人的行为时发生，也可能在自我监视的情况下发生。例如，一个有分裂行为的孩子看到有人在教室中记录他的行为，就可能在观察人员在场时减少他的分裂行为。通常这种改变是暂时的，当孩子习惯了观察人员在场的环境后，他的行为还会回到原来的水平。因此，减少反应的办法之一，就是等到被观察者习惯了观察者在场之后再进行观察。另一个办法是让观察者在观察对象不知道的状态下进行观察，这种办法可以通过使用单向玻璃或参与观察（即请目标行为发生时通常都在行为发生场所的人，如教室中老师的助手充当观察者）的方式实现。

但是，避免被观察者的反应并不意味着，在对被观察者进行观察和记录前不经过被观察者或被观察者的父母或监护人的同意。因此，实施观察和记录一定要在被观察者本人或被观察者的父母或监护人同意的情况下进行。

2. 避免影响观察的不良因素

一般情况下，以下几种因素会影响到观察结果。

(1) 目标行为定义模糊。由于目标行为的界定不清楚、不具体或不完善，即使观察者有明确的观察目标，也使不同观察者的观察结果不能完全一致。

(2) 观察情境受到干扰。有些目标行为尽管已有明确、具体的界定，但若在容易受到干扰的情境中观察，或是在观察过程中受到外界干扰，或是目标行为十分复杂不易观察确定，都会使观察结果产生误差。

(3) 观察者本身条件不合格。观察者本身缺乏专业训练、动机薄弱、不能胜任，甚至未做观察之前，已具有偏见。这样，观察结果自然也容易产生误差。

总之，在这种为了实施行为改变而进行的观察中，既要有观察前的准备，又要有观察中详细记录，还要避免一些不良因素对观察的影响。

第二节　行为记录

进行行为观察的目的是收集行为资料，因此，需要把观察的结果详细有效地记录下来。这说明，除了正确的观察以外，有效的记录也是很重要的一环。也就是说，在对行为改变对象通过观察进行资料收集时，记录不但应与观察同步进行，而且还应选择方便、易行、有效的记录方法。

一、选用合适的记录方法和记录工具

为了提高行为记录的精确性与效率，选用适当的记录方法非常关键，针对目标行为的不同方面，可以采用不同的记录方法。常用的记录方法有连续记录、时距记录、时间取样记录和成果记录。

(一)连续记录

连续记录就是把某一特定时间内所发生的目标行为，从发生到结束从头至尾地记录下来。在连续记录中，观察者在整个观察阶段中对被观察者进行记录，并记录下行为的每一次出现。要做到这一点，观察者必须能够辨认每次行为的发生和消失(或开始和结束)。

1. 连续记录方法中的测量尺度

在连续记录中，观察者能够记录的目标行为不同的尺度主要有行为的频率、行为的持续时间、行为的强度及行为的延宕时间等。

行为的频率是指某个行为在一个观察阶段中出现的次数。也就是说，测量一个行为的频率时，只要计算它出现的次数即可。例如，小军一天要咬 15 次织物的角，小雄每天要讲 20 次脏话，小明每节课要离开座位 13 次等，都是行为频率资料。行为的一次包括它的开始和结束。可以通过行为的发生频率来反映行为的严重程度。

持续时间是指一个行为从开始到结束时所占用的时间总量。一般通过一个行为从发生到结束的时间对行为的持续时间进行测量。例如，一个孩子每天看多久的电视，一个在医院接受康复治疗的中风病人能够在不需要帮助的情况下站立多少秒。一般说来，问题行为持续时间越长，表示该行为越严重，或越显著；反之，良好行为的持续时间越长，该行为越容易被人们所认可。

延宕时间是指从某种刺激事件出现到行为发生之间的时间长度。延宕时间可以通过一个人在一个特定的事件发生后多长时间才开始出现某种行为来测量。比如，可以测量一个孩子在被要求把玩具收拾好以后，要多长时间才开始行动；一个人听到电话铃响以后，多长时间才接电话；可以测量一个孩子在被妈妈叫醒要求起床后，要多长时间才开始穿衣服。延宕时间越短，表示被观察者在听到要求以后的行为反应越快，因此延宕时间有时候也被称为行为反应时间或行为的潜伏期。延宕时间越长，则表示被观察者越不热衷于此种反应，因此可以作为一种不良习性的指标。延宕时间不同于持续时间，延宕时间是刺激事件和行为发生之间的时间，而持续时间是行为开始到行为结束之间的时间。

除了用频率、时间等来记录行为资料外，有的行为还需进一步使用大小、力量、强弱或等级等反映行为强度的指标来评估其状况。例如，要改善儿童在教室里的喧嚷声，必须要先设法测得教室内的噪音大小；要改善儿童的肌肉力量，要先获得其握力、举重力量、推铅球的远近，以及反弹力等资料。这些类似的资料可以视为行为的强度资料。行为的强度是指行为中所包含能量的问题。行为的强度比频率和持续时间更难于测量，因此，此类行为资料的测量，通常要借助仪器或事前规定的等级量表来测量。

2. 选择测量尺度的依据

使用连续记录时，可以选择一个或多个尺度进行测量。选择测量尺度的依据是：哪些方面是行为最重要的方面，哪些尺度在随后进行的治疗中是最敏感的（最容易改变的）。例如，记录一个人口吃的情况，频率是最重要的尺度。这样就可以比较在治疗之前、治疗期间和治疗之后的口吃词语的数量。但有些时候，也需要对被观察者进行多个尺度的观察和记录。如观察记录一个孩子发脾气的行为（尖叫、扔玩具、摔门），就有可能需要对每天发脾气的次数（频率），对每次发脾气有多长时间（持续时间），以及对孩子尖叫时声音有多大或者他扔玩具和摔门时用多大力量（强度），都进行观察和记录。

3. 连续记录的记录工具

记录工具就是观察者用来记录行为发生情况的工具，当然纸和笔是记录行为时最为常用的工具。但在大多数情况下，根据事前观察，计划、制定的表格更方便易行。因此，如果要对行为进行更有效的记录，观察者就必须在对特定行为进行观察之前准备好一个数据表，用它来记录行为发生的情况。连续记录常用的测量尺度是行为频率、持续时间、延宕时间、强度等。可根据观察计划中所选的尺度在观察前就制定好频率记录表、持续时间记录表、强度记录表等。记录表的制定形式可根据目标行为的具体情况而定。

例如，行为频率记录表可以如表3-2所示。

表 3-2 行为频率记录表

姓名：_____ 观察者：_____

被记录的行为定义：_____

日 期 \ 频率（次）	1	2	3	4	5	6	7	8	9	10	11	12	日总量

注：这张数据表是用来记录行为频率的。每次行为发生时就在对应的方格中画"√"，如果每天行为出现的次数超过了 12 次，就在下一行继续记录。

当记录不同行为在同一时段的发生次数时，可选用发生次数表 3-2A 的形式（甲式）。

表 3-2A 发生次数记录表（甲式）

被观察者：_____ 观察时间：10 月 11 日 10 时 20 分到 11 时 0 分

观察者：_____ 观察场所：英语课教室

行为类别	标记	小计	备 注
上课时离开座位	/////	5	走到后面丢纸屑
上课时间乱讲话次数	///// ///// /	11	故意对邻桌同学捣乱

注：每一种行为发生时，就在对应的位置画个"/"，最后把一天记录到的各种行为发生的次数作一小计。

当记录同一行为在不同的时间发生的次数时，可选用表 3-2B 的形式（乙式）。

表 3-2B 发生次数记录表（乙式）

目标行为：上课时间咬红领巾的发生次数

被观察者：_____ 观察场所：_____

观察者：_____ 观察时间：自___月___日到___月___日止

编号	观察开始时间	分钟数	标记	小计	备注
1	10 时 0 分	30 分钟	///// ///// /	11	语文课
2	时 分				
3	时 分				

注：同一种行为每次在不同的时间段发生时，就在对应的位置上画个"/"，最后把一天记录到的各个时段的次数作一个小计。

　　行为的持续时间记录，既可以记录每次行为开始与结束的时间点，然后计算出持续时间，如表 3-3A 所示。也可以设计成直接记录行为持续的具体时间长度，如表 3-3B 所示。

表 3-3A　持续时间记录表

姓名：_____　观察者：_____

被记录行为的定义：_____

日期＼时间	开始	结束	开始	结束	开始	结束	每日结束时间
每次持续时间							
每次持续时间							
每次持续时间							

　　注：这张数据记录表用来记录每次行为的开始和结束的时间点，最后还可以把每次和每天的行为持续时间计算出来显示在上面。如果每一天的行为发生次数超过了 3 次，就在下一行记录。亦可以考虑根据行为的出现频率适当增加每行记录的次数。

表 3-3B　持续时间记录表

被观察者：_____　年龄：__ 岁　观察者：_____

目标行为：因中风而在医院接受恢复治疗的独自站立时间

观察时间：____年__ 月__ 日

第几次	独自站立时间（秒）	第几次	独自站立时间（秒）
1	5	4	
2	8	5	
3	5	6	

　　注：直接记录持续时间。

　　除了观察前事先设计的表格外，也有一些其他的不用纸笔的工具。如使用秒表来记录行为的累计持续时间，使用高尔夫击球计数器来记录行为的频率，使用手提电脑来记录行为的频率和持续的时间等。

（二）时距记录

　　时距记录，就是观察者把观察阶段划分成一些小的时间段或间隔，在每个间隔中观测被观察者的行为，然后记录下在这个间隔中目标行为是否出现。例如，教师要想了解小军在课堂上咬衣角或红领巾的发生频率，就选定每天上数学课时的 20 分钟为观察时段，并将这 20 分钟分成以 30 秒为时距的 40 个时段。一般来说，发生频率较高而持续时间较短的目标行为，宜选用短时距，如以 10 秒为时距；反之，若其发生频率较低而持续时间较长，则宜使用较长的时距，如以 2～5 分钟为时距。

1. 时距记录的优势与不足

时距记录的方法简单，因为观察者不必关心行为发生的频率，或行为的持续时间，也不必辨认行为的发生和消失，只须简单地记录下目标行为在每个时间段究竟"发生了"还是"未发生"。因此，时距记录法通常也被称为"双向记录法"。时距记录方法的优点包括：①可提供次数和持续时间双方面的大概资料；②对频率高而持续时间短的行为以及频率低而持续时间长的行为均可记录；③可提供较正确的观察信度考验资料，便于两位不同的观察者进行相互核对，并计算时距信度系数。时距记录方法也有不足，其最大缺点是在各个小时段内观察者都要观察被观察者的行为。因此，在教学情境里，教师若要专心教学，就不易兼顾到此种记录工作，有时不得不另请其他人员从旁记录。

2. 时距记录的工具

时距记录尽管方法简单，但要在观察前备好记录表格。常用的时距记录表格有如表 3-4A 所示的正式时距记录表，也有如表 3-4B 所示的简易时距记录表。

表 3-4A　正式时距记录表

被观察者：____年龄__岁　观察者：甲：____乙：____

目标行为：_____

观察日期：___年___月___日　开始时间：___时___分　停止时间：___时___分

观察环境：_____

观察时间 观察者	1（分）		2		3		4		5	
	30（秒）	30	30	30	30	30	30	30	30	30
甲										
乙										

注：当目标行为发生时，观察者就在对应的方格中打"√"，表示目标行为发生。如果目标行为在方格代表的时段中没有出现，观察者就空出对应的方格。

表 3-4B　简易时距记录表

被观察者：　小飞　　观察者：　王佳

目标行为：上课时咬指甲的行为　

观察日期：　10　月　10　日　9　时　10　分至　9　时　30　分止，共　20　分钟，分　40　个小时段。

时　段										小计	合计
1	2	3	4	5	6	7	8	9	10	4	
			√	√		√		√			
11	12	13	14	15	16	17	18	19	20	2	
	√			√							13
21	22	23	24	25	26	27	28	29	30	5	
√			√	√		√	√				
31	32	33	34	35	36	37	38	39	40	2	
	√	√									

注：当目标行为发生时，观察者就在对应时段下的方格中打"√"。

（三）时间取样记录

时间取样记录法，顾名思义，就是确定一个时间段来进行观察。时间取样记录法的优势在于观察者不必在整个时段中都对行为进行观察，只有当行为出现在事先确定的观察时间段以内的时候，才进行记录。因此，时间取样法往往成为教师观察记录的首选方法。

1. 时间取样记录与时距记录的区别

时间取样记录法与时距记录法很相似，都是划分观察时段，以便取得关于目标行为发生次数的资料。不同的是，时距记录是将每一个小的时段的时距固定为相同，而时间取样记录法则既可以固定每一个小的时段的时距，也可以采用不相等时距的分段方法，并且只需在每一个小的时段的部分时间里进行观察和记录，比如，既可以在每个20分钟的时距中分别只记录1分钟，也可以只有当行为在时距的末期出现时才做记录。也就是说，时间取样记录既可以固定时距，也可以不固定时距。如一个观察者正利用时间取样记录法对某人的不正确的坐姿（定义为没精打采和佝偻身体）进行记录。观察者设定一个计时器，计时器每隔10分钟就发出嘟嘟声，观察者只在计时器发出响声时这个人正表现出不正确的坐姿的情况下才做记录。

时间取样记录法的时距分割，通常要比时距记录法的时距长。例如，利用上语文课的时间做观察，可将一节课40分钟的时间，分割为20个小时段，每一个小时段的固定时距就是两分钟；如果一节课的时间是 50 分钟，则每一个小时段的固定时距是两分半钟；如果还想更简化一些，50 分钟的观察时间，也可分割为 10 个小时段，其时距就为 5 分钟。

　　2. 时间取样记录工具

　　时间取样记录表格的设计可参照表 3-5A 或表 3-5B。利用这些记录表时，如果能再配备一种信号装置，告知各小时段的开头，则更便于观察者及时观察和记录目标行为的发生。一般可用的信号装置有定时装置、电脑程控，或者用录音带将预先定好的观察时刻录好，并用小铃声做信号，观察者每听到信号，就要查看被观察者的动静，并在记录表上记下观察结果。

表 3-5A　时间取样记录表（固定时距）

观察者：＿＿＿＿＿被观察者：＿＿＿＿＿观察日期：＿＿＿年＿月＿日

目标行为：＿＿＿＿＿＿＿＿＿＿＿＿＿＿＿＿＿

观察时刻	发生	未发生	观察时刻	发生	未发生
10：00			10：25		
10：05			10：30		
10：10			10：35		
10：15			10：40		
10：20			10：45		

　　注：在观察时刻如果发生目标行为，就在"发生"一栏打上"√"号；如果没有发生，就在"未发生"一栏打"－"号。

表 3-5B　时间取样记录表（不固定时距）

观察者：＿＿＿＿＿被观察者：＿＿＿＿＿观察日期：＿＿＿年＿月＿日

目标行为：＿＿＿＿＿＿＿＿＿＿＿＿＿＿　观察情境：＿＿＿＿＿＿＿

观察时刻	发生	未发生	统计
10：10			
10：13			发生次数＿＿＿次
10：18			发生百分率＿＿＿%
10：22			未发生次数＿＿＿次
10：25			未发生百分率＿＿＿%
10：30			

　　注：在观察时刻如果发生目标行为，就在"发生"一栏打上"√"号；如果没有发生，就在"未发生"一栏打"－"号。

(四)成果记录

成果记录,又称持久成果记录,可以在一个行为产生出某种使研究者感兴趣的切实结果的情况下应用。例如,一个主管可以计算在工厂中组装出的产品数量,以此对工人们的工作表现进行成果测量;一位教师可以记录正确完成的家庭作业数量,以此对学生们的学习表现进行成果测量。

成果记录的一个好处是在行为发生时观察者不一定必须在场。在学生们完成家庭作业的时候老师也许不能在场,但仍然可以对学生们行为的成果(即完成的作业)进行测量。成果记录的一个缺点是记录者无法每次都确定谁参与了产生成果的行为。例如,老师无法确定学生们是否自己完成了作业,是不是有人帮助了他们,或者是否有人替他们完成了作业。

成果记录的方法很多,但以行为资料收集为目的的记录又与平时所做的记录有所区别。在平时,记录者可以根据具体情况做一些简便的记录,如主管计算工人加工产品的数量,可以直接在花名册上记录下每个工人生产的产品数;老师在登记哪些学生按时完成了作业时,也可以在学生的名字下做一记号来记录。但以资料收集为目的的成果记录,一般应在记录前就制定好表格,清理成果时,直接在表格上记录,如一个教师在行为改变技术实施过程中对学生的作业情况了解的记录,可制定一个呈交作业记录表(如表 3-6 所示)来记录。如果想了解在实施某项新的教学方法时期作业成绩的变化情况,就可制定一个作业成绩记录表(如表 3-7 所示)来记录。

表 3-6 呈交作业记录表

学生:_____ 记录人:_____

月　日	星期	阶　段	实交件数	应交件数	呈交百分比	平均百分比
8 月 7 日	三	基准线阶段	1	4	25	
8 月 8 日	四	基准线阶段	0	2	0	
8 月 9 日	五	基准线阶段	1	2	50	19
8 月 10 日	六	基准线阶段	0	3	0	
8 月 12 日	一	辅导阶段	1	2	50	
8 月 13 日	二	辅导阶段	2	3	67	
8 月 14 日	三	辅导阶段	2	3	67	
8 月 15 日	四	辅导阶段	2	2	100	80.7
8 月 16 日	五	辅导阶段	3	3	100	
8 月 17 日	六	辅导阶段	4	4	100	

续表

月　　日	星期	阶　段	实交件数	应交件数	呈交百分比	平均百分比
8 月 19 日	一	维持阶段	2	2	100	
8 月 20 日	二	维持阶段	3	3	100	100
8 月 21 日	三	维持阶段	3	3	100	

表 3-7　作业成绩记录表

作业名称：<u>三位数加三位数个位进位加法</u>　学生：<u>　　　　　</u>

阶段：自<u>　</u>年<u>　</u>月<u>　</u>日至<u>　</u>年<u>　</u>月<u>　</u>日　记录者：<u>　　　　　</u>

月　　日	星期	完成作业时间（分钟）	作业题数		%		速率		备注
			做对	做错	做对	做错	做对	做错	
8 月 5 日	一	20	0	50	0	100	0	2.5	基准线阶段
8 月 6 日	二	20	2	48	4	96	0.1	2.4	基准线阶段
8 月 7 日	三	20	4	46	8	92	0.2	2.3	基准线阶段
8 月 8 日	四	20	2	48	4	96	0.1	2.4	基准线阶段
8 月 9 日	五	20	3	47	6	94	0.15	2.35	基准线阶段
8 月 10 日	六	20	5	45	10	90	0.25	2.25	基准线阶段
8 月 12 日	一	20	8	42	16	84	0.4	2.1	增强阶段
8 月 13 日	二	20	10	40	20	80	0.5	2.0	增强阶段
8 月 14 日	三	15	20	30	40	60	1.33	2.0	增强阶段
8 月 15 日	四	10	40	10	80	20	4.0	1.0	增强阶段
8 月 16 日	五	9	48	2	96	4	5.3	0.22	增强阶段
8 月 17 日	六	8	50	0	100	0	6.25	0	增强阶段
8 月 19 日	一								
8 月 20 日	二								

二、记录时的注意事项

(一)记录要及时

观察记录行为的人要立刻将观察到的行为记录下来。行为发生后记录得越快，记录错误的可能性就越小，一个要等一段时间才去记录观察结果的人，可能已经忘记要记录的东西了。

(二)记录时必须方便

负责记录目标行为的人一定要能够不费太大力气，也不必打断正在进行的行为，就可以进行记录。如果记录程序方便，观察者就更有可能成功地完成记录（或自我监视），而需要大量时间或者太费力气的记录程序肯定是不方便的。此外，行为记录程序应该不分散正在进行观察和记录人的注意力，否则此人就不太可能实施这个记录程序，即使记录下来，其信度也不会很高。

总之，要更好地作好观察记录，就必须在观察与记录前根据行为资料收集的要求，设计好相应的观察方法和记录方式。只有这样，才可避免因记录结果不当，而浪费时间或错过观察的最佳时机。

第三节　观察信度的检验

通过观察和记录所获得的行为资料的可靠性，将会直接影响到行为评估的结果，以及对行为改变所取得的结果的解释。引起观察结果发生误差的最主要因素是如前所述的观察时的影响因素，当然也可能有记录方法不当等原因。因此为了减少误差，提高观察及其结果记录的准确性，在观察记录过程中常采取一些特别措施。对观察及其结果记录进行检验就是一种行之有效的办法，也就是人们常说的观察信度检验法。所谓观察信度，是指观察所得结果的可靠性。

一、常用的观察信度检验方法

一般认为，观察研究的信度包括三种类型，即：一致性系数（coefficient of observer agreement）、稳定系数（stability coefficient）和信度系数（reliability coefficient）。一致性系数是指不同观察者同时观察同一行为，观察结果一致的情况，稳定系数是指同一观察者在不同时间内观察的符合度，信度系数是指不同观察者在不同时间内观察的符合度。

计算以上任何一种信度都可检验观察的可靠性。虽然也有些研究者认为增加观察的次数比增加观察的人数更合理，但是一般情况下，表示不同观察者同时观察的一致性系数用得最多。要想在观察中获得一致性系数就需要两个人在同一个观察阶段中各自独立地观察和记录相同主体的相同的目标行为，然后比较两个观察者的记录结果，并计算两个人记录结果中相同部分的比例。相同部分的比例越高，说明两人的记录一致性越高。这表明对目标行为的定义清楚、客观，而且观察者们正确地应用了记录方法。

两人的观察可以运用核对观察法和同时性观察法。核对观察法就是在评估行为的过程中，除了由一位观察者每天观察与记录外，再安排一位核对者每周抽样进行2~3次的核对观察，进而查核两位观察者的观察结果是否完全吻合。同时性观察法就是每天每次在同一观察时间段内，安排两位观察者同时进行观察，并分别记录观察结果，然后计算两人观察结果的一致性。这是最理想的做法，但由于增加了人手，就多耗时费工，因此只有在条件允许的情况下实施。

二、观察信度的计算方法

在行为改变技术中，观察和记录的目的是为了制定行为改变方案。但是，行为改变方案的执行是否有成效，是通过比较方案实施前后所得的行为资料来确定的。因此，所获得行为资料的可靠性如何，将直接影响到辅导结果的解释。为了提高观察结果的准确性，除了尽量避免会影响观察与记录结果的不良因素，运用两人以上对同一行为进行观察与记录外，还应当对他们观察与记录信度进行正确的计算，也就是应学会如何计算观察者间信度（IOR）。获得观察者间信度是行为研究中很重要的一个环节。在科学研究中，可以接受的最低IOR值是80%，如果可以达到90%以上则更为理想。

一般说来，观察者间信度常采用两种主要计算方法来检验：一是粗略的信度计算法；二是逐距核对信度计算法。

(一)观察者间粗略信度计算法

观察者间粗略信度的计算，就是将两人观察的结果中的较少次数（或时间、强度）除以较多次数（或时间、强度），再乘以百分之百，得出两人观察结果的一致百分率，以此来说明两位观察者间的信度。其计算公式为：

$$\frac{较少次数（时间、强度）}{较多次数（时间、强度）} \times 100\% = 一致百分率$$

如果两位观察者的观察结果完全一样，则二者的观察一致性是1.0或是100%。例如，记录一位智障儿童在每节课时间内"乱发怪声"的行为次数。根据甲观察员的记录，在周一上午10：00~10：40的观察时间内，被观察者共发出17次怪声；但根据乙观察员的记录结果，只有15次怪声，二者观察结果的一致性只有88%（15/17×100%＝88%）。

粗略信度计算法的优点是较为简便，易于掌握，计算十分简单便利；其缺点是不够精确，检验得出的结果往往难以反映出两位观察者记录到同一事件的真实次数及其比率。因此，粗略信度检验法并非计算信度的最佳方法。我们可以从表 3-8 提供的资料来分析和讨论。表中所列举的真实发出怪声的次数是 20 次，这是借助录音机在现场（也就是上课时）录音保存的资料来记录的，是最为客观和准确的。甲观察者因在开始时，受到外界因素的干扰，没能正确记录，仅记录了 17 次；乙观察者则在结束时受到干扰，仅记录了 15 次。所以如果仅根据这三份资料来计算观察者间的一致性百分率，很明显会有相当大的出入。

表 3-8 两位观察者的观察结果（智障儿童的乱发怪声）

真实发生怪声 20 次	1	2	3	4	5	6	7	8	9	10	11	12	13	14	15	16	17	18	19	20
甲观察者 17 次				√	√	√	√	√	√	√	√	√	√	√	√	√	√	√	√	√
乙观察者 15 次	√	√	√	√	√	√	√	√	√	√	√	√		√	√					

因此，如果采取粗略的信度计算方式，研究者只知道在 40 分钟的观察里，甲观察者所得结果是 17 次，乙观察者是 15 次，二者的观察一致性是 88％。但事实上真实发出怪声的次数是 20 次（用录音机或录影机记录的结果），甲观察者记录到 17 次，故其一致性是 85％；乙观察者更差，仅记录到 15 次，其一致性是 75％。然而从表 3-8 的资料中，我们不难发现，在 20 次发生事件中，甲、乙两位观察者真正记录到同一事件的次数只有 12 次，故其信度应该是 60％（12/20×100％）。

在一般观察情境里，研究者似乎无法一一架设各种记录仪器（如录音机、录影机或摄影机等），所以真实的行为次数也就无法获知，因此一般不采用真实的信度计算方式。为了克服和避免粗略信度计算法的不足，可用逐距核对信度计算法来计算。

（二）逐距核对信度计算法

逐距核对信度计算法是建立在运用"时距记录表格"的基础上的，通常由甲、乙两位观察者分别逐一记录在每一个小时段内目标行为是否发生，然后核对两位观察者记录一致和不一致的次数，最后按照以下公式计算观察一致性百分率。

$$\frac{\text{甲、乙记录一致的次数}}{\text{甲、乙记录一致的次数}＋\text{甲、乙记录不一致的次数}}×100％＝\text{一致百分率}$$

逐距核对计算法可以计算：①发生次数信度系数；②未发生次数信度系数；③发生与否判断一致百分率。下面以表 3-9 提供的行为资料为例，对这三种方式分别进行说明和计算。

表 3-9　两位观察者记录小雄乱讲话次数的比较表

观察时距	1	2	3	4	5	6	7	8	9	10	11	12
甲观察者	√	−	√	−	√	√	−	−	√	−	√	−
乙观察者	√	−	−	−	√	√	−	√	−	−	√	−

注：打"√"表示目标行为发生，打"−"表示目标行为未发生

1．发生次数信度系数的计算

发生次数信度系数以计算两位观察者同时记录目标行为发生次数的判断一致性百分率来表示，通常称为"发生次数一致性百分率"，其计算公式为：

$$\frac{\text{甲、乙判断一致的发生次数}}{\text{甲、乙判断一致的发生次数}＋\text{甲、乙判断不一致的次数}} \times 100\% ＝ 发生次数一致性百分率$$

例如，根据表 3-9 的记录资料来演算"发生次数一致性百分率"。甲、乙两位观察者均判断目标行为已发生的次数（即甲、乙均打"√"的时段数）是 4 次，即 1、5、6、11 时段，甲、乙均记录有行为发生。甲、乙二者判断不一致的次数是 3 次，即 3、8、9 时段。例如，在 3、9 两个时段里，甲观察者的记录是"√"（表示目标行为发生），但乙观察者的记录是"−"（表示目标行为未发生）；在 8 时段的记录则刚好相反，甲观察者的记录是"−"，但乙观察者的记录则为"√"。这样代入上面的公式就可得出甲、乙两位观察者记录的发生次数一致性百分率是 57.1%[4/(4＋3)×100%＝57.1%]。

一般说来，发生次数一致性百分率越高，意味着两位观察者真正记录到同一事件的次数越多，信度也就越高，行为资料的可靠性也就越大。

2．未发生次数信度系数的计算

未发生次数信度系数是以计算目标行为未发生次数的判断一致性百分率来表示，通常称之为"未发生次数一致性百分率"，其计算公式为：

$$\frac{\text{甲、乙判断一致的未发生次数}}{\text{甲、乙判断一致的未发生次数}＋\text{甲、乙判断不一致的次数}} \times 100\% ＝ 未发生次数一致性百分率$$

再以表 3-9 的观察结果为例,甲、乙两位观察者均判断目标行为未发生的时段(即甲、乙均打"－"的时段)有 5 个即第 2、4、7、10、12 时段,甲、乙二人判断不一致的时段数有 3 个(即第 3、9 时段,甲记录"√",乙记录"－";8 时段甲记录"－",乙记录"√")。将这两项数值代入上面的公式,就可得出未发生次数判断一致性百分率是 62.5％[(5＋3)×100％＝62.5％]。

3. 发生与否判断一致性百分率的计算

在计算"观察者间信度"时,研究者所重视的资料是不同观察者的判断一致性多高,也就是在特定的观察时段内,究竟目标行为是"发生"了,还是"未发生"。如果两位观察者在某一观察时段内,均判断目标行为"未发生",就属"判断一致"。因此,在计算真正的判断一致性百分率时,应该采用以下公式:

$$\frac{O+N}{T}\times 100\％＝发生与否判断一致性百分率$$

说明:O 代表甲、乙观察者判断目标行为发生的一致性次数;

N 代表甲、乙观察者判断目标行为未发生的一致性次数;

T 指事先划定的观察小时段数。

(摘自 Tawney & Gast. 单一受试研究法. 台北:五南图书出版公司. 1984.)

我们仍以表 3-9 的记录资料为例。从表中可以查出甲、乙两位观察者判断目标行为发生的一致性次数是 4,未发生的一致性次数为 5,而事先划定的观察时段数为 12,将这三个数据代入上述公式,即可算出发生与否判断一致性百分率是 75％[(4＋5)/12×100％＝75％]。

从上述分析中可以看出,判断一致性百分率相对于其他计算方法而言,能更客观地反映出不同观察者记录结果的判断一致性水平和信度的高低,是一种较为合理的观察信度检验方法。

三、提高观察信度的有效途径

观察信度是根据观察与记录的内容来计算的。因此,要提高观察信度,最主要的是,应避免观察与记录中可能出现的误差。因此,首先,应提供清楚、完整、具体的目标行为的操作定义,从而促使不同观察者观察时的个体倾向和选择性知觉趋于一致。其次,记录任务应尽可能容易、简单,这样就使观察者的注意力容易集中于观察目标行为。此外,还要通过训练观察者正确有效地观察来提高观察信度。

　　总而言之，行为改变方案的实施与成效评估，完全建立在行为资料的收集、记录以及分析比较，因此观察与记录过程一定要力求客观、准确。

第四节　行为评估

　　通过观察及其他方式收集到的行为资料还要经过行为评估，才能运用到行为改变技术中去。行为评估贯穿于行为改变技术实施的全过程。从问题行为是否存在的确定，到对问题行为进行干预的方法的选择；从对阶段目标行为达到与否的判定，到对于整个干预效果的评价，每一个环节都离不开行为评估。因此，行为改变技术的实施必须以行为评估为基础。

一、行为评估概述

　　为了培养良好行为或进行问题行为的矫正而实施行为改变技术所进行的评估，是一个通过测量、观察、访谈等途径，系统收集所要改变的目标行为的有关信息，以便对行为改变措施做出正确决策以及对个案行为改变的效果进行评价的过程。评估贯穿着行为改变技术实施的全过程，也就是说，评估既要在行为改变之前，针对目标行为进行；也要在行为改变过程中，对阶段性目标进行；更要对总体目标完成情况进行。

　　外显的行为是指有机体运动、站立、抓物、推拉、发声、姿势等外部的、可观察到的行为表现。行为评估中一般不考虑内部的心理状态，只强调外部可见的行为。也就是说行为评估的任务侧重于行为的描述、评估和确定控制该行为的环境变量，选择适当的行为改变技术策略，塑造良好行为，评价改变效果。

　　在行为改变技术中，对目标行为的测量称为行为评估。行为评估在行为改变技术研究中具有重要意义：第一，在实施行为改变技术方案前进行行为评估，有助于确定实施行为改变是否有必要。第二，行为评估提供的信息，有助于选择最佳的行为改变方案。第三，行为方案实施前后的行为对比评估，有助于了解行为改变技术实施的效果。

　　行为评估的目的在于：①确定问题是否存在；②确定问题行为如何表现；③在确定前面两个问题的基础上组织系统的行为改变计划。

二、行为评估的形式

　　行为评估主要是对可观察行为的综合评价，其理论基础是行为主义理论，强调对行为或症状本身的测量和治疗。行为评估的形式丰富多样，从不同的角度可以划分为不同的方式：有正规评估也有非正规评估，有直接评估也有间接评估，有自评也有他评，还有数量化评估和非数量化评估以及诊断性、形成性与总结性评估等。

(一)正规评估与非正规评估

从行为评估所使用的工具来划分，可以分为正规评估和非正规评估。正规评估是指采用一些结构程序或标准化测验，将研究对象某方面的行为表现情况与标准对照，得出评估结果。研究者可以在初步确定研究对象具有某种问题行为的基础上，运用相关的标准化测验进一步验证该行为是否明显存在。如通过初步的资料收集，显示某学生具有攻击性行为，这时就可运用《儿童行为核查表(Child Behavior Checklist，CBCL)》进一步核实该生是否具有明显的攻击行为。由于有常模可以参照，正规评估比较容易看出研究对象在同龄群体中所处的位置，也比较客观。非正规评估是指使用除了有常模的标准化测量工具之外的所有方法，对研究对象的行为特点进行评价。主要包括对一系列行为特征的观察、作品的样本分析、访谈等。

(二)直接评估与间接评估

从评估过程参与者的角度划分，可以分为直接评估和间接评估。直接评估，是指在个体目标行为发生的同时，对其进行观察和记录。如当一位老师在学校对操场上某个性格内向孤僻的孩子进行观察，并对他的每项社交活动进行记录时，他所使用的就是直接评估。本章一、二节中介绍的行为观察与记录法，就是运用的直接评估。但是，为了全面了解目标行为的各种情况，有时也用间接评估，为目标行为的评估提供更多的信息。间接评估包括使用行为访谈法、自我报告法、行为问题核对表法等形式，从行为人或其他人(如父母、老师、朋友或同事)那里取得目标行为的信息。如当研究者向任课老师了解某个孩子在操场上和其他孩子有多少交往时，他所使用的就是间接评估。对目标行为使用直接评估的测量结果往往要比使用间接评估得到的结果准确。因为使用直接评估的观察者受过专门的观察与记录训练，能在目标行为出现的第一时间对其进行观测和记录。而间接评估中，有关目标行为的信息获取主要依靠评定人以外的他人的记忆，其记忆的准确性本身就是一个问题。另外，提供信息的人也可能因未受过观察训练而错过许多细节方面的问题，对目标行为的判断是否准确是一个更大的问题。所以说，间接评估实际上是建立在有关目标行为的不完整信息基础上的，因此大部分的行为改变技术的研究和应用都依赖于对目标行为的直接评估。

(三)自评与他评

从评估的实施主体来划分，可以分为自评和他评。自评是指被评估者依据评估原则，对照评估标准，对自身行为特征所做的评估。如行为改变实施对象可以根据行为改变者的要求，自己制定一张表，记录下每天口吃的次数，并与行为改变者制定的评估标准对照，确定自己的口吃行为是否减少到行为改变者规定的次数。他评是指由熟悉评估者的相关人员或行为改变技术实施者，对照某些评估标准，对被评估者的行为特征进行评估。如父母对孩子发脾气行为的评估：父母记录下孩子在一天之内发脾气的次数与持续时间或强度，然后与行为改变者制定的评估标准对照，就可对孩子当天的发脾气行为进行评估。

自评受研究对象自身主观因素的影响较大，客观性有限；他评虽然客观性强，但由于各种因素(如前面所述的观察反应等)的影响，也容易造成观察误差，使观察信度检验较差。因此，在对研究对象进行评估的过程中，如果有条件，应尽量把自评与他评结合使用。

(四)数量化评估与非数量化评估

从评估结果的呈现方式划分，可以分为数量评估和非数量评估。数量化评估又称定量评估，是指在评估过程中运用数学工具定量化处理信息，以得到评估结论。如前面对观察结果进行评估过程中的观察信度检验，就运用了数学工具处理信息。数量化评估的结果多以数字说明问题，比较清晰准确、一目了然，便于比较。非数量化评估又称定性评估，是指在评估过程中不通过数量分析手段，而是采用定性分析的方法(如等级法、评语法等)直接得出评估结论。比如，对孩子在一天内发脾气的行为，如果按等级法，就可以用"总是""常常""偶然""很少""从不"五个等级来评估行为的严重程度。其结果多是描述性的，比较详细具体，便于操作。

(五)诊断性评估、形成性评估与总结性评估

从评估的目的和行为改变过程中所起的作用来划分，可以分为诊断性评估、形成性评估与总结性评估。诊断性评估的主要目的在于通过收集行为改变对象的相关信息，了解行为改变对象原有的行为问题状况，确定研究起点，为行为改变技术的方案的制定提供依据。形成性评估是研究过程中的评估，主要目的在于通过阶段性评估获得改进工作的依据，及时调整

行为改变方案，使行为改变过程向最终的目标行为发展。总结性评估主要是评估研究的某一阶段或全过程的干预效果，对预期目标的达成与否进行评价，是对行为改变对象经过一段时间的干预后的发展状况作出鉴定，区分等级，并对其未来的发展可能性进行预测，重点是关心研究的结果。在行为改变技术实施的过程中，诊断性评估、形成性评估和总结性评估是连贯在一起的。总结性评估包含对下一阶段研究起点的诊断与鉴定，其指标体系的建立有赖于诊断性评估和形成性评估所包含的某些信息，三者相辅相成，贯穿于整个行为改变技术的实施过程。

三、行为评估的方法

行为评估的方法很多，如在前几节中介绍的行为观察法，就是在行为评估中用得最广泛的一种方法。此外，行为访谈、自我报告、自我监控、行为核对表、模拟观察等方法，也为行为评估提供了更丰富的资料。现就行为访谈、自我报告、自我监控、行为核对表等评估方法作简单的介绍。

（一）行为访谈

行为访谈是通过访谈的方法来收集有关的行为资料，如了解目前的行为及其前后的条件，了解过去的行为表现及控制等。行为访谈的最大优点是，可以收集改变对象的许多方面的问题，得到一般性的信息和特殊的信息；也可通过访谈考察改变对象的言语与非言语的变化，考查这些变化与问题行为的关系。在行为改变技术中，访谈是必不可少的一步，任何行为改变的实施都是以访谈为开端的。访谈可以起到沟通行为改变实施者与改变对象的作用，是直接观察法所不可取代的。此外，访谈还使我们对其他测量是否有效，有一个直观的结论，使行为改变实施者对自己的分析有一个经验式的了解。

（二）自我报告

虽然行为主义者一般不太强调自我报告，认为它是一种主观色彩很浓的测评方法，但随着近年来行为主义者向认知心理学的让步，以及行为主义者对认知概念的接受，自我报告不再受到排斥。在行为评估中，自我报告主要有两种作用：一是收集有关行为改变对象的运动反应、生理反应和认知反应的资料，如你可以问儿童下列问题："你今天完成了多少数学题？""走进教室时，你手掌出汗吗？"二是收集行为改变对象的各个方面的经验或体验，以便在实施行为改变技术时，避免行为改变对象不喜欢的体验或使其不适的反应。

(三)行为问题核对表

这是比自我报告更系统化、规范化的测评方法。它是一种事先建立行为问题的有关假设，并根据这一假设编制相应的问题表，让学生或教师及家长做出回答的方法。行为问题核对表密切围绕着可能出现的行为问题，回答方式比一般的标准化测试更为灵活，针对具体的行为不足或行为过多进行有效的测评。

行为问题核对表的优点在于它的经济性和省时。由于目的更为明确，所以能比访谈节约大量时间，另外，许多行为核对表是有结构的，可以更清楚地提示问题所在，把访谈或直接观察中所遗漏的问题弥补上。不仅如此，行为核对表还具有易于量化、便于统计并有利于将考察的问题进行分类的优点。如果在行为干预的前后进行测评，可以对疗效的显著性做出很好的评估。

行为问题核对表的不足在于它仍是一种间接的评估方法，近似于自我报告，与真实环境中发生的行为仍有一定的距离，它与实际行为表现的关系是一个必须弄清的问题。此外，在编制核对表时应尽量选择全面的题目，如果题目的选择有所偏差，就难以反映和评估行为事件。行为问题核对表的另一缺陷是，只反映消极的行为，不反映积极的行为。对于治疗来说，积极的行为反应也是应当了解的重要内容。

(四)自我监控

自我监控技术指个体对自己出现的某些行为反应予以记录，进行直接观察和控制。在自我监控的评估中，患者或被治疗者应当及时向行为改变实施者报告自己的行为反应资料。治疗者之所以使用自我监控技术，主要是想达到两种目的：一是了解患者最初阶段的监控水平，以便了解所要解决的特殊问题，最初的基线反应水平有助于证明问题的存在；二是用自我监控来收集干预计划成功与否的信息。可以作为自我监控的对象或靶行为有很多，如课业完成情况、不良的行为习惯等。当使用自我监控表来评估或控制行为时，要注意监控的准确性，尤其要注意下列问题。

1. 训练

个体应受到实施自我监控技术的必要的训练，这可以带来更好的效果，提高记录的准确性。

2. 及时

自我监控活动与靶行为发生的时间越接近，记录就越准确，不可间隔很长时间才记录。

3. 反应的重复

当患者被要求监控发生的反应时，其注意力易被分散，监控会起干扰，从而降低自我监控数据的准确性。为了避免这一点，可让患者只记录一种行为，以减少反应的重复。

4. 反应的努力

患者越是必须用大量时间去努力应付自我监控，自我监控的效果和准确性就越差，因此要尽量让患者的精力少投入在自我监控上。

5. 强化

对于准确记录的偶尔强化比不强化能提高监控的准确性，可建立某种强化的标准。

6. 准确

治疗者应监督患者提供准确的数据，使其意识到自我监控的准确性被监督了，这种对监督的意识有助于提高准确性。

7. 靶行为的选择

有些行为较明显、容易记录（如动作反应中的吸手指），有些行为反应不易记录（如言语活动中的发音）。

自我监控的方法结合了人为控制和自然观察的各自优点，不仅能测量外在的行为表现，而且能测量内隐的事件（如个人的想法），比访谈和观察法大大地减少了妨碍效应，是一种可取的方法。

第五节　行为的观察、记录与评估应用案例分析

被观察者资料：小军，现年 12 岁，4 岁时发现他语言发展迟滞，经医院检查才发现他左右半脑发育不平衡，左脑的体积只相当于成人正常左脑体积的 2/5，有中度智力障碍。他有一大"爱好"就是咬衣角、红领巾、被角等一切有角的织物。他在家里要咬、在学校也要咬，紧张时要咬，无聊时还要咬，上课时咬，睡觉依然要咬。

小军喜欢咬有角的织物，要确定对小军这一特殊"爱好"的行为改变方案，首先就应收集小军在改变方案实施前的行为资料。

1. 定义目标行为

根据前面所讲的行为资料收集的步骤，在观察与记录前应该对小军的行为进行定义，也就是定义我们即将观察与记录的目标行为。根据平时的

观察，我们可以把小军"咬织物的角"的行为定义为：用手拿着织物，把织物放入口中紧紧咬住不放。

2. 确定观察者

有了这一定义后，就可确定观察者。由于小军"咬织物的角"的行为不仅发生在学校，也发生在家中，观察者可确定为与他接触最多的人，以便随时观察。因此，家里安排了由父母观察，学校安排了一位老师负责观察，他们在观察前都接受了专业人员的专业化培训，以确保观察的准确性。

3. 确定观察的时间和地点

根据平日的观察，小军不仅在学校要咬，在家里也要咬，因此观察的地点主要在学校和家里。他紧张时要咬，无聊时也要咬；上课时要咬，睡觉时依然要咬。因此，我们选择的观察时间，一是当他无聊时；二是当他紧张、恐惧或焦虑时，观察时间为连续3天。

4. 选择记录方法

记录方法选择连续记录法中的行为频率尺度。也就是观察在一天中，无聊时与紧张、恐惧或焦虑时，小军咬织物的行为频率。

5. 设计记录表格

在设计记录表格时，小军的父母和老师都采用了如表3-2B的频率记录表的形式。

6. 进行观察与记录

父母，老师分别对行为改变前的咬织物的行为进行了为期3天的观察与记录。表3-10至表3-12分别表示了小军的父母和老师的记录数据。

表 3-10 小军父亲对小军咬织物角的观察记录

目标行为：咬织物角的发生次数

被观察者：小军 观察场所：家里

观 察 者：父亲 观察时间：自5月10日到5月12日

日期	观察开始时间	分钟数	标记	小计	备注
5月10日	18时07分	30	////	4	无聊时
5月10日	20时10分	30	//	2	紧张时
5月11日	07时40分	30	///	3	焦虑时
5月11日	19时00分	30	/////	5	无聊时
5月11日	21时30分	30	/////	5	无聊时
5月12日	17时20分	30	///	3	恐惧时

表 3-11　小军母亲对小军咬织物角的观察记录

被观察者：<u>小军</u>　　　观察场所：<u>家里</u>

观　察　者：<u>母亲</u>　　观察时间：自<u>5</u>月<u>10</u>日到<u>5</u>月<u>12</u>日

日期	观察开始时间	分钟数	标记	小计	备注
5 月 10 日	18 时 07 分	30	////	4	无聊时
5 月 10 日	20 时 10 分	30	//	2	紧张时
5 月 11 日	07 时 40 分	30	///	3	焦虑时
5 月 11 日	19 时 00 分	30	////	4	无聊时
5 月 11 日	21 时 30 分	30	/////	5	无聊时
5 月 12 日	17 时 20 分	30	///	3	恐惧时

表 3-12　小军老师对小军咬织物角的观察记录

目标行为：<u>咬织物角的发生次数</u>

被观察者：<u>小军</u>　　　观察场所：<u>学校</u>

观　察　者：<u>王老师</u>　　观察时间：自<u>5</u>月<u>10</u>日到<u>5</u>月<u>12</u>日

日期	观察开始时间	分钟数	标记	小计	备注
5 月 10 日	09 时 30 分	30	////	4	无聊时
5 月 10 日	14 时 10 分	30	///	3	紧张时
5 月 11 日	12 时 40 分	30	//	2	焦虑时
5 月 11 日	16 时 30 分	30	////	4	无聊时
5 月 12 日	11 时 30 分	30	/////	5	无聊时
5 月 12 日	13 时 20 分	30	//	2	恐惧时

7. 观察信度检验

从表 3-12 中可以看出，小军的父母与老师尽管对小军的观察时间地点不一致，但其结果基本一致：在 30 分钟内的观察次数基本一致，无聊时咬织物角的次数都在 4～5 次之间，紧张、焦虑或恐惧时咬织物角的次数都在 2～3 次之间。而小军的父母则在同一时间和同一地点观察了小军的行为，他们观察的结果如何，是否具有一致性，可以通过计算观察者间的信度来检验。表 3-13 反映了小军的父亲和母亲观察的次数的统计结果。

表 3-13　小军父母的观察结果统计表

观察者＼观察时段	编号	父亲	母亲	判断是否一致
无聊时	1	4	4	是
无聊时	2	5	4	否
无聊时	3	5	5	是
紧张焦虑或恐惧时	1	2	2	是
紧张焦虑或恐惧时	2	3	3	是
紧张焦虑或恐惧时	3	3	3	是

　　从表中可知父母判断一致的发生次数是 5 次，判断不一致的发生次数是 1 次，运用发生次数信度系数公式计算可得发生次数信度系数是 83.33％[5/(5＋1)×100％＝83.33％]。

　　实施治疗后的资料的收集，也用同样的方法进行。

本章摘要

　　1. 收集行为资料的主要方式是进行观察与记录，然后对行为进行评估。

　　2. 在进行观察前首先应定义目标行为，然后确定观察者，最后进行观察时间和地点的选择。此外，还应避免观察中的不良因素的影响，特别应避免观察中出现的反应，同时观察者间信度的检验也是必不可少的一项。

　　3. 常用的记录方法有连续记录、时距记录、时间取样记录和成果记录，记录必须方便及时。

　　4. 通过观察者间信度的计算可以了解观察者信度情况，同时也可以获得更准确的行为资料。观察者间信度常采用两种主要计算方式：①粗略信度计算法；②逐距核对信度计算法。

　　5. 行为评估贯穿着行为改变技术的整个过程。行为评估的形式包括正规评估与非正规评估、直接评估与间接评估、自评与他评、数量化评估与非数量化评估及诊断性评估、形成性评估与总结性评估。行为评估的方法除观察与记录外，还包括行为访谈、自我报告、自我监控和行为问题核对表等。

练习题

1. 目标行为的定义指的是什么？它与行为类别名称有什么区别？试着给"讲卫生"下一个定义。

2. 行为改变技术运用中的观察包括哪些步骤？

3. 行为记录的方式有哪些？如何进行选择？请举例说明。

4. 什么是观察信度？为什么要进行观察信度的检验？

5. 什么是行为评估，为什么要进行行为评估？

6. 行为改变技术中最常用的是什么样的行为评估？为什么？

7. 小芳是某师范大学外语学院的学生，正在一所小学的二年级实习。有一天，她见到了一位正在学心理学的高中同学，当得知那位同学正在学习行为改变技术课程时，小芳就向她的同学提起，她的班上有一个学生在课堂上总是坐不住，无法集中注意力和参加活动，因为该学生总爱离开座位跟其他同学说话，或者招惹别的同学。小芳相信，只要该生能坐得住，就能让他集中注意力，认真听讲，而班里的其他孩子也会做得更好？

如果你是小芳的同学，你该怎样帮她计划对那个学生的"坐不住"行为进行矫正？

提示：可以根据下面的问题进行考虑。

· "坐不住"的行为定义是什么？

· 对那个学生的行为你会让小芳使用哪一种记录方法？

· 你会让小芳使用哪一种工具来记录目标行为？这种工具让作老师的小芳使用是否适用？

· 当你得知和小芳还有一位在同一个班一起实习的同学时，你会让小芳用哪种方法来计算观察者间的信度？

第四章　实验设计

行为改变技术来自实验心理学的基础实验研究结果，因此，实验研究法也是行为改变技术的主要方法，注重客观系统的行为处理方法是其主要特点。行为改变技术经常采用小样本实验研究法或单一受试者实验研究法。本章主要介绍应用在行为改变技术中的三个实验阶段及其基本的实验设计方式。

第一节　行为改变实验方法概述

行为改变技术能成为一种客观而系统的处理人类行为的有效方法，是在长期的反复实践、不断探索中建立起来，并逐步得到完善与提高的。行为改变技术实验方法主要得益于应用行为分析法。

一、行为改变实验方法的基础

行为改变技术实验方法主要来源于应用行为分析法（Applied Behaviour Analysis，简称 ABA）。应用行为分析法起源于 B. F. 斯金纳的经典理论。斯金纳经过实验认为，所有人类的行为都是一系列条件的反应，只要经过仔细设计，加以重复性的训练并给予一定的奖励，行为是可以被改变的。应用行为分析法是一项通过操纵周围环境改变可观测行为的系统方法，原则上应当应用于有学习障碍的人，事实上被普遍应用于孤独症以及在其他方面有发育障碍的人。应用行为分析法通过目前行为的观察，前因后果的分析，把目标行为分解成小步骤进行单独学习，并记录学习后的行为表现，从而跟踪行为的变化情况。

应用行为分析法最独特的优点在于可以针对个体的某一特点行为，进行连续的处理和观察研究，以探索该项行为到底在哪些因素的作用下发生改变。

二、行为改变的基本实验设计模式及其特点

行为改变实验方法以应用行为分析法为根基，因此首先接受了斯金纳所采用的"单一个案实验设计模式"，其基本方法是在非实验操作情境和实验操作情境之中，对个体在两种情况下因变量的表现的连续测量结果进行

比较。这一模式强调利用单一被试也能评估自变量与因变量之间的关系，弥补了传统个案研究中存在的描述性的、不能重复、缺乏实验科学的严格性等方面的不足。之后，经过许多心理学者和精神科医生的临床实验、研究，他们创造性地确立了"应用行为分析法"的基本实验设计模式，提出了实用、科学、便于操作的"倒返实验设计""多重基线设计"和"逐变标准设计"三种个案实验设计模式。这些实验模式具有如下特点。

(一)测量的可靠性

精确的测量对行为改变中的实验设计起着决定性的作用。因此，研究者所收集的代表着行为者各个方面的资料，都应使可能对效度产生任何影响的因素能被合理地排除。

(二)测量的重复性

行为改变的实验方法与其他实验不同的主要特点是，个体某方面的行为要被测量很多次，并且会采用同样的测量方法。

(三)情境的描述性

研究者(或观察者)应提供所有情境下观察到的个体行为，并应对这些行为进行精确而详细的描述。为了强化内在与外在效度，这样的描述还应满足能够被应用于其他个体的要求。

(四)基准的持续性与目标的稳定性

在自然情境下观察目标行为，直至达到稳定性，这段时间叫作基准。研究者做的实验处理，应随着情境改变而发生，并且要求持续时间应能使目标行为达到足够的稳定性。

三、行为改变实验方法的三个基本阶段

行为改变实验设计中，一般要考虑实验处理的三个基本阶段，即：基线阶段、处理阶段和追踪阶段，如图 4-1 所示。

(一)基线阶段

在行为改变技术实施过程中，一般要对所要改变的目标行为进行为期 2～5 天的客观、系统的观察、记录和评估，以便了解目标行为的真实情况，为决定使用何种处理策略做准备。这一时期被称为"基线阶段"，所获得的目标行为情况被称为"基线数据"。基线阶段的观察主要有两种作用：①描述作用，所得的基线资料能够对目标行为做较全面的描述，研究者在

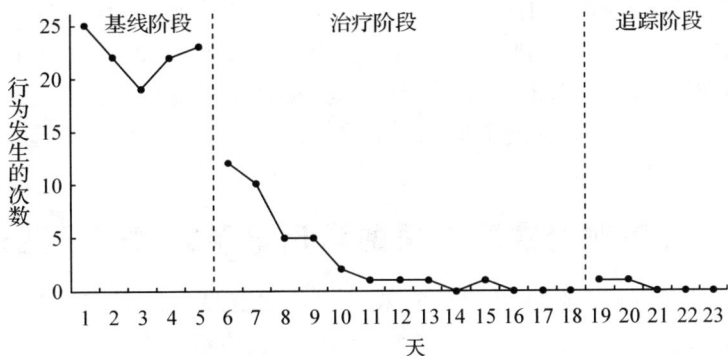

图 4-1 行为改变实验的三个阶段

基线数据的基础上确定行为处理策略；②推断作用，基线数据可以作为对目标行为发展趋势进行预测和描述的基础，即推测如果不进行行为处理，目标行为近期会是什么样的状况。行为改变实验设计原理在很大程度上取决于对基线数据的推断。

(二)处理阶段

运用行为处理策略或其他辅导措施针对受训练者的目标行为实施处理的整个阶段，称为处理阶段，通常应持续至少 2～4 周。在整个处理阶段，有可能出现两种情况。一种是目标行为能顺利地朝着终点行为的方向如期发生改变，并很快达到终点行为目标；这是每个行为改变者都希望看到的最完美的结局。与之相反的另一种情况也可能存在，即随着行为处理的介入，目标行为并不因此而改变；或虽有改变，但有波动或反复。这就要求训练者善于根据实际情况，适当调整或更改处理策略，直到处理获得成功为止。无论出现什么样的情况，在行为处理的整个阶段，行为训练者都应持续地、精确地、直接地做好有关目标行为的观察与记录工作，确保全面、客观地显示实验结果。处理阶段是行为改变程序中最重要的阶段，因此，在进行实验设计时，应根据基线阶段的情况，控制好无关变量，准确估计处理阶段当中可能出现的情况，使处理阶段能顺利获得成功。

(三)追踪阶段

实施行为改变技术的目的是为了受训练者的目标行为通过实验处理后，在自然条件下也能继续保持，因此，在已达到终点行为的标准并停止处理策略后，仍需继续保持一段时间的观察和记录，以验证行为处理的效果能否在自然情境中保持稳定。这一阶段被称为追踪阶段，通常应坚持

1～2周或更长的时间，有些甚至达到1～2年。如果追踪阶段的观察记录的结果显示，经过行为处理后的目标行为在自然情境中能够长期保持稳定，就可以结束行为改变过程；如果经过行为处理后的目标行为在取消处理措施或在自然情境中又回到了原来的问题行为，则应考虑继续追加实验处理，直到最后成功为止。

四、行为改变实验数据的常用记录方式——图表

图表是观看行为发生情况的有效方法，它能显示出很多行为观察阶段的记录结果。

(一)图表的组成部分

如图4-1所示，一张完整的图表有以下六个组成部分。

1. X轴和Y轴

横轴(X轴)和纵轴(Y轴)在图表的左下角相交。通常情况下，X轴比Y轴长，X轴的长度是Y轴的1.5～2倍的图表显得比较合适。

2. X轴和Y轴的标志

X轴一般显示的是记录过程中的时间单位，如图4-1中的"天"(根据实际情况也可以是小时或周等)。Y轴一般显示的是行为的频率、持续时间或某行为发生的比率等，如图4-1显示的每天某特定行为的发生次数。X轴和Y轴的标志，要根据实验或研究中的需要来确定。

3. X轴和Y轴上的数字

X轴上的数字表示的是时间的测量单位，如小时、天、周或月、从基线期开始的天数。Y轴上的数字反映的是行为的测量单位，如在图4-1中反映的是某行为发生的次数。

4. 数据点

数据点是反映每个具体时间段中发生该行为的水平。在图表中就是将反映行为水平的数字标注在图表中相应的位置上，用较大的圆点或方点标示出来，然后将相邻的数据点用直线连接起来。

5. 阶段线

阶段线是在图表中表示治疗中的变化的一条纵向虚线，可以是从非治疗阶段(比如基线阶段)到治疗阶段，也可以是从一个治疗阶段到另一个治疗阶段。阶段线的主要功能在于区分行为改变过程中的不同阶段。需要注意的是，在阶段线位置的前后两个数据点间的连线应该断开，便于更好地看到不同阶段中的行为水平的差异。

6. 阶段名称

阶段名称将图表中的每一个阶段加以标示，方便他人看到行为改变的各个阶段。一般的图表显示的阶段至少包括基线阶段（期）和治疗阶段（期）两个阶段（期），其中治疗阶段（期）可以根据具体的治疗方法进行表示。一些比较复杂的行为改变实验，可能包括多个基线阶段（期）和治疗阶段（期）（见后面不同的研究设计）。

（二）使用行为数据制图

在行为改变技术的实验和使用过程中，可以利用事先设计好的数据收集表格表现个体行为及其改变状况的整体情况，同时为了更方便观察个体行为改变的效果和在同行间进行有效的交流，可以将这些表格的数据转化为更为直观、方便的图表形式。

使用行为数据制图主要有两种方法。一是采用传统的手工制图的方式，利用坐标纸，将涉及的图表的六大元素规范地标注在坐标纸上相应的位置，标注相应的点，并连成曲折线即可；二是利用办公软件 Excel，将相关的数据输入软件中，利用该软件的绘图功能，标注相应的 X 轴和 Y 轴标志和数据，得到初步的图形，然后将初步的图形复制到微软的画图软件中，添加阶段线和阶段名称标志，擦除阶段交叉处两点之间的连线即可。

下面以第二种方法为例，简介图表的制作方法。本例使用 Microsoft Office Excel 2003 中文简体版制作图表。

某行为矫正专家和一个具有自我伤害行为（SIB）的孤独症患儿相处，记录下孩子在基线阶段中自我伤害行为的频率，然后施行了对替代行为进行强化的治疗，并继续收集了一段时间内关于这个孩子的数据。孩子在 5 天基线阶段的自我伤害行为的频率是 25，22，19，22 和 23 次；在 11 天治疗阶段的自我伤害行为的频率是 12，10，5，5，2，1，1，0，1，0 和 0 次；在 5 天追踪阶段孩子自我伤害的频率为 2，1，1，0 和 1 次。

完整的图表制作过程如下：

第一步，将所有数据不分阶段录入到 Excel 软件中，结果如图 4-2。

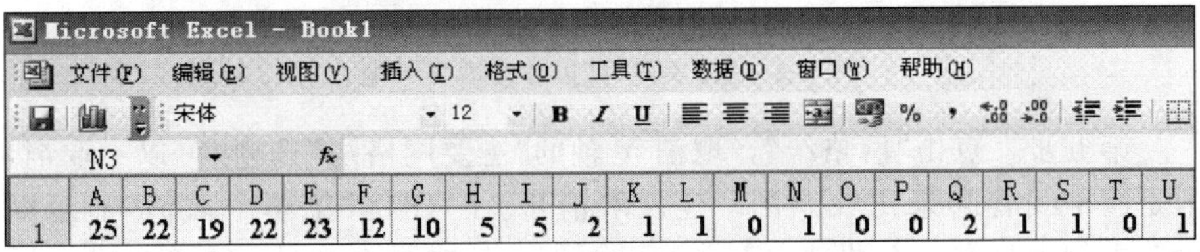

图 4-2 将行为数据输入 Excel 程序示意

第二步，选中相应数据，选择"图表向导"功能，如图 4-3 所示。

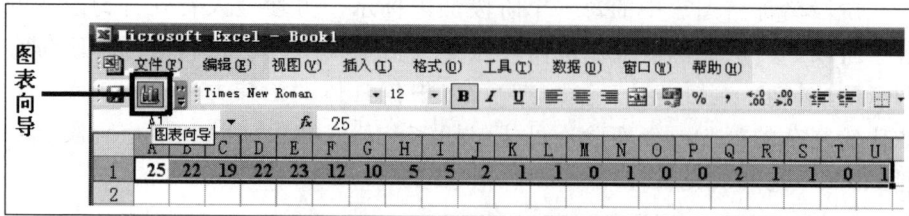

图 4-3　选择"图表向导"示意

第三步，选择"图表向导"中的"折线图"，如图 4-4，点击进入下一步。

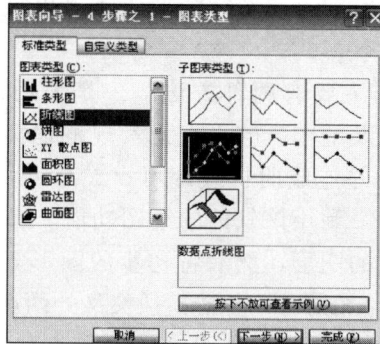

图 4-4　"图表向导"操作步骤 1 示意

第四步，初步形成图表，如图 4-5，点击进入下一步。

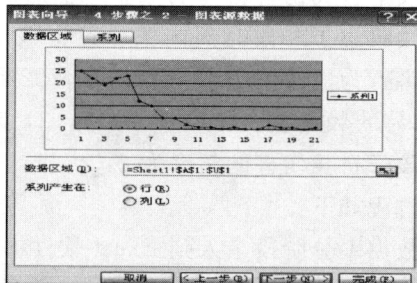

图 4-5　"图表向导"操作步骤 2 示意

第五步，点击"网格线"，取消 Y 轴的"主要网格线"选项（可以不取消，但是网格线看起来比较杂乱，建议取消）；在"图例"菜单中取消"显示图例"（本例中只有一个被试，不必显示图例；如有多个被试，需要区分不同的被试则不能取消"显示图例");在"标题"菜单中分别填写 X 轴和 Y 轴的标志,可以根据需要在"图表标题"中输入合适的内容(本例中没有标示)。结果见图 4-6。

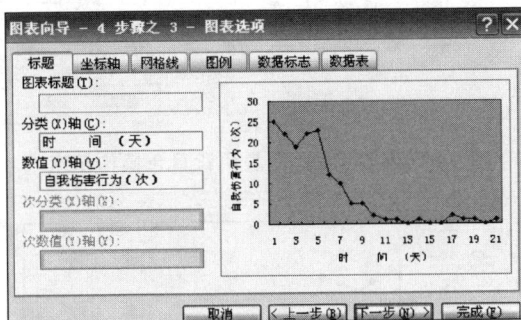

图 4-6 "图表向导"操作步骤 3 示意

第六步,点击"完成"(见图 4-7),将图表存入 Excel 工作表中,便于进一步的编辑。

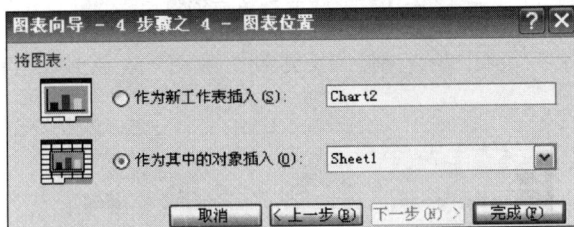

图 4-7 "图表向导"操作步骤 4 示意

第七步,在工作表中的图表绘图区域,点击鼠标右键,选择点击"绘图区格式"(见图 4-8),出现"图案"菜单,选择"区域"下面的"白色"以消除背景色(见图 4-9),效果见图 4-10。

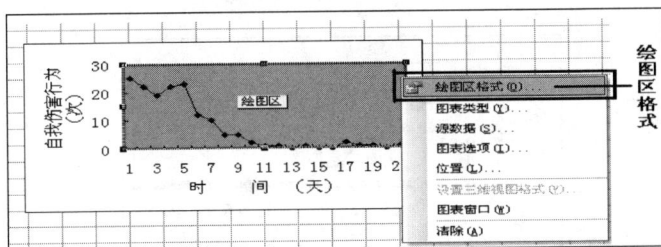

图 4-8 绘图区格式示意图

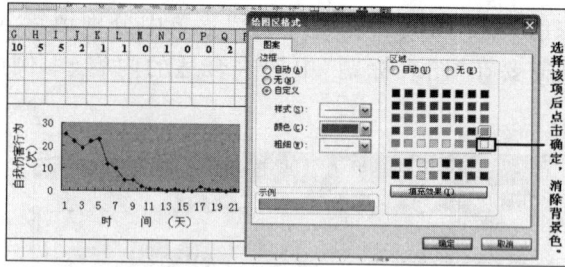

图 4-9 消除 Excel 图表中背景色操作示意

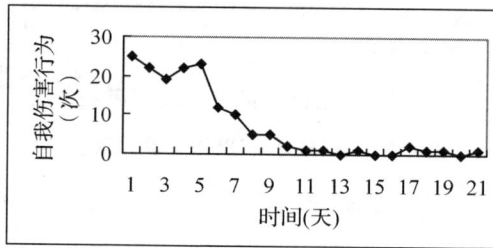

图 4-10 消除背景色后的效果

第八步，将所得图表复制，拷贝到"画图"软件中，过程和结果见图 4-11和图 4-12。

图 4-11 画图程序示意

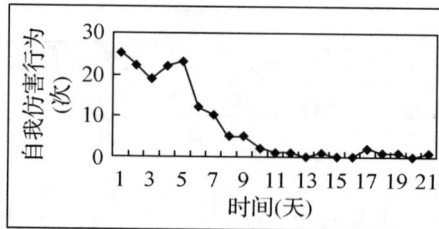

图 4-12 复制到画图程序后的效果

第九步，在"画图"程序中标示出阶段线和阶段名称，将阶段线擦除为虚线，擦除阶段线两侧数据点之间的连线，即可得到完整的该行为改变实施过程的数据，见图 4-13。

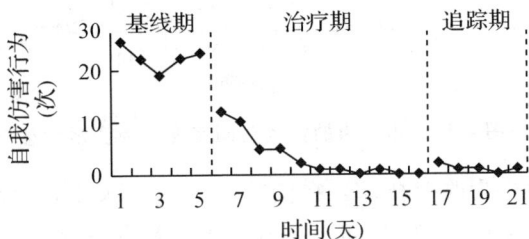

图 4-13　自我伤害行为改变实施过程示意图

(三)不同行为尺度的绘图

在记录行为数据的图表中，可以用于反映行为的指标有许多种，可以根据实际的需要进行选择。主要有以下几种。

1.行为频率

行为频率主要反映个体某种行为在基线阶段和治疗及追踪阶段内每单位时间发生的次数，比如，上文介绍的制作图表的例子。

2.行为持续时间

行为持续时间反映的是个体某行为在基线阶段和治疗及追踪阶段之内每单位时间持续的时间总量，而不管具体发生了多少次，是将观察记录期间各次行为发生的持续时间相加而得。比如，下面这个例子。

某学生有在课堂上分心的不良行为，老师通过 5 天基线阶段的观察，记录了他课堂上的分心时间分别为 45 分钟，40 分钟，50 分钟，43 分钟，40 分钟；教师有针对性地采取了相应的教学方法来吸引该学生的注意力，引导他注意听讲，在随后的 8 天时间中，他分心的时间分别为 23 分钟，17 分钟，15 分钟，10 分钟，5 分钟，4 分钟，5 分钟，3 分钟；在 4 天追踪期内，该生的分心时间分别为 3 分钟，4 分钟，2 分钟，2 分钟。该行为改变过程如图 4-14。

3.行为等级

行为的反映尺度也可以使用行为等级，比如，评价个体行为可以分为 ABCD 或甲乙丙丁依次减弱或加强的行为强度，见下例。

对学生完成课外作业的评价等级分别为 A、B、C、D、E 五个等级。某学生在前五天的基线阶段中，课外作业被评定为 3 次 E，2 次 D。教师采

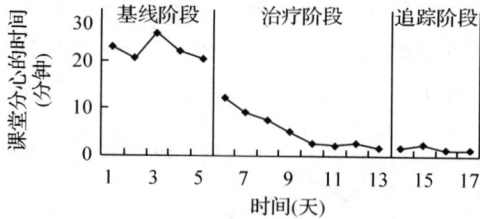

图 4-14   用行为的持续时间度量行为变量示意

用了一种独特的行为改变技术，在治疗阶段的六天中，该生的课外作业被评定的等级为 2 次 C，3 次 B 和 1 次 A。在 5 天追踪阶段内，该生课外作业被评定的等级为 2 次 A 和 3 次 B。结果见图 4-15。

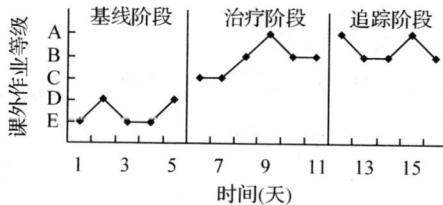

图 4-15   用行为的等级表示行为变量的示意

4．行为发生的比率

某些行为的度量可以使用该行为发生的比率来表示，比如，以下这个例子。

某小学生完成作业的正确率很低，为了改变他的这个不良行为，教师通过 5 天基线阶段的观察后制订了一个治疗方案，治疗了 7 天，使该生完成作业的正确率发生了较大的改变，在进入 4 天追踪期后，该生完成作业的正确率还能保持较高的水平。在这里，使用了学生作业正确率来度量学生完成作业的行为。该行为改变过程如图 4-16。

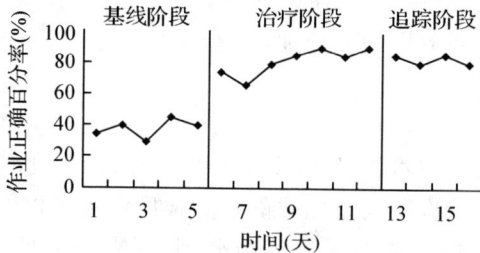

图 4-16   用行为发生的比率表示行为变量

第二节　倒返实验设计

倒返实验设计是应用行为分析法的一种，是实验设计中最基本、最常用的设计模式。

一、倒返实验设计的基本原理

倒返实验设计，也称 ABA 设计。其设计思想是把实验分成 A1、B 和 A2 三个阶段。A1 阶段对实验对象的问题行为做自然观测，以这些观测资料（转换为数据）为基准并绘出基准线；B 阶段引入实验处理措施，观测实验对象的问题行为在实验条件下的变化，并绘出行为变化曲线；A2 阶段停止实施实验措施，观测停止后实验对象的问题行为变化。这样，从 B 与 A1 和 A2 的对比中，就可以看到实验的效果。当然，这种 ABA 设计还可以演变为 ABABA 或 ABCA 等更为复杂的形式。

二、倒返实验设计的不同模式

ABA 是倒返设计的典型模式，倒返实验设计是 A—B 设计的实践基础上发展而来的。在实际应用中，根据情况或要求的不同，倒返实验设计的模式可以缩短步骤，亦可增加步骤，使之变成不同模式。

（一）A—B 设计

传统的个案研究设计中，有些研究者只关心被改变者的行为状况，即只观察被改变者的行为基线，例如，只对被改变者的行为材料进行调查研究，却没有进一步采取教育措施，所以只能称为"A 设计"。反之，有些研究者则只注意引入教学措施时，被改变者的行为反应，未能注意其原来基础，这种设计称为"B 设计"。但是，行为改变实验方法中使用的最简单的设计类型至少应包括两个阶段，即基线阶段和行为处理阶段。A—B 设计就是这种最简单的设计类型（如图 4-17 所示）。使用 A—B 设计的模式，行为训练者可以对目标行为的基线阶段和处理阶段进行比较，从而确定行为是否在治疗前后按照预期的方式改变了。即，A—B 设计可比较个案在基线阶段（A）与处理阶段（B）的情况，观测目标行为的改变程度。

A—B 设计由于只包含了两个阶段，设计步骤也相对较简单。在运用 A—B 设计过程中，首先应对所改变的目标行为下操作性定义，即定义目标行为；其次通过 3～5 天的连续观察与记录，收集基线资料（即 A）；然后通过对基线资料的分析，确定处理策略或辅导措施，为进入实验处理阶段做准备；最后进行目标行为处理（即 B），同时仔细观察并详细记录目标行为在处理阶段的变化情况。

例如，一位新老师陷入课堂管理的困境，而一位经验丰富的教师帮助这位新教师解决这一难题。这位经验丰富的教师对新教师进行了为期 4 周、每周两次的观测，采用的是一份教师表现观察记录表，比如，《有效研究的主要课堂观察表(COKER)》，这段时间属于基线阶段(A)。在这 4 周期间，新教师的课堂表现非常稳定。8 次观测所得的资料组成了基线资料。实验处理(B)是两位教师半个小时的磋商，其间经验丰富的老师分析了新教师的课堂表现并尽量指导新教师的行为向改善课堂管理的方向转变。这种磋商进行了 9 次，第一次是在实验处理条件 B 下的第一次观测之前，随后每进行一次观测后紧接着进行一次磋商。就像条件 A 一样，条件 B 也实施 4 个星期，而且 8 次 B 条件下的观测都在与 A 条件相同的情况（同样的班级、同样长的时间、一天的同一时间等）下进行，唯一不同的是实验处理。这一研究的实验设计可以图解为图 4-17，实验资料是用 COKER 记录表观测到的。

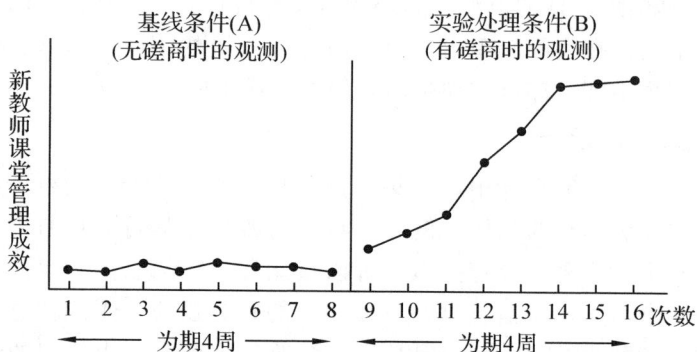

图 4-17　A—B 设计图

A—B 设计能清楚地比较行为处理前后目标行为的变化情况，但并不能证明行为处理前后的相互关系，因为对目标行为只实施了一次处理，还不能检验其他因素对处理结果的影响情况。如图 4-17 所示经验丰富的教师对新老师的帮助实验中，就有可能归因于新教师的自然成熟，而不完全是经验丰富的教师指导的结果；然而由于时间相对较短，把这作为实验结果的另一种解释，又未必是正确的。由于 A—B 设计不能解释处理前后行为的相互关系(或因果关系),也不能排除可能引起行为变化的外来因素的影响,因此,这种设计经常出现在应用和非研究的情况下,属于准实验设计,行为改变技术研究中很少使用这种设计。

(二)A—B—A 设计

A—B—A 设计是 A—B 设计的展开,它是紧接着实验处理阶段又引入了一段时间的基线条件。此类设计因为实验处理在后期被取消,又可称为取消设计或删除设计。除了从基线条件到实验处理条件再回到基线条件这一变化,实验设计的其他特征(如持续时间的长短、观测的次数)都保持不变。与 A—B 设计相比,额外增加了基线条件的时间,实验结果模式得以扩展,因而实验的内部效度有所提高。A—B—A 设计中,时间是个常量,也就是说,每一基线阶段或实验处理阶段,所观测的次数都相同。

例如,有一学生的课堂行为极具消极性,表现为在课堂上连续而有破坏性地插嘴。他的一位教师对其引起的破坏性情况进行了每周一次的记录。这种行为持续了3个星期基本不变,这段时间可作为基线条件。在接下来的3个星期里,教师对学生进行了每周两次的个别咨询,这些咨询作为实验处理,每周一和每周四各进行半小时。3个星期以后,这种咨询暂时停止。随后的3个星期,实验条件恢复到原来的基线条件,教师继续收集有关因变量的资料(整个星期中该学生造成破坏性情况的次数)。这3个星期的基线条件与前一个基线条件相比较,没有明显变化,班级、观察老师所教学科等都保持相同。这项研究的设计图表如图 4-18 所示。

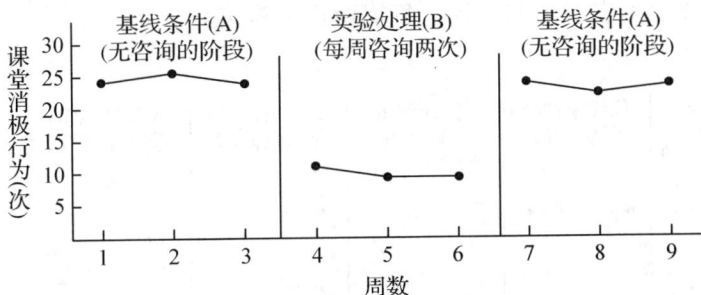

图 4-18 A—B—A 设计图表

在行为改变技术中,为了了解某种方法对治疗某种行为的有效性,或两者之间的因果关系,常采用这种模式。例如,改变一些不易很快就消除的坏习惯(如咬指甲、上课聊天等行为)。

一方面，A—B—A 设计的局限在于容易产生两种或两种以上的假设，无法确定实验效果，仍然易受成熟等因素的影响。另一方面，有些目标行为经实验处理学成之后，就不会回复到基准线的水平，不易验证自变量的影响，如好习惯、技能（学自行车）。如果行为回到基线水平，还需恢复到行为处理阶段，这就是另一种设计方案，即 A—B—A—B 设计，也叫 A1—B1—A2—B2 设计。

（三）A—B—A—B（或称 A1—B1—A2—B2）设计

A—B—A—B（或称 A1—B1—A2—B2）设计又是在 A—B—A 设计基础上的扩展。这样的设计增加了一段实验处理期，有了连续的观测值，而且基线条件和实验处理经历了两次循环，因此可以说，A—B—A—B 设计与 A—B 和 A—B—A 设计相比，提高了内在效度。A1 代表第一个基线阶段（即基线期）内——就是说在没有行为实验处理的情况下——问题行为的出现率，经过系统的几次观察后可绘出曲线，从曲线上可以看出未经行为处理前问题行为出现的平均水平。B1 代表实验处理（或矫正）阶段（即处理期）。将实验处理阶段的曲线和基线阶段的曲线进行比较，观察其上升或下降情况，可判断实验处理是否有效。A2 是第二个基线阶段（也叫还原期）——即在实验处理显出效果后，把实验处理取消，使程序回到没有实验处理的自然情况。B2 是第二次引进实验处理时的行为变化情况（也叫再处理期）。这一设计由于相当于重复了第一次的过程，因此也叫倒返实验设计。以上文中那位教师矫正学生插嘴行为的实验为例（见图 4-19），教师继续对那位学生实行为期 3 周、每周两次的咨询，就形成了 A—B—A—B 设计。

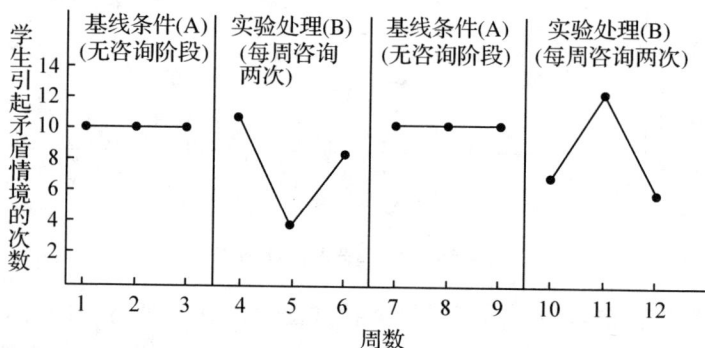

图 4-19　A—B—A—B 设计图表

A—B—A—B 设计模式是较典型、最常用的一种单一被试实验设计法，可充分证明自变量与因变量之间的因果关系。如果经过第二次行为处理措施后，又能恢复到 B1 阶段水平，则可进一步证明自变量可直接影响因变量(问题行为)。如果在基线状态 A1 后，引入实验处理 B1，行为发生率出现变化，不同于基线阶段，则可认为 B1 的处理条件有可能影响到被试行为的改变，但不能确保两者的因果关系。因为 B1 曲线的改变很难排除其他因素的介入，很可能是其他因素与实验处理的同时介入共同影响了行为。例如，一个人没戴眼镜时测得的标准视力为 4.5。如果戴上眼镜后，视力增加到 5.0，摘下眼镜，视力又回到 4.5，则可以推测此人的视力增加是戴眼镜的缘故。如果摘下眼镜后其视力还保持 5.0，那么其视力的增加可能不是戴眼镜造成的，必定还有其他原因，比如，有可能是被试已背下了视力表上的各缺口方向所致。由此可见，仅有 A—B 的实验设计是不够完善的，必须撤除实验处理，恢复到基线 A 状态，也就是再引入 A2，成为 A1—B1—A2 设计。倘若经过这一步骤，被试的问题行为又确实返回到基线阶段(A1)的水平，则实验者有根据说：所介入的处理条件(或矫正方案)确实影响了问题行为的改变。倘若再度引入处理条件 B 之后[(A—B—A—B)设计]，被试行为再度发生变化，即可证明处理条件对问题行为的改变确有绝对的影响。这就是为什么 A—B—A—B 设计成为典型的倒返实验模式，能有效地证明自变量(外来条件)与因变量(问题行为)的因果关系。

(四)多重处理设计

倒返实验设计很有弹性，可根据效果随时改进。如果 B 阶段处理无效，可另行设计其他策略(C，D 等)，以达到改变行为的目的。现举例介绍一种 A—B—C—D—A 设计模式。

研究者想利用 A—B—C—D—A 设计模式探讨不同策略对小学生迟到行为的影响。研究者前后共改换了三种策略：B 代表罚站，C 代表奖赏冰棒，D 代表委托保管教室钥匙。由于方法不断改换，终于发现保管钥匙的策略可以改变被试的迟到行为。在这里，迟到的儿童为了完成教师及全班同学所托付的重任(早上打开教室的门)，必须比其他同学早到校。这样，往常的迟到行为自然而然就不再发生了。实验结果见图 4-20。

有些行为依靠单独的策略不一定就能改变，如果遇到这种情况，教师或行为改变者必须兼用两种以上的策略。例如，要研究哪种因素能影响儿童在家中看书的时间长短，先采用社会赞扬(B)，效果不显著，改用赞扬(B)和代币制强化(C)相结合(BC)的方式，则其实验顺序为 A—B—BC—B

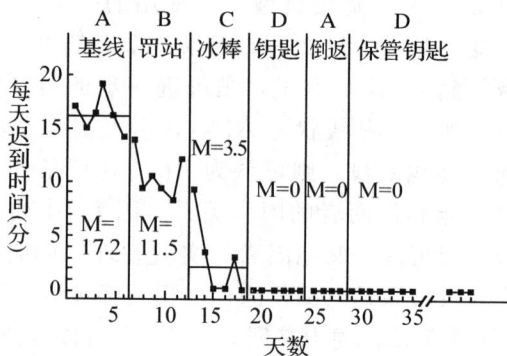

图 4-20　不同处理策略对学生迟到行为的影响

设计，这样可比较 B 和 BC 的效果。当然也可改用其他方式，按照实验目的及试验效果灵活运用。

三、有效运用倒返实验设计的注意事项

在行为改变技术中，倒返设计是一种基本的、较常用的单一个案实验法。为了达到最佳运用效果，在运用时，应注意以下几方面。

第一，定义目标行为。实验者必须先对目标行为下一个操作性定义，例如，要矫正儿童上课时擅自离位的不良行为，就要定义怎样才算是擅自离位。

第二，建立稳定的基线。必须在记录到的目标行为频率上下波动渐趋平稳一段时间后，算出频率的平均数，以此为基础。一般基线阶段至少要连续观察 3 天。

第三，把握好实验处理阶段的时机。待问题行为的基线资料趋于稳定后，方可引入自变量 B，即进入实验处理阶段。

第四，注意问题行为的继续收集。继续收集在处理阶段和此后各阶段的问题行为资料，每个阶段都要待情况比较稳定后，才可转入下一阶段。

第五，依据特定实验情境确定倒返实验设计过程的具体阶段。一方面，倒返实验模式应根据要求和收集到的资料情况灵活设计，使之符合或接近所确定的目标行为的相应要求。另一方面，有些行为（如好习惯、技能或知识等）在经实验处理、提高效果后，尽管到基线阶段（A2）时已不再采用实验处理或矫治方式，也不会返回到引入实验处理前的基线水平了，即 A2 的行为发生不会再回到 A1 的水平。要改变这些不能返回基线水平的

行为，就不能运用倒返实验设计。例如，为训练一个儿童的刷牙习惯，运用了 A—B—A—B 实验设计，在 B1 阶段，儿童的刷牙习惯已逐渐形成，因而在撤除矫治措施，进入 A2 阶段时，曲线不会回复到原来没有矫治过的 A1 时的水平。

第六，应用倒返实验也应从伦理或教育的角度把握其可行性。如儿童的自伤行为经治疗后，怎么能忍心观看其自伤行为再度发生？因此当然不能撤除其治疗教师在教导学生改变不良行为后，也不会盼望其不良行为再度出现。所以应用倒返实验设计时，必须谨慎考虑所治疗行为的性质。

四、倒返实验设计的效果评估

判定倒返实验设计对行为改变的效果，必须对程序记载的材料、尤其是图表进行正确的评估。

(一)对基线阶段的评估

对于基线的评估是程序中很重要的一个环节。以图 4-21 为例，该图是儿童行为的 5 个假设数据图。在进入行为处理阶段前，首先应考虑基线是否保持在稳定状态，因此，可选择基线④。基线④较平稳，并且可以显示出治疗前水平和治疗后的明显差别。其他四条曲线都不符合这个条件。

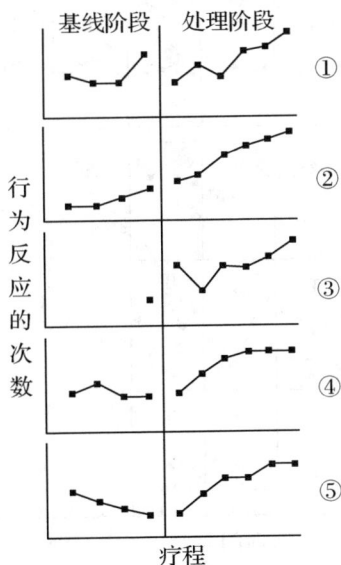

图 4-21　5 个儿童的假设数据图

此外，还要考虑基线应该多长。这个问题要根据具体情况而定。从科学实践意义来看，有时基线数据波动较大，应延长测试时间，直至基线数据趋于稳定，这就要求较长的基线。然而从伦理的角度出发，在治疗一些有自我虐待行为的儿童时，延长基线的做法是不能接受的。

(二)对行为改变效果的评估

行为改变效果的大小，可以根据统计数据评定，也可根据对图表的观察判断。其评定标准，主要是比较基线和行为处理两阶段内数据或曲线的差距。评判时应注意以下原则。

1. 从科学角度考虑

①实验中重复的次数越多，行为改变的效果越好；②基线和治疗阶段重叠越少，效果越好；③引入行为处理后的行为改变曲线与基线比较，上升或下降越快，行为改变的效果越大；④行为改变过程和反应的测量越精确，就会发现现存材料和可接受的行为理论越一致。

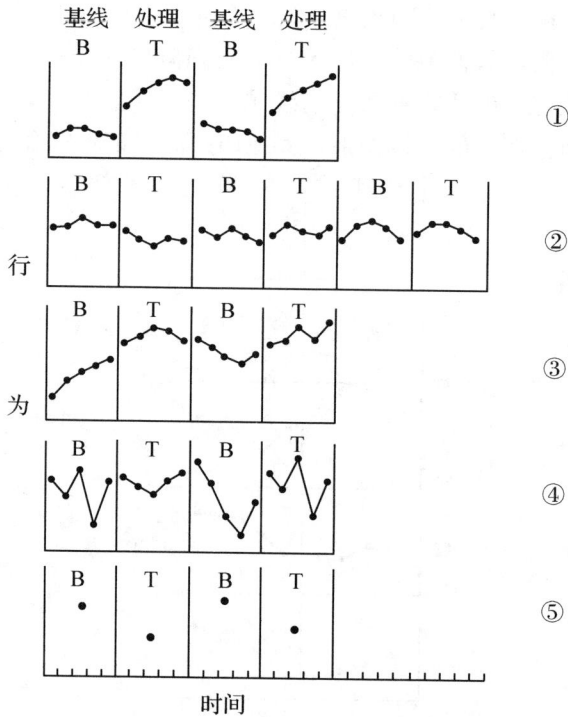

图 4-22　一些行为改变的假设数据图

以图 4-22 为例。该图是一组行为改变的假设数据图，根据以上标准，我们可判断图 4-22①的效果最好，图 4-22②的效果最差，其他 3 张都有一定的问题。

2. 从实验目的角度考虑

行为改变效果好坏还要根据被改变者和亲友在日常生活中的交往及具体的行为表现来评价，而不只是根据行为改变在实验上的结果来评估。因此，如有必要，行为改变者应该要求被改变者的亲友配合实施上述实验，当上述标准适用于观察一个人的数据时，我们就能判断行为的矫正是否产生了显著疗效。

五、倒返实验设计案例分析

案例一

张希清，叶平枝(2004)①采用 A—B—A—B 的倒返实验设计，对一名具有多动行为的幼儿进行了研究，探讨在专业研究人员的指导下，通过由幼儿教师编制并实施的幼儿集体系列游戏，矫正幼儿的多动行为的效果。

(一)操作性定义

本实验确定幼儿多动行为的操作性定义为：不符合情境要求的、无法自控的行为。

(二)矫正过程

1. 基线观察阶段(A1)

观察时间为 5 天。在这个阶段，为保证观察材料的可靠性和实验结果的科学性，首先对实验者(即被试所在班级上、下午班的两个教师)的观察信度进行了考察。结果显示，观察信度在 70％～80％之间。查找原因，是对幼儿多动行为的定义把握不一致。经过两位实验者对多动行为进行了统一认识后，观察信度达到 90 ％以上。这样才允许实验者进入实验研究阶段。实验者在幼儿上午 9：00～9：30 的集体活动、中午 12：00～12：30 的午睡和下午 4：00～4：30的室内外游戏这几个固定时间内，对被试进行有规律的观察和记录。

---

① 张希清，叶平枝．幼儿多动行为游戏矫正的实验研究．中国特殊教育，2004 (5).

当被试的多动行为发生次数趋于稳定时，进入第一个矫正游戏阶段（即 B1 阶段）。

2. 实施矫正游戏阶段（B1）

这一阶段为期 11 天。在上述条件不变的情况下，每日下午 4：00～5：00 组织安排矫正游戏活动，该游戏是教师根据幼儿多动行为的特点，采用从改变认知、情感和行为入手的系列矫正游戏，要求被试所在班级全体幼儿参加，以保证被试在自然状态下不知不觉地接受矫正。实验者继续在幼儿上午 9：00～9：30 的集体活动、中午 12：00～12：30 的午睡和下午 4：00～4：30 的室内外游戏这几个固定时间内，对被试进行有规律的观察和记录。当被试的多动行为发生次数趋于稳定时，进入第二个基线观察阶段（即 A2 阶段）。

3. 基线观察阶段（A2）

这一阶段观察时间为 6 天。停止游戏干预，继续对被试在上午 9：00～9：30 的集体活动、中午 12：00～12：30 的午睡和下午 4：00～4：30 的室内外游戏这几个固定时间内进行观察和记录。当被试的多动行为发生次数趋于稳定时进入第二个游戏矫正阶段（即 B2 阶段）。

4. 实施矫正游戏阶段（B2）

这一阶段为期 6 天。同 B1 阶段，当被试的多动行为发生次数趋于稳定时停止游戏干预。

（三）实验结果

表 4-1　被试在倒返实验不同阶段多动行为表现的次数

天数	1	2	3	4	5	6	7	8	9	10	11
A1	72	45	86	88	89						
B1	87	53	38	38	36	37	37	43	22	30	29
A2	25	26	16	20	33	41					
B2	24	20	14	19	16	14					

从表 4-1 图 4-23 可以看出，被试在 A1 多动行为少则 45 次，多则 89 次；在 B1 多动行为明显下降，稳定于 30 次左右。第二个基线阶段（A2），被试的多动行为再度恶化，多动行为呈上升之势；矫正游戏再度实施阶段（B2），被试的多动行为又再度下降，波动于 14～24 次之间。

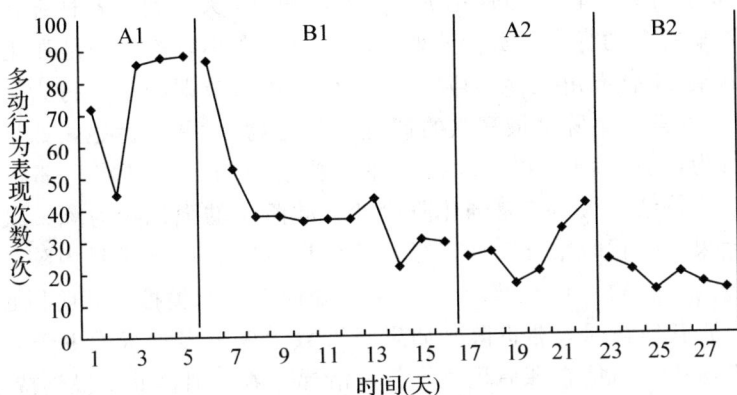

注：A1 为基线观察阶段 5 天；B1 为实施矫正游戏阶段 11 天；
A2 为基线观察阶段 6 天；B2 为实施矫正游戏阶段 6 天。

图 4-23 改变儿童多动症的倒返实验设计

(四)案例分析

实验处理的结果显示利用倒返实验设计原理处理幼儿多动症行为是成功的。同时这个研究也从实践方面探讨了非专业人员参与幼儿多动行为矫正的途径，研究方法和材料适合教师和家长操作，具有一定的实用价值。

案例二

沙燕(2003)[①]曾运用倒返实验矫正智残学生多动行为。

1. 基线阶段(A1)。这一阶段为期 5 天，不对被试陈某采取任何强化，只观察和记录每天数学课上多动行为发生的次数。记录次数见表 4-2。

表 4-2 发生次数记录表

日期	多动行为	次数
一	上课插嘴，影响邻桌同学	11
二	插嘴，在座位上转来转去	15
三	座位上转来转去，影响邻桌同学	18
四	上课随便走动，插嘴	12
五	插嘴，在座位间走来走去	15

① 沙燕. 运用倒返实验矫正智残学生多动行为案例. 特教花苑，2003.

2. 实验处理阶段。即强化阶段(B1)为期 15 天,利用各种强化策略影响被试陈某的多动行为。实验处理阶段又分三个小阶段。一是强化阶段Ⅰ,每天给陈某 14 颗五角星(因为陈某在基线阶段每节课的多动行为平均次数为 14 次,五角星是陈某最喜欢的拥有性强化物),并告诉她,如果发生一次多动行为,就收回一颗,直到下课未被收回的五角星将全部归陈某所有。此阶段持续 5 天。二是强化阶段Ⅱ,此阶段的强化物为陈某最喜欢的食品:糖果。强化时结合对良好行为的夸奖,第一天 10 分钟内陈某没有出现多动行为,就给 1 颗糖果;第二天 15 分钟,以此类推。此阶段也持续 5 天。三是强化阶段Ⅲ,告诉陈某如果每天数学课上多动行为少于 5 次,且每天逐渐减少,就能在课后玩积木、滑滑梯、看画册。此阶段仍持续 5 天。

3. 倒返阶段(A2),即还原期。为期 5 天,不再给予实验处理的强化物。

4. 再强化阶段(B2),即再处理阶段。以糖果为强化物,继续矫正 5 天。图 4-24 显示了被试陈某在接受行为改变方案过程中多动行为变化的情况。

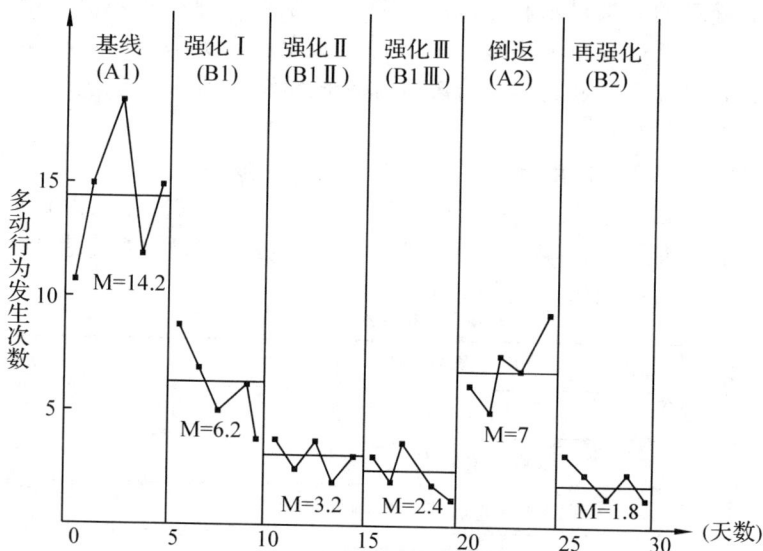

图 4-24 矫正智残学生多动行为的倒返实验设计图

案例分析:从实验结果可以看见,A1 阶段陈某每天上数学课时多动行为发生的平均次数为 14.2 次,B1Ⅰ阶段的多动行为平均次数下降至 6.2 次,B1Ⅱ阶段平均次数下降至 3.2 次,B1Ⅲ阶段继续下降至 2.4 次。到了

A2 阶段，撤除强化物，多动行为立即开始回升，平均每天为 7 次。到了 B2 阶段，再引入强化物，多动行为又明显减少，平均每天为 1.8 次。

第三节　多项基线设计

倒返实验设计尽管可以使用两个或两个以上的基线期和行为处理期，但是这些基线期和行为处理期只能用于同一环境中具有相同行为的相同被试。如果是不同环境、不同行为或不同被试，就需要运用其他的设计方法了。多项基线设计就可以解决这一问题。

一、多项基线设计的原理

多项基线设计(multiple baseline design)是倒返设计的一种发展，它可以用来处理多被试、多自变量或同一对象的多种行为问题的实验，比如，三名学生注意力不集中的问题行为改变实验，就属于多被试、多自变量的实验。其基本步骤是设立两项以上活动的并列基线，然后相继引进各项活动的治疗过程，再比较各种活动的治疗处理对行为变化的影响。

应用这种设计有一个前提，即行为间必须具有相互独立性。这样才能观察治疗对行为的改变作用，而不至于产生各种活动间的相互影响。这种方法是倒返设计的一种转变模式。它也采用 A—B 模式，只是实验对象不是单一个体或单一行为，而是两个以上的个体或行为。因此多项基线设计较适用于一些行为反应在处理后不能再返回到基线水平的情况。如读、写、算等技能，就一般不能采用倒返设计，而应采用多项基线设计。其实验模式可以借助 A—B 模式，分别表示为：① A—B—B—B；②A—A—B—B；③A—A—A—B。其中 A 代表基线阶段，三个 A 段的长短不一致；B 代表实验处理阶段，其长短也不一致；①②③可分别代表 3 个不同个体(如甲、乙、丙 3 个学生)或某一个体的 3 种不同行为(如对语文、数学、英语的学习)，或某一行为中 3 种不同条件(如早餐、中餐、晚餐)。

二、多项基线设计的类型

多项基线设计通常可以应用于同一个实验中两个以上的被试(或组别)，或同一被试的两种以上的行为，或同一被试两种以上的条件。因此其设计也可以根据实验对象性质的不同，分为不同类型。

（一）多被试基线设计

在有多个有相同问题行为的个体的情况下，一般采用这种设计模式。

在基线期，几个被试同时被观测，但每个被试被观测的时间和次数都不一致，比如，让各个被试的观察时间一个比一个长，次数也一个比一个多，并绘出基线。这样，所得的基线就一个比一个长。每当一个被试的观测结束后，就进入其行为处理期，即引入实验措施，因此实验措施的引入时间也不相同，有先有后。当实验措施引入后，要分别做出观测，绘出被试行为变化曲线。最后，每个被试行为都显著改变以后，可以停止实验措施的引入，进入行为改变的追踪阶段，即不马上结束实验，继续做一段时间观测，以检验实验措施的效果。

例如，美国心理学家霍尔（1970）①曾经运用跨越不同被矫正者的多项基线设计，提高 3 位高中生的法语课文化作业成绩。

戴维、罗伊和德比尔在美国的一个高中高级法语班里学习，但他们的学习成绩特别差，每天的作业成绩均不及格，即 D 等和 E 等。虽然老师一再劝告他们用功学习，但成效不大。

在分析了 3 位高中生的学习情况后，克兰斯顿发现这些同学只是不肯用功。于是他决定引进"留晚学补课"这一处理策略对他们进行矫正。留晚学补课实际上是一种负强化法。实验开始之前，先一一告诉被矫正者："如果每天的法语作业成绩还是在 D 等或 E 等，就要利用每天放学以后的时间，由任课老师给予补习。"

确定的目标行为是被矫正者每天的法语作业成绩能提高到 C 等以上。矫正程序开后，先进入基线阶段（A）。在这个阶段里，只记录 3 位被矫正者的法语作业成绩，不介入任何指导。基线阶段的持续时间，第一位被矫正者（戴维）为 10 天，第二位被矫正者（罗伊）为 15 天，第三位被矫正者（德比尔）为 20 天。随后进入实验处理阶段（B），引入"留晚学补课"这一处理。其中第一位被矫正者的实验处理持续时间是 16 天，第二位是 11 天，第三位是 6 天。实验结果见图 4-25。

从图中可见，在基线阶段，戴维的法语成绩只有 1 次是 C 等，其他都在 D 等和 E 等上；罗伊的 15 次成绩中，也只有 3 次是 C 等以上，其余均不及格；德比尔共有 20 次成绩，其中只有 1 次是 C 等，其余都是 D 等和E 等。到实验处理阶段，3 位被矫正者的法语作业成绩立即有了进步，大

---

① 转引自陈荣华．行为改变技术．台北：五南图书出版公司，1988.

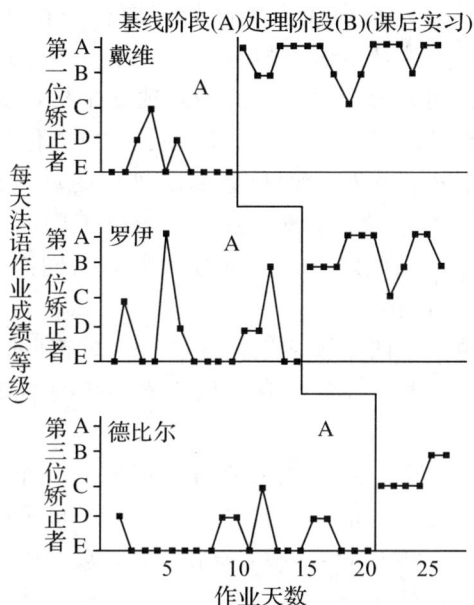

图 4-25 三位高中生每天法语作业成绩的改变情况

部分都提高到 A 等或 B 等。戴维和罗伊只有 1 次 C 等，德比尔有 4 次 C 等，即被矫正者均达到了目标行为要求。

(二)多项行为基线设计

如果同一对象有几种问题行为需要同时改变，可采用多行为多基线设计。其方法是：首先，对这个对象的几种问题行为做自然观测，根据观测数据绘出基线。然后，选择几种问题行为中的一种，进行行为改变处理，其他行为仍旧做自然观测记录。待第一种问题行为达到要求的效果后，再对第二种问题行为做行为改变处理，以此类推。此设计的实验程序类似于跨越不同被改变者的多项基线设计，实验者可通过对同一对象不同行为的基线与实验处理阶段的成绩的比较，推论出实验处理对行为者不同行为的影响情况。

与倒返设计相比，多行为的多项基线设计有其自身的优点。比如：不必经过倒返阶段也能控制有关变量；不必顾虑到由倒返措施引起的实际困难，如自伤行为如果利用倒返设计，就要考虑是否符合伦理；有些材料一旦学成，就不易倒退(如拼音、计算等知识技能)，借此实验设计模式可探讨其因果关系。

　　但是，使用此类设计必须注意不同的问题行为在功能上必须互相独立，只有这样才能保证让基线保持相对稳定，才不会导致由于引入实验处理而影响其他行为。问题行为功能上的相互独立是指，所选择的不同行为不应属于同一反应类型的项目，其目的是为了避免类化作用的产生，使实验的结果解释发生混淆。例如，两位数加法进位的算术技能（87＋34＝?）与三位数加法进位的算术技能（167＋254＝?）属于同一反应类型的项目，很容易形成技能迁移。除此之外，差异较大但有共同因素的行为（如加法和减法），也容易产生迁移。

　　台湾的一位师范大学四年级学生在选修行为矫正课时做了一个案例研究。她用多条件的多项基线设计研究一位 3 岁小孩的不良饮食习惯的矫正效果。

　　这位小女孩聪明伶俐，语言能力极佳。但她有一个令人头痛的毛病，就是每天三餐的用餐时间不正常。例如，早上 10：00 才吃早餐，中午就吃不下了，到了下午 13：00～14：00 又喊肚子饿，就要吃东西，吃饱了，晚上又吃不下，如此恶性循环。

　　研究者先取得家长的合作，做到了如果该小女孩早上很晚才起床，则早餐只给一瓶牛奶或数片饼干，目的是使早餐不致影响中餐。

　　确定的目标行为是，早上 8：00～9：00 用早餐，中午 11：30～12：30 用中餐，晚上 18：30～19：30 用晚餐，每餐均应在规定的一个小时内吃完半碗以上的饭菜。

　　程序中所采用的处理策略是正强化法。如果被矫正者能在指定时间内用餐，就给予即时强化，包括口头鼓励、讲故事、赠送彩笔或带到外面散步，并在事先准备好的一张图表上，由被矫正者亲自贴上一张贴纸；如果饭吃得较多、较快，在 20 分钟内吃完，则给予一张较大的贴纸。记录时把超过规定的用餐时间（以分钟表示）也记录下来。

　　矫正程序开始后，先进入基线阶段（A）。在这段时间里，不给被矫正者任何强化，只观察她三餐用餐时间的拖延情况，并做记录。基线阶段的观察时间分别是中餐 1 星期，晚餐 2 星期，早餐 3 星期。随后进入实验处理阶段（B），引入强化措施。中餐自第 8 天起接受强化处理，晚餐和早餐分别自第 15 天和第 22 天起接受处理。每餐所用强化物均不同。这样的强化措施分别施行 1 星期后，改用间歇强化，即只是偶尔对被矫正者的良好行为给予强化。间歇强化的目的，在于观察取消强化诱因后，被矫正者是否重复拖延吃饭的坏习惯。实验结果见图 4-26。

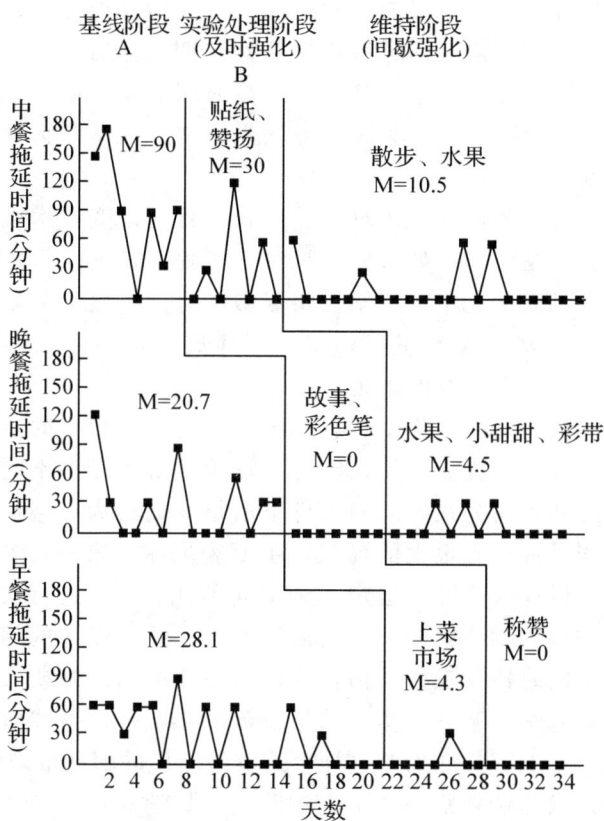

图 4-26 不同强化因素对改善儿童三餐拖延时间的影响

从图 4-26 中可以看出，在基线阶段里，随着中餐进入实验处理阶段后，早餐和晚餐的拖延时间有明显下降趋势，可见有类化情形产生。除此之外，研究者对三餐饭运用的强化物不同，例如，中餐采用赞扬与贴纸，晚餐则改用讲故事及赠送彩笔，早餐又改用上菜市场，致使其成效也有所不同，如晚餐效果最明显，平均拖延时间为零。总的来说，本实验的研究步骤清楚，效果也相当显著，有较大的参考价值。

（三）多种条件下的基线设计

如果是对同一对象的同一种问题行为在不同条件下用同一种矫治措施做处理，其方法与前两种设计相似。例如，一名学生上课听讲效果不佳，现决定利用及时提问的方法做行为改变处理。计划先在语文、数学、物理3 科中进行。处理前，先对这个学生在这 3 科上课听讲情况做自然观测，绘出基线。然后在语文课上采取及时提问方法并做观测记录，其他课仍旧做自然观测记录。等到语文课听讲效果达到预期指标后，再依次将及时提问法引入数学和物理课的教学。这样过一段时间后，就可以利用观测数据绘制的曲线对及时提问这一行为改变方法在语文、数学和物理这 3 门课上的效果做出判断。

这一设计中的多条件涵盖的范围较广，在行为改变技术中的多条件常涵盖下列几种：一是时间，如可分为早餐、午餐、晚餐时间等；二是教学安排，如可分个别教学、小组教学及班级教学等；三是行为发生环境，如可分为在教室、操场、实验室等；四是团体成分，如可分为轻度智能不足、中度智能不足、重度智能不足等。

多条件的多项基线设计除了具有和多被试与多种行为的多项基线设计一样的优点外，其最大优点首先在于可以评价被矫正者在不同条件下的行为表现，其次是便于研究在不同的条件下所培养的行为有何类化现象。多条件的多项基线设计也有很大的局限，主要表现在：第一，多种条件选择的困难性。这一设计模式必须选定几种不同条件，才可进行实验，但选择条件有时候往往很困难。第二，评估的烦琐性。这一设计的问题行为必须在不同的条件下同时持续观察评估，这样做往往会给老师或实验者带来很多观察与记录的麻烦。第三，实验结果解释的影响性。基线阶段若拖延太长，其他变量的影响容易介入，这样会给实验结果的解释带来影响。

例如，一位教师计划给一个学生对阅读、数学和社会学科这 3 门课进行个别化教学，因为这个学生在这 3 门功课学习上存在困难。个别化教学首先运用到阅读课，两周后运用到数学课，最后社会学科也采用个别化教学。在这项研究中存在着 3 个因变量：学生的阅读、数学和社会学科的成绩。每两周，研究者对每一个变量观测 4 次。从操作上来说，因变量就是由教师所确立的教学目标实现的百分数。另外，对于 3 门学科都有一个为时两周的基线期。数学和社会科学的基线期在阅读基线期的基础上分别持续了另外的两周和 4 周，然后各自把个别化教学引入其中。整个研究历时 8 周（如图 4-27 所示）。

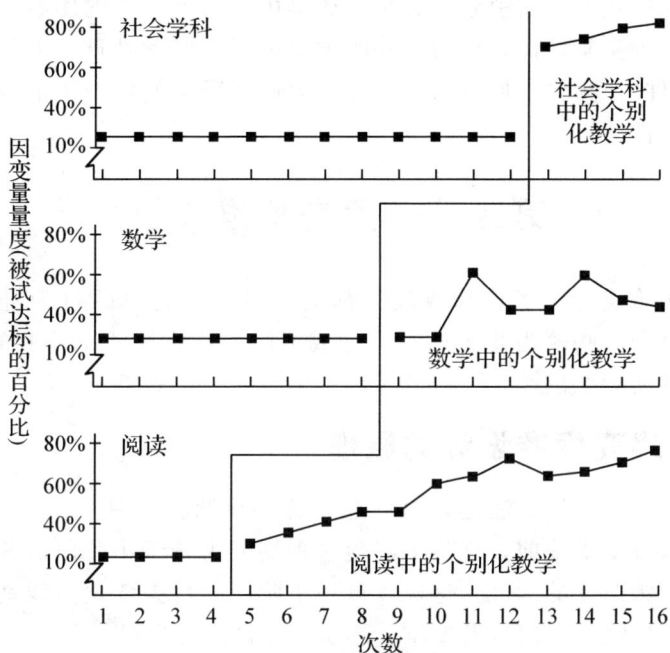

图 4-27　多种条件下的基线设计图

三、有效运用多项基线设计的注意事项

多项基线设计不仅类型多样，而且操作起来也比倒返设计更复杂。因此，要有效运用多项基线设计，应遵循以下原则。

第一，明确定义目标行为。这是行为改变技术实施的必备步骤，多项基线实验也不例外。因此，在正式开始实验之前，先要明确定义目标行为。

第二，注意实施行为处理阶段的条件。多项基线设计有多个基线，应该等到所有的基线都保持稳定状态或可以接受的趋势后，才能对第一位（种）被矫正者（行为或条件）施行实验处理。同时，也应等到第一位（种）被矫正者（行为或条件）在处理阶段的问题行为达到预定标准并趋于稳定后，方可对第二位（种）被矫正者（行为或条件）施行实验处理，以此类推。

第三，注意实验中可能出现的问题，以便及时处理。比如，如果第二位或第三位被矫正者问题行为在尚未施加处理条件之前，就随着前一位被矫正者问题行为的改变而改变，就应暂停实验，找出各种原因，如确定是由于被试间的相似性质引起的类化，还是由于其他变量的影响造成的，然后进一步完善实验设计。行为条件的类似情况也照此处理。如果某一被试（行为或条件）在实验条件引入后，并不因此而发生问题行为的改变，则须另换处理条件。

第四节　逐变标准设计

倒返实验设计、多重基线设计都是针对较为简单的行为进行实验处理。然而对于一些较为复杂的行为，或不能一次性矫正的不良行为习惯，则需采用逐变标准设计。

一、逐变标准设计的原理

逐变标准设计的方法是，对问题行为先做自然观测，然后作出基线。在引入行为改变措施前，把整个实验过程划分为若干小阶段，并制订出每一小阶段行为改变的标准。这样，每一小阶段的行为变化曲线就成为下一小阶段的基准线，依次提升要求，逐步塑成目标行为。

在逐变标准设计中，目标行为的标准从易到难被分成若干小段，逐段提升，因此被改变者在各小阶段里只要稍稍努力，就能达到预定的阶段标准，从而获得应有的奖励。这样做能够大大调动被改变者的积极性，逐变标准设计也因此被认为是一种循序渐进地塑造目标行为的好方法。

二、逐变标准设计的特点及应用

逐变标准设计包括一个基线期和一个处理期，而这个处理期又可以分为若干个小阶段，并且，每个小阶段都有自己的目标，一步一步地趋近终点目标。逐变标准设计因其自身的优势得到了广泛应用。

(一)逐变标准设计的特点

任何设计都有其优势，也有其局限，这些优势和局限共同组成了其自身的特色，逐变标准设计也是如此。逐变标准设计具有以下优点：

第一，每次只针对一项问题行为，因此操作较为简单；

第二，它不仅可用于强化良好行为，也可用于减少不良行为；

第三，由于各阶段标准逐渐提升，被改变者在实验中承受的压力不会很大，所以他们乐意尝试，成功的可能性高。

但逐变标准设计也有很大局限，主要体现在：

第一，由于逐步提升各阶段的标准，达到目标行为的时间较长，给程序进行带来了一定的麻烦；

第二，各阶段标准制定的主观性较强。

(二)逐变标准设计的应用

逐变标准设计既可用于增进儿童的日常学习、生活技能，也可用于特殊儿童的功能性康复训练，还可以用于研究和处理儿童和成人的一些不良习性，如偏食、贪睡等以及成人的烟瘾、酗酒、暴食等涉及生理机能的不良习性或行为。由于这些不良习性是日积月累形成的，并非一朝一夕可以改正，因此必须根据生理上的适应原则，逐步改进，才能见效。此外，对个体已经形成的不良行为进行矫正时，也应考虑使用逐变标准，才能更有效地改变已经形成模式化的问题行为。如下例所示，台湾的一位小学教师就曾利用逐变标准设计来改变一位一年级小学生上课离开座位这一问题行为。在矫正过程中，老师根据学生在后一个阶段内达到了比前一个阶段好转且相对稳定的情况下，再稍微提高一点对学生的要求，实施下一阶段的矫正。通过逐渐增加的、较高且易达到的要求，在一定时间段后，学生的行为基本达到最初预定的目标。

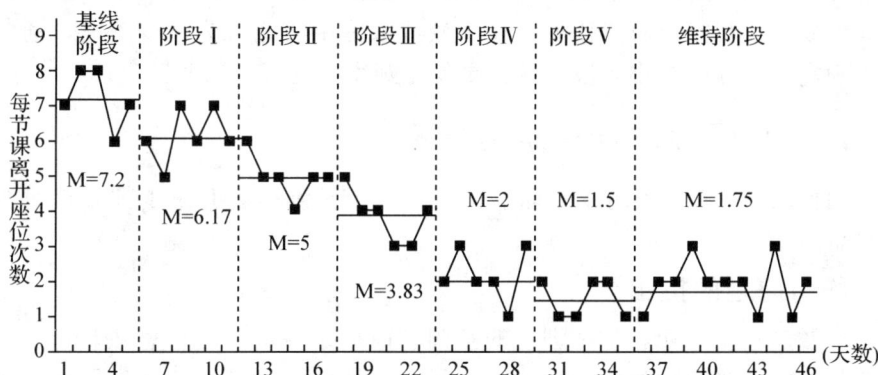

图4-28　利用逐变标准设计改变学生上课离开座位问题行为的设计

注：本图根据相应数据作了修订。

三、有效运用逐变标准设计的注意事项

采用逐变标准设计实施行为改变方案时，应按如下步骤进行。

第一，建立基线。对所要研究或处理的目标行为，通过观察、记录后，应建立起问题行为的基线。待基线阶段的行为资料显示相对稳定后，才能进入实验处理阶段进行行为改变的处理。

第二，划分处理阶段。在正式进入实验处理阶段之前，应确定好总的终点目标行为，并根据终点目标行为的难易程度将整个处理阶段划分成4～8个小阶段。这些小阶段也应向着总的终点目标靠近，每一小阶段为下一个阶段做准备。每个小阶段的划分标准应根据被改变者的能力及条件而定。一般认为，最理想的小阶段目标应该是，被改变者略加努力就能达到目标，从而进入下一个小阶段，最终达到终点目标。

第三，依序按所划分的处理阶段进行行为处理。在处理过程中，只有当第一个小阶段的阶段目标达成后，才能进入第二个小阶段的处理；当第二个小阶段的目标实现后，再继续进行第三个小阶段的处理，以此类推。如果某一小阶段的目标一时无法完成，行为改变者可根据该阶段的目标尝试重复处理一次，如果仍不能完成，就应考虑再次划小这个阶段的处理过程，或改变强化策略。只能等到该小阶段目标完成后，才能进入下一小阶段处理；不能在未完成目标的情况下急于进入下一阶段。

第四，灵活决定处理时间。处理过程中的各个小阶段的持续时间的长短不必完全一致，可根据被改变者的行为表现而定。一般是以让目标行为能稳定维持在规定的标准水平上为准。但要达到规定的标准水平，至少需要3天或3个观察时段。比如，在学校或家庭中实施行为改变策略，通常可以确定7天为一个小阶段，这样更便于观察和处理。

四、逐变标准设计案例分析

胡保国（2003）[1]利用逐变标准设计对一个重度弱智儿童上课多动行为进行矫正。

(一)问题的提出

有意注意是一切教学和训练的基础和前提条件，学生有意注意持续时间的长短将直接影响教育和训练的效果。重度弱智儿童的注意发展水平极低，课堂常规较差，这将严重影响授课的速度、进度、质量和效果。对他们的不良行为进行矫正是非常必要的。然而，弱智儿童的个体差异大，智力落后的成因、进程和预后都有很大的不同。这就决定了对他们的矫正、训练和教育也必须区别对待。

---

[1] 胡保国．行为矫正——对一个重度弱智儿童上课多动行为的矫正案例．湖南特殊教育，2003(6)．

（二）被矫正者问题分析

本实验被矫正者 W，男，10 岁，重度弱智，孩子跟父母一起生活，父母为工人，平时父母与孩子的交往不多，双休日偶尔还要上班。在幼儿园和家里他几乎没有接受到什么教育。当孩子有不良行为时，父母经常对他进行打骂，久而久之孩子形成了胆小、倔强、任性、散漫、多动的个性和习惯。在上体育课时，不能准时集合，不能连续站 5 分钟听老师讲课，经常突然无故离开队伍，还经常"自娱自乐"，严重影响课堂纪律。虽然对他实施多种措施，但收效甚微。现依据强化原理，用逐变标准设计法对其进行矫正实验，并采用逐步递减的矫正方法。

（三）方法的选择和实施

1. 确定目标行为。据观察，W 在任何课上的课堂纪律都较差，多动行为发生频率高，但比较听班主任的话，为此选定班主任配合开展实验，观察、记录 W 每次课上多动行为发生的次数，并将一节体育课内多动行为发生次数不超过 0 次确定为目标行为；一个星期为一个实验段，连续 5 天达到标准才算通过。

2. 方法的选定。W 任性、倔强又胆小，过度惩罚或不用惩罚都不合适。同样，对其实施负强化法的难度也较大。观察发现，W 喜欢听表扬他的话，喜欢跑动、玩纸牌等。实验者采用正强化与惩罚相结合、逐步接近目标行为的方法进行矫正实验。

3. 实验过程。实验之前与 W 的家长取得联系，以取得家长的支持和配合。每天家长送孩子上学时再三叮嘱 W，在校要听老师的话；每天将孩子接回家时，对孩子的良好表现进行表扬和奖励。

矫正程序开始后，第一阶段为基线阶段（共 5 天），不给被矫正者任何强化物，只记录每节课多动行为发生的次数及期望行为发生的次数和持续时间。第二阶段为实验处理阶段，每 5 天为一个小阶段。在此阶段给予一定的强化物，并分为：即日强化物和阶段强化物两种。即时强化物为口头表扬；阶段强化物分为 7 个阶段，强化物分别为 1 个篮球、1 本故事书、1 副纸牌、1 个弹力球、10 分钟拍皮球活动、玩游戏等，各阶段有所不同。当 W 表现出期望行为时，给予口头表扬，同时告诉他，只要继续维持这种期望行为，就能取得到更多、更好的奖品。上体育课时，每 5 分钟给一次奖励或批评，每节体育课下课后，再次对他进行小结性鼓励或批评。当 W 表现出非期望行为时，给予口头批评，同时拿走他的一份奖品，予以惩罚。

表 4-3 列出了矫正阶段各个小阶段的期望行为。第三阶段为维持阶段，这时不给予强化，只记录每节课多动行为发生的次数及期望行为发生次数和持续时间。

表 4-3　各阶段期望行为

阶段	期望行为
Ⅰ阶段	站在队伍里
Ⅱ阶段	站在队伍里，同时不向左右转动
Ⅲ阶段	站在队伍里，同时不向左右转动，面向老师
Ⅳ阶段	站在队伍里，同时不向左右转动，面向老师，不发出噪音
Ⅴ阶段	站在队伍里，不乱动，面向老师，不发出噪音
Ⅵ阶段	在阶段Ⅴ的期望行为基础上一起参与学习活动
Ⅶ阶段	在Ⅵ阶段的基础上增加独立完成学习活动，能与其他同学合作

（四）实验结果分析

实验进行得较为顺利，效果明显。但由于被矫正行为是多年形成的，已经根深蒂固，而且容易受到班内其他同学的影响等多方面的原因，无法达到 0 次的目标。但矫正程序还是成功的，经过矫正，W 上课多动行为发生频率明显降低。

本章摘要

1. 行为改变技术中可以利用的研究设计包括倒返实验设计、多项基线设计、逐变标准设计，这些设计都具有测量的可靠性、测量的重复性及其情境的描述性等特点。

2. 行为改变实验步骤包括基线阶段、处理阶段、追踪阶段三个基本阶段。

3. 行为改变实验数据的常用记录方式是图表，图表的组成部分包括 X 轴和 Y 轴及其标志与数字、数据点、阶段线及阶段性的标志。

4. 倒返实验设计：最典型的倒返实验设计是 A—B—A—B 设计。A—B—A—B 设计表示一个被试在两个重复的基线期和治疗期的行为。

5. 多项基线设计是以下操作之一：一个被试的多种行为，多个被试的一种行为，或一个被试在不同条件下的一种行为；包括基线期和治疗期。在每一种多项基线设计中，治疗在行为、被试或环境中交错进行。

6. 逐变标准设计适合治疗和矫正一些不良嗜好，如贪吃、偏食等涉及生理机能的嗜好。在逐变标准设计中，基线期之后是治疗期，在治疗期要提出具体的表现标准。

7. 所有的实验设计，除了 A－B 设计，其他都要控制外来变量的影响，这样才能对矫正的效果进行评价。

练习题

1. 解释下列术语：倒返实验设计、多项基线设计、逐变标准设计。
2. 行为改变技术实验设计的方式有哪些类型？其特点是什么？
3. 多项基线设计有哪些类型？不同分类之间有何异同？
4. 描述逐变标准设计的原理，并解释怎么评判逐变标准设计的效果。
5. 某 6 岁儿童吃饭时喜欢离开饭桌玩耍，每顿饭要花费 50 分钟时间。请利用本章相关知识，设计一个合理的实验，以矫正该儿童的不良饮食习惯。
6. 某年轻女孩正在准备一个增强体能的训练——跑步锻炼。她把计划实施干预前 2～3 周的记录值作为基线值。她记录每天跑步的距离，同时将每周的跑步距离绘制成图表。她把跑步记录放在桌子上，每次记录下跑步距离。每周周末再把图表贴到卧室的门上，星期日晚上，她把这周跑步的距离绘制在图表上。请问：她做错了什么？

第五章　行为改变技术的系统步骤

行为改变技术是一种客观而系统地处理行为的有效方法，儿童的所有问题行为，几乎都可以用行为改变技术的方法来处理。但行为改变者如果对问题行为的评量不当，对行为的前因后果理得不清，就很难制定出一套行之有效的行为改变方案，进而影响方案的顺利实施，最终可能会导致行为改变失败甚至给被改变者造成不良影响。因此，实施行为改变技术，还应掌握其实施的系统步骤，准确、正确地把握好每一个环节。本章首先介绍怎样检查与评量问题行为，如何探究问题行为的前因后果；其次介绍怎样制定行为改变方案以及如何实施方案；最后就评估行为改变效果的方法、步骤作一个简单的介绍。

第一节　界定问题行为

运用行为改变技术最主要的目的是改变问题行为、塑造良好行为。因此实施行为改变技术，首要的问题就是界定被改变者存在的问题行为。

一、把握问题行为的类型

问题行为是相对于正常行为而言的。人们通常所说的"问题行为"（problematic behavior），也被称为偏异行为（deviant behavior）或异常行为（abnormal behavior），它指人的行为异于常态，不符合环境要求和个体需要，与其所处的社会环境与社会评价相违背，如多动症、逃学、上中学仍用奶瓶喝水等。问题行为的产生，往往会破坏人格的完善，干扰对正常社会生活的适应，妨碍对学习活动的正常参与和智力功能的有效发挥，因此，问题行为是一种心理和社会功能障碍的表现。

一般说来，儿童和有身心障碍的人容易产生问题行为。美国心理学家马丁（G. Martin）和皮尔（J. Pear）将儿童所表现出来的问题行为总结为以下三方面。

第一，行为不足（behavioral deficits）。行为不足是指人们所期望的、按常规应该发生的行为很少发生或从不发生。也就是说，与大多数儿童表现出来的行为相比，某种行为发生得太少或根本不发生。比如，蹦蹦跳跳的行为是大多数儿童都会有的行为，如果某个儿童从来没有过蹦蹦跳跳的行为，就可视为行为不足；3、4岁的孩子应该已经可以很流畅地说话了，如果某个儿童到了3、4岁仍只会说几个字，偶尔说几句话，也可视为行为不足。

第二，行为过度（behavioral excesses）。与行为不足相反，行为过度是指某一类行为发生得太多或太激烈，超出了常态范围。也就是说，与大多数儿童相比，个体的某种行为表现得过多。多动症就是行为过度的典型表现，此外，严重的攻击性行为、顽固性的撞头自伤行为、经常性的发脾气行为等，都是行为过度的表现。还有一些行为即使是正常的，如果发生总数太多或太频繁，也就成了不正常行为，如手淫行为。

第三，行为不当（behavioral inappropriateness）。如果说行为不足和行为过度只是在量上的反映的话，那么行为不当就有一些在质上的变化成分了。行为不当既是指在性质上已经异化了的行为，也指人们所期望的行为在不适宜的情境下发生，在适宜的情境下却不发生。也就是说，行为的表现者表现出了与自己身份不相符，或是与当时的情境不相符的行为。如在父亲或母亲的亡灵前开心地哈哈大笑，在公众场合宽衣解带，在别人的婚礼庆典上哇哇大哭等都属于行为不当的表现，另外，异食癖者的吃石油、喝农药等行为也属于不当行为。

我国上海市精神卫生中心的江文庆等人认为我国青少年和儿童中存在着以下三类问题行为。

第一，注意缺陷多动障碍。注意缺陷多动障碍（ADHD）是儿童期间常见的问题行为，主要特征为：注意力不集中，多动和冲动。学龄期儿童患病率为3%～5%，男孩明显多于女孩。注意力不集中主要体现在上课不能专心听讲，易受环境的干扰而分心；做作业时也不能全神贯注，边做边玩，不断以喝水、吃东西等理由中断作业，粗心大意等。多动主要体现在在教室里不能静坐，在座位上扭来扭去、东张西望、招惹别人，离开座位走动；话多、喧哗，故意弄出声音以吸引别人注意；喜欢危险的活动和游戏等。冲动主要表现在行为幼稚、任性、克制力差、容易激惹、冲动；易受外界刺激而兴奋，挫折感强；行为唐突、冒失；事前缺乏缜密考虑，行为不顾后果，出现危险举动或破坏行为；事后不会吸取教训等。

第二，行为障碍。主要在有品行障碍的青少年中表现出社会不可接受的行为，例如说谎、逃学、打架、破坏行为、攻击、暴力、偷窃、欺诈和离家出走等。患对立违抗障碍的青少年脾气暴躁、动辄发怒，他们满怀怨恨、易愤怒、报复心强。

第三，情绪问题。儿童的情绪问题主要表现为儿童抑郁症、强迫症、焦虑症和学校恐惧症。儿童抑郁症以情绪抑郁为主，患儿表现为对游戏没兴趣、食欲下降、睡眠减少、哭泣、退缩、活动减少。学龄期可表现为注意力不集中，思维能力下降，自我评价低，记忆力减退，自责自罪，对学校和班级组织的各种活动不感兴趣，容易激惹，有时出现自杀念头或自杀行为。儿童强迫症主要表现为反复地、不合理地担忧，不得不通过行为来抵消所担忧的危险以得到安心，有强迫观念和强迫行为两种类型，常伴有抑郁、焦虑。儿童焦虑症是指以恐惧与不安为主的情绪体验。这种恐惧无具体的指向性，但总感到有不祥的事发生，紧张，忐忑不安。当孩子的焦虑情绪十分严重，并且影响其学习和生活时，他（她）可能得了焦虑症。学校恐惧症是指患儿特别害怕上学，以至于逃避去学校的一种情绪障碍。

二、正确评量问题行为

一种行为是否构成"问题"，一方面在于行为本身，即看这种行为是否符合社会环境的要求，是否对自身和他人产生不良影响；另一方面也在于周围的关系人对这种行为的看法。因为问题行为的认定有其社会文化基础，也有人与人之间的认识差异。

（一）从行为本身评量问题行为

从第三章有关行为的观察与记录可知，行为可以用频率、持续时间、严重程度及大小、力度等方面来测量。记录的目的就是为了评估，因此，行为改变者在评量问题行为时一般也以观察者所记录的这些方面的资料作为依据。

1. 评量行为出现的频率

频率就是某种行为在特定时间里发生的次数。某一行为如果出现的频率超出了正常范围，就应该确定为存在问题行为的特征之一。如眨眼行为，如果正常人眨眼的频率是每10秒一次，那么每10秒眨眼5次的行为就可评量为有问题行为的表现特点之一了。

2. 评量行为表现的严重程度

问题行为表现出来的程度不同，采取的行为改变策略也就不同，因此，在评量问题行为时，行为的严重程度应该是一个不可或缺的重要指标。问题行为的严重程度是指在特定时间内行为表现出来的强度或大小。如某个小学生偶尔抽一支烟，可以说他有抽烟行为，问题行为并不严重；但如果该生一天要抽上一包烟，就属于较为严重的问题行为了，必须采取行为改变策略改变这一不良行为。

3. 评量行为持续的时间

有些行为尽管在短期内有所表现也是正常的，但如果持续的时间过长，也就有问题行为存在的可能了。比如，因遇到某件不愉快的事，心情郁闷几天也是很正常的，但如果持续几周甚至几个月以上，就不正常了；吃早餐花 10 分钟时间很正常，但若要花上 1 个小时就不正常了。

(二)从行为发生的其他因素评量问题行为

社会文化背景因素、个体的年龄和性别特征以及不同的人对行为意义的不同理解等，都对行为改变策略的选取有一定影响。因此，行为改变者在评量某种行为是否属于问题行为时，不应忽视这些方面的评量，应全面、客观地进行评量。

1. 评量行为发生的社会文化背景

处于不同社会文化背景的人，对同一行为表现会有迥然不同的看法和评价。如在我国，6、7 岁的儿童仍由父母帮着洗澡、洗衣物等都是很正常的，而在比较重视儿童的自立和自律的西方国家，这有可能被视为儿童依赖性强或是家长对孩子太过溺爱。

2. 评量行为发生者的年龄和性别特征

问题行为的界定也会因年龄及性别不同而略有所异。例如，用奶瓶喝奶的行为，发生在一岁以下的儿童身上很正常；但如果某个人已经 20 岁了，每次喝奶还必定要用奶瓶，就应属于问题行为了。如果一个男孩的衣橱里装满了花裙、乳罩等，该男孩就应该评量为存在问题行为了。

3. 评量行为发生的态度

在行为改变策略实施的过程中，往往需要他人、有时甚至是行为发生者本人的配合，因此，评量周围有关人员（如老师、家长、邻居、亲友等）对行为发生的态度很重要。如果行为发生者对该行为有理解能力，最好也评量行为发生者的态度，以便争取他的配合。

三、遵循问题行为评量原则

客观性、稳定性和可信赖性是评量问题行为时必须遵循的原则，只有遵循这些原则，才能保证评量结果的可靠性，为下一步的方案制定及实施打下基础。

(一)客观性原则

所谓客观性是指受评量的行为必须是人人可观察到的，也是可以记录的。例如：我们不可能看到一位儿童的公德心如何，但是我们可以观察和记录这一位儿童在一个受安排的情境下，自觉地将一大堆放置在走廊的课桌椅搬入教室多少张或修好几张，这种行为记录可以表明这位儿童是否爱护公物，也就是公德心之一的部分表现。

（二）稳定性原则

稳定性的原则可以从行为基线上表现出来，也就是说，行为基线的描述要能够恰如其分地告诉我们受试者的行为现状，不至于出现极端的高估或低估现象。例如：有一位自闭症儿童，常常企图用自己的头碰撞墙壁。一位行为派心理学家根据行为改变技术设计了一套训练方案，想矫正这个自闭症儿童的这一不适当行为。起初这位训练者发现，该儿童碰撞墙壁的次数很不稳定，有些日子碰撞次数较少，有些日子则较多。比如，有些日子他每一分钟只碰撞 5 次，但有时则每分钟要撞 20 次。评量这一种行为基准线的理想方法是多测量几天，每一天在不同的时间内抽检几次，然后求平均值。若只根据某一天的一次观察结果确立行为基准线，则很容易得出不合理的结论，发生极端高估或低估的现象。

（三）可信赖性原则

可信赖性原则是指两位观察者在同一时间评量同一行为时，所得到的分数或结果应当是相同的。这不仅涉及评量工具的信度问题，还要注意到所要评量的行为的客观性与稳定性问题。如果评量不可信赖的话，训练不但不可能获得真实的进步情形，而且也不可能确定所测出的行为是否就是所要改变的行为。

第二节　探究问题行为的前因后果

行为的产生，既有其根源，也有其后果。在澄清了个体所发生的行为究竟属于什么样的问题行为之后，还应探究问题行为形成的前因后果。

一、探究问题行为的三大要素

一般而言，个体与环境的交互作用，取决于三大要素：一是引发行为的有效条件，称为行为的引发要项，或行为的"前提事件"（Antecedent Event）；二是案主本身的"行为反应"（Behavior），包括机体本身的机体变项；三是随着行为反应而来的行为后果，也称为"后果事件"（Consequent

Event）。这三大要素也被称为 ABC 三大要素，它们之间的相互关系，如图 5-1 所示。

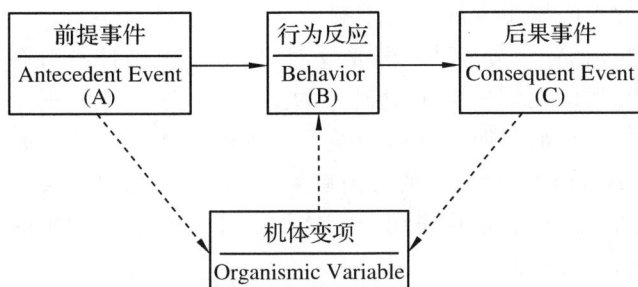

注：实线表示外显关系，虚线表示内隐的影响历程
图 5-1　行为的前因后果

（一）根据 ABC 三大要素，收集相关资料

为了更准确、更透彻地了解问题行为，应根据 ABC 三大要素，收集相关行为资料。例如，与问题行为的前提相关的信息资料包括：问题行为常出现在何时、何地？谁对谁表现出此种问题行为？问题行为发生前发生了什么事？在问题行为发生之前，被试还有其他什么行为？问题行为的发生是否与特定的人有密切关联？问题行为最不可能发生在何种情况下？与问题行为本身有关的信息资料包括：被试的问题行为有哪些具体的表现？与问题行为的后果相关的信息资料包括：问题行为出现后又发生了什么事？问题行为出现后，其他人做了什么？问题行为出现后，发生了什么变化？问题行为出现后，被试免除或逃避了什么事？只有在对以上资料进行了全面的观察和了解的基础上，才能充分认识问题行为的真实情况，找出解决问题行为的方法和对策。

（二）运用 ABC 分析法分析问题行为

对以上三大要素进行分析，就是对问题行为的前因后果进行分析，因此，分析行为的前因后果，也可以称为 ABC 分析法（The ABC Analysis），它有助于预测行为的发生、改变的方向以及改变程度。通常观察儿童的问题行为，都可依据 ABC 分析法。

ABC 分析法认为，行为的发生发展取决于以下三个条件：①前提事件（A），它是引发行为产生的有效条件，包括行为发生的具体情况、行为出现前发生的事、行为发生前的征兆（如脸红、气呼呼等）。②行为反应（B），是指个体在前提事件的作用下的反应，其中也包括个体自身的机体变项。

③行为后果(C),是指随着行为反应而发生的后果事件,比如,引起注意、逃避事情、获得具体事物或要求等。这三个条件之间相互关联、相互作用,各自对行为的发生发展产生影响。

可见,所谓ABC分析法,就是要对ABC三个条件进行系统的、辩证的分析,借此帮助我们一方面透过行为反应(B)这一表面现象,深入探究是什么原因、什么前提事件(A)诱发了行为的产生;另一方面还要仔细考察行为反应(B)导致了什么样的行为后果(C),该后果事件反过来对行为反应本身又是如何发挥着强化作用的。这样,才能对行为发生的来龙去脉有个清楚的认识和理解。

以一则故事为例,运用ABC分析法来具体说明这一点:

"有一天,刘叔叔专程访问王家,他从日本带来一个电动小熊玩具作礼物。刚好王家有两位小兄弟,哥哥(小雄)八岁,弟弟(小平)五岁。这两位小兄弟都想占有这个玩具。由于弟弟年纪较小,身体较虚弱,所以母亲当场裁决把小熊玩具给弟弟。偏偏弟弟是一个独占性很强的孩子,从不主动把玩具借给哥哥,甚至故意在哥哥面前炫耀一番,但倔强的哥哥也不甘示弱,仗着其结实的体格,非把小熊玩具弄到手不可。从此以后,王家两兄弟就经常争吵打闹。每次哥哥都借故推倒弟弟,或强夺弟弟的玩具,弟弟就大哭一场。妈妈一听到弟弟的哭叫声,就冲进房间,不分青红皂白地责骂哥哥一顿,结果哥哥就冲出房间。母亲又要忙着哄骗正在哭叫的弟弟。母亲的护短及哄骗又助长了弟弟的哭叫行为,弟弟的哭叫更是助长了哥哥的好斗行为,因为哥哥每次都能尝试到'征服'与'报复'的满足感。"

从这一则故事可推知,一些行为反应(B)都有其前提事件(A),及伴随行为反应(B)而来的后果事件(C)。刘叔叔只带来一件玩具,偏偏妈妈又较袒护弱小的弟弟,所以较易裁决把玩具给弟弟。这些事件就是日后引发哥哥与弟弟争夺玩具或打斗行为的前提条件(A)。换言之,哥哥的打斗行为(B),就是在这一条件下引爆出来的,哥哥打弟弟,每次都使弟弟哭叫一场,让哥哥享受到报复成功的满足感。这就是哥哥打弟弟的后果事件,足以助长哥哥的打斗行为。

二、注意机体变项对行为的前因后果的影响

所谓"机体变项"是指表现行为的个体的内在条件。通常泛指个体的年龄、性别、遗传特质、智力、兴趣、性向、性格、气质、需求、学业成就、外表、体能以及生理缺陷等。这些变项都可能随时配合"前提事件"的

发生而引发个体的问题行为。因此，家长或教师在分析儿童的问题行为时，不能忽视机体变项的影响。

"机体变项"可能起到从复杂的环境因素中，察觉到"前提事件"的存在及意义的作用；也可能起到承受"行为后果"而采取不同的反应取向的作用。以上述两兄弟的争斗行为为例来说，哥哥的机体条件：倔强的个性、结实的体格，就是引发打斗的有利条件；弟弟的机体条件：虚弱的身体、好独占的个性、爱哭的气质等，也都是引发兄弟争斗行为的催化剂。

第三节　制定行为改变方案

在界定清楚问题行为的性质、探究明确问题行为的前因后果之后，就可着手制定一个切实可行的行为改变方案了。制定行为改变方案主要应注意目标行为和终点行为的确定、强化物的选择、契约的制定等问题。

一、确定目标行为和终点行为

目标行为和终点行为的准确界定对于行为改变方案的设计和实施非常重要，因为界定是否客观准确，是否全面而又有针对性，该行为是否可观察、可测量等，都会影响到下一步对目标行为的观测，影响到行为基线的建立以及行为改变策略的选择等。

(一)确定目标行为

目标行为是指行为改变过程中要处理的某项特定行为。比如，打人、上课迟到、在课堂内乱发怪声等行为，都可以叫做目标行为。需要注意的是，确定目标行为时不可贪多，原则上每次只能选择一项具体的问题行为来处理。但是如果需要改变的问题行为较多，或是属于同一类型问题的不同方面的表现，且又不是很严重的情况下，也可以选择两种或两种以上的问题行为作为目标行为，同时进行处理或训练。比如，一个学生存在着上课打闹、不交作业、破坏公物、欺负弱小同学等问题，就可选出两到三个目标行为同时处理。

(二)确定终点行为

个体的目标行为经过行为改变者的行为处理后，会达到什么样的结果，或是希望达到什么样的结果，这是行为改变者在制定行为改变方案时所要估计的。这就是所谓终点行为。简言之，终点行为就是指一种在行为处理前所制定的问题行为经过处理后的预期表现。比如，对于一个害羞的青年，确定其目标行为是不敢与除亲属外的任何女性说一句话，那么，预期经过行为处理后的终点行为可以确定为敢和同学或教师等认识的女性说一两句话。终点行为实际上就相当于一个航标，确定了终点行为，则所有的行为改变策略或措施都向这一标准努力。

终点行为与目标行为紧密相关。目标行为是行为改变者所要处理的行为，而终点行为则是目标行为经过处理后行为改变者期望达到的行为。也就是说，终点行为要根据目标行为来确定。例如，"帮助小雄在每天抽检四十分钟的观察时间里，打人的次数从往常的 8 次降低到 2 次以下"。就此例来说，"打人"是教师要处理的"目标行为"，处理后预期达到的"终点行为"则是"每天由打人 8 次降低到打人 2 次以下"。教师或家长通常选为"目标行为"或是"终点行为"的行为，主要有两种：一是学业行为，也就是在学业上所需增进的行为，如读出几个字、做几道一位数的加法计算题，背几段诗歌、写几个字等；二是在"行动上"需要矫正的行为，如打架、过分吵闹、不合作、吮大拇指、咬指甲及不整洁习惯等。终点行为的列举必须很具体，其主要特征必须是可以观察、可以评量的，同时还有开头与结尾。只有具备这些特征，这一种行为的改变情形才有比较的可能。

在列举"终点行为"时，应少用一些意义空洞的字眼，如"知道""了解""真正地了解""欣赏""享受""相信""确信"等；而多用一些意义较为确定的字眼，如"写出""区别""读出""背出""列出""列举""造句""比较""对照"等。下面就介绍几则较为具体而确切的"终点行为"或"教学目标"。

例 1：使智能不足儿童从五种不同颜色的方块（如红、黄、绿、蓝、白等色）中，百分之九十以上能正确地检出红色与绿色的方块。

例 2：指导智能不足儿童能够对各种具体物体（如钢笔、木块及钱币等），完全正确地比较大小或长短。

例 3：帮助智能不足儿童能够完全正确地写出 1～20 的阿拉伯数字。

例 4：训练自闭症儿童在一个月的训练期间里，每分钟撞头的次数自 20 次降低到 5 次。

例 5：帮助一位情绪困扰儿童在每天抽检一节课的观察期间内，擅自离开座位的次数从往常的 10 次降低到 5 次以下。

从分析以上 5 项终点行为的实例中可以得知：终点行为的叙述应包括以下三个要素：①明确指出并命名全部的行为；②注明这项行为的改变方向，如例 1 到例 3 是增进该项行为，例 4 和例 5 是减弱该项行为；③确定成功的标准，如百分之九十正确或完全正确等。

这些行为训练方案中的"终点行为"，叙述越明确而具体，该项训练的重点也就越明显；重点越明显，则越容易遵循，训练结果自然也就越容易收到预期效果。

二、选择适当的强化物

要使行为改变方案行之有效，应选择适当的强化物。所谓强化物是指那些能够满足个体需要的、为人们所喜欢的、能够产生愉快结果的刺激物，它能提高行为反应的发生频率。有效的强化可以在行为改变过程中发挥类似催化剂的功能，起到加速实现终点行为的作用。因此，在制订行为改变方案时，行为改变者必须先考虑何种强化物对被试最为有效。

(一)根据强化方法选择强化物

强化方法可以用正强化，也可以用负强化。所谓正强化就是给予一个良好刺激，为了能建立一个适应性的行为模式，运用奖励的方式，使这种行为模式重复出现、保持下来。所谓负强化就是去掉一个坏刺激，是为了引发所希望的行为出现而设立的。在实施行为改变技术的过程中，强化方法的选择应根据目标行为的具体情况和希望达成的终点行为来定。如果为了塑造期望中的良好行为(如爱整洁的行为)，一般要用正强化方法，此时就需要正强化物来给予奖励，奖励的方式可以是给予对方喜爱的实物、代币、金钱，也可以是微笑、点头、称赞和表扬。如果为了消除某种不良行为(如吮吸手指的行为)，则需用负强化，此时就应该选择负强化物来消退不良行为。如较大点的小孩仍有吸吮手指的习惯，这种行为一出现就应当立即受到指责，一旦他不再吸吮手指了，应当立即停止对他的批评。

(二)因人而异选择强化物

同一种强化物对不同的人来说，其作用是不完全相同的，因为每个人的爱好各不相同，强化物的选择只有根据被改变对象的实际情况来考虑，才能真正起到强化的作用。例如，同样的食物可能对一位正感饥饿的儿童是佳肴，对生病的儿童却是令人恶心的东西；同样一本精美的汉语字典，或是一支派克金笔，对一位贫穷儿童来说就属于一项强有力的强化物，但对一位富家子弟就不一定具有吸引力了。因人而异选择强化物并不是一件容易的事，比如，美国一位心理学者曾经报告过一项有趣的实验个案：在一项解大小便习惯的训练过程中，一位重度智能不足者不喜欢食物、玩具及钱等强化物，而只希望获得"旧的衬衣"。就是说，对这一位受训者而言，旧的衬衣的强化价值远超过其他任何东西。这就要求行为改变者在实施行为改变之前，应充分收集被改变者的相关资料，以确定最有效的强化物，制定最佳的行为改变方案。

（三）依情境选择强化物

强化物所起的作用也会受情境因素（如时间、地点）的影响，如冰水在夏天可能是有效的强化物，但在冬天就不一定了；甲种东西虽然能强化张三的 A 项行为反应，但不一定也能强化 B 项行为反应；在甲种情境里能发生强化作用的东西，不一定也能在乙种情境里发生作用。事实上，强化物是否起作用，最主要还要看其效果如何。因此，制定方案时所确定的强化物只是暂时性的，应考虑在实施过程中出现的多种因素，准备好多种可供选择的强化物。

三、选用适当的行为改变策略

行为改变技术是用心理学的原理、原则和方法促使行为发生改变的技术。促使个体行为发生改变的关键在于行为改变策略是否得当。制订与运用正确的行为处理策略，是保障行为改变方案取得成功的根本条件。

在行为改变技术中，常用的行为改变策略有正强化、惩罚、负强化、消退、塑造、渐隐、链锁、相互抑制等原理及代币制、系统脱敏等方法。一个行为改变方案究竟采用何种行为策略，一般要依据方案中终点行为的方向、并结合所要处理的目标行为的性质与特点，加以慎重考虑。如果行为改变方案是为了培养某种新的行为或技能，最好多采用行为塑造或渐隐原理；如果方案是为了削弱或消除儿童的某种不良习惯，则可考虑运用消退原理、脱敏法等；如果训练目的是为了维持或增强良好行为，就要多运用正强化或代币制等原理。

四、确定实验设计模式

行为改变技术强调客观而系统的处理方法，因此，在制定行为改变方案时，就应考虑运用何种实验设计模式。实验设计模式的设计应根据被改变者的具体问题行为而定，如果是单一被试，单一问题行为，可考虑采用倒返实验设计；如果是多个被试、多项条件或多种问题行为，可考虑采用多重基线设计；如果问题行为较为复杂，需划分为多个小目标行为才能达成期望中的终点行为，便可采用逐变标准设计。具体如何进行实验设计，如何运用及其注意事项可参见第四章。

五、创设有利的训练情境

创设一个有利的训练情境是保障行为改变方案能够顺利实施的重要条件。它主要包括以下两方面的内容。

(一)物质设备条件

所谓有利的训练情境是指有针对性地安排有益于达成终点行为的条件或环境。这种情境的设计，一方面应当提供一些有效刺激，以促进终点行为的达成；另一方面又要排除不利于终点行为的刺激和机会。以智能不足儿童的整理仪容及洗手训练来说，一些物质设备条件(如镜子、洗手台、梳子、水龙头、给水设备等)的数量、高低以及大小均要适合受训者的条件，才有益于养成整理仪容及洗手的习惯。又如，要训练一位脑性麻痹儿童的大小便习惯，厕所应先有特殊装备和辅助器，才能帮助他放心使用抽水马桶。务必先使一位行动困难的脑性麻痹儿童，坐在特制的马桶上觉得安全而舒适，训练大小便才能顺利进行。在实验室里进行动物行为的实验时，有关的实验仪器及装置等条件尤为重要。以斯金纳动物实验为例，要想训练鸽子啄不同形状的"标的物"，首先"标的物"的高低必须适合于鸽子的高度；要想训练老鼠能够压杠杆，不但杠杆的高低必须适合老鼠的身高，而且杠杆的弹性还要符合老鼠本身的体力，能够压下去。在这些动物实验情境里，还要尽量排除其他不必要的刺激或装置，以免增加情境的复杂性而分散注意，干扰"啄标的物"或"压杠杆"等终点行为的形成。如果周围无关的刺激太多，动物容易受到其引诱而到处"操弄""探索"，从而增加错误行为的出现频率。这些错误行为对于"啄标的物"或"压杠杆"等终点行为来说，是对抗行为，在实验情境里应尽量减少其出现的机会。

(二)人的因素

设计有利训练情境除了注重物质设备等条件外，还应考虑到人的因素。因为人类行为的改变要在和谐的人际关系中逐渐进行，所以训练者(或教师)的信心、耐心以及爱心具有十分重要的意义。尤其是在特殊儿童的行为改变方案里，这些心理因素更为重要。因为大部分特殊儿童曾屡遭挫折，所以特别自卑而缺乏信心，加上心身缺陷条件所引起的学习困难，容易导致行为改变方案不易执行。要养成这些儿童的良好行为或是改善其不适当行为，都更需要训练者(或教师)充满信心的睿智、富有爱心地灌溉和耐心地培养，才能事半功倍。

六、安排实施方案的日程表

问题行为产生非一日之功，对其实施行为改变的过程也不能一蹴而就，因此，为了使行为改变的整个过程能有条不紊地实施，在制定行为改变方案时，还必须计划好行为实施方案的日程。制定日程表的目的一方面在于帮助训练者进一步明确方案中各个阶段的目标和任务；另一方面也可督促训练者严格按照既定的日程安排有条不紊地执行方案中的各项操作程序，以提高实验处理的工作质量和工作效率，避免疏忽与遗漏。

行为改变实施方案的日程安排一般根据行为改变实验模式中所要进行的三个阶段来安排。第一个阶段基线期，约需要 1 周左右。这一阶段的任务是通过观察与记录，建立行为基线曲线图，确定问题行为的严重程度。第二个阶段处理期，一般持续 2~4 周不等，或更长时间。这是执行方案的核心阶段，其任务是根据确定实验设计模式，运用一定的行为处理策略（包括行为改变原理和强化方式）来处理目标行为，最后达成终点行为。第三个阶段追踪期，需要 1 年左右，其任务是巩固处理前两个阶段所取得的成果。一份完整的实施方案的日程表，应包含行为改变全过程三个基本阶段的全部日程安排。有关三个基本阶段的具体要求在第四章已做了详细描述。

第四节　实施行为改变方案

制订好行为改变方案之后，就可以进入行为改变方案的实施阶段，这一阶段是整个行为改变过程的核心，因此，只有走好这一阶段的每一步，才能确保行为改变技术实施后的有效性。

一、正式实施行为改变方案前的准备

正式实施行为改变方案之前，还应做好以下两项准备工作：

（一）向受训者及其家长说明实施方案

在行为改变方案制订出来之后，还不能直接对受训练者实施。实施之前，应先将实施方案的目的、成就标准与强化分量之间的关系向受训练者及其家长交代清楚，使他们明确该行为改变方案的目标行为和终点行为各是什么，以及在实验的各个阶段受训练者需要达到何种要求。如果在家长和受训练者对行为改变方案一无所知的情况下实施，势必会影响行为改变的效果，甚至会使行为改变方案难以进行。

(二)与受训者或家长订立明确、公平而可信的契约

契约的制定有利于明确训练者和受训者各自的职责与义务，同时，也有利于强化行为训练者与受训者之间的关系。

在一套行为改变方案中，最好能经由教师(或父母)与学生(或子女)双方的同意，商定一份明确、公平而可信的契约。我们都知道，在行为改变过程中，训练者与受训者之间的人际关系，就是一项有力的社会强化物，而这一种人际关系必须建立在一份明确而有信用的契约上。

明确的契约是指在训练方案中所要求的受训者的行为成就标准与相等的增强分量要交代清楚，这样可使训练者明确各训练阶段的工作重点，对受训者也可提供具体的行为目标。

公平的契约是指训练为受训者安排的行为标准及强化分量，务必适合受训者的条件。虽然这一种受训者的条件，较不容易有客观的标准，但经验丰富的训练者，经过一段观察后，是可以订出相当公平的标准的。如果所订的标准太高，或是强化分量与受训者的努力不相称，这份行为契约将形同虚设，不会发生太大的作用。

一份有信用的契约是指训练者要依照契约内所规定的条件履行其职责，受训者也可以按照契约内所规定的条件获取应得的增强物及某些特权。契约上的条件，有一部分有明确的完成行为效果的期限，有一部分则没有明确的期限，只依照受训者的行为后果来给予强化。如果训练者不能信守契约上的条件，以后的训练效果自然要大打折扣了。

二、实施行为改变过程中应注意的事项

在实施行为改变过程中，实施程序的操作是否严格按方案的要求执行，强化物的使用是否得当，观察与记录是否合理等因素；都会影响到行为改变技术实施的效果。因此，在实施行为改变技术的过程中，应重点关注这些方面的情况。

(一)严格执行行为改变方案的程序，灵活运用行为处理策略

制定行为改变方案的目的，就是为了让改变程序能够有条不紊地进行，因此，在实施行为改变方案时必须严格执行既定的一切操作程序。比如，基线阶段的主要任务是观察与记录，在这一阶段就不应实施任何行为

处理策略。处理阶段的主要任务是实施行为处理策略，是整个行为改变过程的重点，展示着自变量与因变量的相互关系，尤其应严格按照实验设计要求实施。这里所说的自变量，就是指行为处理策略，它既包含着强化物的选择和使用方式，也包括行为改变原理的应用，甚至还有其他的训练和辅导措施等。而因变量指的是目标行为经过处理后，朝着终点行为方向发生的有效变化，如良好的行为习惯及生活技能的养成，或认知能力的提高等。行为改变过程应当严格执行实验操作要求，不断操作自变量，并持续观察因变量的变化趋势和变化水平。只有这样的过程，才能保证实验处理的信度和效度。

然而，虽然严格按照行为改变方案的程序实施的项目能保证改变过程有条不紊地进行，但并不能完全保证行为处理的有效性。尽管方案是在收集了丰富行为资料的基础上制定的，但毕竟是计划性、预期性的，并不能完全保证所设计的行为处理策略就一定会有效。因此，在行为改变技术实施的过程中，应根据受训者的反应，改变效果的评估，灵活地运用行为处理策略。如果随着行为处理策略的运用，受训练者很快达到终点行为，并取得了预期的良好效果，则说明处理策略使用得当，行为改变程序获得成功。但也有可能方案中制定的处理策略在受训练者身上很难见成效，在排除了个体突出性的身心状况不佳、强化物使用不当、终点行为难度过大等情况下，也可以考虑变更原先采用的行为处理策略甚至实验设计模式等。总之，实施行为改变的过程中，在严格执行操作程序的同时，不应过于僵化。

（二）有效使用强化物

强化物的使用贯穿着整个行为处理过程。因此，行为处理的效果如何，直接与强化物的运用是否得当紧密相关。

1. 强化物呈现的次数应恰当

强化物尽管能起到提高或减少行为频率的作用，但如果强化物呈现的次数不恰当，不但起不到强化的作用，还会影响强化的效果。经典的条件反射实验显示，随着条件刺激物（CS）与非条件刺激（US，即强化物）配对呈现次数的增多，条件反应的强度（如唾液分泌量）和概率（条件反应发生的次数与条件刺激出现的次数之比）逐渐增大，直到达到学习的"高原"（强化次数的增多不再能增强反应）。而人与动物相比，操作行为更加复杂，某些行为经一次强化便可产生相当的强度，以致终生不发生消退；另一些行为随着强化次数的增多而变得牢固；还有一些行为则可能是先被增强，后又被削弱。因此，强化物的给予不是无限制的，应根据具体情况而定。

2. 强化物出现的时间应及时

在经典的条件反射形成阶段，CS 与 US 呈现之间的时间间隔是影响强化效果的重要因素。依据这两个刺激物间的时间关系，可以区分出四类经典条件作用：同时性条件作用、延迟性条件作用、痕迹性条件作用和反向性条件作用。研究表明，强化作用最大的是 CS 先于 US 0.5 秒的同时性条件作用。延迟性条件作用是指，CS 先于 US 开始，并与 US 同时结束。反向条件反射几乎不可能形成，痕迹性条件反射也较难形成。在操作条件作用中，强化物于反应之后立即出现的情况，强化效果比延迟提供的情况好。

此外，个体的需要、爱好与动机等主观因素也会影响给定强化物的强化效果。

(三)正确观察与记录行为改变过程资料

对于行为改变效果的评估，主要靠行为资料来进行，也就是说，对于问题行为严重程度的评估、行为处理结果的呈现、终点行为的达成判断等，都要依靠在行为改变过程中的观察与记录，因此，对受训者进行观察与记录，在实施行为改变的过程中仍然至关重要。尤其应特别注意观察的效度和记录的准确性和有效性。如何观察与记录见本书第三章。

三、实施行为处理后的行为改变效果评估

实施行为处理后效果的评估，一方面有助于了解因变量的变化情况及其影响因素，另一方面也有利于确定策略运用的效果如何、强化物的使用是否得当等情况，以便及时调整行为处理策略或更换强化物。

实施行为处理后产生的效果，在控制了无关变量的情况下，就只可能存在着两方面作用的结果，一是行为处理策略产生的效果，二是受训者对强化物的依赖所导致的暂时性效果。在这种情况下，可通过撤去强化物来评估其效果来源。因为，如果真是通过实施行为改变技术建立起来的良好行为，即使撤去强化物，也不会对其发生产生影响。事实上，在行为改变技术实施的过程中，强化物并不是伴随始终的，应根据改变实施的具体情况逐渐撤去，达到最后不用任何强化物也能达成终点行为的目的。

除了评估行为处理后的直接效果外，还应评估通过行为处理后，个体其他方面的变化情况。特别是在应用惩罚原理、负强化原理、消退以及模仿原理实施行为处理时，训练者都应随时关注受训练者的身心适应情况，如通过行为处理后，受训者的身体状况如何，自尊心及自我概念是否受到影响，情绪是否稳定等。

本章摘要

1. 行为改变技术是一种客观而系统的处理行为的有效方法。它的实施主要包含以下几个步骤：①界定问题行为，即指明问题的所在和探究问题形成的情境和条件；②探讨行为的前因后果；③制定行为改变方案；④执行行为改变方案。

2. 问题行为（problematic behavior），也被称为偏异行为（deviant behavior），或异常行为（abnormal behavior），它是指人的行为异于常态，与其所处的社会环境与社会评价相违背。认定某一个体的行为是否是问题行为，要考虑以下几个方面：社会文化背景、年龄和性别特征、行为出现的频率及行为的严重程度、受认定人的主观期待和职业习惯的影响。

3. 问题行为的评量需遵循客观性、稳定性和可信赖性原则。问题行为的评量，通常可依据问题行为的性质，收集下列行为资料中的一项或几项，以便对问题行为做出准确的判断：①行为频率；②行为的持续时间；③行为反应的强弱。

4. 行为改变方案的拟订与执行，必须先考虑到行为的前因后果，以及被试的机体条件。一般而言，个体与环境的交互作用，取决于三大要素：①引发行为的有效条件，称之为行为的引发要项，或行为的"前提事件"（antecedent event）；②个体本身的"行为反应"，包括机体本身的机体变项；③随着行为反应而来的行为后果，或称之为"后果事件"（consequent event）。

5. 制定行为改变方案主要包括以下 6 项任务：①确定目标行为和终点行为；②选择适当的强化物；③选用适当的行为改变策略；④确定实验设计模式；⑤设计有利的训练情境；⑥安排实施方案的日程表。

6. 在实施行为改变方案的过程中，除了应做好正式实施行为改变方案前的准备外，还应注意以下一些事项：①严格执行行为改变方案的程序，灵活运用行为处理策略；②有效使用强化物；③正确观察与记录行为改变过程资料。此外，实施行为处理后，还应对行为改变效果进行评估。

练习题

1. 如何评量问题行为？请举例进行陈述。

2. 简述一下制定行为改变方案要完成哪些任务。

3. 执行行为改变方案时应注意哪些事项？

4. 诗其和亚文工作都很忙，共同分担家务和照顾孩子。问题是亚文经常不能完成他周末的家务，包括打扫厨房、卫生间、擦地板和清理地毯。每当周末到来时，他总是要么把时间用在玩电脑、打羽毛球、看电视节目上，要么就是跟孩子玩。结果，每次家务不是他干不了，就是诗其替他干了。亚文声称他是很想做这些家务的，但总是有别的事情。他答应诗其要分担责任和做家务。他同意与诗其订立一项行为契约，以使他周末更有可能做家务。请你帮他们拟订这项行为契约。

5. 星星是一个四年级学生，由于她在学习上花的时间很少，所以她的学习成绩一直不太好。每天晚饭之后，星星总是花太多的时间在看电视、玩游戏上。请你采用适当的行为改变策略为她设计一个行为改变方案，使她能在晚上多学一些功课。

第六章　强化原理

生活中，一位厨师正在烹制菜肴，出现了很多的油烟，于是他打开了油烟机，油烟被吸出了厨房，他不再被讨厌的油烟所侵扰，于是，今后这个厨师在做菜的时候，就更可能使用油烟机。

一个2、3岁的小孩在超市中要妈妈给他买某种品牌的糖果，遭到了妈妈的拒绝，这个孩子于是大发脾气，尖叫哭闹不断，最后他妈妈还是给他买了这种糖果，他也停止了哭闹。这样，今后这个小孩就更有可能在超市中发脾气、哭闹，他就可能得到妈妈给他买的糖果。

在这两个例子当中，厨师实际上是受到了打开油烟机后油烟被抽出了厨房这样的结果所强化的，小孩子则是受哭闹后得到了糖果这样的结果所强化的。在生活中，很多的行为都是受到特定行为或事件的强化而形成的结果。本章重点介绍强化的基本原理，包括强化的含义、强化的不同分类、强化物以及强化的程序。

第一节　强化原理概述

一、强化的含义

根据桑代克的猫的迷笼实验和斯金纳的白鼠按压杠杆的实验所展示的，强化（Reinforcement）是指个体做出某一行为反应的结果提高了该行为以后发生概率的过程。在桑代克的猫的迷笼实验中，猫逃出迷笼和得到食物这些行为的结果会提高猫以后按压机关行为的概率，猫逃出迷笼和得到食物对猫按压机关行为具有强化作用。根据行为主义的观点，个体习得或维持的行为，都是强化的结果。比如，驾驶汽车是现代人的一项基本技术，也就是我们行为改变中所说的行为，这种行为是受到强化而得到的。我们进行正确操作、按照交通规则行驶，得到汽车安全行驶的结果，这个结果会强化个体继续按照交通规则开车，准确进行汽车驾驶。其实在生活中，没有按照交通规则行驶或者违反操作规范驾驶，会带来安全隐患和事故，这些结果也会对我们进行相应的强化，促使我们按照交通规则行驶、规范操作汽车行为的形成。（在驾驶学校中进行的训练就是这样的一个强化过程。）

二、强化的分类

从不同的角度可以对强化分成多种类型。

(一)正强化和负强化

正强化(positive reinforcement)又称"阳性强化",是指紧随个体做出的某些行为或反应之后出现的事件会造成该行为或反应强度增加、概率提高或速度增加的现象。比如,一个比较顽皮的儿童经常不按时完成作业,在老师和家长的教育下,该名儿童完成了作业。在这种情况下,家长或老师及时地给予儿童鼓励物或儿童期望得到的关注,就是给儿童一个正强化,告诉他一旦出现这种好的行为,老师或家长就会给予同样的鼓励。经过一段时间的正强化后,完成作业这样的适宜性行为或社会认可的行为就能得以正常形成,有利于儿童的发展。再如,某儿童在英语课堂上一直不敢大声回答问题,老师在其一次回答问题之后,及时给予鼓励和表扬,用"Good! Very good! Great! Wonderful! Excellent! Good job!"等激励话语称赞他,这样,学生为了得到老师的表扬就更加勇敢发言。在这里,老师的鼓励和表扬对该儿童而言就是正强化,强化了他继续在课堂上勇于大声发言的行为。

普林马克法则(Premack Principle)是正强化的一种特殊情况,就是将个体从事高发生率的行为(或者是个体更喜欢的行为)的机会作为一个低发生率行为(或者是个体不喜欢的行为)的结果,从而增加低发生率的行为发生的机会。在日常生活中,父母在教育孩子的过程中通常喜欢使用该法则。比如,为了养成孩子及时完成老师布置的家庭作业的好习惯,父母通常要求,如果孩子能及时、认真完成作业(这个行为在儿童尚未建立良好的及时完成作业的行为习惯时,是一个低发生率的行为或孩子不愿意、不喜欢的活动),就允许孩子从事最喜欢的活动(如看动画片、跟同学玩耍等,这是个体当时更喜欢的活动)。更喜欢的活动的正强化,使其不喜欢的行为得以增加。

负强化(negative reinforcement)是指个体的某个行为出现后,导致了刺激的消失或刺激强度的降低,结果提高了该行为在今后发生的概率。例如,小勇总是不能养成良好的读书习惯,当同学们都在认真朗读时,他总在一边摆弄小东西,或者独自做其他事情。老师观察到这种情况之后宣布,如果再被老师发现小勇没有读书,就会在下课时取消他的课间休息时间,罚抄写课文的规定段落。宣布之后,老师不和小勇讨价还价,一旦发现，课下就及时进行惩罚。多次之后，小勇为了逃避课下的段落抄写，课堂上读书的自觉性和意识逐渐提高，逐渐养成了按照规定认真读书的行为习惯，这就是典型的负强化。在通常的动物实验中，电击是一种负强化物，不能把这种负强化物误解为惩罚。无论是正强化物还是负强化物，都在增加行为反应的可能性；而惩罚是减弱或阻止某种行为反应。

(二)连续强化和间歇强化

从强化的安排角度，可以将强化分为连续强化和间歇强化。

连续强化(continuous reinforcement)是指所需要的目标行为一旦发生就给予强化，行为每发生一次就给予一次相应的强化。连续强化在行为改变技术中通常用于建立一个新的行为。中药苦口，小孩通常不喜欢服药。父母告诉他，已经在中药中放了糖，中药不苦而变甜了，于是小孩愿意喝下中药。其后每次喝中药的时候，父母都要在中药中放糖。这就是典型的连续强化，小孩愿意喝中药的行为被在中药中放糖的结果连续强化。

间歇强化(intermittent reinforcement)是指对行为进行偶然的或间歇的强化，而不是每一次都对所发生的行为进行强化，即行为发生后有时候给予强化而有时候不给予强化。间歇强化也被称为部分强化(partial rein-forcement)，即强化的是该行为的某一部分而非全部行为。间歇强化通常用于个体的行为改变已经形成之后保持该行为的继续进行。比如，在车间生产活动中，工人们已经建立起了认真操作、进行有效生产的良好行为，但是车间领导或质检人员仍会时而出现在其身边，对其正在完成的生产状况进行评价，这是典型的间歇强化。评价为好的，会促进个体继续保持良好的生产行为；而评价为不好的，会促使个体改变其不好的生产行为，趋近于正常的生产行为。生活中受到间歇强化的行为很多，比如，人们热衷于购买各种类型的彩票，绝对不可能每一次都得到中奖的强化，特别是大奖或特等奖，更是不容易；有奖购物或消费活动，也不是一旦参与这个活动就会都得到奖励而强化其购物行为。

(三)无条件强化和条件性强化

从强化物的属性来分，可以将强化分为无条件强化和条件性强化。

无条件强化(unconditioned reinforcement)也称原始强化(primary rein-forcement)，是指行为受到个体的积极追求或愿意获得的自然的积极刺激(如食物、水、性需求等满足和维持个体生命存在的需要)或努力避免的消极刺激(如高温、严寒、恶臭等不利于人的生存或健康的刺激物)的强化而形成或改变，也就是说，个体受到无条件强化物的影响，其自身具有保存生命的动机或需要，进而导致了行为的强化过程。其中诸如食物、水、性需求等积极刺激和高温、严寒、恶臭等消极刺激就是无条件强化物。无条件强化针对的是具有保存生命和种族价值和意义的相关行为。

条件性强化（conditioned reinforcement）也称次级强化（secondary reinforcement），是指行为的形成或改变受到条件强化物的影响而发生。条件强化物是针对非条件强化物而言的，比如，生活中的关注、赞美、表扬、认可、金钱、学校或单位中评优、好的考试分数或工作业绩等，其强化效果是在后天环境下，通过与已有的强化效果的刺激（无条件强化物或其他已经被条件化了的强化物）之间的反复多次的联系而获得的。条件性强化物要发挥强化作用，必须要和特定的环境有着相应的关系。从一般意义上来讲，金钱对于大多数人是有效的条件强化物，会强化人的工作行为；但在诸多的紧急状况下，当金钱不能给人带来安全和食物的时候，即使再多的钱，也不能强化人的努力工作的行为。

三、强化物

（一）强化物的含义

所谓强化物，是指能够起到强化作用的事件或刺激，或者说这个物品、事件、刺激、环境的呈现或出现会提高个体某个反应发生的概率。比如，为了提高小孩独立生活能力，父母想将其安排在隔壁房间，让年幼小孩单独居住。孩子睡觉前总是哭泣，父母心软，一旦孩子哭泣就去安慰她，小孩就不哭泣了；但是同时，小孩可能会形成只要夜间睡觉前就不停地哭泣的行为反应。在这里，孩子哭泣的行为得到了父母关注（孩子哭泣时的安慰）的不断强化，从而更频繁地表现出来（发生概率增加了）。父母的关注就是强化物。

强化物可以促进某些行为发生的可能性，但是不同种类的强化物所起的作用是不同的，对强化物种类的了解可以进一步促进对强化原理的认识和利用。

（二）强化物的种类

1. 消费性强化物

消费性强化物属于无条件强化物，本身具有强化价值，不需要通过和其他无条件强化物的多次重合来形成强化作用，一般包括日常生活用品，如饮料（或特定品牌的某种饮料）、水果、饼干、糖类、各种小食品等。这类强化物的强化效果，与个体对其需要程度的强弱有密切关系，同时也可能与该类强化物的具体特点（比饮料的口味或品种）与个体的喜好是否一致有着密切的关系。使用此类强化物来强化个体行为时，可能存在一些问题，比如：消费性强化物的使用相对要持续一段时间，可能导致被强化行为的中断而影响强化效果；而且实施的环境也会受到一定程度的限制，不能随时随地根据需要随意使用；同时也可能为了达到最佳的效果而有意识地使个体处于饥饿状态，这会涉及法律和伦理道德问题；或者过多的某些食物的强化也许会带来肥胖、单纯性营养过剩或健康方面的诸多问题。因此，使用消费性强化物一定要慎重考虑，合理应用，否则适得其反。

2. 社会性强化物

社会性强化物属于条件强化物，是通过与已具有强化效果的刺激（无条件强化物或其他已经被条件化的强化物）的反复多次的联系而获得了强化的效果，主要包括个体喜欢的语言（主要是对个体行为本身、行为过程或行为结果的赞美、肯定、欣赏、认同）、身体动作（主要是行为个体所接受的、喜欢的身体接触和相应的动作，如表示接受、安慰、同情等的轻拍肩膀、头部、背部、手臂等，表示亲近、接纳和爱意的深情拥抱、亲吻等，表示问候、接纳的握手等）和表情（主要是对个体表示善意、认同、接纳、温和的微笑和点头，诙谐、顽皮、友好的眨眼，寻求支持、理解和认可的目光交流，以及表示强烈关爱、关注、支持、赞同的眼神等对个体有强化作用的社会性行为）等内容。在对个体行为强化过程中，选择对个体有着重要影响力的人物提供的社会性强化物，对个体行为强化的价值会更大一些，如青年人的偶像称赞其某方面的行为比较好、值得保持，会比其父母认同他的良好行为更容易促使个体保持该良好行为，强化效果更好。所以，某些品牌进行推销和宣传时，总是选择与其品牌战略发展有着一定联系的某些偶像、明星作为代言人，这会很好地强化对这些偶像、明星崇拜的个体或群体相应的消费和跟从行为，达到自身的发展目标。

社会性强化物的实施比较容易，在日常生活中、教学中、工作中、人际互动中及各种社会活动中都可以得到有效的实施，不会干扰或影响到其正在进行的其他活动；同时社会性强化具有间歇强化的特点，可以有效地促进良好行为的产生和维持。需要注意的是，这些社会性强化物在实施的时候也要注意实施对象的特点，不能过度使用或连续使用，特别是对人的赞美或颂扬，否则容易导致贬值而失去强化效果。

3.活动性强化物

这方面的研究主要来自普林马克（Premack，1965），他认为除了消费性强化物和社会性强化物之外，给予或允许个体参与或从事他所喜欢的活动或行为反应以及获得相关活动的权利等，也可以作为一种有效的强化物，即所谓活动性强化物，这种强化物涉及的范围比较广泛，如年轻人或儿童喜欢的电脑游戏活动、特定的体育活动（如踢足球、跳绳、游泳等）、野营、爬山或户外活动、好朋友的派对、获得相对自由的空间范围、饲养宠物、外出旅游、逛公园、与父亲一起玩、看电影、看动画片、听 MP3、唱卡拉 OK、看书，等等。这类强化物的选择和确定过程，一定要多接触个体，才能选择更适合个体形成和改变某些行为的有效强化物；同时，也要考虑到该强化物施与的可能性。

4.反馈性强化物

个人获得在某些行为中的具体表现的数据和信息，也可以作为一种独特的强化物。从本质上看，这种反馈性强化物实际上是一种条件性强化物。这些反馈信息由于经常性地与某些具有强化作用的事件（比如，以食物、水或喜欢的物品为代表的消费性强化物或以赞美、批评等为代表的社会性强化物）联合使用，使其也具备条件强化物的特性，在没有其他相应的强化物伴随时，单独使用也可以发挥其强化作用。认知心理学中涉及的元认知，其实质也是一种反馈性强化物，它对自己认知作出适当评价，结合已有的经验，对目前的认知活动产生相应的调控，进一步强化相应的认知活动。

在行为改变的相关研究中，对于反馈性强化物的产生的强化效果问题还存在一定的争论。分歧主要集中在反馈性强化物的强化是否具有稳定性和显著性上。有的研究表明其有时有效，而有时又无效；即使有效，其效果往往不太明显。因此在行为改变技术中，反馈性强化物通常作为一种辅助技术使用，如在生物反馈训练中加以使用，或者是对具有较强的行为自控能力的行为改变者在某些特定行为的改变过程中可以使用，但要随时注意其强化的效果，以便及时调整。

第二节　强化的程序

一、固定比例强化

固定比例强化（fixed ratio schedule，简称 FR）是指在个体必须完成了规定数量的反应之后才出现或提供强化物，对其反应进行强化。现代生产管理中经常采用的计件工资是典型的固定比例强化，工人只有每完成规定数量的工件，才可以获得相应数量的经济报酬。（只是在实际操作中，对于正常工人来讲，并不是立刻就给予直接的相应金钱作为强化物，多在固定的时间统一结算。在这里，固定的工件作为一个个体衡量和计算自己工作业绩的一个强化标准。但是，变化对于需要以此程序来改变不良行为的人士，则应该及时提供相应的强化物或反映其强化作用的代替物，如代表不同数值的塑料或纸质卡片，凭此卡片可以立即兑换相应的物品或钱币。）在家庭中，父母通常要求孩子必须完成当日教师规定的家庭作业中的部分或全部，才能外出与朋友玩耍，也是典型的固定比例强化，这里的强化物就是外出与朋友玩耍的机会。

固定比例强化主要应用于有明确任务的情境，而对于具有弹性任务的情境则不适合采用固定比例强化。比如，一些行政部门，工作任务不容易量化，能量化的只有工作时间，就不能用工作时间的完成作为强化的标准，因为在工作期间的表现不能准确地反映，强化的效果不能很好地确定，有时候会适得其反。

二、可变比例强化

可变比例强化(variable ratio schedule，简称VR)是指在提供强化物时对个体要求的反应数量并不固定，保留一种个体不可预测的变化，但是，变化通常会围绕某一个平均值发生。老虎赌博机奖励赌博者的程序就是典型的可变比例强化程式，老虎赌博机在不断吸收投注者的筹码的过程中，会间或给予投注者一定的中彩机会，这就是对其不断投注的强化。可能有一般的小额回馈，当然也有数额巨大的（虽然机会很少，也不知道什么时候出现，但是却给了投注者以希望和信心），投注者会受到间或出现的中彩的强化，不断地投注。

作为推销员，总会对更多的客户竭尽全力推介产品，因为哪一个客户会购买这些产品并不完全可以预见，但在大约一定数量的推销之后就会有回报——顾客购买相应的产品——作为对其不间断推销的强化。虽然给多少个客户推销后会有强化的出现并不确定，但是随着推销员能力和技巧的提高，这个数量会逐渐缩小，作为对其辛苦和认真的回报。

同固定比例强化相比，可变比例强化有一定的优势：①受可变比例强化的行为可以更好地保持。VR中强化物在不确定的位置出现，会使个体为了获得强化而不停地出现希望行为,从而促使该行为的持续出现。②受可变比例强化的行为不容易减退。VR 强化程式中,每次强化要求的反应数量的变化比 FR 程式大,使得其行为较不容易产生减退。

三、固定间隔强化

固定间隔强化(fixed interval schedule,简称 FI)是指个体的反应只在一个固定的时间间隔之后得到强化,至于在此行为发生之前是否有相应的行为发生并不重要。对于固定于每月某日发放工资的员工来说,这个发放工资的行为就是对其工作行为的强化,一个月中的其他时间,他的表现似乎并没有得到相应的强化。

这种强化程式在现实中容易被错误地运用而带来不利的后果。比如,在工作中,个别员工发现领导会在某个固定的时间间隔后查看工作状态,其间并不来观察工作情况,于是他会选择在领导通常不会来视察的时候,工作一般或者马虎,得过且过,在工作中的能力和态度均存在一定问题;而在领导通常会视察前的合适时机努力地工作,做出很好的表现,使领导对其工作很满意而给予高的评价(这是对此人今后继续只有在这样的情况下才努力工作的强化),并且多通过这样的方式获得领导的认可而最终得到提拔。领导所采用的固定间隔强化方式会给心术不正之人以空子,不利于团队的建设,对工作的正常开展、特别是创造性工作的投入不利。

此外,在高校中通常采用的期末考试制度也是典型的固定间隔强化程式。由于不太重视对学习过程中的强化管理(包括及时对课堂学习、课后作业和实践等方面的考核,给予相应的评价,并为此作为整个学业成绩的重要组成部分),或者很多时候对这些内容虽然提出了要求,但在实际操作中并未认真执行,反而成为为了使学生及格、过关而加分的特殊手段,因而达不到相应强化的作用,使得很多大学生在校的学习过程变成平时学习松松垮垮,很多甚至不愿听课而逃课玩游戏,临近期末临时抱佛脚,拼命学习,熬夜,多方寻找可能的考题范围的复习资料,昏天黑地地狂背一通,以期能够顺利过关或获得一定的好成绩。大多数情况下大学生们比较如愿,但是仅仅为考试过关、抱佛脚式所学的知识很快就会被遗忘,不能在今后的学习、生活和工作中有效地应用。

四、可变间隔强化

可变间隔强化(variable interval schedule,简称 VI)的强化物也是在时间间隔结束后提供，而对发生的相应行为给予强化，但是其各个时间间隔的长度是不同的，其间隔的长度在一个平均值的周围变化，可以超过设定的时间间隔，也可以低于设定的时间间隔。可变间隔强化可以产生出稳定的中等偏低的行为比率。

五、影响强化效果的因素

影响强化效果的因素比较多，主要包括以下一些。

（一）直接性

所谓直接性，反映的是目标行为和强化物之间在时间上的间隔联系，即强化的效果与目标行为和强化物之间在时间上的间隔关系非常密切。要使一个结果成为最为有效的强化物，通常要在目标行为发生之后立刻出现；相反，如果反应和结果之间的时间间隔太长或者两者之间已经失去了联系，则根本起不到相应的强化效果。比如，在家庭教育中通常有慈母严父的说法，中午或下午早些时候，孩子在母亲面前犯了错误，做了不该做的事情，需要给予一定的惩罚作为强化物来减少今后该行为的发生，结果母亲说，等晚上爸爸回来再给你惩罚。等到晚上父亲回来时，虽然此时孩子的行为已经变良好了，父亲却还是对他（先前犯过的错误行为）进行惩罚。这时因为他先前的问题行为（目标行为）已经消失了，对其惩罚已经没有任何价值，目前实施的是良好行为，而对这种良好行为的惩罚还可能带来更坏的后果。再如，在生活中的人际交流中，及时给对方以微笑或肯定的表情，会使对方继续大胆地说话，增加交流成功的可能性。这里的微笑或肯定的表情就是有效的强化物，及时地给予，也保证了这个强化物与目标行为（对方大胆地说话）之间间隔的有效性，增加了行为得到强化的可能性。

（二）一致性

所谓一致性，是指强化物和目标行为之间的一致性程度。通常情况下，在行为改变技术中，只有当强化物在个体出现期望的目标行为后出现，二者之间联系很紧密，个体的良性行为才会得到有效的强化。也就是说，强化物和个体的目标行为如果没有一致性，个体的行为改变就难以实现，通常应该保持一个相对稳定的结合，以促进相应强化的实现。这种不一致性在现实中比较突出。生活中很多家长对孩子的良好行为进行了正强化，如对孩子认真做事的好行为，家长会给予表扬的正强化，但是家长发现这个效果并不是很明显。原因就在于强化物和目标行为之间的一致性并不是很强，小孩做事认真的行为并不是只在家长面前表现，在同学和老师或其他人面前也会表现，同样表现出了目标行为却得不到相应的强化物，就会影响到该行为形成的效果，实际上就是强化的效果没有达到最佳状态。这还有一种情况，就是父母将相同的强化物呈现在不同的行为后面，比如，还可能在孩子有了其他行为（收拾房间、整理书籍等）的时候也给予了相同的强化物，这样会使得强化物与具体的目标行为之间的一致性削弱，从而降低了强化的效果。

（三）已形成事件

所谓已形成事件是指能够改变一个刺激物作为强化物的价值的事件，也就是这些事件确定了强化物在特定事件或情形下的效果。不同类型的已形成事件对个体行为的强化效果有很大的差别，已形成事件的类型主要有以下几类：

1. 剥夺（deprivation）。这种类型的已形成事件可以增加大多数非条件强化物和一部分条件强化物的效果。大多数非条件强化物（如一顿饭）对于普通的能正常吃饭的人来说强化作用并不是太明显，但对于处于较强饥饿状态的个体来说，其强化作用就非常明显；同样的道理，一杯普通的白开水对于已经忍受了较长时间口渴的人来说，比琼浆玉液在普通人眼中还要珍贵，其强化的效果会极大地增加；金钱，对于大多数人来说是一种条件强化物，但其强化的效果也会因为个体所受的剥夺状态的差异而发生很大的变化，一张百元钞票，对于大多数城市儿童来说，基本上没有太大的强化意义，但对于偏远山区的低收入群体来说，却具有很大的强化作用。总之，无论是非条件强化物还是条件强化物，其在被剥夺的状况下所起的强化效果会大大强于在通常状况下。但是我们在选择对个体的强化影响时，不能简单地为了达到良好的强化效果而去制造这样的情境，还需要考虑到道德、伦理原则。

2. 饱和（satiation）是指个体在最近获得了大量的某种具体的强化物（如非条件强化物的食物或水，部分条件强化物的社会赞许等）或者已经与某种强化刺激物有了比较多的接触后，再以该强化物对相应的目标行为进行强化时，其强化作用会减弱，达不到预期的效果。现实生活中，个别个体长期生活在赞美声中，如果今后需要用赞美来强化他的某些目标行为，赞美所起的强化作用会比较低。又如，个体已经获得了较多的成功后，一般意义上的成功对其强化作用会减弱，需要有更高目标成功的追求才会对其有较强的强化作用。这在现实社会中具有重要的意义。

3. 指令或规定。某些强化物本身对于特定行为并没有较强的强化作用，但是如果出现了指令或规定（并非完全来自于官方的或权威部门的信息），可能会改变这些强化物的强化效果。2003年春天，"非典"在广东爆发，由于没有比较有效的治疗药物和医疗方案，有人认为板蓝根和醋能够预防非典，人们宁信其有，使原本平常的板蓝根和醋很快就被高价抢空，很多人赶紧从外地大量购买以"预防非典"。这里因为人们对于"非典"及其无治的恐惧，使民间传说的板蓝根和醋预防"非典"的信息变成了相应的指令或规定（民信舆情），将板蓝根和醋本身的强化作用增强了。随着"非典"有效治疗方案的出现和非典疫情的有效控制，板蓝根和醋的强化作用便减弱了，回归到了正常状态。

（四）刺激物的强度

刺激物的强度是影响强化效果的一个重要因素。不管是正强化还是负强化，刺激物的强度大小会成为决定强化效果的关键。通常情况下，强度较大或数量较多的正刺激比一个与它完全相同但强度小或数量较少的强化物更能强化行为的出现。大多数民众是通过自己辛辛苦苦的劳动和工作来获得相应的金钱生存的，但有部分违法犯罪者，利用不法手段（如通过贩毒）来获取非法利益，虽然有可能被逮捕判死刑，但是只要成功一次就可以获得别人辛辛苦苦一辈子也赚不到的钱，这种强化物的刺激强度要远远高于辛苦劳作获得的经济报酬，故而还是有部分人更愿意被这种高强度的刺激物强化，铤而走险。

（五）个体差异

个体差异是影响强化效果的重要因素之一。同样的结果，对于不同的人，对其行为的强化作用是不一样的。这涉及的原因很多，比如，人格的差异问题、个人需求的差别问题或者个体的精神境界，等等。对于现在的很多青少年来说，网络游戏或许是对其行为有着重要强化意义的强化物，但对于更愿意将精力放在学习上的青少年来说，网络游戏的强化作用并不明显，相反书籍的强化作用会更加有效。这给我们一个重要的启示，在进行行为改变过程中，一定要根据个体的差异有效选择促进个体行为改变的强化物，不能认为通常对大多数人有效的强化物就一定适合这个特定的对象，必须对其深入了解和观察，通过功能性评估才能最后确定，以利于个体行为的有效改变。

总之，我们在通过强化来改变个体或团体的行为时，一定要多方面考虑可能影响强化效果的诸多因素，有效选择合适的强化物来促进其行为的有效改变，避免不利因素干扰行为改变方案的实施。

第三节　强化原理应用案例分析

一、正用

(一)正强化的正用

1. 利用正强化法治疗异食癖

(1)案例呈现

患儿，男，5 岁，出生后一直母乳喂养至 14 个月时，学会走路。患儿最初只是在走路过程中，偶尔拾起路边的土块或纸屑进食，父母经常严厉呵斥，结果不能改变患儿的行为。严重时，不论什么，只要能吞到肚子里都要吃，如棉球、线头、纸屑、海绵及柴油等。近两年只吃纸屑、棉球，不再进食其他物品；同时不喜欢吃青菜，而对粉条、酸菜尤其蛋黄较青睐。经详细检查未发现有精神病症状及智能障碍，血象正常，便常规未见虫卵。诊断：异食癖。

初诊治疗开始前，医师首先向家长讲述可能引起这种疾病的原因，包括患儿缺乏父母的抚爱、教育，家庭贫困而缺少食物和玩具等，再加上患儿的好奇感，偶尔吃一些不能吃的东西，父母在这种时候又缺乏正确的引导，只是粗暴地加以干涉，都可能使这种不良的异食行为巩固下来。作为患儿的父母，必须改变自己的一些做法，并配合医生来训练和培养良好的行为，才能达到治疗的目的。在充分取得家长的默契配合后，医师开始对患儿进行治疗。

医生运用正强化原理设计一个强化表，第一步采用连续强化，第二步采用部分强化。在第一步连续强化期间，以能引起患儿的兴趣又容易达到的目标作为奖品，如蛋黄。医师用极简单又亲切的话语告诉患儿吃棉球和纸屑的行为是错误的，而且会引起疾病。如果每天都不再吃纸屑、棉球，那么妈妈每天都可以给患儿一个好吃的蛋黄。最初患儿在回答问题时，没有丝毫的积极态度。患儿的这种情绪显然是在怀疑医师的话能否兑现。在这段治疗期间，应当尽量让患儿少接触纸屑与棉球。如果患儿偶尔吃纸屑或棉球，不要公开责备，只观察每天的异食次数，并将其作为疗效判断的指标。重要的是，平时注意关心患儿，当他看到纸屑、棉球没有立即进食时，要马上给予奖励和赞扬，同时兑现医师的话。通过这种手段使异食行为消退，良好行为得到不断强化。经过一段时间后，患儿的异食次数明显减少。第二次就诊时，患儿的情绪很自然，不再拘谨与不安了。医师在鼓励患儿的进步后，继续提出稍高的要求，开始第二步部分强化治疗，提出如果一周内不吃纸屑，妈妈可以给患儿5角钱，积攒起来可以买一支小手枪等。患儿此次回答问题时，不但很愉快，而且很主动。在这段治疗期间，告诫父母不但要绝对兑现医师的话，而且要严格地观察患儿，可以有目的地接触一些纸屑（如做剪纸游戏）以观察患儿的反应；同时多让患儿同其他小朋友集体玩耍，忘掉异食的"乐趣"。如果患儿异常行为出现波动，要及时进行正确引导。经过几次治疗，患儿基本消除了这种不良行为，可以接受同龄儿童的教育，正常饮食。4个月后复查，未见复发。

（2）分析

阳性强化治疗在饮食方面，尤其是儿童的行为方面，是比较好的治疗手段。矫正中的强化计划表要因人而异，对治疗中的评定也要及时进行，根据病情的治疗结果来更换计划表的内容。与此同时，对病人的连续强化和部分强化也应有所选择。如果对儿童的行为障碍，开始就采用部分强化，可能因为不容易达到目标，而引起儿童的动摇。如果总是使用单调的连续强化，这种强化结果又容易消退，而且事实上无论是医师还是家长都不会时时刻刻跟在儿童身边，进行这种连续性强化奖赏。此外，对儿童的家长提出指导性建议也很重要，如教会家长态度要温和，治疗中要避免急躁情绪，掌握一些基本的儿童心理知识等。

2. 用正强化纠正儿童不做作业的行为

（1）案例呈现

钱某，男，12岁，特教学校培智班三年级学生，智商为41，生活基本能自理。健康良好，一只眼睛有点偏斜视。身体左侧发育不良而一侧歪斜，四肢运动不协调，平衡能力差，手指的精细动作不灵活，但执笔无碍。钱某有不完成作业的不良习惯，每天老师布置的作业从不主动完成，必须要老师在一旁监督才做，老师一离开，他就会放下笔去玩别的东西。据调查，钱某的右手（优势手）功能正常，不妨碍其执笔写字，故排除生理上的原因。布置作业的难度不大，他都会做。因此，他不完成作业只是懒惰，不爱动手。

本案例采用变动指标设计，终点行为确定为被试者钱某每天能百分之百完成老师布置的语文和数学作业。基线阶段为 5 天，不对其督促和监督，也不对其强化，只记录其每天完成作业的百分比（即所完成作业数与布置的作业数之比）。实验处理阶段为两个星期（星期六和星期日除外）。以糖果、玻璃球和老师跟他下五子棋为正强化物。

　　实验时，只要被试能够每天完成所有作业，就给予奖励。在处理阶段的第一周，只要被试完成作业的 20% 以上就给予强化，但仍鼓励其完成所有作业。正强化物主要是糖果，同时以口头表扬等社会性强化物为辅。结果显示：完成的作业量显著增加，上升至 20%～75%；发现了糖果对他的吸引力不如玻璃球。在处理阶段第二周，要求被试完成作业量的 80% 以上才给予正强化，正强化物为玻璃球和与老师下五子棋。被试积极性很高，完成作业量超过 80% 以上，其中 4 天完成 100%。此后进入实验维持阶段，不再对被试的行为进行强化，只记录其每天完成作业的情况，结果均在 85% 以上。

　　采用正强化原理矫正钱某不完成作业行为，培养其完成作业的习惯是有效的，实验基本达到了预期目的。

　　（2）分析

　　矫正方案从实际出发，根据被试的具体特点来设计最适合的策略和措施，及时纠正而采用了更为有效的玻璃球作为强化物使纠正效果更加显著。

　　矫正过程需要各方面的协调配合。比如，正强化物的使用必须只能从相应教师处获得才有强化效果，因此不能从其他教师那里获得，避免降低其强化效果，其他教师就要配合该矫正工作，同时要求家长也要配合，进行相应的工作。多方的协调配合才能保证矫正的最佳效果。

　　培养一种良好行为时，不必一步到位，可以逐步养成，根据每一步完成相应目标给予强化，可以逐步形成新的良好行为，否则一开始确定较高的目标而个体达不到，会失去信心和兴趣。

　　3. 用正强化促进儿童游泳效果

　　（1）案例呈现

　　小学一二年级的学生中有 24 人，其中男女生各 12 人，均为初次学习游泳。随机将他们分为实验组和对照组，实验组采用正强化方法（根据少儿特点，重点从兴趣入手达到提高动机的目的），对照组采用正常教学方法（适当地以批评、惩罚来消除学生中的不期望行为），进行了 18 次游泳教学课。根据中国少儿中心游泳馆制定的游泳教学评分标准进行评价，实验组在技术评定数据方面显著高于对照组，在测试游泳距离方面成绩也显著高于对照组。

（2）分析

该案例表明，用正强化的方法和手段对于初学游泳的儿童在游泳技术的掌握和游泳距离提高方面有较好的促进作用。该研究中的正强化方法是，在儿童个体表现出了正确或趋向正确的动作技术要领的时候，给予表扬和鼓励，有效地提升了儿童的游泳兴趣和提高成绩的动机。这也说明，在日常生活中，对于一些新的技能技巧的形成、巩固和发展，运用正强化的方法是一种有效的促进方式。

4．正强化某些特定的行为

（1）案例呈现

某人家中的电视机老化了，开机启动时间比较长，而且会出现屏幕上的图像闪烁和扭曲现象，需要等待很长时间才能比较正常地观看节目。一日，他期待的节目正在播出而图像仍然扭曲闪烁，很是郁闷。气急之下，他一巴掌朝电视机拍过去，意想不到的是，电视图像突然变得清晰稳定了（可能是年久电视机的焊接点有些松动，一巴掌下去后使其接触正常）。随后，只要打开电视机后出现图像闪烁和扭曲现象，此人就会采用拍打电视机的做法。

（2）分析

这是来自生活中的对特定行为强化的实际案例。面对电视机图像的闪烁和扭曲，通常的做法是等待。个体由于急需观看某个节目而不能观看时产生的突然冲动，偶然拍打电视机导致了电视画面的正常化，这个结果会进一步强化个体在今后的相同或相似的环境下采用同样的行为，是典型的正强化案例，强化个体形成了某个特定的行为（电视图像闪烁或扭曲就拍打电视机）。这类由于特定的行为的结果与特定的情境的联系而产生的强化特定行为的持续发展，在现实生活中较多，属于典型的正强化案例。

（二）负强化的正用

1．陶行知巧言改变学生

（1）案例呈现

当年陶行知先生任育才学校的校长。一天，他看到一名男生打同学，遂将其制止，并让他放学后到校长室。陶先生回到办公室，见男生已在等候。陶先生掏出一块糖递给他说："这是奖励你的，因为你比我先到了。"接着又摸出一块糖给他："这也是奖励你的，我不让你打同学，你立即住手，说明很尊重我。"男生将信将疑地接过糖果。陶先生又说："据了解，你打同学是因为他欺负女生，说明你有正义感。"陶先生遂掏出第三块糖给他。这时男生哭了，说："校长，我错了，同学再不对，我也不能采取这种方式。"陶先生又拿出第四块糖说："你已认错，再奖你一块，我们的谈话也该结束了。"

（2）分析

当时如果换成另一个老师，很可能是这样处理：对这个学生进行义正词严的批评，开班会，教育同学们以此为鉴，不要跟他学。这样做的后果是：学生会觉得老师和校长是故意要把自己批倒、批臭，让自己抬不起头来，于是行为更加乖张霸道，对老师和校长产生厌恶。一般老师的这种做法是，当个体出现违规行为时，给予厌恶刺激，实际上对于部分人来说是一种正强化，强化了个体继续采用暴力的方式解决问题的行为。而陶行知先生没给予厌恶刺激，相反撤走了个体原先以为会出现的厌恶刺激，将一般会出现的正强化变为了负强化，反而使得不良的问题行为得到了有效的解决。

2. 训练智障者建立特定的行为反应替代问题行为

（1）案例呈现

7岁的男孩斯蒂科患有唐氏综合征，智力低下，在美国的特殊学校读书。他有严重的自伤行为，老师只好将他的手捆在腰间，戴上用足球做的头盔，并整天将他关在小房间内。后来，行为改变专家设计了一个运用电击惩罚治疗的程序，很快使其消除了打头的行为。要彻底除去他打头的行为，需要形成一个取代打头的良好行为，工作人员设计了相应的程序来帮助他实现。

工作人员将斯蒂科放在一张高椅上，在其面前的盘子内放一个金属做的小卡车，用电子钟电线串联着小卡车来测量孩子接触卡车时间的长短。为解决孩子不能自动将手放到卡车上去的问题，行为改变专家还专门设计了一个程序教会孩子将手放在卡车上去。开始时，蜂鸣器发出声响，同时立刻在斯蒂科的小腿上给予轻微的电击，此时实验助手引导孩子的手接触金属卡车，蜂鸣器和电击就会消失。大约12次实验后，当蜂鸣和电击刺激呈现时，斯蒂科会自动地将手放在卡车上。随后，实施在蜂鸣后3秒钟后才给予电击的程序，斯蒂科很快会在蜂鸣声后手放在卡车上，就避免了电击这个厌恶刺激。这样，斯蒂科形成将手放在卡车上的良好行为。之后，专家通过渐隐法使其将手转移到其他玩具上，以这些良性行为代替了击打自己头部的问题行为，减少了自伤的情况。

（2）分析

在这个案例中，最重要的是运用负强化的方式建立一种替代性的良好行为。首先，有厌恶刺激出现（蜂鸣和电击），避免这些不良刺激的方法，就是将手放在铁卡车上，通过一定时间的强化训练，斯蒂科可以建立起一听到蜂鸣声就将手放在铁卡车上的行为，也就形成了撤出厌恶刺激而增加了将手放在铁卡车上的行为。

二、误用

（一）正强化的误用

1. 正强化儿童以不良方式获取关注的不良行为

（1）案例呈现

小冬刚满3岁，是一个活泼的男孩，还没上幼儿园。一天，只有他和妈妈在家，两人玩了一会儿后，妈妈便离开去收拾房间，让小冬自己坑。正当妈妈忙得不可开交、身上和手上都沾满了灰尘和脏污的时候，自己玩了一会感觉无趣的小冬开始用脚猛踢卧室的门，并大声叫喊："妈妈，快来陪我玩！"看到小冬急得快要掉下眼泪了，妈妈马上停下手中的活，快跑过来抱起小冬，并安慰他说："一会儿妈妈就收拾好了。"

（2）分析

这里，妈妈错误地用了正强化来培养孩子的不良行为。当孩子表现出问题行为（感到无聊时猛踢卧室门并大声叫喊）时，妈妈用迅速跑过来陪他玩这种方式（即一种关注，属于正强化物）强化了孩子的问题行为，使孩子今后更容易用类似的不良行为引起妈妈的注意。

2. 正强化儿童的依赖行为

（1）案例呈现

晓萍在上小学三年级，学习成绩比较优秀，家人十分高兴。一天早上，晓萍上学走后，妈妈发现晓萍的文具盒没有带走，放在书桌上，于是赶紧拿上她的文具盒，给她送到学校里去了。之后，晓萍又有类似的情况出现，妈妈也总是及时给她送到学校去，避免了晓萍学习中没有文具的尴尬。但是，妈妈发现，晓萍随后总是丢三落四，忘记带一些学习用具或出去的时候会遗忘一些物品，妈妈感到很苦恼，多次教育晓萍，都不见效，就又不断地给她送文具盒等学习用具。

（2）分析

在这里，妈妈发现了晓萍的问题行为（遗忘应该带的文具盒）后，没有及时采取惩罚措施（让她感受没有带文具盒给自己带来的学习上的不方便），而是用将文具盒及时送到女儿手中的方式，及时奖励了不该奖励的行为。这个行为作为正强化物，会进一步强化晓萍上学或做事过程中遗忘相应的物品，因为反正妈妈会及时将物品送到。这种正强化会进一步使女儿的问题行为得到强化和泛化，还会使女儿形成依赖心理，对于培养独立性和做事认真的习惯很不利。正确的做法应该是：不给女儿送过去，让她自己体会到自己的不良行为给自己带来的不利影响，从而提升她今后做事认真、不丢三落四的可能性；同时在孩子回家后及时给予一定的批评作为惩罚，告诫其做事的时候要仔细，避免粗心。两种方案共同实施，可以有效防止女儿形成做事不认真、依赖的不良行为。

3. 正强化儿童课堂作业结束后不专心看书的不良行为

（1）案例呈现

自习课堂上同学们都在安静地做作业，小明做完作业以后在静静地看书。老师见到同学们很自觉，便开始专心批改学生的其他作业。一会儿，小明感到没趣了，就开始和旁边的同学说起话来，被老师发现了，老师对小明说："你好像坐不住，你到前面来，帮我管理纪律，谁不遵守纪律就将他的名字写在黑板上。"他递给小明一支粉笔，又继续专注地批改他的作业。以后，小明养成了每次做完作业后就开始说话或捣乱、不安心看书学习的不良习惯。

（2）分析

在这里，老师无意识地运用正强化的原理强化了小明做完作业后不认真看书的不良行为。老师本意是让小明在做完作业后帮助自己看管学生，以便自己有精力专心批改作业，但是让小明管理学生的纪律并将违纪学生的名字写在黑板上的做法，对于一个小学生来讲，很大程度上会被认为是老师重视自己或是在同学面前炫耀的资本，是一种较强的社会性强化物，会促进与之联系的相应行为的再一次出现。在这里，老师忽略了这一点。虽然让小明监督学生可以避免小明说话的不良行为的继续，但却强化了小明今后做完作业后就不安心看书的不良行为，他会弄出动静，好让老师安排自己去监督同学遵守纪律。

4. 正强化误用形成小时偷针长大偷金的犯罪行为

(1)案例呈现

有一男孩是独生子,自幼受到母亲溺爱。一次去商店,小孩趁售货员不注意偷拿东西塞在嘴里,出了商店一会儿后将嘴里的东西吐了出来,并告诉母亲是如何拿的。母亲听了以后非但没有责备,反而夸他聪明。以后小孩常动脑筋偷东西,每次偷盗东西后都交给母亲,母亲从来没有批评教育过他,以致他最后成为了江洋大盗,被判处了死刑。到临死之前才幡然醒悟说,要不是母亲从小赞美他的偷窃技巧,他就不会沦落到被处死的境地。

(2)分析

在本案例中,母亲第一次赞美儿子偷窃东西的技术,这种赞赏行为是对孩子的一种鼓励,是一种正强化,会使孩子很高兴,故以后他经常偷东西,就是为了获得母亲的奖励和夸奖。母亲一直没有意识到自己的赞美会给孩子带来如此大的影响,没有对孩子的坏行为进行及时有效的制止和教育,使孩子在小时候小偷小摸,并最终培养出了江洋大盗。这就是母亲错误使用正强化的结果。

(二)负强化的误用

1. 负强化儿童的撒谎行为

(1)案例呈现

小男孩阳阳有一天在外边和小朋友玩耍时,因为自己的霸道和其他小朋友发生了冲突。爸爸听到哭声,就把儿子叫回家问怎么回事。阳阳知道自己做错了事情后会受到爸爸的惩罚,害怕被惩罚(厌恶刺激),于是就撒谎说(回避惩罚)是小朋友惹他。爸爸没有进一步调查就相信了儿子的话,没有惩罚阳阳。

(2)分析

这里,"聪明"的儿子靠撒谎回避了惩罚,爸爸未加深究,等于奖励了孩子的撒谎行为。久而久之,就会培养孩子的撒谎习惯。这是一个典型的负强化的误用。因此,当孩子做错了事情时说:"我再也不做了,我一定改"的时候,家长要处处小心,看他说的是否是真话。如果说的不是真话,该怎么处理就怎么处理。

2. 小孩的不良行为负强化母亲的违心行为

(1)案例呈现

母亲带儿子逛商场,在玩具柜前,儿子提出要买一个价格昂贵的玩具。母亲觉得家里的玩具已经很多了，不需要再买了，就没有答应儿子的要求。开始时，儿子轻轻地央求母亲给他买一个，说自己很想要，自己班上的每个同学都有这个玩具，母亲还是不同意。儿子便站在柜台前不离开，母亲拉不动他，就假装离开，躲在暗处看儿子，以为在她离开后孩子就会离开来找她。结果儿子开始放声大哭，接着就躺在地上打滚，引来众多人围观。母亲迫于情面，只好回来给儿子买他要的玩具，后来，儿子一旦要买某样东西，母亲不同意，他就会哭闹，母亲很快就会同意给他买东西；甚至母亲一看到孩子可能要哭，就赶紧给孩子买他希望的东西。

（2）分析

在这个案例中，母亲最后形成了一种不合适的违心行为。遇到孩子要买东西，如果母亲开始不同意，孩子就会哭闹，母亲很快就会迫于无奈地做出购买的行为，这种行为实际上是被儿童的哭闹的不良行为所负强化的。孩子的哭闹是一种不良的厌恶刺激，当发生时，周围就会有人围观，甚至有人会不明事理地指责家长不满足孩子的愿望。让这种厌恶刺激消失的办法是满足孩子的愿望，他不会哭闹，也就没有周围人的围观。厌恶刺激撤出，迫于无奈买东西的行为便得到了强化，以后遇到类似的情况，她买东西的可能性就增加了。

本章摘要

1. 强化是指个体做出某一行为反应的结果提高了该行为以后发生概率的过程。

2. 强化有不同的种类。

①正强化是指个体做出的某些行为或反应出现之后，紧随的事件会造成该行为或反应强度增加、概率提高或速度增加的现象。

普林马克法则是正强化的一种特殊情况，就是将个体从事高发生率的行为（或者是个体更喜欢的行为）的机会作为一个低发生率行为（或者是个体不喜欢的行为）的结果，从而增加低发生率的行为发生的机会；

负强化是指个体的某个行为出现后，导致了刺激的消失或刺激强度的降低，结果也提高了该行为在今后发生的概率。

②连续强化是指所需要的目标行为一旦发生就给予强化，行为每发生一次就给予相应的强化；

间歇强化是指偶然地或间歇地而不是每一次都对所发生的行为进行强化，即行为发生后有时候给予强化而有时候不给予强化。

③无条件强化(或原始强化)是指行为的形成或改变受到个体积极追求或愿意获得的自然的积极刺激(如食物、水、性需求等满足和维持个体生命存在的需要)或努力避免的消极刺激(如高温、严寒、恶臭等不利于人的生存或健康的刺激物)的强化而形成或改变，即个体受到无条件强化物影响而形成的、受到保存生命意义的动机或需要所驱使的行为的强化过程；

条件性强化(或次级强化)，是指行为的形成或改变受到条件强化物的影响而形成。

3. 强化物是指能够起到强化作用的事件或刺激。有消费性强化物、社会性强化物、活动性强化物、反馈性强化物等多种类型的强化物。

4. 强化的程序主要有四种。

固定比例强化(简称 FR)是指在个体必须完成了规定数量的反应之后，才出现或提供强化物，对其反应进行强化；

可变比例强化(简称 VR)是指在提供强化物时个体要求的反应数量并不固定，保留一种个体不可预测的变化，但是变化通常会围绕某一个平均值发生；

固定间隔强化(简称 FI)是指个体的反应只在一个固定的时间间隔之后得到强化，至于在此行为发生之前是否有相应的行为发生并不重要；

可变间隔强化(简称 VI)的强化物也是在时间间隔结束后提供而对发生的相应行为给予强化，但是其各个时间间隔的长度是不同的，其间隔的长度在一个平均值的周围变化，可以超过设定的时间间隔，也可以低于设定的时间间隔。

5. 影响强化效果的因素比较多，主要有：直接性、一致性、已形成事件(如剥夺、饱和、指令或规定)、刺激物的强度、个体差异。

练习题

1. 什么是正强化、负强化？它们有什么区别和联系？
2. 请列举说明生活中的正负强化的例子。
3. 简要分析影响强化效果的因素。
4. 简要说明强化的种类。
5. 简要说明强化的程序。

第七章　塑造原理

　　明明的叔叔在城里的动物园工作。放暑假时，10 岁的明明去了叔叔那里，第一次亲眼目睹了叔叔是如何训练一只鸽子根据叔叔开亮的灯的颜色去啄击写有表示相应颜色的字的木牌。他发现叔叔通常要设置这样一个特殊的环境：在一个小房间的天棚上安装不同颜色的色灯（如红、黄、绿、蓝），在房间的一侧立着一块木板，木板后边的木槽中盛着食物。还要准备四块白色小木牌，上边用黑墨水分别写着红、黄、绿、蓝四个字。叔叔是通过下面这些步骤使鸽子学会按出示的灯光颜色啄击标有相应字样的木牌：①将一个小木牌（如写有"红"字的木牌）挂到木板上，把一只禁食 8～12 小时的鸽子放入小房间内。经过尝试错误的学习过程，使鸽子学会通过啄木牌而获取食物。②待鸽子已牢固地掌握这一工具式反应后，加入辨别刺激：只有在开亮红灯时啄木牌才出现食物，使鸽子"明白"开亮红灯是通过啄木牌取得食物奖励的条件。③增挂写有"黄"字的小木牌，使鸽子学会在黄灯开亮时啄此木牌以获取食物，红灯开亮时啄原先的木牌得到食物，不开灯时或开灯时啄错木牌都得不到食物。④再增挂写有"绿"字的小木牌，训练鸽子在开绿灯时啄此木牌获得食物，同时巩固对红灯和黄灯的习得反应。⑤最后将写有"蓝"字的小木牌也挂到木板上，使鸽子学会在蓝灯开亮时啄此牌，并继续巩固以前学会的复杂反应。就这样，经过一段时间的训练后，鸽子就逐渐地学会了一整套复杂反应，能够自如地根据所开的灯的颜色选出表示颜色的字了。

　　明明的叔叔训练鸽子认字的过程就运用了行为塑造原理。行为塑造在生活中的运用非常广泛，如用于培养良好行为习惯，用于医学治疗，用于特殊儿童不良行为的矫正等，行为塑造可以是人们制定了特定目标的有意识的、有目的的塑造，也可以是无意识、无目的的塑造；行为塑造可以达到人们期望的结果，也可以塑造出一些不良的习惯。因此，正确理解和运用行为塑造原理，有助于人们养成良好的行为习惯，达到人们期望的目标行为。本章在介绍行为塑造的定义、意义、分类及特点的基础上，着重介绍人们所期望的目标行为的塑造方法、原则和注意事项，最后列举出一些运用行为塑造的实例并进行分析。

第一节　塑造原理概述

　　强化虽然对提高积极行为发生的频率起着十分重要的作用，但是要运用它来进行行为改变，积极行为至少要偶尔出现过。也就是说，当个体根本不曾有过某种行为，就无法通过强化来提高其发生频率。因此，遇到这种情况，就需要用别的方法使这种行为发生，行为塑造就是这样一种方法。

一、塑造的含义

　　塑造是用来培养一个人目前尚未做出的目标行为的手段，它可以定义为使个体行为不断接近目标行为而最终做出这种目标行为的差别强化过程。

　　平时大家在动物表演中看到动物的那些技能，并不是那些动物生来就有或可以在其生活中自然形成的，也不是那些动物懂得人的语言，能按照人的要求行事，而是在特殊环境中经过人的精心训练而学习得来的。训练那些动物所采用的基本方法便是行为塑造法，或称作"连续逼近法"。因此，行为塑造是对目前所没有的目标行为的一系列连续趋近，动作不断强化，直到个体最终能经常地做出目标行为。行为塑造原理运用在生活中的例子，最熟悉的莫过于小孩说话、走路的过程。每一个人在最初都是不会说话、不会走路的，说话、走路是新行为，要学会说话、走路，就需要大人的教导和训练，大人的教导和训练过程实际上也是塑造过程，其目标行为就是会说话（即能说句子）、会走路（即能独自连续走上几步）。孩子从最初的只会含混不清地发音，到发诸如"大""妈""爸"这样的常用单字音节，到能叫"爸爸""妈妈"，再到能说简单的句子，直至最后能与父母进行对话，能自由地表达自己想表达的意思，这一系列过程，形成了一连串的反应。同时父母或其他大人都会对孩子说话过程中的每一阶段的进步感到欣慰并及时给予反应，这种反应就是强化，这样孩子就逐渐能自由地说出自己想表达的意思。这一过程是循序渐进的，是逐步强化的。孩子走路的过程也是如此。

二、塑造的特点

　　行为塑造是通过在发展一项新的行为过程中，连续分段强化与目标行为最接近的一连串反应，一直到最后的目标行为完全建立的一种有效的学习过程。因此，行为塑造显示出如下特点。

(一)关联的阶段性

由于行为塑造多是对较为复杂的行为进行塑造，只靠一个步骤一般很难完成，因此在行为塑造的过程中，常把最终的目标行为分成一个个相互关联的阶段性的目标行为，如婴幼儿学说话的过程可以细化为以下阶段性的目标行为，依次为："会呀呀儿语"——→"会说字音"——→"会说部分单字"——→"会说一组单字"——→"会说一组单词"到最后"会说简单句子"。在阶段性的目标行为中，第一个阶段的目标行为叫初始行为或初级接近，是一种最简单的行为的训练阶段，是作用对象很容易就能获得的行为。"会说简单的句子"是最后一个阶段的目标行为，因此最后一个阶段的目标行为也叫终点目标行为，是塑造结果最终要达到的目标行为。由于终点目标行为之外的所有阶段的目标行为都在为达到终点目标行为做准备，都在一步一步地向终点目标行为靠近，因此这些阶段的目标行为也可以叫趋近目标行为。

(二)逐步渐进性

行为塑造过程中每一个阶段的目标行为都是相互关联，是一种连续的趋近行为，只有在前一个阶段的目标行为完成了的基础上，才能进入下一个目标行为，这样就形成了一系列的逐步向前推进的运行程序。以斯金纳训练白鼠压杆的动作为例，这个塑造过程逐渐渐进的运行程序就是："移向装有杠杆的那一面箱壁"→"面朝杠杆"→"接近杠杆"→"抬起后腿"→"用一只爪子动杠杆"→"触碰杠杆"→"压动杠杆"。白鼠只有"移向装有杠杆的那一面箱壁"后才有可能去"面朝杠杆"，白鼠只有在有了"面朝杠杆"的行为动作后，才有可能看到杠杆，从而去"接近杠杆"，以此类推，最终逐步达到终点目标行为。行为塑造过程实际上就是从最简单、最易被作用对象获得的动作开始，一步一步地朝着最后的目标行为行进的过程。

(三)兼用强化与消退策略

在行为塑造过程中，每个阶段的趋近目标行为实际上都是一种新行为。被塑造对象每达到一个预定的阶段性目标，训练者都要给予强化；即每当作用对象表现出新行为时，训练者应当及时给予强化。当强化到一定程度时，训练者就会停止强化，这往往会导致行为的消失，实际上这一过程就是行为消退的过程。当然，停止强化的最主要目的是为了进入下一个阶段性目标行为。比如，当听到宝宝第一次发出含混不清的像说话的声音时，妈妈就会欣喜地抱紧宝宝、吻他或以笑脸相对，这实际上就是对宝宝发音的一种强化，得到强化信息的宝宝会继续发出类似的音。最初几次，妈妈会继续给予及时的回应来强化。但当妈妈觉得不需要再对那种含混不清的音进行强化时，如果宝宝再发那种声音，妈妈就不会回应了，因为如果再强化下去，宝宝就只会发那种声音，不会发其他更清楚的音了。同时妈妈也会有意识地教他发"妈""爸"等音。当宝宝几次发出的那种含混不清的音都得不到妈妈的回应时，他就会失去继续发那种音的兴趣。同时，也会试图学着妈妈教的音，以期再一次得到妈妈积极的回应，这样就为下一个动作行为，即发"妈""爸"等音，做好了准备。当妈妈真切地听到宝宝发出了"妈""爸"等音时，又会及时地积极回应，对宝宝出现的发音新行为给予强化。以此方法不断实施下去，直到终点目标行为完全建立为止。

第二节　塑造原理的运用

行为塑造的过程看起来似乎很简单，就是将终点目标行为分解成多个小阶段，让作用对象逐步完成训练，最终达到目标行为。但是在使用行为塑造原理进行行为训练的过程中，如果方法运用不当，就有可能延长目标行为达成的时间或根本达不到塑造者所期望的目标行为，造成塑造的失败。因此，实施行为塑造应掌握正确的行为塑造方法，注意行为塑造中容易出现的问题，遵循行为塑造运用的相关原则。

一、运用塑造原理的意义

要想提高某种行为的发生频率，可以通过差别强化来进行，但是这种强化是在某种行为曾经出现过或至少偶尔出现过的基础上来完成的。如果行为塑造者是有目标、有意识地想塑造出个体的某种行为，但要想等到该行为出现（即使是偶尔出现），也许永远也等不到，那样就有可能错过塑造某种行为的良好时机。例如，如果父母想培养孩子从小养成一种爱整洁的习惯，就应该在孩子两三岁、能自由玩耍时开始塑造。先从收拾玩具开始，到收拾学习用具，再到收拾自己的衣物等。如果父母只想着等到哪一天孩子能主动把地上或桌上的玩具捡起来放进玩具柜里这一行为出现才开始强化，对于有些孩子来说也许就难以等到；并且，在等待的过程中，小孩用了玩具、文具等用品后乱扔乱放的行为已经养成，如果那时才进行良好行为习惯的培养，恐怕也没有两三岁时那么容易了。这一例子说明，一方面，对于个体未曾有过的新行为，就不能单靠差别强化来完成，需要加上其他的方法。行为塑造就是这样一种方法，因为它就是用来建立一种目前还未有的新行为的。另一方面，强化多是在某一情境下做出某种行为时使用，而人类的许多行为都是十分复杂的。复杂行为当然就不能完全靠行为强化来建立。但是无论多么复杂的行为，都是由一系列的简单行为组合而成的，因此，可以把复杂的行为分解成一个个简单的行为加以强化，这就是行为塑造。例如，父母训练一个10个月孩子学习走路的过程。走路对于小孩子来说既是一个新行为，也是一个相当复杂的行为，当然就不可能等到他能独自连续走上几步时才给予强化。因此，父母们通常的做法是把小孩走路的过程分解为"借助他人或物站立""独自站立""借助他人或物走路""独自走一步""独自走几步"六个相对简单的行为，每当孩子完成一个行为，就给予强化，直到孩子完成所有的行为，能自由行走。

二、行为塑造的实施步骤

要想塑造行为能正确有效地运用，一般应按以下的步骤进行。

（一）判断塑造对于矫正对象是否是最合适的方法

塑造是用来使矫正对象做出新的举动或是已有行为中的一个新的层面，或者是使矫正对象做出以前做过但目前未做的动作。如果矫正对象至少偶尔有过目标行为，就不需要运用塑造，而只要用差别强化来提高目标行为的发生频率即可。当然，其他的行为学上的获得方法（如提示、示范或是说明）也可能会更好。如果你只要简单地告诉矫正对象怎样做到目标行为或可以给他示范要做的正确行为，就不需要用塑造。

（二）确定终点目标行为

终点目标行为是行为塑造者希望建立的行为，如明明的叔叔就确定了让鸽子能根据灯的颜色啄表示相应颜色的字这一目标行为。此外，白鼠能压下杠杆，海狮能跳水表演（跳出水面用鼻子接住圈子），幼儿能说简单的句子，口吃患者能不停顿地说完一个句子等，都可以作为目标行为进行塑造。只有确定了终点目标行为，才能使不同训练者前后步伐一致，才能持之以恒地逐步强化有关反应，一直到终点目标行为建立为止。同时，也只有根据终点目标行为，才能判定行为塑造计划何时能够成功，是否成功。

（三）确认初始目标行为

在进行塑造之前，应确认一种使作用对象易于接受的初始目标行为，这种初始行为可能是自发出现的（如婴儿含混不清的呀呀儿语），也可能是通过各种方式诱导会才能出现的（如明明的叔叔让鸽子多次进行试误，使之产生啄木牌才能有食物的顿悟）。初始目标行为在行为的塑造中起着关键性的作用，如果初始行为确定不准确，就有可能达不到目标行为或花费很多不必要的时间和精力。初始行为还必须和最终的目标行为紧密相关。初始行为即第一个趋近行为，通常是作用对象已经在做的动作，至少是偶尔做过或者是通过诱导能确保会发生的动作。一般来说，可以通过以下两个条件来确认初始行为：第一，行为已经出现过。第二，该行为与目标行为有些接近，可以以它为基础一步步达到目标行为。

（四）计划塑造步骤

行为塑造的过程，是一个分阶段或分步骤逐步趋近目标行为的过程，因此明明的叔叔就把鸽子根据灯的颜色啄相应字的行为分成了五个步骤，让鸽子能在熟练地完成了前一个步骤的基础上再进行下一个步骤。要想训练白鼠压杠杆这一终点目标行为，行为塑造者通常要计划出如下的步骤：第一步，白鼠移向装有杠杆的那一面箱壁。第二步，白鼠面朝杠杆。第三步，白鼠接近杠杆。第四步，白鼠抬起后腿。第五步，白鼠用一只爪子动杠杆。第六步，白鼠触碰杠杆。第七步，白鼠压动杠杆。虽然我们大致计划出了七个逐步接近的塑造步骤，但在真正实施塑造的过程中可能有许多别的步骤，因此还应根据实施时的具体情况进行调整。可是，无论怎样调整，都应使每一个步骤必须能保证个体的行为较之先前的行为朝目标行为迈进了一步。

（五）选定有效强化刺激

行为塑造的过程实际上是对几个连续的、逐步趋近目标行为的阶段行为进行及时强化的过程，强化物维系着塑造过程的各个环节。每一个步骤所实施的行为是否能有效形成，其关键在于强化物的使用是否及时、合理。强化物的使用必须因人、因时、因地制宜。必须为塑造对象选定一个可作为其强化刺激的强化物。强化刺激的量要适度，以免塑造对象很容易就得到满足。如何选择塑造对象的强化物，可参看前一章中所讲的强化方面的内容。

（六）按照合理的速度完成塑造的各步骤

塑造过程中的每一步骤的趋近行为都是下一步骤的铺路石。一旦被塑造的对象掌握了一步趋近行为（判断标准可以是 10 次之中至少有 6 次成功地做出该行为），就要马上进入下一个步骤。对某一步骤强化得过多会造成下一步骤进行的困难，因为对同一步骤过多的强化可能会造成被塑造对象（特别是动物或智障儿童）只会做出先前的行为。如果被塑造对象还没有掌握某一趋近行为，就不要进行下一步的训练与强化，因为这样做不但达不到下一步的趋近目标行为，还会使被塑造对象感到更加困难，从而失去信心。在各个步骤的训练当中，如果被塑造对象是有理解能力的人，通常可以通过告诉被塑造对象应该做什么或是暗示他怎样做才正确。这样有利于塑造过程顺利推进。

三、运用行为塑造的注意事项

为了使行为塑造的过程能顺利进行，按预期时间达到理想的目标行为，应注意以下几点。

(一)终点目标行为的可行性与可操作性

尽管通过行为塑造可以建立一种新行为，但也并不是说塑造者想要建立起什么样的目标行为就能通过行为塑造达成什么样的目标行为。目标行为的确立要根据塑造对象的身心发展特点来制定。如有人要想训练一个严重智障儿童的技能行为，于是制订了一个塑造计划，其目标行为是学会骑自行车，这一目标行为就不具有可行性，难以达到目标，白白浪费时间。因为这一目标行为违背了该智障儿童的身心发展规律。同时在确定目标行为时，要具体、准确，使其具有操作性，以便不同人员都能进行同一终点目标行为的操作。如父母对婴幼儿会说话、会走路的塑造，多是确定"能说一两个句子""能独自连续走上几步"为终点目标行为，而不是笼统的"会说话""会走路"。

(二)评估标准的多样性与准确性

在行为塑造过程中，有许多不同的趋近目标行为，而且必须是在熟练掌握上一个趋近目标行为的基础上才能进入下一个趋近目标行为的训练。那么如何来评估每一个趋近目标行为的掌握程度呢？应该说不同的趋近目标行为有不同的评估标准，要根据具体情况来定。如在对鸽子认字的训练中，可以通过鸽子开红色灯啄红木牌的次数来定，如果开了10次红灯鸽子有6次都啄了红木牌，就可以开始对其进行开黄色的灯啄黄木牌的训练了。但下面这个例子就不能根据"做了10次通过了6次"这样的标准来评估了。比如，父母想要塑造孩子的利他行为，最终学会关心他人。第一步应让孩子做到，孩子吃他喜欢的东西时先询问家里的大人要不要吃；第二步应让孩子做到，真的将东西给家里的大人吃；第三步再扩展到给邻居的孩子或大人吃。如此下去，一步步接近并达到期望的行为目标。此时，父母在确定每一步的完成标准时，就应以"通过与未通过"为标准，如果孩子在第一步时询问了大人，虽然没真的把糖果给大人，也达到了第一步标准应予以表扬。在第二步时，若他只是问了父母、爷爷、奶奶要不要，没真的给，就不要再表扬他；只有在真的把糖果给大人吃了时，才给予表扬。同时还应力求评估标准的准确性，只有准确地评估了趋近目标行为的达到程度，才能有利于下一个趋近目标行为的顺利进行。

（三）强化的有效性和及时性

在行为塑造的过程中，每一个步骤都要运用到强化，因此每实施一步都应考虑强化的有效性。因为有可能在第一步中，某强化物对作用对象有效；但在第二步时，强化物对作用对象就变得无效了。如第一次给某个儿童的强化物是奶糖，但因奶糖太粘牙，扯痛了他那颗已松动的乳牙，那么在实施第二个步骤时仍以奶糖为强化物，就有可能失去效用。同时，在完成规定的趋近目标行为后，要及时给予强化，并且提供强化刺激的时间要计算得非常准确，这样正确的行为才会被强化。比如，塑造行为发生的时间是在星期三，却把给强化物的时间放在了星期天，就难以达到强化的效果了。

（四）塑造步骤的合理性

在计划塑造步骤的多少或步骤与步骤之间改变的大小时，应根据作用对象的特点来确定，可以因人而异、因境而异，这就需要在塑造实施之前对作用对象有足够的观察与了解。步骤与步骤之间所体现出的改变不能太大，太大会使作用对象感到困难，失去信心，从而停滞不前；但也不能太小，太小会使塑造过程进展过于缓慢，不但耗时，还会使被塑造对象产生疲劳感。步骤改变的大小因塑造对象而异，没有固定的标准。塑造者可通过作用对象平时表现出来的对新事物的接受程度，确定各个步骤之间改变的大小，从而进一步确定所要塑造的目标行为应分解为几个阶段，或几个步骤。

（五）塑造过程的可调整性

任何一项计划，都不可能按实施者预期的那样按部就班地发展，行为塑造的过程尽管是一个逐步渐进的过程，仍然有可能在实施过程中出现预料不到的情况，比如，计划的步子过大或过小，强化时机不当或强化物失去了效力，作用对象身体状况改变导致目标行为不能按预定的时间完成，等等。因此，在实施的过程中应根据具体的情况作及时、适当的调整。如果一个中间的趋近目标行为经过反复强化，还是不能通过评估标准，就应考虑适当降低或修改这个中间的趋近目标行为。

(六)塑造结果的可适应性

人们有目的、有意识地运用塑造原理进行行为塑造，就是为了建立起期望的良好行为(如塑造一个害羞的孩子大方地与人交往的行为)，但建立期望的行为并不只是为了做实验证明什么，而多是为了使该行为能在日后的生活中能被作用对象运用。比如，通过塑造，就应让一个害羞的孩子不仅要在熟人面前表现大方，还应让他在陌生人面前也能开口说话；不仅要让他在家里表现大方，还应让他在公共场所也能表现大方。因此，塑造的结果还应注意其环境的适应性。在塑造的过程中，就应尽可能地改变环境，使被塑造者在各种环境中都能做出同样的目标行为。比如，塑造小孩的利他行为，在塑造第三步时，就应在孩子有可吃的东西时，鼓励他参与户外活动，并取得邻里小孩的配合。

四、行为塑造的实施原则

行为塑造是一个逐步强化与终点目标行为相关的一连串反应的过程，其目的是建立训练者所期待的目标行为。行为塑造因其操作性强、时间短、见效快并且对儿童和动物特别有效，而被广泛地运用。但是行为塑造也因其操作技术要求高，虽易学易懂，但要真正使用好，却并不那么容易。同时，行为塑造还有控制与操纵的嫌疑，因此在运用行为塑造时更应考虑塑造目标行为的目的与真实动机。鉴于此，行为塑造的实施应把握以下原则。

(一)人性化原则

行为塑造的理论依据是斯金纳的操作条件反射原理。以斯金纳为代表的行为心理学家们把人的行为界定为人对刺激产生的反应，因此，要想改变行为，只要改变环境刺激就可以。这样就把人看成与木偶或机器类似，把人的本质简单化了，没有考虑人的自我感觉的作用，塑造者与作用对象之间很容易形成操纵与被操纵的关系。因此，行为塑造过程中应坚持以人为本的原则，应给作用对象以自由，尊重作用对象的主体性和天性，特别是当作用对象是儿童时。只有这样才能既不违背道德又能塑造出塑造者所期望出现的终点目标行为。在塑造过程中应尽量避免对作用对象造成的伤害，反对在行为塑造过程中使用不人道的强化方式来促使作用对象尽快达到终点目标行为，当然更应该杜绝对那些危害作用对象、甚至危害社会的动机不良的目标行为的塑造。

（二）有益性原则

行为塑造的目的是建立一种目前所没有的新行为。在确立终点目标行为时，首先就应考虑所确立的目标对作用对象或对他人是否有益。如塑造老鼠压杠杆的行为有益于推广到研究人类的行为塑造，塑造鸽子啄字的表演行为能给人以娱乐，塑造出害羞孩子的大方行为有益于他以后的人际交往。尽量避免不必要的或无益的行为塑造，当然，有害的行为塑造更应反对和阻止。

总之，在行为塑造实施的过程中，既要灵活运用及时调整事前设计好的步骤，还要注意强化是否有效与及时，更要注意对是否达到趋近目标行为的评估是否准确。当然，无论是在行为塑造实施前，还是在实施过程中，都应注意行为塑造的人性化原则和有益性原则。这两条原则是行为塑造是否应该实施的基本准则。

第三节　塑造原理应用案例分析

一、正用

（一）应用在特殊儿童行为塑造的案例分析

1. 案例呈现

霍纳（Honer，1971）治疗一个患有精神发育迟滞的 5 岁儿童丹尼斯。丹尼斯的病症是脊髓裂，他在出生前脊柱受到破坏，致使双腿运动受到限制，丹尼斯会爬却从没走过。霍纳为丹尼斯设计了一套塑造计划。在计划中，丹尼斯要达到的目标行为是，在两条平行栏杆之间借助栏杆走 10 步。该塑造计划包括了 6 个步骤。

第一个趋近行为是，丹尼斯坐在一张椅子上，用手扶住两边的平行栏杆。霍纳用喝树根啤酒作为强化刺激，使丹尼斯成功地完成了第一个步骤。

第二个趋近行为是，在第一个趋近行为的基础上，扶着栏杆站起来并保持该姿势直到喝完一勺树根啤酒。

第三个趋近行为是，在得到奖励之前借助栏杆走一步。

第四个趋近行为是，得到奖励之前走三步。

第五个趋近行为是，得到奖励之前走五步。

第六个步骤，也就是目标行为是，必须走上十步才能获得奖励。

就这样，丹尼斯借助栏杆走10步的行为就建立了起来，经过一段时间的训练，已完全能够借助平行栏杆走路，可以进行下一个目标行为的训练。

2. 分析

对于精神发育迟缓的特殊儿童来说，一下子让他建立起学会走路这样一个复杂的行为，肯定是不现实的，但是通过行为塑造，就可以把不现实的期望变成能实现的期望。霍纳通过设计的六个步骤，加上丹尼斯最喜欢的树根啤酒作为强化刺激，循序渐进，终于建立起了丹尼斯能借助平行栏杆走路这一目标行为。

(二)应用在对特殊儿童教学中的案例分析

1. 案例呈现

清源小学附设了智障儿童学习班，王老师是这个班的班主任，她曾多次运用行为塑造的方法进行教学。她教小林学会玩拼图就是一个典型的例子。

王老师首先把小林带到一幅木制拼图前，拿起一块圆形木块，交给小林，然后引着小林的手放到拼图上方，让小林把木块放下去。这是一组非常简单的拼图，因此只要小林在老师引导下稍用手碰一碰，木块就落到了正确的位置。王老师立即表扬他，并且把他带到旁边较空旷的地方，陪他玩他最喜欢的翻滚游戏1分钟，接着又回到拼图前。这一次小林放下了木块后，不需要引导，就把木块推入了正确的位置。王老师立即大声地表扬他，又把他带到旁边玩了1分钟。就这样，在将近15分钟内，小林做了十多次拼图，也和王老师翻滚了十来次，每一次王老师给予小林的强化刺激都比前一次少一些。最后，小林学会了自己走到拼图前，拾起一块，将它推入正确的位置。

接连几天，王老师都要求小林拼图后才和他玩翻滚游戏。王老师要求小林拼的拼图也越来越多，越来越复杂。最后，小林能先拼上三四个不同的拼图(当然其中有些比原先的又复杂多了)，才走去和王老师玩耍。

2. 分析

特殊儿童由于心智或生理缺陷，对于一些较复杂的行为学习就显得很困难，因此，在教学过程中，不能使用教授正常儿童的教学方法。在教授特殊儿童的过程中，运用塑造原理，由很小的改变入手，逐步促成较大的改变，就能有效地提升教学效果。

（三）应用于良好行为培养的案例分析

1. 案例呈现

梅子4岁，每当妈妈整理屋子（如把看过的书报收拾好放在书柜里，把收下来的干净衣服折好放在衣橱里，把被子叠好，把床单理平等）的时候，都好奇地看着妈妈整理。那天妈妈正在叠衣服的时候，电话铃响了，妈妈放下衣服就去接电话了，等她接完电话时，梅子已经把一张小毛巾叠好了。妈妈立即高兴地表扬了她："哟，我们的梅子真能干，能帮妈妈做事了。"同时，抱起她，还亲了亲她的脸蛋。接着妈妈又拿了一条梅子的小裙子让她叠，她也叠好了，尽管叠得有些不像样，妈妈还是表扬了她，同时教她该怎么叠。梅子马上把裙子打开又重新叠了一次，妈妈表扬说："梅子真聪明，一学就会了，你看叠得多好。"就这样，当妈妈整理屋子时，梅子总喜欢帮忙，妈妈边表扬边教她怎么做。现在，5岁半的梅子能在玩玩具之后把玩具收好，能自己穿衣裤鞋子，在看书画画后能及时把书或文具放回原处，有时还能主动帮妈妈收碗、擦饭桌等。

2. 分析

人类具有好奇心，孩子会为了满足好奇心而做出许多举动，这些举动正是孩子知识欲和学习欲的源泉，父母如果能把握这种时机，强化这些源泉，就可以培养出许多良好行为。但是孩子必须不断努力，反复学习，才能彻底学会某些技能，这个学习过程是渐进的，不可能在一夕之间就看到成效。这就需要我们运用塑造的技巧。

（四）应用在心理辅导的案例分析

1. 案例呈现

3岁的惟惟很逗人喜爱，可就是有一个毛病让妈妈头都大了。惟惟对鞭炮的劈啪声或游行锣鼓的铿锵声特别惧怕。声音小时，也许仅呆呆地露出惊吓的神色；声音大时，就不可收拾，大哭大叫。妈妈想尽了各种办法都没有效果，只好带他去看心理科医生，医生教了她一个办法，让她按照办法实施。妈妈先录一盘鞭炮锣鼓声的录音带。然后就去请一些小朋友来家里玩，当惟惟和小朋友们在 1 楼玩时，爸爸在 2 楼放录音带。刚开始声音不大，惟惟只是稍微变了脸色，其他小孩则不在乎，这时妈妈就称赞其他小朋友非常勇敢，并给他们一人一张小勇士的贴纸（那是惟惟最喜欢的贴纸）。"妈妈，我也要。"惟惟见其他的小朋友都有，也想要。"不行，小勇士是奖励给不怕鞭炮锣鼓声的孩子的。"一会儿，鞭炮锣鼓声又响了，声音比刚才还大。这时，惟惟心里虽然有点紧张，但一看到妈妈和小朋友们手里拿着的贴纸，就小声对自己说"惟惟不怕，惟惟不怕。"妈妈见状，马上称赞他勇敢，也表扬了其他小朋友，同时一人给了一张贴纸。这样断断续续地进行了好几次，好多天过去了，鞭炮锣鼓声越来越大，惟惟越来越能适应。到后来，惟惟就彻底消除了对鞭炮锣鼓的恐惧。

2. 分析

惟惟对鞭炮锣鼓声的恐惧是一种情绪反应，对于这种恐惧情绪，不是一下子就能消除的，需要采取渐进方式，即行为塑造的方式来处理，才容易见效。

二、误用

（一）应用在日常生活的案例分析

1. 案例呈现

畅畅是个贪玩的孩子，他的妈妈总是喜欢通过大声责骂，使畅畅遵从自己的意志。当妈妈想要他在家里做点事情时，总是把要求提上 5～10 遍，并且嗓门也越提越高。直到最后几乎是对着畅畅吼了。那么畅畅妈妈的这种高嗓门的行为是怎么来的呢？

起初，当她让畅畅做事时，他马上就照办了。可是第二次又让他做事时，他正玩得高兴，就不想立即去做事了，只有当妈妈重复要求时才又照办。不久以后，畅畅只顾自己玩得高兴，不用说第一次要求，就是第二次、第三次要求都不理不睬了，直到妈妈将要求说上四五遍，并且嗓门一次比一次高的时候，听得连自己都有些不耐烦了才去做。渐渐地，畅畅越来越习惯了妈妈的多次要求和逐渐加大的嗓门，无论妈妈重复多少次，几乎都是置若罔闻，除非她提高嗓门不断地重复，同时声音中带着怒气时，畅畅才很不情愿地去做。最后，妈妈总要由说到吼，畅畅才会去做。

2. 分析

畅畅并没有意识到他的拖拉行为逐步强化了妈妈提高嗓门、直到对他吼叫的行为。事实上，妈妈也没有意识到，正是自己一次又一次重复的要求，强化了儿子越来越久的拖拉行为。如果畅畅在妈妈每次叫他时都能按照妈妈的要求去做，就不会塑造出妈妈的这种行为了。但是小孩子也不可能任何时候都按照妈妈的要求去。如果妈妈在叫他一次两次后，见他没行动时，不继续重复要求，而是立即采取一些措施，比如，和儿子协商制定做事规则，何时该奖，何时该罚，也不会塑造出儿子越来越久的拖拉行为。因此，认识到生活中也存在着不经意的塑造行为是十分重要的，可以避免问题行为的发生。

（二）日常生活中，塑造原理的误用形成的不良行为

1. 案例呈现

思艺在幼儿园读小班，父母自己开了一家公司，工作很忙，很少有时间关心他，生活起居全由思艺没读过多少书的姑姑来照顾。有一次思艺从学校回来，姑姑帮他整理书包时发现好多彩纸，就问他是从哪儿来的，他说是幼儿园老师给的。姑姑也没多想就相信了。没过多久，姑姑看到思艺的手里又多了一支很漂亮的圆珠笔，问他，他说是好朋友送给他的，姑姑也相信了。那之后，姑姑发现思艺时常有一些不属于他的小东西，问他时他总说不是这个同学给的，就是那个同学给的，要么就是表现好，老师奖励的。姑姑想，都是些不值钱的小东西，也许真是别的同学给的吧，因此也就没有刨根问底。直到思艺都读小学二年级了，有一天，老师把思艺的爸爸妈妈叫到学校去，说思艺喜欢偷偷拿走同学的东西。他们非常吃惊，因为他们觉得自己的经济条件并不差，对思艺从来都是要什么买什么，他还拿同学的东西干什么呢。回来后跟姑姑交流，姑姑想起了思艺在幼儿园时的情况，并把这一情况告诉了哥哥，哥哥才明白了是怎么回事，很后悔对儿子的关心太少了。

2. 分析

有些儿童由于不了解"私有财产"的含义，开始只是偶尔有机会拿别人的东西，不知送还失主或交给老师处理，或无法分辨偷与借的不同，拿了别人东西，占为己有。久而久之就养成了随便占有他人东西的习惯，犯下了偷窃的错误。但是，如果当思艺第一次或第二次带回不属于自己的东西时，问清楚东西的来源，如果真是拿了他人的东西，了解他这样做的动机，并给他讲明他人的东西不能随便拿，特别是不能在别人不知道的情况下悄悄拿走，这样多讲几次后，也许就没有后面的不良行为的发生了。

（三）塑造原理在课堂教学中的误用

1．案例呈现

黄老师是一位新老师，教小学一年级语文。他教学认真，工作努力。可是，上课还没一个月，他就有辞职的念头了，因为他上课时的课堂就像闹市，"老师，我！我！"的叫声此起彼伏。这是怎么回事呢？有经验的校长通过门缝观察了不到十分钟就发现了问题所在。黄老师提问，当 A 同学举手没有点到他时，他就叫着"老师，我！"黄老师就叫他回答，接着黄老师在相同的情况下，点 B 同学回答，C 同学也是如此，D 同学也不甘落后，就这样，整个课堂就成了闹市。

2．分析

由于黄老师指定回答的儿童是举手叫声很大的对象，使班上的学生领悟出，叫声大与被叫到间的联结关系，只要喊叫"我！我！"都可能获得满意的结果，于是强化了叫喊的声音，同学竞相效仿，当然课堂就如闹市了。其实，黄老师只需要指定举手而不叫喊的学生回答问题，并对那些在指定的学生回答前抢答的学生进行一定的惩罚，就可使课堂安静有序了。

（四）误用塑造，养成懒惰习惯的案例分析

1．案例呈现

芳芳家里的每一个人，都必须做一些事，芳芳的工作是摆餐具，她以自己能负责把餐具都摆好为荣。有一天，芳芳忘记在爸爸碟子边放一把叉子，爸爸说："芳芳，我自己来，没关系的。"几天后，芳芳又忘记了铺好桌布，爸爸又替她做了。有时候，芳芳回来得较迟，爸爸就替她把整个桌子的餐具都摆好。因此，芳芳就无法以摆餐具为荣了。此后，她就懒得负责任地摆餐具了，而且事事都需要家人的督促或者提醒才去做。即使当她想做好某件事时，她也经常很草率或者没有做好就离开了。

2．分析

芳芳爸爸的行为是出于对女儿的爱，却没想到在不经意间培养出了女儿的懒惰行为。由此可见，爱也是要讲究方式方法的。如果爸爸一直不去代劳，而是坚持让芳芳无论何时、无论在什么情况下，都要自己完成规定的任务，芳芳也就不会出现不负责任或懒惰的现象了。

本章摘要

1．行为塑造是对目前所没有的目标行为的一系列连续趋近动作的不断强化，直到个体最终能经常地做出目标行为。

2．行为塑造的过程是把复杂行为阶段化，然后逐一加以依次强化的过程。

3．行为塑造具有关联的阶段性、逐步渐进性、兼用了强化与消退策略等特点。

4．行为塑造的实施步骤可以分为：①判断塑造对于矫正对象是否是最合适的方法。②确定终点目标行为。③确认初始目标行为。④计划塑造步骤。⑤选定有效强化刺激。⑥按照合理的速度完成塑造的各步骤。

5．行为塑造实施过程中应注意的事项包括：①终点目标行为的可行性与可操作性。②评估标准的多样性与准确性。③强化的有效性和及时性。④塑造步骤的合理性。⑤塑造过程的可调整性。⑥塑造结果的适应性。

6．行为塑造应掌握人性化、有益性原则。

练习题

1．斯金纳曾教鸽子啄彩色圆盘，其操作环境是：在一只斯金纳箱里，在一面箱壁的某个地方嵌上一个与箱壁平齐的彩色小塑料圆盘。训练的目标是让鸽子啄这个彩色圆盘而不是箱壁上的其他任何地方。如果你是斯金纳，你会怎样使用塑造原理让鸽子啄这个彩色圆盘而不是箱壁上的其他任何地方？以下提示也许会对你有一定的帮助。

- 你确定的初始行为是什么？
- 目标行为又是什么？
- 塑造过程中拿什么来作强化刺激？
- 连续趋近动作有哪些？
- 对每一个趋近动作，你会怎样使用差别强化？

2．请列举你在生活中应用到的塑造的例子。其后果是什么？

3．宇宇体质较弱，经常生病，因此妈妈特地辞职在家照顾他。每月都要带宇宇去儿科医院几次都没让妈妈烦，就是有一件事让妈妈头痛。儿科医院门口有一家玩具店，每次去医院，宇宇都要让妈妈买玩具。不买就大哭大闹，一次比一次闹得厉害。于是妈妈只好买了。到后来家里的玩具都堆了一屋子，足以开玩具店了，而且有些玩具是重复着要买。很多玩具宇宇只是从玩具店拿回家就没再玩过，宇宇还是要闹着要买。由于宇宇看病已花了不少的钱，家里的经济也越来越紧了，但宇宇还是闹着要买玩具，妈妈真是觉得为这事头痛极了。宇宇买玩具的爱好是如何养成的呢？请说出这一现象形成的过程。

第八章　渐隐原理

老师教雯雯写"我"字。刚开始的时候，老师握住雯雯的手教她一笔一笔地写。后来，当雯雯在老师的帮助下能写好后，老师便把手松开，在纸上写多个"我"字，让雯雯照着描"我"字。最后，雯雯在没有老师的帮助下也能写好这个字。

小明初学练琴，他在琴键上写上1、2、3、4等阿拉伯数字，以提示自己作出正确的击键反应。在练习的过程中，由于手指不断敲击，键上数字会逐渐变淡，最后完全消失。尽管那些起提示作用的线索已经褪去，但小明在练习中已逐渐熟悉了琴键的位置，因此他正确击键的行为仍然能够保持不变。

在雯雯写字和小明学练琴的过程中，外界帮助逐渐减少，最终使他们在自然状态下独立写字、练琴，这些都是渐隐原理应用在日常生活中的例子。渐隐原理的运用非常广泛，无论是特殊儿童的行为训练、正常儿童新技能的学习、成人的康复训练，还是心理治疗中的问题心理消除，都会经常运用到渐隐原理。本章将从渐隐原理的含义、优点着手，介绍渐隐原理的影响因素及其运用。

第一节　渐隐原理概述

塑造原理是运用渐变程序，通过逐步强化帮助个体建立、增进新行为的过程，目标行为是一步步达成的。而渐隐原理则保持目标行为不变，个体借助辅助者提供的不同刺激，努力朝着目标行为前进。

一、渐隐的含义

在雯雯写字时，老师给予的帮助和提示在逐渐变化，而雯雯对于这些变动的刺激一直保持着原来的反应，即写出同一个字——"我"。同样，小明练琴时看键盘的频率在逐渐降低，而对于这个变动的刺激，小明仍然可保持与原来相同的反应，即保持正确的击键行为。以上这类现象在心理学中被称为渐隐。所谓渐隐（Fading）是指逐渐改变控制某一反应的刺激，最后使部分改变的刺激或完全新的刺激仍可引起原来相同的反应。即刺激变化，而反应不变。在渐稳的实施中，促进（Promote）是一个重要的手段和方法，它指的是为了保证某一项反应能够产生，而提供的刺激。

渐隐原理不仅在日常生活中运用广泛，还在诸如精神病院、监狱、少教所等机构的工作中受到高度重视。因为这些机构通常有严格的规定和要求，个体在其中能够习得符合社会要求的行为。但是如果缺乏渐隐这一过程，当个体一下子回到日常的社会生活环境中时，原先提示行为的许多线索就不再存在，行为者先前所习得的良好行为就有可能不会被表现出来。而通过渐隐过程可以将制度严格、纪律严明的情境逐渐变化为接近家庭和工作的日常生活环境，这样行为者先前所习得的良好行为就容易在日常生活中保持下来。

二、渐隐的优点

渐隐主要用于建立一种新行为，主要有以下一些优点。

(一)渐隐能节约建立起新行为的时间

渐隐在建立新行为时节约了宝贵的时间，因为渐隐直接提供正确反应模式，使行为者少走弯路。渐隐理论的产生和发展对有关学习理论的观点产生了显著的影响。过去人们认为，学习是一种在尝试的过程中不断失败，然后发现正确的方法的过程。这就是一种学习的"试误说"。比如，如果刚开始老师没有握住雯雯的手教她一笔一笔地写，雯雯可能就不知道该先写哪一笔后写哪一笔，每一笔该如何写。也许经过多次尝试之后她最终也能写好"我"字，但是这样会浪费很多时间；而且如果雯雯经过多次尝试之后仍然写不好"我"字，她便会产生一种厌恶情绪，最后导致她放弃练习写这个字。

(二)渐隐能有效避免错误的发生和重复

渐隐避免了错误的发生，这样也就避免了由于一而再、再而三地重复错误而使错误反应达到一定的强度。比如，如果开始时小明没有在琴键上面写上阿拉伯数字，他在练琴的过程中就会出现很多的错误；倘若没有人给他指出这些错误，他可能就会不断重复错误的练习。

(三)渐隐有利于学习者情绪稳定，从而增强行为的信心

当错误已经产生，再进行消退，容易使行为者产生消极情绪，如得不到强化物就发脾气，产生攻击性行为和企图逃离情境等。而应用渐隐程序就可以避免上述副作用。它一开始就引导行为者步入正确反应之中，并使他心情愉快地学习。比如，雯雯如果没有老师的指导，而是一直自己练习

写"我"字，她可能会出现笔画顺序不对或笔画写得不准确等错误。如果在这些错误产生之后再进行消退，就会使她产生消极情绪：她有可能会觉得写不好这个字说明自己很笨。而在这个例子中，老师给予了她一定的帮助和提示，使她避免了发生错误的可能性，从而能够心情愉快地练习写字，增强了学习写字的信心。

三、渐隐与塑造之间的区别与联系

渐隐和塑造这两种原理都是通过一系列的步骤逐步形成一种先前并不发生的行为，它们既存在着相同点，也有一些区别。在运用时，行为改变者必须注意它们之间的异同之处，以便更好地了解和运用这两种原理。

渐隐和塑造都是逐渐变化的程序，目的都是培养一种新的行为。塑造是从起点开始对与该行为有关的一系列反应逐个进行正强化，并连续强化这些不断接近新行为的系列反应，以建立最终的目标行为。在塑造的过程中一系列的行为是逐渐变化的，并向更接近目标行为的方向不断迈进。渐隐是通过不断变化对个体的刺激，从而达到建立目标行为的目的。

塑造一般是在刺激情境不变的情况下，强化行为的逐步变化，最后达到终点目标行为。它侧重于将目标行为细化，最终促成目标行为的形成。而渐隐则侧重于改变刺激，来使目标行为保持下来。渐隐原理包含控制反应的刺激变化，而反应不变；塑造则包含反应变化，而刺激不变。

第二节 渐隐原理的运用

一、运用渐隐原理的意义

无论是在日常生活中还是在其他情境中，渐隐原理的运用都非常广泛。尤其在教育与行为改变技术中，渐隐原理的意义更是非常重要。在教育情境中，学生若能具有积极的态度，会有助于学习成绩的提升。但在学习的过程中，学生总不免会遭遇到或多或少的困难，这些困难会影响到学习结果能否令人满意的几率。渐隐原理的运用，不仅可以节约学生的宝贵时间，使他们在学习中少走弯路；而且可以直接提供正确反应模式，避免错误的发生。如技能学习、技巧训练、学习辅导、人际交往的教育或生活习惯的培养，通常会运用渐隐原理。在行为改变技术中，运用渐隐原理可以一开始就引导被矫正者步入正确的反应之中，这样就避免了在不断尝试的过程中形成错误行为，避免了他对该训练产生消极情绪，特别是在对强迫症、恐惧症等的矫正过程中。因此，学习渐隐原理，对我们解决教育和行为改变等方面的问题具有重要的理论意义和现实意义。

然而，渐隐原理如果运用不当，也可能被误用，养成受训者的不良行为或对促进刺激物的依赖性。如家长在教孩子认字时，一般会先用看图识字的形式，然后不看图只认字，最后无论在任何地方看到这个字就让孩子认识。当然，最后一个阶段较难，而有些家长由于没有耐心，不对孩子进行最后一个阶段的促进，孩子对字的认识就会过多依赖于卡片。

二、有效运用渐隐原理的原则

要有效运用渐隐原理，应遵循以下一些原则。

(一)正确选择目标行为和目标刺激

目标行为是指期望个体最终能完成的目标或行为。在渐隐程序中，必须明确、具体地规定目标行为，并说明在哪些情境下最终会出现该目标行为，只有这样，才能使渐隐计划有的放矢。例如，可以运用渐隐原理培养孩子学会说一些礼貌用语，如"谢谢""你好""对不起"等，也可以运用渐隐原理教会孩子回答一些简单的问题，还可以运用渐隐原理教孩子学会写字、画画或弹琴等。在确定目标行为的时候要因人而异，目标行为的选择必须符合个体的实际水平和接受能力，并要能满足社会适应需要。

目标刺激是最终控制反应的刺激。在渐隐程序中，选择的目标刺激最好是个体在自然生活情境中经常碰到的。在选择目标刺激时，应设想到个体的生活、学习及工作的情境。比如，在前面教雯雯写"我"字的例子中，我们的目标刺激就是"在纸上写'我'字"，即不只是教会她描画"我"字，还应该让她学会在没有老师帮助的情况下独立地在空白纸上写出"我"字。

(二)选择适当的强化物

由于在运用渐隐原理中的每一个过程都需要通过刺激物的刺激作用使个体逐步作出正确的反应，因此选择适当的刺激物是十分重要的。而此时的刺激物的性质与强化物的性质相同。对于如何选择适当的强化物，在第六章中已经做了详细的介绍，在这里就不再赘述。

(三)选择适当的起始刺激

起始刺激是指能引起个体需要反应的第一个刺激。在渐隐程序中，选择一个能确保引起需要行为的起始刺激是非常重要的。起始刺激应能引起所需要的反应。比如，有一个小孩害怕小白兔，但当小白兔离他距离较远的时候，他不会产生恐惧的情绪，而是一种可以承受的状态。这时，我们就可以把这个孩子能忍受的兔子离他最近的距离作为起始刺激，因为这时候他的恐惧情绪是最少的，甚至不会产生恐惧的情绪。

（四）合理安排渐隐步骤

确定渐隐的步骤就是在起始刺激和目标刺激之间，列出适合个体的刺激变化的过程。首先，要具体说明为了达到最终的刺激控制，要隐退的刺激的维度，如颜色的深浅、声音的强度等；其次，要列出具体的渐隐步骤，以及从上一步移到下一步的规则。

在训练程序开始时，个体如果能多次对促进作出正确反应，那么这个促进就可以在几次练习之后逐渐隐去。促进被逐渐隐退的步骤应仔细选择。因为，有效地运用渐隐如同有效地运用塑造一样，都是艺术。训练人员必须时刻了解个体的反应情况，从而确定渐隐进行的速度。如果个体开始出错了，那么可能是促进渐隐的速度太快或渐隐的步子太大了，必须退回到前一步已建立好的行为中去。另一方面，渐隐的速度也不能太慢。如果在几次练习中步子太小或提供太多的促进，学生就会过分地依赖促进。就拿实际教学过程中，针对课堂训练捡橡皮为例，如果老师在许多次的练习中都提供手把手捡橡皮的身体促进，学生就会过分地依赖于这种帮助，而不去注意指导语"把橡皮捡起来"了。

（五）纳入各种相关的刺激环境

渐隐的目的是在训练结束后使个体的目标行为在各个相关环境中都能出现，其中一个技术要点就是在训练时对很多相关情境进行演练。如果个体对多种相关刺激都做出正确的行为反应，那么目标行为可能泛化（即迁移）到所有的相关刺激情境中。例如，文君从小和奶奶生活在乡下，上学后回到父母身边。她上课从不敢举手发言，老师有时有意提问她，她站起来，满脸通红，紧张得一句话都说不出。老师把这些情况与文君的父母沟通以后，建议父母多鼓励孩子大胆发言。于是，文君的父母办了一个"家庭模拟课堂"，并和同事分别扮演男老师和女老师，熟悉的老师和陌生的老师，并请文君的同桌以真实身份加入到家庭模拟课堂当中来，这些做法基本上纳入了与学校课堂相关的刺激情境；虽然在学生人数上有差异，但文君上课发言是站在座位上，而不是讲台上，同桌刺激的促进作用比较强，其他同学的促进作用较小。因此，当足够的刺激情境纳入训练中以后，孩子的行为反应就泛化到真实的情境中了。

三、渐隐原理在实施过程中应注意的事项

在选择好正确的目标行为和目标刺激、适当的强化物和起始刺激，并合理安排好渐隐步骤之后，就可以实施渐隐计划了。在实施阶段主要注意以下几个问题。

(一)注意渐隐的速度

刺激物的渐隐应缓慢进行。正如前面所强调过的，对于刺激物的控制要掌握好速度，不能速度过快，而应当以缓慢的速度进行。

(二)注意反应发生错误的次数多少

如果个体的反应发生多次错误，有可能是由于促进渐隐的速度太快或渐隐的步子太大，应返回到前一步的刺激控制，并放慢速度或缩小步子。

(三)注意个体的注意力是否集中

如果个体注意力不集中，可能是由于步子太小或太人，应及时调整训练的步子。因此，在渐隐过程中，要随时注意观察个体的情况，并相应地调整速度和步骤，以达到最佳的效果。

(四)注意强化的及时性

个体一旦做出正确的行为反应，一定要及时给予强化，并且在发放强化物的时候应遵循有关的规则。

(五)注意及时转移辨别性刺激

一旦目标行为能够发生，就应及时撤去有关的促进，同时将这些辨别性刺激逐渐从特定的情境向自然情境转移。

第三节　促进的类型与影响渐隐技术的因素

渐隐是通过逐渐取消控制某一反应的刺激，最后使个体在没有原来的刺激下也能引起原来相同的反应，为了保证某一项反应能产生而提供的刺激通常被称为促进。库伯说："促进是在行为进行之前或进行之中给予的刺激，它们有助于行为发生，使老师能够提供强化。"

一、促进的类型

促进是指在行为进行之前或进行之中给予的刺激，它们有助于激发适

宜行为的发生。因此，在应用渐隐原理之前，必须先对促进的种类有一个大致的了解，以便确定在渐隐的过程中所选用的促进类型。

促进一般分为四大类：言语促进、动作促进、环境促进、身体促进。

(一)言语促进

言语促进(verbal promote)又称言语刺激物，是指言语的暗示或线索。当 S^D(辨别刺激)出现时，因他人的言语行为而引起个体产生期望的行为反应，就是一种言语促进。比如，老师在教婷婷识字时，在纸上写了一个"民"字，老师指着纸上的字并说"民"，之后婷婷跟着老师说"民"。在这个例子中，老师说出"民"这一行为就是一次言语促进，它使婷婷产生正确的行为反应。他人说的任何言语，只要能够提高正确行为在适宜时间发生的可能性，都可能成为言语促进。言语促进一般包括言语指导、提示、暗示、提问或其他的言语性帮助。

(二)动作促进

动作促进(gestural promote)又称动作刺激物，是指他人所做的某些动作(接触除外)。当 S^D 出现时，因他人的某些动作或运动而引起个体产生期望的行为反应，就是一种动作促进。比如，老师想要发展"摸你的头部"这个指示的刺激使学生作适当的反应——用手接触自己的头部。老师刚开始训练时，可能自己先将手放在自己的头部，然后对孩子说："摸你的头部。把你的手拿起来，就像这样，放在你的头部。"在这个例子中，"把你的手拿起来，就像这样，放在你的头部"是一种语言促进，而老师本身的示范，就是一种动作促进。

(三)环境促进

环境促进(environmental promote)又称环境刺激物，是指通过改变环境来引发适当的行为。当 S^D 出现时，因环境的某些方面发生改变而引起个体产生期望的行为反应就是一种环境促进。比如，在小明练琴的例子中，数字的逐渐消失就相当于环境促进的渐隐，使得小明将刺激控制转移到各个键符上。又如，教练教小刚击打投掷手扔过来的棒球时，刚开始教练让投掷手扔容易的球，球很慢却恰好投在投手板上使小刚每次正好击中。在这个过程中，教练就应用了一种环境促进，即通过改变刺激的强度(球投过来的速度)使个体能够产生正确的行为反应(击中球)。

(四)身体促进

身体促进(physical promote)又称身体刺激物或身体引导(physical

guidance），是指接触行为者并引导他。当 S^D 出现时，因他人通过身体上的接触而引起个体产生期望的行为反应，就是一种身体促进。进行身体促进的人和个体一起进行部分或全部的动作，身体促进通常是由训练者手把手地指导个体完成行为。比如，老师教雯雯写"我"字，刚开始的时候老师握住雯雯的手教她一笔一笔地写。在这个例子中，"老师握住雯雯的手教她一笔一笔地写'我'字"，这就是一个身体促进。

二、促进在渐隐中的作用

促进在渐隐中起重要作用。在第二章我们已经讲过，特定的刺激引起特定的反应。渐隐原理就是一种渐次刺激，先设计一些为了迁就个体学习，比较不合乎自然情境的刺激，这种预先设计的刺激实际上就是促进。运用促进的目的只是增加在适宜的时间里完成正确行为的可能性，受训者做出正确行为后，就应该取消促进。也就是让那些不合乎自然情境的刺激依序渐渐演变为更合乎自然情境的刺激，其过程是逐渐消除、慢慢省掉那些不太自然的刺激，最后变为一个最自然的刺激，达到仍然可以引起相同反应的目的；因此，促进在渐隐中的重要作用主要体现在，必须要先对受训者实施促进，才能进行下一步的渐隐。如雯雯写字，如果没有老师握着手教、描红这样一些促进步骤，就很难达到下一步，即自己写字。特别是对于那些身心发育有障碍的儿童来说，促进的运用更为重要。

三、影响渐隐效果的因素

渐隐是逐渐改变控制某一反应的刺激，最后使部分改变的刺激或全新的刺激仍可引起原来相同的反应。因此，渐隐的效果主要受最初刺激控制的适当性、目标刺激控制的适宜性和实施步骤的可行性这三个因素的影响。

（一）最初刺激控制的适当性

在应用渐隐技术时，选择可以引发适当行为的最初刺激，即选择适当的促进种类，是非常重要的。应用多种不同的促进方式，以产生适当的行为，能减少错误，增强渐隐技术成功的机会。在老师教雯雯写"我"字的示例中，老师知道，如果自己握住她的手，雯雯便能正确地写出"我"字，因此老师便选择这一身体促进方式作为最初刺激控制。又如，荧荧已经就读二年级了，但她在接受别人帮助之后从不向人说"谢谢"。母亲对此渐渐在意了，因为过去年纪小还无可厚非，现在这样的年纪就讲不通了，因此特别予以训练。其步骤如下。起初，在得到别人帮助之后，母亲及时提醒她："荧荧，别人帮助了你，要说谢谢。"荧荧便向别人说"谢谢"。这样经过几次之后，母亲每次只需在荧荧得到别人帮助后，喊她的名字，她就知道要向别人说"谢谢"。慢慢地荧荧便养成了向帮助她的人说"谢谢"的习惯，这时，不需要母亲的提醒，荧荧也会很有礼貌地向别人说"谢谢"。在这个示例中，母亲知道，如果她告诉荧荧向别人说"谢谢"，荧荧便会模仿母亲说"谢谢"。因此，在这个例子中，最初的刺激控制，便是很柔细地教她"别人帮助了你，要说谢谢"，她会很大声地回答"谢谢!"

(二)目标刺激控制的适宜性

渐隐实际上是刺激变化，将刺激中不适当、不自然的部分逐渐去除，使刺激变得适当和自然。当我们向某个体呈现一种特殊刺激时，个体的反应就能得到强化；而没有这种刺激，个体的反应就得不到强化。如果这样的话，个体就学会仅当这种刺激呈现时才会做出反应。因此，可以说行为是在刺激控制下进行的，渐隐最重要的是选择适宜的目标刺激，即我们希望最后能控制行为的刺激。

特别值得注意的是在选择目标刺激控制的时候，宜注意使特定刺激引起的反应，能在自然环境中得以维持；而不能在刺激还未变成适当的刺激时就停止训练，使个体的行为仍然停留在某一阶段，这样个体在自然情境下就不会表现出预期的目标行为。马丁和皮尔(1991)通过相关研究，认为许多渐隐计划都犯了这样的错误，目标刺激控制没有包括个体在自然环境中经常会遇到刺激的某些方面，并在这种情况下就停止了训练。例如，训练儿童安静坐下来的行为，只训练到儿童在实验情境下能安静地坐下，而没能训练儿童在其他环境(如教室)，也能安静地坐下。又如，在教儿童学算术时，最初让儿童用数手指的方式进行计算，因为这样较直观，儿童容易掌握。接下来用小棍代替手指来计算，最后应让儿童用心算代替实物进行计算。而最后一步对于儿童来说较困难，不容易掌握，正因为如此，有些家长和老师见儿童不易掌握就不再对其作进一步的要求，这样就使得儿童始终只能停留在使用实物帮助计算的阶段，而不能发展到心算阶段。

(三)实施步骤的可行性

在训练开始后，最初提供的刺激物若确已引起适当的反应，在经过几次重复训练之后，就要渐渐地将刺激物除去，这就涉及设定渐隐步骤的问题。渐隐步骤的设定必须仔细斟酌，安排应该从初始情境到目标情境形成梯度，其间提示行为发生的那些线索应该平缓地逐步减少，否则就会影响渐隐原理的效果。有效地使用渐隐技术，正如有效地使用行为养成技术一样，是很高的艺术。渐隐的进程主要取决于：从一个情境向下一个情境过渡时，目标行为是否能够正确、稳定地表现出来。在渐隐的过程中，一方面，如果个体已开始有错误，可能是渐隐的速度太快，或者是渐隐的步骤太简化了。这时就需要从头再来，在已建立了正确的行为后，才继续渐隐的步骤。另一方面，假如渐隐的速度太慢，或是提供的刺激太多，个体会变得完全依赖这些刺激物。以前面老师教雯雯写字为例，假如教师在经过多次练习后，仍握住雯雯的手一笔一笔地教她写，雯雯则会变得依赖"老师手把手地指导她"，在没有老师帮助的情况下，不能做出我们所期望的行为反应。

第四节 渐隐原理应用案例分析

一、正用

(一)运用渐隐原理对弱智儿童进行语言训练的案例分析

1. 案例呈现

在一所弱智学校里，有个 8 岁男孩，名叫小兵。他是个中度弱智儿童，语言发展迟滞，只能简单地重复其他同学和老师说的词语，很少能有自己的言语行为。有时他也会盲目地模仿别人说话时的一些词语。如老师指着一个苹果问他："这是什么?"他会回答"什么"，有时他还会重复念着问题"这是什么?"由此，我们可以看出老师的提问(言语促进)只对小兵引起了模仿反应而未使他做出适当的回答。针对小兵的这一言语行为问题，老师便在教小兵认识并正确回答"苹果"这个词时运用了渐隐法，并取得了成功。老师设计的渐隐训练步骤如下。

第一步，老师知道小兵会模仿别人说话中的一些词语，所以使用的刺激是，指着苹果并用非常轻柔的耳语声说："这是什么?"还没等小兵作出反应，老师就用十分响亮的声音迅速地回答说"苹果。"这时只要小兵正确地说出"苹果"这个词，老师就会及时奖给他一个喜欢吃的糖果，同时还语言奖励说："真聪明。"如果小兵说不好，就重做。

第二步，当老师指着苹果并说"这是什么? 苹果。"小兵能够模仿说出"苹果"这一步完成后，老师就将说出"苹果"一词的音量稍稍放低，只起到提示的作用，而鼓励小兵能大声地说出"苹果"这个词。说对了就仍然给他喜欢吃的糖果作为强化物，并予以言语奖励说"真聪明。"若不对，则重做一遍，直至完成这一步的任务。

　　第三步，在多次练习以上步骤之后，老师只指着苹果大声地问："这是什么？"同时只做"苹果"的口型而不发出声音，引导小兵大声地说出"苹果"。说对了仍然给予强化物和语言奖励；若不对，则重做一遍，直至完成这一步的任务。

　　第四步，老师只指着苹果越来越大声地提问："这是什么？"这时老师的双眼注视着小兵，并让他独立地说出"苹果"这个词。

　　第五步，老师分别指着一旁的苹果和图画上的苹果问小兵："这是什么？"引导小兵说出"苹果"，完成这一训练。

　　2. 分析

　　以上案例的成功的原因是：①引起正确反应的起始刺激适当。在该案例中，老师知道只要大声地说出问题的最后一个词，小兵就会模仿说出这个词，因此老师选择的起始刺激是，指着苹果非常轻柔地问："这是什么？"并迅速地大声说出"苹果"这个词。②行为改变的终点刺激明确。在该案例中，选择的终点刺激是训练小兵说出"苹果"这个词。③渐隐的步骤控制得当。这一例中具体说明了为了达到最终的刺激控制要隐退的刺激物，即老师在越来越大声地提问"这是什么？"之后，越来越轻地说出"苹果"这个词。

(二)运用渐隐原理进行技巧训练的案例分析

　　1. 案例呈现

　　东东是个二年级的学生，他看到自己的许多朋友都会骑自行车并经常骑车一起出去玩，心里非常羡慕大家。刚好在二年级期末考结束、暑假来临时，他有较多的空余时间，于是他就强烈要求爸爸教他学骑车。爸爸拗不过他便答应了在一旁协助他练习骑车。爸爸把教东东骑车的方法分为以下几个步骤。

　　第一步，东东骑在车上，爸爸双手扶持着自行车，跟在车子后面跑。等东东骑起来能够比较稳的时候，就进入下一步。

　　第二步，东东骑在车上，爸爸扶着自行车，偶尔放手并跟在车子后面跑。

　　第三步，东东骑在车上，爸爸常常放手并跟在车子后面跑。

　　第四步，东东骑在车上，爸爸大部分时间放手并跟在车子后面跑。

第五步，东东骑在车上，爸爸完全放手并跟在车子后面跑。

第六步，东东骑在车上，爸爸不跟在车子后面。

2. 分析

以上案例的成功有 3 点原因是。①行为改变的终点刺激明确。在该案例中，选择的终点刺激是训练东东学会骑自行车。②符合渐隐程序的要求，即刺激变化，反应不变。在这一案例中，反应是东东骑自行车，在整个训练的过程中，东东在车上的反应始终没变，而变化的是爸爸扶车帮助的措施慢慢简化。③起始刺激得当，刺激维度的隐退控制也较好。

二、误用

（一）渐隐原理在学校方面的误用案例分析

1. 案例呈现

小青是个十分调皮的孩子，在学校经常逗其他同学玩。对此，老师和同学也都没有在意，以为他只是开玩笑而已。然而有一次，小青又在捉弄同学，一不小心把对方打哭了。老师知道了这件事之后非常生气，将小青叫到办公室，把他狠狠批评了一顿。小青这时才知道原来使用这种方法会激怒老师，这样老师就会关注他。从这以后，小青就更频繁地捉弄同学，想再次引起老师对他的注意。但由于他的行为并没有伤害其他的同学，老师也没去理会他，他就想：如果像以前那样把同学弄哭，老师肯定会生气，并再次注意到他。因此，他就再次把同学打哭。这次，果真如他所料，老师非常生气，并再次批评了他。因为老师再次注意到他，他感到十分沾沾自喜。后来，他为了引起老师的不断关注，经常欺负班上的同学，而老师也常常被他气得半死，拿他没办法。

2. 分析

这一案例是因渐隐技术被学生误用（虽然学生自己不知道渐隐原理是什么），造成学生的行为偏差。小青为了引起老师的注意，逐渐改变自己的行为，甚至做出更激烈的事情来刺激老师，使老师产生愤怒的反应。

小青知道自己欺负同学的行为会引起老师的注意，老师的注意对于他来说是一种奖励。当老师批评他的时候，他还会感到沾沾自喜。对于这一事例，正确的处理方法应该是对小青欺负同学的行为予以漠视（消退原理的应用）。如果没有效果，则应该应用区别增强、惩罚或逃脱制约方法来加以改善。

（二）渐隐原理在家庭方面的误用案例分析

1. 案例呈现

小丰是一个刚刚开始牙牙学语的孩子，能发出几个可辨别的音节。他的父母感到非常兴奋。小丰的母亲曾经读过有关行为矫正方面的书籍，于是决定采用渐隐原理来教小丰学说"妈妈"这个词。她设计的渐隐步骤如下：母亲先十分轻柔地问："我是谁?"并迅速地大声回答"妈妈"。等小丰能够跟着她说出"妈妈"后，就逐渐放低回答的声调，并提高提问"我是谁?"的声调。她希望通过这个方案使小丰学会说"妈妈"。然而，事情却并不像她所期望的那样。经过几次练习之后，小丰仍然只能发出几个简短的音节，并不能说出"妈妈"这个词，于是小丰的母亲感到十分失望。

2. 分析

这个案例之所以失败是因为，小丰的母亲不知道，当一个个体还没有行为能力的时候，就不可能促进该行为。在该案例中，采用塑造原理更为合适。开始，孩子完全不会发出"妈妈"这个词音，因此必须先强化一个与"妈妈"音相似的声音——"m"。而对于这个音节，小丰已经能正确发出了。当小丰能够多次正确发出"m"音时，就停止强化，而开始强化另一个更接近"妈妈"的声音如"ma"。通过这样不断强化，小丰的发音就越来越接近"妈妈"这个目标反应了。

本章摘要

1. 渐隐（Fading）是指逐渐改变控制某一反应的刺激，最后使部分改变的刺激或全新的刺激仍可引起原来相同的反应。即刺激变化，而反应不变。

2. 渐隐原理有以下三个优点：①渐隐节约了宝贵的时间，因为它直接提供正确反应模式，使行为者少走弯路；②渐隐能有效避免错误的发生和重复；③渐隐有利于学习者情绪稳定，增强行为的信心。

3. 渐隐和塑造的相同点：它们都是逐渐变化的程序。渐隐和塑造的区别：塑造一般是在刺激情境改变的情况下，强化行为的逐步变化，最后达到终点目标行为。它侧重于将目标行为予以细化，最终促成目标行为的形成。而渐隐则是不断变化对个体的刺激，来达到建立目标行为的目的。它侧重于改变刺激，使目标行为保持下来。

4. 促进是指在行为进行之前或进行之中给予的刺激，它们有助于激发适宜行为的发生。促进一般分为四大类：言语促进、动作促进、环境促进、身体促进。

5. 渐隐的效果主要受最初刺激控制的适当性、目标刺激控制的适宜性和实施步骤的可行性三个因素的影响。

6. 在渐隐原理的实际运用中，应遵循以下原则：选择正确的目标行为和目标刺激、选择适当的强化物、选择适当的起始刺激、合理安排渐隐步骤。

7. 在实施阶段主要注意以下几个问题：①刺激物的渐隐应缓慢进行；②如果个体的反应发生多次错误，则应当退回到前一步，重复刺激控制；③如果个体注意力不集中，可能是由于步子太小或太大，应及时调整训练的步子；④正确的行为反应一旦发生，一定要及时对其进行强化；⑤转移辨别性刺激。

练习题

1. 渐隐与塑造都是培养新行为的方法。两者有何异同之处？

2. 简述运用渐隐原理需遵循哪些原则。在实施阶段又需要注意哪些问题？

3. 你的侄女梦佳是个 1 岁左右的孩子，最近你发现她能够摇摇晃晃地站起来，尤其是这两天，站起来的时间越来越长了，于是你打算教她学走路。试述你将怎样应用渐隐原理教会梦佳学走路。

4. 如果你是一名小学老师，你将如何运用渐隐原理教会学生画各种各样的图形（如圆形）？

第九章　链锁原理

　　某小学 2 年级 1 班的学生大都较活跃。每次在响了第二道上课准备铃时，还是有很多学生都在操场上玩耍，没能统一回到教室、坐在座位上等候老师来上课，每次上课前老师都要等一段时间维持组织纪律，占用了上课的时间。老师希望他们能在第一道铃声响起时走进教室，坐在自己的座位上，把上课需要的书本和铅笔盒准备好，安静地等候老师来上课。在制定行为训练方案时，老师决定将这样一种良好行为分四个步骤进行训练：第一步，听到第一道上课铃声后立即走进教室；第二步，坐在自己的座位上；第三步，把上课需要的书本和铅笔盒准备好；第四步，安静地等候老师来上课。

　　老师先从第一步开始对学生进行要求和训练，当学生大部分都能在听到第一道上课铃声后按时进教室时（特殊情况除外），接着对第二步进行要求和训练，以此类推到第四步，直至学生能独立自觉地做完四个步骤。

　　小英是个智力发育不全的孩子，已经 8 岁了，还不会正确使用筷子，每次都是用双手握拳抓筷子，所以一直都用勺子吃饭。由于勺子在很多时候没有筷子那么方便快捷，所以每次小英吃饭都很慢，有时还需要妈妈喂饭。特别是晚上，妈妈要多等她半个小时才能收拾碗筷。经过全家一致商量，妈妈决定教她正确使用筷子。妈妈将使用筷子的过程分成以下七个步骤：第一步，伸手去拿筷子；第二步，将外侧的筷子用食指和中指夹住；第三步，将内侧的筷子放在无名指上并用中指压住；第四步，大拇指同时压住两根筷子；第五步，用筷子靠近碗；第六步，用筷子夹东西；第七步，将夹好的饭菜送至嘴边，吃下去。

　　为配合上述步骤，妈妈利用下列方法开始训练。①妈妈开始握着小英的手由第一步做到第七步，等到她熟练且不抗拒的时候，进行下面的步骤。②妈妈握着小英的手一起由第一步做到第六步，然后放手由她自己将饭菜送至嘴边。③当小英可以独立做好第七步时，妈妈帮助做到第五步。然后妈妈放手，小英独立做第六步、第七步。若熟练了，依次进行。④其余类推，到最后所有训练完成，小英可以独立使用筷子吃饭，妈妈在旁边观察，必要时才帮忙。经过一段时间后，小英可以独立使用筷子吃饭。

　　在训练一些年龄较小或智能严重不足的对象时，如果还是按照常人的方法去教授，未免要求过高，不能达到预期的效果。如果老师或家长在对上述行为进行训练时都将目标行为细化，使分解后的每个行为步骤都是行为链条中的一个联结。先学习、强化前一个行为步骤，再学习、强化后一个行为步骤，前一个行为步骤的反应结果又是后一个行为反应结果的刺激条件，这种前后行为之间的相互联系就是一种行为"链锁"。小孩通过这种行为"链锁"训练，就很容易达到家长或老师所期望的目标行为了。本章的主要内容在于介绍链锁原理的概述、链锁的方式、链锁原理的实施步骤，最后还将列举一些链锁原理的应用分析案例。

第一节 链锁原理概述

链锁原理和塑造、渐隐原理相似，是一种应用渐变程序帮助个体建立、促进新行为的过程。

一、链锁的含义

人类的行为并不都是简单的，大多数人类活动由复杂的行为构成。这些复杂的行为的学习，对于年幼的孩子和有身心障碍的人来说，是很困难的事。这时，就需要将复杂行为分为若干有序的动作，对各个动作依次训练，同时逐步强化各依次动作之间的联系，使其连成一个熟练的复杂行为。如老师训练学生快速进入教室并安静下来的行为和妈妈教小英用筷子吃饭的行为，就运用了把复杂行为分成简单步骤进行训练的过程，这一过程在心理学上叫链锁。链锁（chaining）是一种通过对刺激——反应链（S－R链）的正强化而建立终点行为的训练方法。

刺激——反应链也叫行为链，就是按照顺序发生的，由很多辨别刺激（S^D）和反应（R）组成的行为。大家都知道，刺激是指外界事物作用于机体，使事物起积极变化。个体的某些反应往往在一些特定刺激出现的时候发生，如拿起手机接电话的反应是缘于电话铃声的刺激。当某种刺激出现时发生特定反应，这种反应能得到强化，这个刺激就是该反应的辨别刺激（S^D）。如手机铃响产生的反应是按下接听键，说"喂"，得到的强化是对方回答，因此手机铃响（S^D）就是接电话反应的辨别刺激。一个辨别刺激（S^D）可以引发特定的反应（R），形成一个 S－R 环节。刺激——反应链由一系列的 S－R 环节依次组成，也就是说，每一个反应（R）都可以成为下一个反应的辨别刺激（S^D），最终形成一连串的 S－R 链。以大家所熟悉的穿 T 恤衫这一行为为例，拿着 T 恤这一刺激会引发我们分辨 T 恤的前后这一反应，分辨清前后又成为引发我们抓住 T 恤的下方这一反应的刺激，抓住 T 恤的下方又会成为将左手伸入左袖子内这一反应的刺激，将左手伸入左袖子内紧接着也会成为将右手伸入右袖子这一反应的刺激，将右手伸入右袖子内后会引发我们将头套入衫内，将头套入衫内这一反应又会成为将 T 恤拉下穿好这一反应的刺激。这样依次进行，最终完成了穿 T 恤这一行为。也就是说穿 T 恤这一行为是由一连串的 S－R 链组成的。用图可作如下展示（见图 9-1）：

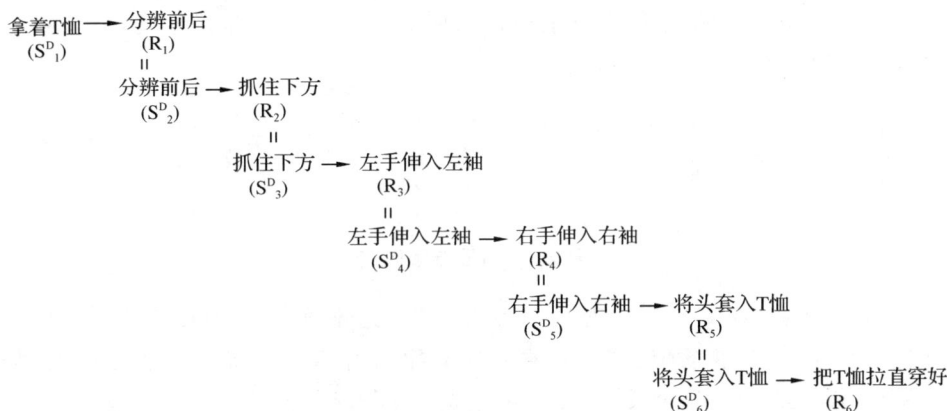

拿着T恤 ——→ 分辨前后
(S^D_1)　　　　(R_1)
　　　　　　　　　‖
　　　　　分辨前后 ——→ 抓住下方
　　　　　(S^D_2)　　　　(R_2)
　　　　　　　　　　　　　　‖
　　　　　　　　　抓住下方 ——→ 左手伸入左袖
　　　　　　　　　(S^D_3)　　　　(R_3)
　　　　　　　　　　　　　　　　　　　‖
　　　　　　　　　　　　左手伸入左袖 ——→ 右手伸入右袖
　　　　　　　　　　　　(S^D_4)　　　　　(R_4)
　　　　　　　　　　　　　　　　　　　　　　　‖
　　　　　　　　　　　　　　　右手伸入右袖 ——→ 将头套入T恤
　　　　　　　　　　　　　　　(S^D_5)　　　　(R_5)
　　　　　　　　　　　　　　　　　　　　　　　　　‖
　　　　　　　　　　　　　　　　　　将头套入T恤 ——→ 把T恤拉直穿好
　　　　　　　　　　　　　　　　　　(S^D_6)　　　　(R_6)

图 9-1　穿 T 恤行为的刺激——反应链分析

　　在行为改变技术中，行为改变者就是利用复杂行为的这一特性来对幼儿或有行为障碍的人进行新行为的建立与促进。上述穿 T 恤的行为如果是对一个智障者进行训练，就需要对每一个正确的行为反应及时进行强化，从而促进下一个反应的产生。链锁原理正是通过对 S－R 链的正强化来建立和增进新行为的。

　　一般而言，需要运用链锁原理来建立的终点行为，通常都是比较复杂的，例如，整理床铺、穿衣服裤子、整理房间和其他一些日常的生活技能，等等。

二、链锁性行为的分类

　　链锁行为是一连串行为的改变，所以由某一刺激所引发的反应，往往可以成为一种强化物，提高下一个反应的出现率。各刺激——反应链所表现的反应有一些可能是同质的，但也有一些可能是异质的。根据这一特点，链锁性行为可分为同质链锁性行为（homogeneous chains）和异质链锁性行为（heterogeneous chains）。

（一）同质链锁

同质链锁指每个刺激——反应链的反应具有相同的特质。例如，要训练一个中度学习障碍的 6 岁小学生认识 5 个汉语拼音字母，设计者将这 5 个字母以声音的方式分别连续呈现在电脑屏幕上，学生需在听到读音后在键盘上迅速敲击所听到的字母，一直到通过 5 关后才能获得奖励。下列图式中，每一个不同的字母（如 a，b，c，d，e）是刺激，而五个反应（如 R_1，R_2，R_3，R_4，R_5）都是在键盘上敲击所听到的字母，只是敲击的字母不同而已。可用图式（图 9-2）分解如下：

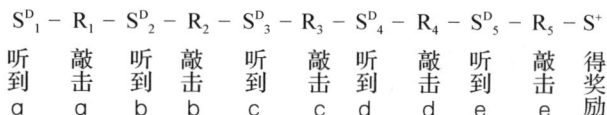

$$S^D_1 - R_1 - S^D_2 - R_2 - S^D_3 - R_3 - S^D_4 - R_4 - S^D_5 - R_5 - S^+$$

| 听到 a | 敲击 a | 听到 b | 敲击 b | 听到 c | 敲击 c | 听到 d | 敲击 d | 听到 e | 敲击 e | 得奖励 |

图 9-2　同质链锁图式

学生听到"a"，在规定时间内敲击"a"，此正确反应结果引起字母"b"的读音，学生要继续敲击"b"，直到所有字母都敲击正确后才能在这项训练当中得到奖励，五个反应（$R_1 \sim R_5$）都是敲击键盘上的字母，只是所敲击的字母不一样而已，所以称为"同质链锁"，这种训练步骤，常用于引导人们学习一连串同质性的知识。

（二）异质链锁

异质链锁指每个刺激——反应链具有不同的特质。以开篇训练小学生在规定时间内走进教室为例，每一步骤的反应，都不一样，听到第一道上课铃声后立即走进教室（R_1）和坐在自己的座位上（R_2），都是不同性质的反应。可用图式（图 9-3）分解如下：

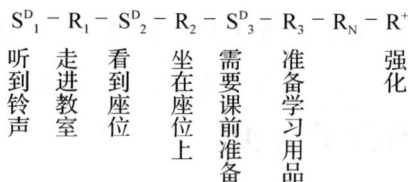

$$S^D_1 - R_1 - S^D_2 - R_2 - S^D_3 - R_3 - R_N - R^+$$

| 听到铃声 | 走进教室 | 看到座位 | 坐在座位上 | 需要课前准备 | 准备学习用品 | 强化 |

图 9-3　异质链锁图式

人们在日常生活中所建立的动作、技能等复杂行为，大部分属于异质链锁性行为。

三、链锁训练的方式及其选用

链锁是一种通过对 S－R 链的正强化而建立终点行为的训练方法。一般需要用链锁来训练的行为多是较为复杂的行为，因此，行为改变者应掌握一些常用的链锁训练的方式，并根据受训者的具体情况选用合适的方式进行训练。

(一)链锁训练的方式

在行为改变技术中，链锁训练的方式最常用的有三种，即完全任务呈现、正向链锁(顺向链锁)和逆向链锁(反向链锁)。

1. 完全任务呈现

完全任务呈现指的是同时训练行为链中的所有步骤的行为，从第一个步骤开始到最后一个步骤完成，做完所有的步骤后再给予强化。完全任务呈现方法如图 9-4 所示：

$$S^D_1 - R_1 - S^D_2 - R_2 - S^D_3 - R_3 - R_N - 强化$$

图 9-4　完成任务呈现图式

在应用完全任务呈现的方法时，一般需要应用渐进性的指导方法，如躯体促进法和逐渐消退法。在进行渐进性指导时，需要训练者在整个任务过程手把手引导学习者进行学习，在经过几次引导、学习者逐渐开始掌握行为时，训练者也应逐渐撤离对学习者的帮助。当学习者需要训练者的帮助时，训练者可以将手搭在学习者手上，一起学习；当学习者不能正确完成行为链时可以考虑立即给予躯体促进；当学习者开始能独立完成整个任务时，训练者应在旁边随时观察跟随，可以防止错误发生。

例如，某位母亲应用完全任务呈现法训练一个四岁的孩子在饭桌上学会自行拿汤匙喝汤。将一碗汤和一个汤匙放在孩子面前，这位母亲站在孩子后面，用自己的手握着孩子的右手，拿起汤匙，在碗里舀一勺汤，先在嘴巴前吹几下，待不烫嘴时再将汤喝下去。这位母亲从头到尾都是用躯体引导孩子完成整个喝汤的行为链。而每次学习尝试的强化物就是孩子从勺子里喝到汤。

在这位母亲经过数次引导孩子的手使孩子喝到几口汤以后，孩子将会自己开始进行喝汤行为，当这位母亲意识到孩子已想自己独立喝汤时，应松开自己的手，消退自己的促进，让孩子独立行动。如果他做得不对应立即进行躯体促进引导，因为在这个案例中，汤如果比较烫，稍不注意就会烫到孩子，在指导时应特别注意安全问题。

2．正向链锁

正向链锁是先教整个行为的第一步，再教第二步，待第一步和第二步联合起来再教第三步，直至掌握所有的行为步骤。开篇的老师训练学生能在规定时间内做好课前准备的例子，就属于一种正向链锁方式。正向链锁方法如图 9-5 所示：

$$S^D_1 - R_1 - 强化$$

$$S^D_1 - R_1 - S^D_2 - R_2 - 强化$$

$$S^D_1 - R_1 - S^D_2 - R_2 - S^D_3 - R_3 - 强化$$

图 9-5　正向链锁图式

学生听到第一道上课铃声响起，这是 S^D_1，这时对第一个反应进行促进：立即走进教室，给予一次强化（称赞或偶尔给点小铅笔等）。然后加上第二步，从呈现 S^D 开始，一旦这些学生进行了第一个反应，立即走进了教室，看到座位（S^D_2）后，就对第二个反应进行躯体促进：要求大家坐在自己的座位上，并在反应过后给予强化……以此类推，直至将所有的行为步骤全部依次学完为止。

由于在行为训练中每个反应都给予了强化，所以每个反应的结果（下一个反应的辨别刺激）都成了条件性强化物。这对正向连锁来说是非常重要的，也是整个行为链能得以连续进行下去的关键。

3．逆向链锁

逆向链锁是先教整个行为的最后一步，然后沿着链锁再"向前"训练，直至行为链中所有步骤能按正确的顺序完成。如妈妈教小英学习使用筷子，妈妈开始对第七步进行指导，当第七步能独立完成时，妈妈开始对第六步进行指导，此时，妈妈还帮助小英完成第一步至第五步，让小英独立完成第七步。每一个步骤都成为行为链中下一个步骤的 S^D，同时它还是上一个步骤的条件强化物。比如，第六步成为第七步的 S^D，同时也是第五步的条件强化物。逆向链锁方法如图 9-6 所示：

$$S^D_3 - R_3 - 强化$$

$$S^D_2 - R_2 - S^D_3 - R_3 - 强化$$

$$S^D_1 - R_1 - S^D_2 - R_2 - S^D_3 - R_3 - 强化$$

图 9-6　逆向链锁图式

(二)链锁训练方式的比较与选用

完全任务呈现、正向链锁、逆向链锁都是链锁训练中常用的方式，它们之间有相似之处，也有各自不同的特点。因此，行为改变者在实施行为改变技术时，应根据这些方式各自的特点，结合受训者的实际情况来选用。

1. 完全任务呈现、正向链锁和逆向链锁方式的比较

完全任务呈现、正向链锁和逆向链锁方式的相同之处在于它们都可以用于复杂行为的训练，都需要进行任务分析，都需要应用促进和渐隐技术。完全任务呈现与正向链锁和逆向链锁的主要区别在于实施步骤的差异，而正向链锁与逆向链锁的主要区别在于训练方向性之间的差异。完全任务呈现、正向链锁、逆向链锁三者之间的异同见表 9-1 和表 9-2。

表 9-1　正向链锁、逆向链锁之间的相似与不同

相　似	不　同
性质：都用于复杂行为的训练。 流程：都需要先进行任务分析，把复杂的行为分成数个刺激——反应步骤。 步骤：每次只教一个行为（即一个 S-R），然后依次将各个 S-R 链接起来。 操作：都需要使用促进和渐隐方法。	1. 正向链锁首先教第一个步骤，而逆向链锁首先教最后一个步骤。 2. 用正向链锁训练，只有在最后一步才得到自然强化；用逆向链锁训练，由于受训者每次都要完成最后一个行为（即最后一个 S-R），因此容易得到自然强化。

表 9-2　完全任务呈现与正向和逆向链锁之间的相似与不同

相　似	不　同
适用对象：都用于复杂行为的训练。 操作流程：都需要先进行任务分析。 适用技术：都要应用促进和渐隐技术。	呈现方式：完全任务呈现训练，每次都要完成整个任务；正向或逆向链锁训练，每次只能完成刺激——反应链中的一个刺激——反应(S-R)。

2. 完全任务呈现、正向链锁和逆向链锁方式的选用

完全任务呈现、正向链锁和逆向链锁各有各的优势。一般说来，在培养正常儿童的许多良好行为习惯（如穿衣、脱衣、洗脸、洗手、铺床等）时，这几种训练方式都可采用。但对于有智力缺陷或行为障碍的人来说，行为改变者在利用链锁原理进行行为训练时，就需要对受训者的学习能力进行评估，结合所要建立的目标行为的特点，选用合适的训练方式。

通常情况下，对于学习能力较差的人来说，如果所要建立的行为较简单，刺激——反应链较短，三种方法均可使用；如果所要建立的目标行为较复杂，常用逆向链锁训练方式，因为它符合条件强化原理。如小英学用筷子吃饭，在训练最后一步"将夹好的饭菜送至嘴边，吃下去"之前，妈妈已经完成了前面第一至第六步的动作，"用筷子夹东西"就构成了最后一步训练的辨别刺激（S^D），同时也变成了第五步训练的条件强化物。这样一来，每个步骤上的 S^D 都变成了一个条件强化物，从而使得原本位于整个链条尾部的强化作用沿着这条行为链逐步转移到一个个的 S^D 上了。所以逆向链锁能产生一个又一个较易获得的条件强化物，加强每个新增加的反应，这样受训者较容易获得新行为。但逆向链锁是将原来行为的自然顺序打乱按相反顺序进行训练的，当受训者脱离了行为链锁的情境、进入正常生活情境中，已掌握的行为链条可能较容易被打乱，所以在逆向链锁训练之后，最好能进行一段时间的完全任务呈现训练或正向链锁训练。

四、塑造、渐隐和链锁三种原理的比较

塑造、渐隐和链锁这三种原理都是通过一系列的相关联的细化步骤来建立或促进一种先前并不发生的行为，因此这三种程序都被称为渐变程序。但这三种程序无论是目标行为、实施步骤还是适用对象都存在着显著的差异（见表 9-3）。

表 9-3　塑造、渐隐和链锁原理的异同

	塑　　造	渐　　隐	链　　锁
目标行为	1. 沿着一些物理维度（如强度、形式、持续时间等）变化，形成一种新行为。 2. 目标行为通常是简单的。 3. 塑造步骤不断地接近目标行为，但并不一定是目标行为的组成部分。	1. 是某一特定行为新刺激的控制。 2. 目标行为可以是简单的，也可以是复杂的。 3. 渐隐的步骤并不一定是目标刺激的组成部分。	1. 新行为的序列有一个具体明确的辨别刺激，标志着每个反应的结果和下一个反应的开始。 2. 目标行为塑造更为复杂。 3. 所有的连锁步骤都保留作为目标行为的组成部分。

（续表）

	塑　造	渐　隐	链　锁
总的训练程序	1. 在一个非结构化的环境中，学生有机会引发各种行为，塑造即常常有选择地强化行为。 2. 按行为的"自然次序"正向进行。	1. 一般都包括一个结构化的环境，因为刺激的呈现必须精确控制。 2. 以行为的"自然次序"正向进行。	1. 在半结构化或结构化的教学环境中把 S—R 环节联结起来。 2. 可以以行为"自然次序"的逆向进行，也可以正向进行。
其他程序的应用	1. 经常含有指导语的控制。在接近的步骤中也会含有一些身体的暗示，但通常是少量的；也含有一些渐隐，但不常用。 2. 包括了强化和消退的连续应用。	1. 不常用塑造程序，但也可以包括。 2. 强化的连续使用，但不用消退。如果必须使用消退，那么渐隐就不能令人满意地进行。	1. 经常包括语言鼓励、身体示范和渐隐，有时也会有塑造。 2. 由于通过渐隐建立了牢固的刺激控制，在这里，消退比在塑造程序中用得少。

第二节　链锁原理的运用

通过链锁训练能够建立起较复杂的新行为。因此，链锁原理的运用十分广泛，特别是在对幼儿或某些特殊对象（如智能不足、意愿低者）的训练中，常用到此类链锁原理。但要运用好这一训练方式，也应掌握好一些运用的原则。

一、运用链锁原理的意义

运用链锁原理进行训练，由于将目标行为分成了一个个的刺激——反应，因此非常方便用于幼儿或特殊教育对象（如智能不足、意愿低者）的学习。如教智能不足的小英学习用筷子吃饭就是应用链锁原理的一个例子。如果不用这种方法，仍按照正常人的教学方法来教，就很难建立起小英用筷子吃饭这一复杂行为。正常的幼儿尽管智力正常，但由于年龄较小，对于一些复杂技能的学习也需要一步一步地利用链锁原理来训练，如教 3 岁的孩子穿衣服、刷牙等行为的训练。事实上，链锁原理的运用不仅限于对幼儿和特殊教育对象的教育和技能培训，日常生活中的运用也非常广泛。如刚上小学的孩子学习写字，老师先教笔画，再教写字，其实也是利用链锁原理。买了一样新电器,看着说明书一步一步地操作,到最后能熟练使用该电器,这一过程,其实也在运用链锁原理。只不过行为的直接训练者不是人,而是说明书。小孩常玩的各种模型拼装,照着图纸上画的,一个部件一个部件的拼装过程,也是在运用链锁原理,是通过图像促进进行的自我训练。

在运用链锁原理进行特定的行为训练时,也应避免链锁训练方式的误用。链锁原理运用不当,有可能建立起不恰当的行为链。比如,有位父亲想用正强化代替惩罚来教会儿子理解"不行"。以前,一旦孩子想去接触危险物品时(如摸电器插座),父亲就用严厉的语气说"不行"并加以惩罚。现在,当爸爸说"不行"后,孩子就不再碰危险品了。于是,爸爸立即表扬他,给予孩子微笑和拥抱。结果,孩子养成了这样的行为模式:孩子在爸爸看得见的地方碰触危险品,一旦爸爸说"不行",就不再碰,但走近爸爸得到表扬和拥抱,然后再去碰触危险品,以得到更多的表扬和拥抱。这样做的行为链是:爸爸在场(S^D)→孩子碰触危险品(R)→爸爸说不行(S^D)→孩子不碰,并跑向爸爸(R)→爸爸给予表扬、拥抱(S^+)。

二、运用链锁原理训练的实施步骤

运用链锁原理进行建立新行为的训练过程看似简单,但如果运用不当,也很难达成目标行为。因此,在训练过程中,应遵循以下步骤进行。

(一)确定链锁原理是否适用于受训者

行为的获得主要靠个体主动地学习得来,如果受训者拒绝做一切动作,也就是受训者根本不服从训练者的安排,无论什么样的链锁训练方式对受训者都不适用。因此,在准备运用链锁原理进行训练之前,应确定受训者是没有能力完成某个复杂行为,还是根本就拒绝完成复杂任务。如果受训者属于没有能力完成某个复杂行为,行为改变者才能确定链锁原理的运用,否则就应采用其他方法训练个体的行为。

(二)对目标行为进行任务分析

运用链锁原理来建立的目标行为应该是由行为链组成的复杂行为。将一个行为链分成一个个单一的刺激——反应(S—R)进行分析的过程,叫做任务分析。如对人们穿 T 恤的行为进行的任务分析,就是把这一过程分为"拿着 T 恤""分辨 T 恤的前后""抓住 T 恤的下方""将左手伸入左袖内""将右手伸入右袖内""将头套入 T 恤内""将 T 恤拉下穿好"七个单一的刺激——反应。任务分析的关键是要区分出每个行为中的 S^D，因为要教给他人行为中包括对行为链中每个刺激——反应部分的分化训练，行为训练者只有进行详细的任务分析，才能对每个刺激——反应步骤都有正确的理解。

要进行准确的任务分析，常用的方法，一是观察他人，二是请教专家，三是自己实践。观察他人是指观察别人如何进行所要训练的目标行为，并记录下每个刺激——反应的步骤，如折叠小纸船这一行为，就可通过观察他人如何折叠进行任务分析。请教专家是指请教擅长这一活动的人，让他解释这一活动的每一个步骤。如某位班主任老师，想对班上的学生进行踢正步的训练，他就可以请教体育老师或部队的军人，然后对这一活动进行任务分析。自己实践当然就是指自己从事这项活动并记录下每个反应的顺序，如自己去叠一只小纸船，自己去找体育老师或军人学如何踢正步。为了得到关于活动中每个反应及与每个反应相关的刺激的最准确信息，最好是能自己进行任务分析，但其缺点是，个体可能对所进行的相关行为的规范或标准程序并不熟悉或精通，容易导致对该任务分析的不准确。最好是采用多种任务方式综合进行。

进行了最初的任务分析后，在训练中还要对此进行修正。因为根据训练时的实际情况，有可能会将最初的任务分析中的几个步骤合并，也有可能某个步骤需要再分成几个步骤。是否对任务分析进行修正取决于训练的进展，如果学习者有能力掌握较大的行为组合，就可将两个或两个以上步骤合并成一个步骤；相反，如果学习者对一些行为的学习有困难，就将一个步骤分解成几个步骤。进行任务分析时，分成几步都没有对错，关键在于它是否适合特定的学习者。

(三)选择链锁训练方式

前一节已经介绍，链锁训练的方式主要有完全任务呈现链锁、正向链锁和逆向链锁三种方式，这三种方式的运用一是取决于目标行为的复杂性，二是取决于受训者的学习能力。因此，在确定了所要建立的目标行为之后，关键还应评估受训者的学习能力。Cooper 等(1987)介绍了两种评估受训者熟练程度的方法，一种是单机会法(single-opportunity method)，另一种是多机会法(mutiple-opportunity method)。单机会法就是给受训者一个完成任务的机会，记录下受训者在没有别人帮助的情况下正确完成了哪些步骤。多机会法就是评估受训者完成整个任务的能力，具体方法是：呈现 S_1^D，等待受训者的反应；即使受训者没能作出正确的反应，仍继续呈现

S_2^D，并评估受训者的反应；即使没能正确反应，继续呈现 S_3^D。以此类推，直到受训者有机会对行为链中的每个 S^D 作出反应。

对于能力有限的受训者来说，逆向链锁方式应是最为合适的；如果任务不太复杂或受训者的学习能力较强，完全任务呈现或正向链锁都较为合适。

（四）选择适当的强化物

由于链锁的每一个步骤都要进行正强化，适当的强化物有利于受训者更快地掌握学习的行为。强化物应根据受训者的兴趣爱好来选择，具体的方法见第五章的介绍。

（五）实施链锁训练

无论用哪种方式实施链锁训练，其目的都在于使受训者在不需要别人的任何帮助的情况下，按照正确顺序完成某种行为。因此，在运用链锁原理进行训练时，常运用一些促进和渐隐的方法。在上一章中所介绍的言语促进、动作促进、身体促进等在链锁原理实施过程中仍然适用。同时，训练者还可在受训者完成一个行为链之前，把整个刺激——反应链先示范一遍。除此之外，实施链锁训练过程中，还应注意以下一些问题：第一，在链接各个刺激——反应（即 S—R）之前，每一个 S—R 必须分开练习，直到非常熟练为止。第二，每一个 S—R 必须排列成最合适的顺序。第三，每一个 S—R 必须在大约相同的时间内完成，以确保牢固的链接。因为如果两个 S—R 之间拖延时间太长，就不能保证链锁训练的完成。第四，各个 S—R 的顺序必须反复练习，一直到完全学习成功为止，甚至要使链锁反应成为自发性反应。第五，在链锁的学习过程中，必须随时提供强化，否则，链锁的终点 S—R 如果被削弱，整个链锁训练就会失败。

（六）继续强化链锁训练结束后的行为

链锁训练结束是指受训者在不用别人帮助下也能够完成任务。链锁训练结束，受训者掌握行为后，也要继续给予强化，至少应给予间歇性的强化，这样受训者才能较长时间地保持这种行为。

三、运用链锁原理的注意事项

运用链锁原理来建立复杂行为时，除了要遵循以上步骤外，还应注意以下一些问题。

（一）注意任务分析的合理性

链锁原理的关键在于任务分析，也就是把所要建立的目标行为细目化，分成一个个单一的刺激——反应（S—R），目的在于让受训者从熟练掌握单个的刺激——反应行为开始，到能掌握多个刺激——反应行为，直到达到目标行为的熟练掌握，在自然情境下也能运用。然而，这一过程运用的成功与否，主要取决于任务分析是否合理。所谓合理，包括以下几方面，一是任务分析确定的刺激——反应步骤是否适用于受训者的学习；二是各个刺激——反应的前后顺序是否准确；三是各个刺激——反应之间界线是否分明。

1. 任务分析确定的各个步骤应与受训者的学习能力相当

任务分析后所确定的各个刺激——反应步骤应与受训者的学习能力相当，尽量做到让受训者没有多大困难就学会。例如，一个父亲想教他那个重度弱智、已 15 岁的孩子自己刷牙，他开始只用把牙膏挤在牙刷上、刷牙、冲漱这三个步骤训练他，可无论怎么教，孩子就是学不会。后来，他请教了孩子的特教老师，把第二个步骤又细分成了"先学上下刷""刷前牙""刷左边牙""刷右边牙"等，通过一段时间的训练，孩子终于学会了刷牙。这位父亲最初的失败就在于他没有考虑到孩子的学习能力，按照教常人的方式来教孩子刷牙了。因此，在进行任务分析时，首先应考虑受训者的学习能力，根据受训者的学习能力来确定学习步骤。

2. 任务分析确定的步骤应准确有序

任务分析确定的步骤顺序不能是混乱的，而且在教授时，一定要按照先后顺序来教，否则，受训者将会建立起一些不恰当的刺激控制，如一个幼儿可能学会错误地数数：1，2，4，3；同时，也有可能造成很多本可避免的麻烦，比如：训练小学生在上课铃响后快速安静地在教室里坐好，等待老师上课，如果把第三步和第二步的次序颠倒，则会使教室里处于一片混乱；在教孩子做模型时，如果先让孩子用颜料涂上颜色，再让孩子拼装模型，就有可能不但做不出漂亮的模型，还会弄脏孩子的衣服。

3. 任务分析确定的步骤之间应界线分明

在进行任务分析，确定各个刺激——反应步骤时，上一步与下一步之间应有一个界线分明的刺激，这样才能使上一个步骤成为下一个反应的辨别刺激（S^D）。如要训练孩子穿 T 恤，其中左手伸入袖内的步骤，就应该详细说明是左手应伸入左袖，这样才可能说这一步的确定完成，能为下一步右手伸入右袖提供较清楚的刺激了。

（二）注意各个步骤的熟练性和依序重复性

行为训练者在训练下一步之前，必须使受训者对上一步能很熟练地掌握，同时还应要求受训者在进行下一步的学习之前能完成之前所教的所有步骤。如用正向链锁训练小孩穿 T 恤，在教"把头套入衫内"这一步之前的上一步"将右手伸入右袖"应该很熟练。同时，应要求小孩把前面的所有步骤都自己完成才教"把头套入衫内"这一步。各个步骤的熟练水平之所以重要，是因为如果在一个行为链中有一个反应步骤很弱，就会使这一步之前的所有步骤都减弱，而且整个行为链的联结也不牢固。另外，在上一步还未牢固掌握时就教下一步，会使受训者觉得学习下一步的任务太困难，从而影响以后的学习。

（三）注意促进措施的及时渐隐

运用链锁原理进行行为训练时，经常需要言语指导、动作指导或身体指导等促进措施，但在受训者能成功地完成每一步后，这些额外的帮助应尽可能及时、迅速地进行渐隐，以免让受训者对这些促进措施产生依赖性，以致在练习中只能等待行为训练者的帮助来完成；不对促进措施进行及时渐隐，还有可能强化儿童的错误反应。比如，晓晓上一年级时，老师向妈妈反映她的字写得很乱，要妈妈多教教她，于是，妈妈就一笔一画地教晓晓写字，第一天，妈妈手把手地教晓晓写完老师布置的作业，老师表扬了晓晓，第二天回家后，妈妈教了几个字，就让晓晓自己写，结果晓晓的作业没得到表扬。从那以后，晓晓知道妈妈手把手教她写的作业能得到表扬，每天回家就要妈妈教；妈妈为了晓晓能得到老师表扬，同时也见不惯她的字太差，也就答应了晓晓的要求。现在晓晓已经上二年级了，自己还是不能写好字，还是依赖于妈妈教她写字。晓晓的依赖性就在于妈妈没有及时渐隐促进措施。

第三节　链锁原理应用案例分析

一、正用

（一）学习技能的案例分析

1. 案例呈现

小宣是个喜欢动手的孩子，4 岁时，他喜欢看《天线宝宝》，于是家里买了一台 DVD 影碟机和《天线宝宝》的 DVD 碟片给他，在看了妈妈操作一次影碟机之后，他好奇地要求要自己学会操作，妈妈同意教他，将操作方法分成了以下 7 个步骤：①打开总电源；②按电视上的 POWER；③按电视遥控板的 TV/AV，转换到 AV 模式；④按影碟机的 POWER；⑤打开影碟机的播放仓；⑥放进自己所需要的碟片，关上播放仓；⑦按影碟机遥控板的播放键。

按逆向链锁的方式进行。前 6 步由妈妈做好，只有最后一步由小宣做。等到他会做第⑦步后，妈妈只做前 5 步，⑥、⑦步由小宣做，这样依次渐进。最后小宣能够独自从头做到尾，不需要妈妈的帮忙了。

2. 分析

操作影碟机有一定的程序，并非每个儿童都可以很容易地操作，特别是现在的机器操作键都是用英文来标识的，儿童学起来就更有困难了。因此，要想操作，就必须采用链锁原理将步骤分解，逐步学习。

(二)学习英语单词的案例分析

1. 案例呈现

刘老师今年刚从师范院校毕业，被安排担任某小学四年级的英语老师。她在教学过程中发现，学生在学习过程中遇到的最大困难就是单词记不住，这也严重影响了他们的英语成绩和学习积极性。考虑到四年级学生的接受能力和学习速度，刘老师在每次教授新单词时就在课堂上要求大家跟着她一起大声朗读单词，并把单词的音节一一分解，如 tomato 分解成"to-ma-to"三个音节，让学生跟着自己边读边写"to-ma-to"，这样有利于学生更有效和清晰地记忆单词。经过这种教学方法的实施，学生在听写课上的正确率有了明显提高。

2. 分析

在有些行为反应中是有一定固有秩序的，在学习过程中应按事物的发展和原本的秩序一步一步地进行。假设在教授单词时采用逆向链锁，将单词结构的顺序反过来，就会使同学们的记忆更混乱，也显得很荒唐。所以在这个案例中，采用正向链锁是有助于学生的记忆的。

(三)训练独立穿衣服的案例分析

1. 案例呈现

叮叮今年已经上幼儿园大班了，每天早上妈妈要忙着给他做早饭，又要照顾他起来穿衣服，每次都把妈妈弄得手忙脚乱。妈妈觉得他应该具备一些基本的自理能力，必须先从起床自己独立穿衣服开始做起。考虑到他才 5 岁，年龄比较小，不能在短时间内学会穿衣服。于是妈妈便将穿衣服的步骤分解。采用逆向链锁原理从最后一步开始逐步往前做，步骤如下：①走到衣帽架前，把所有的衣服拿下来；②先将最里面的衣服和裤子穿好；③穿上袜子；④再将外套和外面的裤子穿好；⑤分辨鞋子的左右，将左右脚分别穿入鞋内；⑥系好鞋带。

其他步骤叮叮都学习得很快，就是在第⑤个步骤时，每次都会想很久才能将鞋子的左右分辨开来，每次一搞不清楚就大声呼喊妈妈要求为他帮忙。这时，妈妈站在旁边提醒他："想想上次我是怎么教你的?"如果他最后分辨清楚了，妈妈马上抚摸他的头，给予表扬。叮叮看到妈妈几次都没有帮他分辨左右，一段时间后，就自行解决了这个问题。

2. 分析

一般认为，自行穿衣是件比较简单的生活技能，但对于一个只有 5 岁的小孩来说是有点困难的，尤其他之前一直都是由妈妈代为穿衣服的，在突然得不到外界任何帮助的情况下依靠自己动手会特别不适应。妈妈在这里采用链锁原理来逐步教授他学习是非常正确的。特别是在叮叮不能正确分辨鞋子左右、寻求妈妈的帮助时，妈妈并没有马上代劳，而是在旁边提醒他怎么做。虽然花费的时间要多些，但这样避免了叮叮的依赖心理，对整个链锁行为的学习都有强化作用。

二、误用

(一)在学习拼音字母时的案例分析

1. 案例呈现

小可马上就要上学前班了，为了让她有个好的学习基础，退休在家的奶奶决定先在家教她学习 26 个汉语拼音字母。先由奶奶带着小可对 26 个字母朗读几遍，之后要求小可自己反复朗读几遍；之后，合上书，要求她把 26 个字母背诵出来，但小可只记得最前面和最后面那几个字母，其他的记忆很模糊，中途还发脾气不愿意继续学习下去了。奶奶的这种反复记忆法好像不怎么起作用。

2. 分析

这个例子采用反复记忆方法和完全任务呈现法来对背诵字母进行学习。背诵字母是一个言语反应链，而且 26 个字母对一个初次学习者来说，在较短时间内背诵是有点过于冗长，加重学习者负担，影响学习效果。

建议采用正向链锁的方法来学习，如可以将 26 个字母分成 5 个阶段来学习。第一个阶段学习"ａｂｃｄｅｆｇ"，奶奶先教小可怎么读，等她能熟练朗读时，再要求她背诵出来，当小可能熟练地背诵时，奶奶再接着教后面的"ｈｉｊｋｌｍｎ"；当小可说到"ａｂｃｄｅｆｇ"时，奶奶马上接着说"ｈｉｊｋｌｍｎ"，并让她重复背诵，以此方法再对剩下的字母进行学习。最后要求小可在不用言语提醒时也能将所有的字母全部完整背诵。

（二）在折小纸船时的案例分析

1. 案例呈现

在手工课上，陈老师决定采用逆向链锁方法教小朋友们学习折小纸船，学习行为被分解如下几个步骤：①陈老师先示范整个折小纸船的 6 个步骤；② 接着示范前 5 个步骤，只留第 6 个步骤要求小朋友们自己独立完成。如果有小朋友不会，陈老师在旁边言语或动作指导，对一些表现好的小朋友进行口头表扬；③ 留下 5、6 两步要求小朋友独立完成，前 4 个步骤由陈老师示范完成。

以此类推，小朋友们很快就学会了折小纸船的方法。而且有些小朋友还把折小纸船当成课后休闲的主要活动，一有空就争着折，看谁折得又快又好。一段时间后，老师发现小朋友们的桌子上摆满了各种大小不一样的纸船，作业本和书也被撕得乱七八糟。

2. 分析

小朋友们在获得折小纸船这项技能的同时还能获得一种心理上的满足感和好奇心；老师采用逆向链锁原理来教授这一技能也是比较行之有效的，但却忽略了如何获得纸张的问题，带来了意想不到的问题。

在教授小朋友如何学会技能外，还要注意教授他们所有与技能相关的问题，如安全问题、环境卫生问题等。只有先防患于未然，才能避免问题的出现。

（三）上实验课的案例分析

1. 案例呈现

欧老师今年任教小学四年级的自然课。小学自然课有部分实验，如何上好实验课对于巩固学生所学的知识，加强理论和实践的结合，提高学习兴趣具有很大的积极作用。但实验课不同于一般的理论课，它所涉及的条目较多，如果处理不好其中任何一个环节，就会影响整个实验效果。由于实验器材有限，欧老师将全班学生分为两批进行，欧老师还列出了以下步骤，使大家有条理地进行实验：①按学号分组依次走入实验室；②听老师介绍在实验中需要用到的实验用品；③老师给所有学生示范一次实验过程；④老师先做第一步，要求学生跟着做；⑤接着做第二步，要求学生跟着做；⑥直至所有的步骤完成，之后再要求学生独立完成一次实验。

学生们在欧老师的带领下依次将所有的步骤完成，大部分学生都学会了这次的实验操作。但实验后的整个实验室杂乱无章，没有一个人留下来收拾。整个实验室充满了一股难闻的气味，给下一批学生的正常实验带来了一定的阻碍。

2. 分析

小学生年龄较小，自然课中的某些实验器材还可能存在一定的安全隐患。欧老师只关注了如何使学生们正确有效地操作实验，而对于实验后的处理问题并不涉及。这样还容易导致学生养成没有责任心的坏习惯。

在行为步骤的设计中，应每次都要安排学生轮流整理实验室，每个人所使用过的实验器材应自己负责归还到原来的地方。

(四)智能障碍儿童生活技能训练的案例分析

1. 案例呈现

小林是一个重度智能障碍的 6 岁儿童，他至今还不会正确地刷牙，每天早上起来都要老师在旁边手把手教他，而且每天早上花费的时间也很长。老师决定采用逆向链锁的原理来教会他刷牙。整个刷牙行为被分解为以下 4 个步骤：①把牙膏挤在牙刷上；②接一杯子水，嘴巴里含着一口水，不要吞进去；③用牙刷刷牙；④刷完后冲漱。实施几天后，发现小林还是不会正确地刷牙，而且每次还把水弄得满地都是。

2. 分析

这个案例中的任务分析，所确定的链锁行为的各个步骤必须足够简单，使儿童没多大困难就可以学会。小林是个重度智能障碍的 6 岁儿童，接受能力比一般的儿童要低，所以更应简单；在刷牙时，应避免把水弄得满地都是。我们可以将第③步分解成先刷上下，再刷左右，先刷外面，再刷里面等。只有这样才能顺利完成训练。刷完之后，如果把水弄洒了应要求他做好清洁。

本章摘要

1. 链锁是一种通过对刺激——反应链(S—R 链)的正强化而建立终点

行为的训练方法。刺激——反应链也叫行为链，就是由很多按照顺序发生的辨别刺激(S^D)和反应(R)组成的行为。当某种刺激出现时发生特定反应，这种反应能得到强化，这个刺激就叫这个反应的辨别刺激(S^D)。一个辨别刺激(S^D)可以引发特定的 R，形成一个 S—R 环节。刺激——反应链由一系列的 S—R 环节依次组成。链锁原理正是通过对 S—R 链的正强化来建立和增进新行为的。

2. 链锁性行为可分为同质链锁性行为和异质链锁性行为。同质链锁指每个刺激——反应链的反应具有相同的特质。异质链锁指每个刺激——反应链具有不同的特质。

3. 链锁训练的方式最常用的有三种，即完全任务呈现、正向链锁(顺向链锁)和逆向链锁(反向链锁)。完全任务呈现指的是同时训练行为链中所有步骤的行为，从第一个步骤开始到最后一个步骤，做完所有的步骤后再给予强化。正向链锁是先教整个行为的第一步，再教第二步，待第一步和第二步联合起来再教第三步，直至掌握所有的行为步骤。逆向链锁是先教整个行为的最后一步，然后沿着链锁再"向前"训练，直至行为链中所有步骤能按正确的顺序完成。

4. 完全任务呈现、正向链锁和逆向链锁方式的相同之处在于，它们都适用于进行复杂行为的训练，都需要进行任务分析，都需要应用促进和渐隐技术等。三者的主要区别在于实施步骤的差异；正向链锁与逆向链锁的主要区别在于训练方向性的差异。

5. 在链锁训练方式的选用上，对于学习能力较差的人来说，如果所要建立的行为比较简单，刺激——反应链较短，三种方法均可使用；如果所要建立的目标行为较复杂，常用逆向链锁训练方式。

6. 塑造、渐隐和链锁这三种原理都是通过一系列相关联的细化步骤来建立或促进一种先前并不发生的行为，因此这三种程序都被称为渐变程序。但这三种程序无论是目标行为、实施步骤还是适用对象都存在着显著的差异。

7. 运用链锁原理训练的实施步骤包括：①确定链锁原理是否适用于受训者；②对目标行为进行任务分析；③选择链锁训练方式；④选择适当的强化物；⑤实施链锁训练；⑥继续强化链锁训练结束后的行为。

8. 运用链锁原理应注意任务分析的合理性，各个步骤的熟练性和依次重复性以及促进措施的及时渐隐。

练习题

1. 某超市要对一批新进收银员进行上岗培训，培训人员决定对新进员工运用链锁原理进行训练，收银内容分解为如下步骤：①穿上工作服，佩带好工作牌，整理妆容。②在收银台打开电脑，输入班次及工卡号。③对顾客说"欢迎光临"，将物品的价格条码逐一在电脑前进行扫描打价。④计算所有物品价格，并对顾客准确说出应支付金额，收钱找零，打印小票。⑤用购物袋分类装好物品，对顾客说"欢迎下次光临"。⑥对下一名顾客进行收银，重复以上5个步骤。在这里运用链锁原理是否妥当？什么方法更好？

2. 小 A，女，某大学一年级新生，刚进校时对一切都感到很新鲜和兴奋。但好景不长，由于她在这个陌生的环境里，与周围同学在交往方面出现了问题，于是开始抱怨学校的一切，对一切都感到了悲观和失望，经常一和同寝室的同学谈论这些就滔滔不绝，一发不可收拾。一开始，大家还认真听她的抱怨，后来经常听，而且抱怨的次数越来越多，同学们便开始厌烦了，也逐渐开始对她孤立了。她自己也感觉对学校、对自己越来越没信心了。如何能改变她的这种状况？

3. 假如你是特殊学校的一名教师，要教一些视障儿童学习如何拉拉链，应该如何进行训练，请写出实施方案。

第十章　模仿学习原理

　　班杜拉(Bandura)根据父母的陈述和对儿童怕狗行为的观察，将幼儿园中怕狗的小孩分为四组，用不同的方法进行行为改变实验。第一组通过八次活动，观察一个不怕狗的四岁男孩。这个小男孩作为示范者带狗进入实验室，按亲密程度逐步与狗接近，亲热抚弄三分钟，整个组内形成一种良好氛围，以对抗任何怕狗的焦虑反应。第二组同样看到这个示范者与狗接触，除了接触之外，其余环境因素保持为中性，没有形成良好气氛。第三组只是和大家一起看狗，没有示范儿童在场。第四组只是几个小孩子一起活动，狗与示范儿童都不在场。实验结束一个月后，让各组儿童分别接近实验中的狗与不熟悉的狗，观察各组儿童的恐惧表现。结果，第一组与第二组儿童显然更容易接近实验中的狗和不熟悉的狗，且两组行为无显著差别，其中67％的儿童可以单独与狗同处一室。第三、第四这两个对照组中的孩子则很少能够做到这一点。

　　布莱恩(Bryan，1967)曾在自然情境条件下做了一个关于帮助路人修车的实验。实验情境是一位女士站在一辆自行车旁，该车有一个漏了气的轮胎和一个好的轮胎。在实验阶段，距离这部车约400米的地方，一位男士(示范者)正在替一位年轻小姐换漏气的轮胎。在控制情境中，大概在一天的同一段时间，示范"助人"的实验者并没有出现。结果显示，示范助人行为实验者的出现，竟使得路人停下来帮助女士换轮胎的人数增加了许多，这说明利他行为的榜样人物会促进其他人的利他行为。

　　以上两个例子说明观察与模仿可以促进人类行为的获得，也就是说，人类的行为不仅可以通过强化、塑造、渐隐和链锁等联结学习来获得、维持、改变与消除，还可以通过社会学习的方式完成。模仿学习就是一种社会学习的主要方式，它是以社会学习理论为基础的一种行为改变技术策略，对于增进个体的良好行为、减弱其不良行为的发生率起着重要的作用。本章主要讲述模仿学习的作用、类型及影响因素。

第一节　模仿学习原理概述

　　模仿原理是基于社会学习理论，通过观察学习来获得、增进良好行为，减少、消除不良行为的一种行为改变技术。

一、模仿的含义

模仿是在没有外界控制的条件下，个体受他人影响而仿效其言行，使自己的言行与之相同或相似的过程。模仿是社会中人际影响的重要形式之一，普遍存在于社会生活的各个方面。从衣食住行到生活习惯，模仿社会中的人们表现出相同或近似的举止，因此它也是社会风尚、风俗、习惯等的形成方式之一。

有关模仿的研究，早在古希腊时代就开始了。亚里士多德认为模仿是人类的自然倾向，是人的本能之一。达尔文也认为人和大多数动物都有这种本能。这种对模仿行为的"本能论"解释在社会心理学领域产生了巨大影响。在 19 世纪末和 20 世纪初，G. 塔尔德和 W. 麦独孤等人都持这样的观点。与模仿行为的本能论相对立的，是社会学习观点，最初的代表人物是 G. H. 米德和 J. 多拉德。他们以"强化理论"来说明人类的模仿行为是通过强化而习得的。20 世纪 60 年代之后，A. 班杜拉等对人类的模仿行为进行了比较系统的实验研究，证明模仿不是先天的本能行为，而是在后天的社会化过程中，通过人与人之间的相互影响而逐渐习得的。班杜拉提出模仿学习是一种社会学习过程，是个体行为社会化的基本历程之一，他认为，个体以旁观者的身份观察他人的行为表现从而形成态度和行为方式，而模仿则是依照别人的态度和行为举止而行动，使自己的态度和行为方式与被模仿者相同。他指出：通过模仿，能使原有的行为巩固或改变，使原来潜伏的行为表现出来，习得新的行为动作。因此，凡是以某一个人或某一团体的行为为榜样，使学习者通过观察、收听、阅读或是操作等过程改变自己的行为，以期形成与示范者相同的思想、态度、动作或是语言表达等特性，均可称为模仿学习。

事实上，整个人类社会就是一个大家互相模仿的链条。人类从生活、电视、电影中自觉或不自觉地模仿明星、名人的行为举止、打扮，子女模仿父母为人处世的态度，学生模仿教师的言行，这些甚至影响到学生的学习态度和世界观。许多研究都表明，一切描述个人行为的图画、文章或语言，都可以成为一种特别的信息，足以引导个人的模仿行为。

二、模仿的方式

班杜拉认为，学习者由于当时的心理需求和学习所得（技能与概念）的不同，会以不同的方式实现观察学习和模仿学习。他把模仿的方式分为四类：一是直接模仿，如学习一些基本的社会技能；二是综合模仿，指学习者经模仿历程，综合多次所见而形成自己的行为；三是象征模仿，指学习者对模仿者，不是模仿具体的行为，而是模仿其性格或其行为所代表的意义，如影视中偶像人物行为背后所隐含的勇敢、智慧等性格特征；四是抽象模仿，指学习者观察学习到的不是具体行为，而是抽象的原则，如从观察教师讲解中学到的解题原则。班杜拉所指出的这四种模仿方式，是针对大多数人而言。在行为改变技术中，经常使用的模仿方式有视听模仿、想象模仿和参与模仿三种类型。

（一）视听模仿

视听模仿是指受训者直接通过看生活中他人的行为表现，或是看影视、录像，或是自己阅读文学作品，或是听他人讲故事、作报告等方式，以这些内容中的模范人物为榜样，学习他们好的行为，从而使自身行为发生改变的一种模仿方法。

视听模仿由于简便易行，常被广泛用于培养和增进个人的良好行为。例如，一项实验的研究人员在幼儿园中挑选了13名有自闭倾向的儿童，他们很少与同伴交往。其中的6名儿童作为实验组，接受模仿治疗；其余的7名作为对照组。研究人员让实验组儿童观看一部介绍孩子们如何交往的影片，再从事一段静态的活动（如一起看书），最后各尽所能去参加许多其他儿童感兴趣的活动；对照组儿童则只看海豚表演的影片。实验之后，通过前后测结果得知，实验组儿童在教室中的社交行为有显著的进步；控制组儿童的社交行为则没有任何改进。通过让受训者实地参观，使他们在现实环境中观察和模仿他人的行为表现，也能使自己的行为发生变化。例如，在工厂里，观察别人的操作，自己就能学会操作机床；现场观摩书法大家的创作表演，可以有效地提高自己的书法技艺；有意无意地观察他人的为人处世，就能学会与人相处，等等。

通过视听模仿，个体不仅可以获得新行为，还可以削弱或改变某些问题行为。例如，有一项为少年犯设计的矫治方案名为"少年犯的觉醒"，是由无期徒刑犯自行设计和执行的。这些无期徒刑犯在狱中接见14～16岁的少年犯一个半小时，毫不隐讳地描述监狱中的可怕轶事。他们述说自己所蒙受的屈辱、不幸和所经历的恐惧生活。说完后，由监狱管理员护送这些少年犯走过监狱中最悲惨的地区，特别是地牢或禁闭室。根据追踪研究报告，包括父母、青少年犯本身、狱政官员以及治安人员都证实这项矫治方案是成功的。这说明了视听模仿这一方式对行为改变所起的重要作用。

（二）想象模仿

视听模仿虽然方便易行，但在一些行为治疗或教育的情境里，适当的示范者不可能随时随地都容易找到。有研究者主张，治疗者也可以让来访者借想象的方式在脑海中建立一个适宜的示范者。因为如果将模仿的概念作为一种传递的信息，那么，让来访者去想象一件事情的结果，也同样可以达到改变行为的目的。这种让来访者借想象来传递某一示范者的言行资料、以改变被治疗者行为的方法，称为想象模仿或内隐模仿。想象模仿是"内隐制约技术"的一种，原属于认知行为改变模式，起源于观察学习，近年来在心理咨询和行为矫正领域比较受重视。

想象模仿所达成的效果常常取决于受训者的想象力、受训者所想象的示范者的特征、示范者的行为后果等因素。因此，想象模仿常要求受训者的想象力要丰富、注意力要集中；幼儿或智能不足者，由于生活经历缺乏或自身的缺陷很难做到这一点，所以他们不宜通过想象模仿来学习新行为或改变不良行为。同时，想象中示范者的特征（如年龄、性别），要尽可能与受训者一致，最好让受训者本人去扮演想象中的示范者。另外，在想象模仿学习中，如果想象中的示范者因表现良好的行为而立即获得积极强化，那么会促进受训者习得这些良好的行为。例如，在一项自我肯定训练方案中，让受训者想象示范者在表现出良好的肯定主张反应之后获得了奖励，比只想象示范者表现适当的肯定主张，更有助于促进受训者的肯定反应。

（三）参与模仿

一般的模仿学习只是让学习者观察示范者的言行，借观察的后效来改变学习者的行为。班杜拉认为如果能让学习者一面观察示范者的言行，一面在治疗者的指导下，实际逐步参与活动，那么治疗成效会更好。这一种让学习者一方面观察示范者的言行，一方面实际演练有关动作的方式，就是参与模仿。参与模仿训练方案的步骤包括：示范者表现适当行为，受训者模仿，再由训练者逐步改正受训者的模仿动作。班杜拉（Bandura，1969）曾用此法治疗一些因为怕蛇而无法参加园艺、远足、露营等活动的青少年和成人，即怕蛇症患者。班杜拉等把被试分成四组，分别运用了3种模仿方式进行治疗。第一组运用自行管理的象征模仿（self administered symbolic modeling），被试以观看为主；第二组运用有指导的参与模仿，被试先看示范者玩弄蛇，再逐步接触；第三组接受系统脱敏疗法训练；第四组为控制组。其结果显示，接受有指导的参与模仿组比包括系统脱敏疗法组在内的其他三组训练的效果都要好。

第二节 模仿学习原理的运用

人们可以通过视听模仿、想象模仿和参与模仿等方式获得各种行为。行为改变技术正是利用人类的这一特性，创设了通过模仿学习来改变人们的不良行为或建立起新行为的方法。

一、运用模仿学习原理的意义

米德认为，社会角色和行为的掌握是通过模仿他人的角色和言行而获得的，因而模仿在人们的个体社会化中起着重要作用。现代大众传播工具，特别是电视、广播，在现代人生活中占有越来越重要的地位，为人们提供模仿的对象，对人们特别是儿童的发展具有重大而深远的影响，特别值得注意。

模仿学习在儿童心理的形成和发展上，特别是在儿童的动作、语言、绘画、技能以及行为习惯、行为品质等方面的形成和发展上起着重要作用。儿童心理学的创始者 W. T. 普莱尔曾对儿童模仿的发生作了系统的观察。他发现，婴儿在第 15 周末就能模仿成人"努嘴"的动作。一般认为，儿童模仿是从无意、不自觉地模仿向有意、自觉地模仿，从外部的模仿向内心的模仿发展的。J. 皮亚杰认为，在感知运动阶段（两岁以前）的儿童，能形成有关身体动作的外部表征；约到两岁末，儿童获得了掌握模仿的能力，从而能从外部（动作）表征向内部（思维）表象过渡。总体而言，与成人比较起来，儿童有更强的模仿倾向，这与儿童缺乏生活经验、缺少独立性有关。

但是应注意的是，在人们通过模仿习得大量新行为的过程中，许多不良行为也常常是通过这一渠道形成的。如儿童看到成人或电视中的攻击行为，自己就会变得富有攻击性；疑病症的儿童多来自特别关注疾病的家庭等。模仿学习有助于人们学会很多重要的技能，但也可能在习得变态行为方面起作用。

二、模仿学习原理的运用对行为改变的作用

通过模仿能够使人增加或减弱某种特定行为的效果。

(一)增加行为效果的作用

通过模仿增加行为的效果表现在三个方面：获得效果、解除抑制效果、促进效果。

1. 获得效果

获得效果是指学习者通过观察"示范者"，学到一连串新的行为。当然，受训者必须知道如何将这一连串的行为逐步实施。在一项研究中。实验者让六个月大的婴儿隔着透明帐幕看到所陈列的玩具，但婴儿想要拿取玩具时却拿不到。然后由一位实验者做了一个绕道取玩具的示范动作后，每位婴儿都毫无困难地模仿实验者的动作，经绕道而取得玩具。洛瓦斯等(Lovaas & Newsom, 1976)研发了一套治疗自闭症儿童的方案，这些儿童的特性是缺乏说话能力，声音综合能力受到损伤，情感表现闭塞。这套治疗方案强调模仿在语言发展上的重要功用。其训练步骤如下：①治疗者先用食物作奖励以强化自闭症儿童的任何发音；②只有在治疗者发音后的五秒钟内，自闭症儿童发音，才得到食物的强化；③自闭症儿童必须尽量模仿治疗者说话的声音。即当治疗者说"a"的音，被试儿童必须发和"a"相似的音；④自闭症儿童必须尽量模仿治疗者的发音和说出有关的一些字，才能受到奖励。结果显示：自闭症儿童虽然在学习第一个声音、说出第一个字时很慢，但他们后来模仿的技巧提高很快。

此外，班杜拉等(Bandura, Ross & Ross, 1963)在一项研究攻击性行为的模仿学习报告中，特别强调模仿具有获得效果的作用。学习前，儿童观察一位示范者对一个塑胶娃娃采取攻击性行为后，儿童便学到同样的攻击性行为。示范者的攻击性行为包括：坐在娃娃身上，重复用拳打娃娃，在房里踢娃娃，以及攻打娃娃的鼻子，等等。研究对男女生都给予同样的示范。班杜拉的研究设计使用两组被试：一组被试看到攻击性行为的示范，一组被试没有看到示范，最后两组被试均给予可以玩的东西(如桌子、椅子、工匠玩具、木槌和布娃娃等)。结果显示，实验组被试与比较组被试的攻击性行为的次数差距明显，此差异可从下表10-1的数字中得出。看到过攻击性行为示范的儿童攻击次数明显高于比较组的儿童，而且男孩比女孩更容易受到示范的影响。

表 10-1　模仿攻击性行为的发生次数

性别＼组别	实验组儿童	比较组儿童
女　孩	14.2	1.8
男　孩	28.4	2.9

据此可推论，许多孩子早已在家庭或其他社会场合学到了攻击性行为，只是表现攻击性行为的时机及对象，往往因人因时因地而异。许多教育专家及心理学家特别强调：展现不良行为的电视节目或影片对于儿童或青少年的心理健康具有消极的影响。

2. 解除抑制效果

解除抑制效果是指，如果观察者看到一位示范者在做出某种言行之后，并没有受到任何相应的不愉快惩罚，观察者以往表现同一类行为而受到抑制的效果将被解除，使得该项问题行为的表现越来越频繁。如在一次聚会上，某个人开头说了一句有关男女性生活方面的笑话，大家都没有表示反对，相反还大声地笑了起来，那么接下来，大家便不再拘束地开始说这类笑话。模仿具有解除抑制效果，在行为治疗上曾经不断地得到验证。例如，训练被试如何接近害怕的东西（如蛇、狗等），培养儿童的社会交往行为，以及养成成人的果断行为等，都应用了模仿学习。有学者曾经证实，许多患怕蛇症的儿童和成人，在看过一段逐渐接近蛇的影片后，能够学会如何接近蛇、捉住蛇。进一步说，如果一个怕蛇的人能够实地观察一位示范者如何捉蛇，由示范者帮助他捉蛇，以及提供有关蛇的资料，这位怕蛇的被试一定比其他只看影片的怕蛇者更容易去接近蛇。

3. 促进效果

促进效果是指观察他人的行为结果，而使观察者增加了社会上可以接受的行为。这种效果与"获得效果"及"解除抑制效果"不同之处在于促进效果不必先学习一连串新行为，或是改进不被社会上接受的行为，而只需要表露以往所做的善行。例如：提供过义务性的服务，或是捐献过金钱给社会福利机构的人，每当看到别人赞赏这些方面的行为时，他会借此机会详述自己过去的经验而觉得很满足，并继续坚持这种行为。

孩子们的互助行为也可以借观看有关"轮流玩"的示范影片来获得增加。这个短片的内容是描述一个男孩和一个女孩最初为了争荡秋千而吵闹，后来有一个孩子建议大家轮流玩。实验结果显示，看过这段影片的实验组儿童比看商业广告影片的比较组儿童更能表现出互助合作的良好行为（Sprafkin，Liebert & Poulos，1975）。还有许多其他实际例子用来说明模仿的"促进效果"：如衣帽间的服务生常将钞票和大额的硬币放在他们的小费盘里，希望借此刺激顾客赏赐更大笔的小费；路边行乞的人也常将一些钱币放在面前，以刺激路人能施舍钱物；又如电视情境喜剧使用人工笑声以促进观众发出更多的笑声。

（二）减弱行为效果的作用

模仿的减弱行为效果则表现为两个方面：抑制效果，不相容行为效果。

1. 抑制效果

出现抑制效果的一般情境主要有三种。第一种情境是学习者如果看到一位示范者表现某种行为后得到了惩罚，则他常表现的某种行为的频率将减少，这种抑制效果常由一些政府、组织来改善某一群体的不适当行为，如利用有关烟毒的影片来宣传抽烟会引发的不良后果。有的学校将一些在考试中作弊的学生名单和惩罚方式在公告栏中公示出来，也是为了能在广大群体中引以为戒，以抑制类似行为出现的频率，这种方案是利用模仿的抑制效果对行为形成潜在影响力。第二种情境是由于学习者观察示范者所表现的行为没有受到强化，所以本想表现的行为也受到抑制，如某个人看到同伴使用一种常用的方法去解决问题而失败后，他便不会再用这种错误的方法。第三种情境是学习者观察一位示范者以低频率表现某种行为，所以学习者也受其影响而减少行为的出现率，如一位抽烟频率较高的人，看到并接受自己所敬重的亲友不常抽烟的事实后，他自己可能也会自省而少抽一些烟。

格林顿等（Garlington & Dericco，1977）由前期采访资料得知，在年轻人中，饮酒量深受同伴喝酒方式的影响。后续研究中，研究人员依据这个结果评估了三位大学生（自愿参与者）受示范者饮酒量的影响程度。这项实验是在一所假设的酒吧进行的，包含了三位自愿参与的大学生和三位示范者。这三位示范者也是学生，分别与三位被试大学生配对，以便提供可能的饮酒示范。示范者受到指示，在任何阶段都不可以讨论喝酒的事，但在其他方面的表现都要符合一般酒吧的社交模式。示范者在实验的前五天所表现的饮酒量，都要配合被试大学生的饮酒量，五天后再减少自己饮酒量的三分之一。实验结果显示：被试大学生的饮酒量很明显地受到示范者饮酒量的影响。即在基准线阶段，示范者的饮酒量是配合被试饮酒量而变化；而到了实验处理阶段，被试的饮酒量反而受到示范者的影响，逐渐减少到与示范者接近的水平。

2. 不相容行为效果

不相容行为效果是指学习者打算要模仿的良好行为，与原来就有的不良行为不能相容时，将会放弃原有的不良行为，而选择新的良好行为。例如，一位极其怕狗的被试，看到示范者很开心地与狗玩耍，如果自己也要模仿示范者很开心地与狗玩耍，则怕狗的情绪自然无法继续同时存在。因为"惧怕"狗与"开心"这两项是不相容行为（不相容行为将在本书第十五章的系统脱敏原理中继续论述），让被试观察"示范者"开心地与狗玩耍，其目的是为减弱被试对狗的恐惧行为，因为不相容行为是不能在个体身上同时存在的。观察者的恐惧行为如果因学习示范者的行为而得到减弱，就可以说示范者所表现的行为与观察者的恐惧行为是不可并存的。

美拉特和塞吉尔（Melamed & Seigel，1975）根据上述原理共同设计了一个减弱小孩恐惧感的实验。他们准备了一部"艾生接受手术"的影片，影片描述了一位七岁的男孩艾生接受疝气手术的经过，艾生描述了他自己的感觉，尤其在每一项手术步骤上的恐惧感，以及他如何克服这些痛苦与恐惧来接受手术的。让被试从影片中观察艾生如何接受开刀的整个过程。包括，办理门诊与住院手续、医院简介、接受外科医生和麻醉师的检查、开刀情形、回到恢复室、与双亲重聚、最后如何出院等。获得医院的允许，三十位将要进行手术的儿童（包括疝气、扁桃腺炎、尿毒症等疾病患者）被分成实验组与比较组。实验组的儿童先看艾生接受手术的影片；比较组观看另一部控制影片，描述一个男孩在乡村间旅行的事。所有的被试儿童都接受了手术前的准备工作，这些准备工作包括演示和解说外科手术的进行步骤，以及开刀后的复原过程，也接受一位外科医生的访问，由他（她）再向被试儿童及其父母解释一遍手术要点。美拉特和塞吉尔的研究采用3种测试焦虑程度的指标：①孩子们对开刀的焦虑报告；②正式的工作人员观察孩子们的焦虑情形；③利用"掌心流汗指数测验"（Palmar Sweat Index）来测量手的汗腺活动和短暂的生理变化情形。根据这三种焦虑测试指标，无论在手术前（指手术的前一夜）或手术后（指手术后3~4周的检查），实验组的焦虑都有很大程度地减弱。美拉特等所做的另一项实验研究还表明，儿童对牙医的恐惧及治疗牙病的焦虑，也可以借助模范学习来减弱。（陈荣华，1986）

通过模仿而使某种行为的发生频率减少，应遵循两个途径：一是直接抑制不良行为的发生；二是促进另一项与此不良行为的不相容行为的出现，以抑制不良行为继续出现。由此可知，模仿学习的运用，对某些个案的某些行为来说，一方面可以抑制不当行为的发生，另一方面则可直接促进良好行为的发展。

三、影响模仿学习效果的因素

影响模仿学习效果的因素主要从两个方面发挥作用，一是受训者行为效果的获得方面，二是受训者行为表现的增加方面。

(一)影响受训者行为获得效果的因素

尽管有效地利用楷模的示范力量可以增进个体的良好行为，也可以减少不良行为，但受训者获得的行为效果既要受示范者的影响，也要受受训者自身特性的影响，还要受实施程序特性的影响。

1. 示范者的特性

荀子说过："学莫便乎近其人，学之径速乎好其人。"属于相同年龄、性别和种族的示范者，受训者比较容易获得模仿的效果；一些名人、专家、或社会地位较高者，比社会地位较低者，较容易促进受训者的模仿效果。但也有些专家认为一般很难论断示范者需要具备哪些特性才能容易被模仿。一般来说，受训者和示范者只要在年龄上相似，且性别相同，那么模仿就是一种正常现象，效果明显。当然，即使观察者在年龄、种族或社会地位上和示范者都有不同，也会产生模仿的现象，只是效果没有那么明显。

2. 受训者的特性

班杜拉指出，模仿效果的影响因素是多方面的，在设计治疗方案时了解这些相关因素非常重要。如果想让观察者从示范者那里获得相关的信息，那么观察者本身的注意力、记忆力、对动作的重复次数，以及学习动机等对其模仿效果都起着一定的影响作用。

(1)观察者注意力的影响。提供一个示范者，并不一定能保证观察者会受到这个示范者的影响。观察者必须要注意到并了解此示范者所提供的信息，才能受到影响。注意的历程首先受被示范事件的特性、情感效价、复杂性、普遍性、功能性价值等因素的影响；其次与观察者本人的经验、觉醒水平、兴趣、认知能力、感知倾向等因素有关；此外还与其他外部因素相关，如灯光的对比强度、声音的改变、重要因素的重复，以及摘要性解释等，都可能影响观察者对示范者所传达的重要信息注意水平。

(2)观察者记忆的影响。观察者把自己观察到的示范行为以符号表征
[表征(representation)：将知识保存在人脑中的表示方式。在心理学中，
表征有若干种模型，运用符号(即语义－概念)进行表征是其中之一。班杜
拉认为，人的"大部分调节行为的认知过程主要是概念性的，而不是心象
性的。"]的形式转化为个人经验储存在自己的记忆中。这时所储存的不是
示范行为的本身，而是对示范行为的抽象。示范者不在眼前的时候，观察
者之所以能够指导自己的行为，就是依靠保留在记忆中的已经符号化的反
应模式。透过符号，个人经验起到的短暂示范作用，才能够长久保存在记
忆中。观察学习主要借助两种符号性的表征：一种是映象的表征，一种是
语言的表征。外界的刺激透过感觉系统而形成知觉；重复出现之后，就形
成了一个持久而可重现的映象。例如，听到狗的叫声，脑海中就会浮现狗
的形象；听到一个人的名字，就会想到他的脸孔。

(3)观察者对动作的重复次数的影响。在学习一些比较复杂的动作技
能时(如骑自行车)，如果观察者之前没有习得一些基本的技巧，如维持平
衡、骑上自行车，以及停止车身等，而只靠观察他人的骑车行为，很难学
会骑车。所以，行为示范后，观察者要在经过不断地试误练习和亲自体验
后才达到熟练水准。

(4)观察者动机的影响。如果观察者根本没有强烈的模仿动机，或是
认为模仿的后果是不愉快的，尽管他注意到示范者的存在，理解并记住了
示范者所传达的这些信息，甚至表现出了动作去完成示范者所演示的行
为，但他不一定能完全表现示范者所演示的行为。如果示范行为导致的结
果对观察者富于功能价值，则他表现出这种行为的可能性较大；反之，则
不太可能表现出来。默厄尔(Mowrer，O. H.，1960)[①]提出了感觉——反
馈理论，该理论强调经典条件反应形成的积极的和消极的情绪作为模仿行
为的动机源，观察者通过观察示范者所获得奖励或惩罚而直接知觉示范者
本身的满意和不满意，通过被示范行为与情感体验的反复联结，积极和消
极的情绪最终与反应本身形成了条件反应，导致观察者倾向于做出积极条
件反应，并克制那些带来负面影响的模仿反应。

3. 程序的特性

某些与引发模仿学习的环境有关的程序，常影响到模仿效果。尤其是

---

① 参考 T. J. Zirpol 著，关丹丹等译. 学生行为管理——教师应用指南. 北京：
中国轻工业出版社，2004.

对示范者所表现的行为，给予何种奖惩，将影响到模仿者行为的表现效果。如获得酬赏的示范者，常比获得惩罚的示范者更易影响到模仿者的行为。让示范者在许多种不同的情境下表现模仿者将要学习的行为，也将提高模仿的效果，如利用不同的情境，安排多位示范者，比单一的示范者更具模仿效果。如果观察者能够推论一种规则，或从示范者的行为中发现行动的一般性计划，可以促进观察者迅速地获得所要学习的行为。如果观察者具备良好的迁移能力，能够记忆一些通过模仿历程所传递的信息，也能提高模仿的效果。

（二）增加受训者行为表现的因素

受训者在模仿某种行为后所获得的奖罚和行为表现的类化程度影响着受训者行为表现的增加与否。

1. 示范行为所获得的后效

实施者如何在模仿学习中对示范者提供强化，是决定矫正效果的一个重要因素。一般观察者会密切关注示范者的行为后果，如果示范者的行为得到了惩罚，观察者就很少会去学习示范者的此种行为；如果示范者的行为得到了奖励，或没有带来任何不愉快的结果，那么观察者会比较经常地表现这种行为。

2. 行为表现的泛化程度

观察者在学习到示范者的行为后，希望能让行为出现在不同的情境，而不仅仅只在实验情境内，这就是行为的泛化。为了使泛化更容易发生，实施者应选择与日常生活十分接近的情境来训练观察者，因为个体在作出反应时，往往选择自己最熟悉的反应模式。所以应鼓励观察者在实际生活中反复实践所模仿的行为。

四、有效运用模仿学习的注意事项

要使模仿学习原理在行为改变技术中充分发挥作用，要注意以下方面的运用。

（一）注意明确所要改变的目标行为

对受训者进行行为改变，首先应确定目标行为，运用模仿学习原理进行行为改变也不例外。在实施改变技术前，必须对所要改变的目标行为给予具体、准确的界定。同时，所确定的良好行为必须是观察者有能力模仿的，以避免由于难度过高而造成挫折感。行为的具体确定可以通过对受训者的测验、与患者熟悉的人交谈等方式获得。

（二）注意行为示范程序运用的正确性

在示范某种特定行为时，要确保观察者注意力的集中，在示范前最好给予观察者口头提示，以引起注意力和激发模仿行为的愿望。最常用的提示是呼叫观察者的名字，然后说"请跟着一起做或认真看着怎么做"，并立即示范所模仿的行为。另一方面，所要模仿的行为在示范过程中，应在中途暂停一段时间，重复前段时间的行为，延长示范行为的呈现时间，从而使观察者多一点时间来接受，并更好地巩固行为。

（三）注意受训者的模仿行为获得后要对其进行及时有效的强化

在模仿学习训练过程中，要确保观察者在每一次正确模仿或与示范行为大致相似的模仿之后都能立即得到有效的强化。如果不能得到及时的强化，所获得的模仿行为容易消失或不易出现。大量资料表明，儿童的模仿可通过来自榜样的伴随奖励的环境或看到示范行为受到奖励而得到增加。同时，为了确保所使用的强化物的有效性，应选择合适有效的强化物。强化物的选择请参考本书第五章的相关内容。另外，还应选择合适的强化时机。在行为模仿的开始阶段，每次一出现正确的模仿行为时就应立即给予强化；但在模仿行为习得之后，应采取间歇强化方式。强化时机的不确定，使观察者为了获得强化能持续表现该行为，并在每次给予强化物的间隙应给予患者以口头的表扬。但是，如果出现不良行为，应对其有适度的惩罚，如隔离或忽视等。

第三节　模仿学习应用案例分析

一、正用

（一）矫正儿童交往障碍的案例分析

1. 案例呈现

拉拉，男，6岁，由于极端害怕与人交往，到上小学的年龄了仍被安排在幼儿园大班，希望能减少他与父母和外人接触的恐惧感，逐步学会与他人交往的技能。实施者通过量表测试和观察他的交往行为，发现他社交恐惧症的问题十分严重，常伴有明显的逃避行为。于是，在充分了解他的病情基础之上，矫正者首先与他建立良好的关系，然后分别采用看录像、现场模仿及参与模仿的方法给予治疗。

第一阶段：给他看有关儿童之间友爱相处的图片、故事书、有关儿童之间和好相处、互相友爱的影片。

第二阶段：经过上一段时间的学习观察后，转入现场模仿，让他实际观看人与人之间相处的现实情境，如看其他小朋友在游戏课上是如何互相帮助、玩耍的。

第三阶段：让他自己逐步由简单到复杂、阶段性地参与各种社交实践活动。开始时，指定一个示范者参与小朋友之间的游戏，并让拉拉观察示范者的行为。接着，示范者要求拉拉一起参加一些带有比赛性质的游戏，让他与其他小朋友一起共享游戏的快乐，体会人与人之间的互助精神。最后，示范者逐渐退出，鼓励拉拉一个人与其他儿童一起游戏。

在治疗期间，拉拉已经能与其他儿童游戏，只是偶尔有逃避行为。两个月的追踪表明，他已经能独自去参加小伙伴的游戏活动，能用语言与人交流并参与社交活动，能独自与陌生人待在一起，情绪愉悦，不再焦虑不安。

2. 分析

拉拉所患的是社交恐惧症，其特点是强迫性的恐惧情绪，想象出恐惧对象吓唬自己。社交恐惧症是后天形成的条件反应，是经过学习过程而建立起来的，一是通过“直接经验”学习得到，二是通过“间接经验”，即“社会学习”获得。比如，看到或听到别人在某种场合中遭受挫折，或受到令人难堪的讥笑、拒绝，自己就会感到痛苦、羞耻、害怕。甚至通过电影、电视、小说、广播、报刊等途径也可以学到这种经验。患者会不自觉地依据间接经验，预测自己会在特定的社交场合遭受令人难堪的对待，于是紧张不安，焦虑恐惧。这种情绪状态的泛化导致了社交恐惧症。

通过模仿学习可以获得与人交往的技巧和能力，在观察其他儿童之间友爱相处的例子后，再自己逐步由简单到复杂、阶段性地参与各种社交实践活动，经过这一系列的学习过程之后，拉拉逐渐消除了社交恐惧症。

（二）提高英语学习兴趣的案例分析

1. 案例呈现

小蒙，男，14 岁，自升入初中以来英语成绩一直处于班上最后几名。英语老师发现他上课时注意力经常不集中，对英语学习兴趣也不是很大，英语老师布置的作业也经常拖着不能按时交，找他谈了几次关于英语学习的事情，但他表现得漠不关心。虽然他的英语成绩不尽如人意，但是他却非常喜欢美国的一位摇滚歌星，桌子和书本上都贴着许多这个摇滚歌星的图片，课桌里也放着很多这个歌星的 CD，课后经常见他边听着 CD 边哼着英文歌。

英语老师决定设计一堂英文歌曲欣赏课，来提高大家对英语学习的兴趣，在课堂上还专门播放和介绍了小蒙最喜欢的这位摇滚歌星的歌曲。课后，英语老师又再一次找到他，这次老师没有像前几次那样先从如何提高英语成绩入手对他进行说教式的谈话，而是先从他所喜欢的摇滚歌星开始谈起。他虽然喜欢英文歌曲，但是很多单词却不认识，英语老师建议他听英文歌曲的时候如果遇到什么不懂的歌词，可以随时来找她，并进一步对他说："你很喜欢这个歌星，但是你想，他是说英语的，你如果不好好学英语的话，就算你每天听他的歌，但是，如果哪一天你见到他了，和他面对面时你却不能和他流利地交流，那你怎么办？"小蒙当时陷入了沉思。

之后，英语老师在课堂上对小蒙给予了积极的关注，还经常向他介绍一些好的英文歌曲，并耐心给他解释歌曲的意思。经过一段时间，小蒙的英语成绩有了较大的进步，对英语的学习兴趣也提高了。

2. 分析

偶像、明星等容易被青少年群体追捧的公众人物，通过传媒的频繁报道，他们的言行举止容易引起人们强烈的关注。以公众人物为榜样，具有较强的示范作用，但是公众人物对社会的影响并非都是积极正面的，而个体对榜样的模仿有时是未经选择、无意识的，特别是在一些心理素质发展还不完善的青少年身上表现更为突出，容易出现盲从效仿的心理倾向。这就要求我们对公众人物的特征进行筛选式的塑造，强化他们的积极特征，选择符合青少年发展的榜样行为作为青少年模仿的对象。

英语老师根据小蒙的具体兴趣爱好及对这位歌星的崇拜心理，引出了这位歌星英语水平的优势与小蒙英语成绩之间的差距，进而激发小蒙学习英语的心理欲望。

二、误用

（一）矫正强迫性清洗行为的案例分析

1. 案例呈现

小英，大一在读，一年前开始莫名地特别怕脏，起初总认为外面脏，回家就洗手、洗澡、换衣服。后来她上了大学，病情更加严重了，因为是第一次和别人一起住宿，她就觉得脏；宿舍是公共厕所，她就觉得更加脏，都不敢去上厕所。总会觉得厕所里的脏物会弄到身上，尤其是头发上，所以她在学校经常洗头、洗澡，有时甚至一天洗好几遍，可是学校里洗澡洗头都不方便，所以她一天到晚想着这些，觉得好累，还曾自杀过。现在正在家里休学。休学中她也不敢出门，每次上街她总觉得周围不干净的东西会弄到她身上，她的内心很痛苦，学习也落下了。

父母把她带到心理医生那里去咨询，心理医生在大致了解了她的病情之后，决定采取模仿学习来矫正她的"洁癖"行为。在给她分析了她的病因之后，心理医生给她一张 DVD 光盘，要求她回去反复观看。光盘内容是关于一个旅行家在非洲独自旅行的录像，画面的内容描述的是非洲的自然、生活环境十分恶劣，由于非洲缺水，这个旅行家很少洗脸、洗澡等，但却表现得十分高兴，也没有生病，平安健康地返回了自己的国家。

小英回去之后，只能坚持看到一半，看到最后就感觉自己很难受，内心十分焦虑，一个星期后，再到心理医生那里去咨询，症状并没有好转。这个心理医生在运用模仿学习过程中有什么问题？

2. 分析

强迫性清洗，俗称"洁癖"，是以强迫性洗手和清洗自己的衣服、被褥、日常生活用品为特征的强迫行为。这是临床上最常见、最典型、症状最鲜明突出的强迫症类型。

心理医生只是给小英一张关于在非洲的生存挑战的光盘供她观察学习，使她知道即使在非洲那样的环境之下不经常清洗也不会有什么疾病，但是并没有实际的指导，当内心感觉很脏时怎么来缓解和控制不清洗的行为。

一般比较典型和有效的治疗方法是暴露疗法、系统脱敏疗法、认知疗法相结合。这种方法类似于"以毒攻毒"，患者怕"脏"，就用"脏"来治疗自己，如强制性接触一些她认为很脏的东西等。具体治疗方法可以根据能引起她不同层次焦虑水平的"脏"，从低到高制订暴露等级，和患者协商，并且在她承诺可以做到的情况下，制订如下治疗方案：从引起她最低焦虑的层次开始暴露，想象暴露和现场暴露相结合，每次不低于 60 分钟；每个等级完全脱敏以后，进入高一个等级的暴露；在整个治疗过程中都需要进行适当的认知调整；在整个暴露过程中阻止回避行为的发生；每次暴露治疗结束后，在两天内阻止清洗行为的发生；每次暴露治疗结束后的第三天可以采取一些相应的行为,但清洁擦洗不得超过 8 分钟,洗手不得超过 1 分钟,洗脸不得超过 3 分钟,洗澡不得超过 35 分钟;两次治疗之间的家庭作业必须完成。

(二)一则明星代言产品的失败广告案例分析

1. 案例呈现

某国有一家大型果冻生产商准备积极推广一种新口味的果冻,决定采取明星代言的营销模式。于是,请时下在各电视台热播电视剧的女主角来代言,该女明星年近中年,气质很好,在观众心目中形象较好,知名度也较高,之前没有代言过任何类似食品方面的产品。

广告的第一个画面是该女明星在超市里面对许多琳琅满目的果冻产品时,毫不犹豫地选择了代言的品牌,而且还大声笑着对观众说:"果冻,我就要×××牌的,好吃,又实惠,我喜欢!"第二个画面是该女明星拿着一大包该品牌的果冻送给自己的父母,父母高兴地收下了,该女明星回头对观众说:"孝顺父母,就送他们×××牌果冻!"第三个画面是该女明星的一群朋友在户外玩得正高兴的时候,女明星突然拿着一大包果冻出现在朋友面前,于是朋友都去疯抢果冻,女明星回头对观众说:"×××牌果冻,让我们联系得更紧密、更开心!"

该广告播出后,在观众中引起的反应并不强烈,效果也很一般。该广告的问题出在哪里?

2. 分析

该广告的目的是想要观众在明星的带动下产生购买该产品的动机。但是果冻的一般消费群体主要是青少年,该女明星已是中年阶段,与青少年在年龄层次上相差过大,大家在前面的学习中了解到属于相同年龄、性别和种族的示范者,比较容易使观察者获得模仿的效果。广告情节、广告词都距离青少年比较遥远,像是给家庭主妇做的广告,青少年作为观察者在认知层面上很难认同,他们追求的是个性化、新颖、时尚、贴近自己的生活方式。

建议代言人(被模仿的示范者)应健康、充满活力、能引起青少年的共鸣,如青少年普遍喜欢的卡通人物形象或青少年自己来代言该产品;广告内容应贴近青少年的学习、生活方式和风格;广告词不应是说教式的,应有趣、个性化、新颖等。

本章摘要

1. 模仿是在没有外界控制的条件下，个体受他人影响而仿效其言行，并使自己的言行与之相同或相似的过程。凡是以某一个人或某一团体的行为为榜样，使学习者通过观察、收听、阅读或是操作等过程改变自己行为，以期形成与示范者相同的思想、态度、动作或是语言表达等特性，均可称为模仿学习。

2. 模仿的方式有视听模仿，即对个体所听到、看到的内容进行模仿；参与模仿，即亲自参与到实践中，通过实践的体验来进行模仿；想象模仿，对想象中出现的人或物进行模仿。

3. 模仿的效果取决于"示范者"的特质和观察者的认知活动。示范者的影响力则决定于其本身的特质(如其地位、身份、种族)及其和学习者相似之处等。

4. 模仿学习可以增加、减弱行为效果；对模仿学习的影响可以从两个方面产生，一是对行为获得的影响，二是对增加行为表现的影响。

5. 模仿学习应注意的事项有：第一，要注意明确所要改变的目标行为；第二，要注意行为示范程序运用的正确性；第三，要注意受训者的模仿行为获得后，要对其进行及时有效的强化。

练习题

1. 假定你是学校的一名心理咨询人员，试述你如何教初二的学生学会抗拒同伴吸烟的压力。

2. 在一个新的宣传计划中，主要内容是某体育明星号召城市中的初中生要努力学习。体育明星告诉孩子们为什么要上学，以及上学能改变他们未来的生活；节目中一些孩子正在学习，另外一些大点的孩子称赞他们努力学习是多么聪明的选择，而有些孩子因为晚上要学习而拒绝和其他孩子出去玩耍；这些孩子示范这些行为以后，体育明星就称赞他们努力学习的聪明行为。节目最后，这些孩子毕业后找到了好工作，体育明星再次出现在屏幕上，再次说明努力学习的好处。这个广告好在哪里？不足之处在哪里？如何改进？

3. 某大学团委为减少大学生中享乐行为的盛行，激发学习兴趣，决定从本校挑选一些家庭条件较差而品学兼优的学生组成一个"来自身边的楷模——优秀大学生事迹宣讲团"在全校进行持续一个星期的轮流宣讲，希望在全校学生中形成良好的学风。请指出这个案例运用示范者来改善学习行为的合理性与不足之处。

4. 小蔚，8岁，就读小学二年级，近一年来学习成绩下降，上课注意力不集中，脸上没有笑容。近来老是担心妈妈不要他了，担心妈妈被坏人抓去了或遇到车祸，早上不愿意去上学，一到放学时间就急忙在学校大门口焦急张望，等待妈妈来接自己回家，如果妈妈没来接他回家，他回去之后就表现出烦躁不安、哭喊、发脾气等行为。如何运用模仿学习来治疗他的分离性焦虑？

第十一章　代币制与行为契约

第一节　代币制概述

沃尔夫(1936)和考力斯(1937)①曾用黑猩猩从事一项学习实验。实验时，考力斯先教一只黑猩猩学会使用一架自动贩卖机，令其学会投入一枚代币，启动按钮，而后获得葡萄。接着教它使用另一种机器，即拉动一条附有强力弹簧的拉杆，杆的另一端放有葡萄，猩猩必须用力拉动，才能获得葡萄。等这个动作熟练后，杆的另一端放置代币以代替葡萄，结果发现猩猩用如前面同样的力量拉动弹簧先获得代币，然后用代币到自动贩卖器那里取得葡萄。后来兑换的标准提高了，须要用 2 枚，甚至 3 枚以上代币才能获得葡萄。渐渐地猩猩学会在换取葡萄之前，将代币储藏起来的行为。上述实验，先给黑猩猩代币，然后用代币来换取葡萄，黑猩猩很快学会了收集用于交换的代币。因此我们可以以代币作为强化物，来矫正行为，学习新的行为。

陈彤上小学六年级，该放暑假了，爸爸认为这是锻炼孩子自立自律的好机会，可以为他上寄宿制初中做好准备。他在公司人力资源部工作，对员工的激励与约束机制非常明白。于是他与儿子商量暑假要做哪些事情，并设计了一个良好行为量化考核表(见表 11-1)。

表 11-1　陈彤良好行为量化考核表

时间：　　月　　日至　　月　　日

时间 行　为	周一	周二	周三	周四	周五
21：30 按时睡觉					
6：30 按时起床					
整理床铺，打扫自己房间卫生					
体育锻炼 1 小时					

---

① 参考 R. G. Miltenberger 著，胡佩诚等译. 行为矫正的原理与方法. 北京：中国轻工业出版社，2004.

（续表）

时　间 行　为	周一	周二	周三	周四	周五
学习累计 2 小时					
帮阿姨择菜、洗菜					
13：00 按时午睡					
傍晚浇花					
自己洗澡					
自己洗背心短裤					

本周累计得分：（　　）

备注：做到画"√"，每个"√"可以得到 1 分。

这 10 项行为要求都是为将要上寄宿制学校的陈彤学会独立生活、学会照顾自己而制订的，每项 1 分，周一至周五考核，阿姨记分（即"代币"），双休日爸爸妈妈"复验"，并兑现奖金。每分价值人民币 1 元（即"币值"），陈彤在一周内表现好了可拿"全奖"——50 元，由爸爸打入陈彤的个人账户。陈彤很高兴，算计着这个暑假他有可能挣得 350 元的奖金，何乐而不为呢？

沃尔夫和考力斯的实验证明了代币制原理是如何产生的，陈彤的父亲所实施的行为改变策略说明了代币制原理在实际生活中的运用。后援强化物起初并不具备正强化物的作用，而必须要通过与其他原级强化物相联系才能获得强化效果。代币制正是一种将后援强化物与原级强化物紧密联系起来的有效的行为矫正方法，大量的研究表明代币制可以成功地应用在各种治疗环境中的儿童和成人身上。本章将介绍代币制的基本含义、优点与弊端以及有效实施代币制的原则。

一、代币制的含义

从前面章节对强化原理的介绍我们可知，如果一个刺激本身不是原始强化物，而是通过和一个强化刺激相联系才获得强化力量的，这个刺激就称为条件强化物。凡是可以累积起来交换原级强化物的条件强化物就叫代币。而代币制（Token Program）是指在问题行为者出现目标行为（期望行为）时，立刻给予一种"标记"或代币加以强化，然后再将一定数量的"标记"或代币累积起来换取各种奖赏（原始强化物）的一种行为矫正方法。代币制又称奖励强化法，代币制中的原级强化物也叫后援强化物，代币制的模式与正强化一样，如图 11-1 所示：

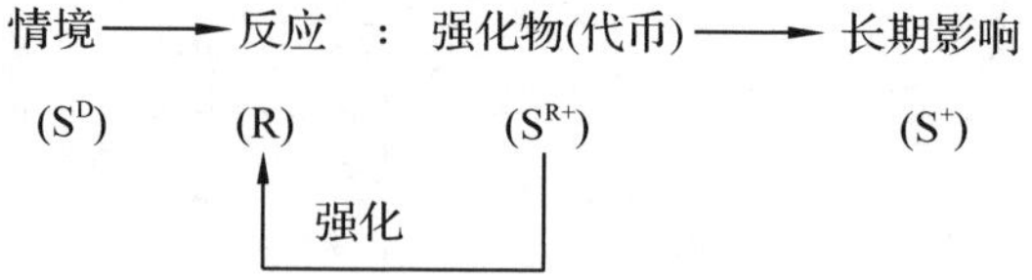

情境 ——→ 反应 ： 强化物(代币) ——→ 长期影响

(S^D)   (R)   (S^{R+})   (S^+)

强化

图 11-1　代币制的强化模式图

二、代币制系统的组成

代币制是主要利用代币来实施强化，进行行为管理或改变的系统程序，该系统由目标行为、代币和后援强化物三部分组成。

(一)目标行为

运用代币的目的是增加被管制者的期望行为，即目标行为，也是准社会行为。比如，对于青少年来说，准社会行为就是青少年需要在家人及伙伴中起好的作用，有责任地生活，行为符合社会规范。目标行为可以是单一的，也可以是多样的，应依据被管制者及行为改变环境的性质而决定。目标行为可以包括教育环境中的学习技能、工作环境中的职业技能、受管制环境中的社会技能等。

(二)代币

代币是代币系统的重要组成部分，在代币制这一行为改变方法中起着桥梁的作用。

1. 代币的定义

代币是由条件强化物组成、可以累积起来交换后援强化物的。作为条件强化物的代币可以是具体的物品，如小红旗、红五星、小红花、积分、小棍、扑克、笑脸、硬币、钱币复制品、票证等，也可以是象征性的分数记录或标记记录等，但这些代币形式都必须通过和其他原级强化物的联系，才可获得强化力量。如钱，如果钱最终不能用来交换东西，如食物、衣服、房子、交通工具和娱乐等，它就会变得如同一张废纸，不会吸引人们为钱而努力工作了。因此，代币不能是原级强化物，只能是条件强化物，因为代币的主要作用是交换后援强化物。例如，吉拉流和斯巴林(Girardeau &

Spradlin，1964)①用筹码作代币，训练 28 位中度智力落后的妇女，需要达到的目标行为有洗发、穿衣、参加团体活动等，在完成某一行为后，这些智力落后个体可以获得铜币作筹码，并用筹码换取后援强化物，如糖果、衣服、化妆品以及看电视、自由活动等。

2. 代币的制作

代币可以用具体的条件强化物，也可用象征性的记录等方式。具体的条件强化物常用扑克、笑脸、硬币、纸币复制品、票据、小棍或切成各种几何形状的硬纸或塑料纸片等。象征性的记录方式包括记录在检索卡片上、标记在黑板上、制成图表贴在墙上等。

①具体实物代币的制作

扑克、硬币、小棍等实物代币，实施者直接从生活中易于找到。因此，只需根据改变方案所需要的数量找齐这些物品，并给它们赋上实施者所期望的被管制者能实现的行为表现的内容及其相应的分值，即可作为代币使用。分值可以是先写在纸上贴上去的，也可以利用本来就有的数字作为分值，如扑克作为代币，就可以利用上面的数字来作为分值。把"A"作为 1 分，其余的 2～10 就按原有的数字作为分值。如果设置最高为 10 分，"J"以后的牌就可以不要；如果设置最高为 15 分，就可设"J"为 11 分、"Q"为 12 分、"K"为 13 分、"小王"14 分、"大王"15 分。比如，某个被管制者来上了一整天的课，即可获得一张标有"A"的扑克牌，也就是可得 1 分；如果他在一天的上课期间都没有下座位，即可得一张标有数字 5 的扑克牌，表示他可得 5 分。但是最方便易行的还是利用硬纸或塑料纸片切成的各种形状的图形，因为硬纸或塑料纸片更易于从生活中找到，如可利用废弃的饼干盒、鞋盒等，先切成大小合适、便于携带的心形、星形、三角形等，也可以根据需要在上面画上相应的图案，如笑脸、小红花等，然后再分别赋予相应的行为表现意义和相应的分值。

②象征性代币的制作

象征性代币是指通过标识、记录方式来进行的。如把被管制者的行为表现记录在检索卡片上、标记在黑板上、制成图表贴在墙上等，都是在发挥象征性代币的作用。这种代币的制作方式主要以表格的形式来进行。在表格中要写上实施者期望被管制者所要达到的行为、奖励的措施内容，如陈彤的父亲所制作的行为量化考核表。

---

① 参考钱铭怡．心理咨询与心理治疗．北京：北京大学出版社，2004

3. 代币的特点

代币是可以积累起来交换后援强化物的物品，这些作为代币的物品也叫条件强化物。在运用代币制实施行为改变的过程中，所选择的代币应具备以下一些特点。

第一，被赋予分值。任何具体物品或象征性的表格只有在给每个物品或每项标记赋予了分值的情况下才能作为代币使用。如一张标有数字5的扑克牌，如果不说明达成了"一天的每节课上课时都不离开座位"这一目标行为，可得代表5分、能够换取后援强化物的扑克牌，就不能说明任何问题，也就是扑克牌还是扑克牌，不能称其为代币。

第二，易使用性和实施性。使用代币作为强化物的主要原因就在于能使强化物能得到及时给予，因此，代币必须是携带方便、容易使用、容易实施的，必须是马上可以被利用的实物或象征性的东西。如一个从不敢在班上大胆举手回答问题的男同学终于举手发言了，老师除了及时给予言语性的（如表扬等）社会强化物外，还想给予代币以奖励他的这一行为，老师就可在黑板边上记上他的这一行为或是马上给予一朵小红花等。同时，由于代币易使用、易实施，也使得代币的给予不受时间限制。如老师在回家的路上，见一个喜欢动手打同学的学生却帮助老奶奶提东西，老师就可拿出随身携带的代币来奖励这一行为。

第三，价值性和可增减性。代币由于被赋予了价值，可以用来兑换后援性强化物，就相当于钱币，因此，必须保证代币的价值性。这就要求代币制作上的独特性、管理上的严格性及其不可转换性。代币在制作上要尽量使被管制者不容易复制，因为代币像金钱一样，如果容易仿造就失去其价值。但要做到这一点较为困难，因此，最好是从管理上来控制，代币尽量由实施者保管，可让被管制者将获得的代币及时放入由实施者保管的属于自己的代币盒，如果是记录性质的代币，也应由实施者记录和保管，严防被管制者私自记录的行为。同时，代币必须不能转作他用，只能在实施者制定的交换系统中使用。代币的价值性也决定了代币的可增减性。被管制者在任何时候表现出实施者期望中的行为时都可获得代币，也可在被管制者表现出不良行为时让其失去代币，这样既能体现出代币的价值，也可控制被管制者的不良行为。

（三）后援强化物

代币之所以能发挥作用，真正的原因在于它配合了后援强化物。因此，代币制的有效性取决于后援强化物。后援强化物包括：消费品，如蛋糕及饮料；玩具或其他看得见摸得着的东西；活动性强化物，如游戏、看录像或电视；一些特权，如可以帮助老师维持上课秩序。后援强化物对被管制者来说，除了用代币购买之外是得不到的，因为限制被管制者接近后援强化物会增加它们的价值。如看电视，除了用达到一定分值的代币来换取看电视的机会外，其他情况下都是不能获得这一机会的。这样就使看电视这一活动的价值作用显现了出来，但这样也同时建立了一种相对的"剥夺"状态。然而，在行为改变实施的过程中，有些事情是不能剥夺的，如吃、穿、住、行、运动、休闲等基本的权利是不能作为后援强化物的。因此，后援强化物必须超出被管制者的基本需要和权利。在保证了被管制者基本的 8 个小时睡眠的情况下，如果他还喜欢在早上多睡半个小时，这半个小时就可作为后援强化物。

作为代币系统中的后援强化物应有价格标签。比如，"看电视"这一活动作为后援强化物，就可以标明每看一小时需用 60 个分值的代币来交换；陈彤要想获得 10 元钱，他就必须用 10 个"√"来交换。

一般说来，后援强化物应经济实用，不应将费用超出预算的支付能力。如玩具、自由支配时间、阅读一些儿童读物，奖励学习用品等，这些后援强化物不仅经济实惠，而且还不会妨碍儿童的基本需要，有利于儿童的良好发展。

三、代币制的优点与弊端

代币制的应用范围很广，不仅可以应用在特殊儿童身上，也可以应用在正常儿童在家庭生活和校园生活等方面的问题行为上，如治疗大小便失禁、建立良好生活起居习惯、改善情绪问题、建立良好人际关系等。

(一)代币制的优点

代币制的优点主要表现在以下 4 个方面。

1. 强化的及时性与效果性

代币是广泛性条件强化物，因为它们是伴随各种其他强化物出现的。在整个治疗过程中，代币的功能都是作为强化物。因此，代币制更容易发挥强化的效果，又表现在以下五个方面。

第一，使用代币可以在目标行为出现后立即给予强化。代币的发放不受某种条件的限制，强化比较及时。当有良好行为发生时，有时因条件限制无法给予某些后援强化物。这样不利于在良好行为和正强化物之间建立必要的联系，强化的效果会减弱。但代币则不受这些客观条件的限制，一旦有良好行为出现就立即给予代币进行强化，而且当积累到一定代币时还可以兑换自己所期望的后援强化物。

第二，发放代币这一强化行为可以测量。不同的行为结果得到不同数量的代币，较好的行为可以得到较多的代币，一般的行为得到较少的代币，差的行为不发放代币或者罚代币。这样有利于行为者较明确地知道自己哪些行为是可以继续发展下去的，哪些行为是应该要继续改进的；也可以看到自己的进步，避免出现体罚或隔离等惩罚方式对行为者带来的伤害，更有利于加速行为改变的进程。

第三，代币可以避免由原始强化物所产生的"饱厌现象"，即行为者出现良好行为时不断地给予原始强化物，容易使行为者对这一强化物的需求和满足降低，甚至产生厌恶。比如，一个小孩吃了 10 颗糖后可能会不喜欢吃糖了，若继续给他，则强化的效果降低。而在代币中，行为者得到的代币可以单个兑换不同的原始强化物，也可以累积代币兑换更高层次的原始强化物，避免了单一原始强化物形成的饱厌现象。

第四，代币制的强化效果比一般的原始强化物要大。在实施代币的过程中，行为者实质上得到了前后两次强化，一是在发放代币时得到了强化；二是在兑换原始强化物时再次得到强化，并且第二次得到强化时的强化效果更具有价值。

第五，代币是种广泛性条件强化物，具有客观性。它的价值、功能不随发放者的主观原因而改变，始终是一种代表一定价值的强化物。

2. 对实施者行为的控制性

代币的使用可以有效地控制实施者的行为。如教师在班级中实施行为改变的时候，一般忽略对一些良好行为的关注，代币则可以起到一种对行为的辨别刺激作用，提醒对良好行为的关注和强化，同时也可以在班级中建立起良好行为的模范作用。

3. 增加被实施者技能的获得性

被实施者可以通过代币学习一些基本的技能。如通过累积代币学习储蓄技能、计划未来的技能；通过计算自己拥有的代币，学习到简单的数学计算；学会有关用钱方面的社会交往技能。

4. 运用范围的广泛性

代币不但可以应用在改变个体行为方面，还可以应用在改变团体行为方面，扩大了行为改变的范围并提升效率。

此外，代币既便于实施者的分发，也便于被实施者的积累，这也是代币制得以广泛运用的关键。

(二)代币制的弊端

代币制的实施也有很大的弊端，主要表现在以下几个方面。第一，组织及实施代币制的整个过程耗时、耗精力，购买后援强化物需要一定的花费。第二，代币制作得过于精美易分散被实施者的注意力，在很多自然情境中不能给良好行为发放代币。第三，使用代币制建立起来的良好行为不能很好地迁移到自然情境中去。第四，实施者的培训和行为管理也是一个需要解决的问题，特别是在实施一些团体和复杂的代币过程中需要对实施者的管制行为进行统一规范。

第二节　代币制的运用

代币制是在斯金纳的操作条件反射理论，特别是条件强化原理的基础上形成并完善起来的一种行为改变方法。它通过某种奖励系统，被管制者在做出预期的良好行为表现时，马上就能获得奖励，即可得到强化，从而使被管制者所表现的良好行为得以形成和巩固，同时使其不良行为得以消退。

一、代币制运用的意义

代币制这种行为改变法不仅可用于个体，而且可在集体行为矫治中实施。既可以在医院，也可以在学校中广泛使用，甚至可以在精神病院、特殊教育的班级中以及在工读学校、管教所和监狱中使用。临床实践表明，在对多动症儿童、药瘾者和酒癖者等的矫治中，在衰退的精神病人的康复中，代币制改变法都有良好的效果。下面这两例应足以说明代币的运用意义。

鲁滨逊(Robinson)和他的同事们[①]应用代币强化的方法，对 18 个多动及学习成绩差的三年级的孩子进行治疗，以提高他们的阅读及词汇能力。代币是一些彩色的圆牌，孩子们当完成指定的作业时就可以得到它，拴在手腕上。他们用这些代币可以兑换 15 分钟的玩乒乓球或看录像的时间。研究人员指出，当代币作为强化物时，学生们完成指定作业的数量增加。另

---

① 参考 R. G. Miltenberger 著，胡佩诚等译. 行为矫正的原理与方法. 北京：中国轻工业出版社，2004，376－377.

一项研究针对 3 名多动儿童，实施者用代币强化这些孩子的数学及阅读能力，以增加正确解决问题的数量并减少其多动行为。研究结果表明，代币强化程序减少多动行为的效果，与使用药物利他林是一致的。然而，代币强化可以提高学习成绩，而利他林却不能。

二、代币制运用的实施步骤

要使代币制得到有效实施，应遵循以下步骤。

(一)明确目标行为

代币制的实施目的是增加被实施者的良好期望行为，因此代币制的第一个过程就是要确定在实施过程中需要强化的期望行为。目标行为的确定在很大程度上取决于所要处理的特定行为问题、被实施者的特点、实施者对被实施者的期望值等，最终应把目标行为定位在养成、维持对社会和被实施者有意义、有价值的行为上。在确定目标行为之前，应对被实施者的行为进行观察、记录，根据该行为出现的频率、强度、持续的时间等确定是否作为目标行为进行矫正。目标行为还应易于操作、执行。目标行为的内容可以包括教育环境中的学习技能，社会生活中的适应能力、交往技能，工作环境中的职业技能等。

(二)确定代币

代币应尽可能因被实施者的特点而异。如对于年龄较大的被实施者，代币可以选择较抽象的线条在记录纸上画线；对于年龄较小的儿童或智力落后儿童，应选择形象较具体的代币，如小红花、红五星等。同时，行为改变者也可以通过与被实施者的商量，来确定运用什么样的代币，如陈彤的父亲就与他商量运用了分值作为代币。所选用的代币应具备的特点前面已经介绍，这里就不再重复。

(三)确定后援强化物

由于代币直接与后援强化物相联系，而代币本身不能直接满足被实施者的需要，所以代币制的强化作用很大程度上是后援强化物的作用，其有效性取决于后援强化物的选择。后援强化物的选择与前面的强化原理中正强化物的选择原则基本一致，这里就不再赘述。但在实施代币制时还应注意以下两点。

第一，在确定后援强化物时应考虑其强度和价值对被实施者的影响效果。如一般得到过优厚奖赏的人，在得到普通的后援强化物时可能认为是一种惩罚；而对以前得到惩罚或未得到过奖赏的人，则会视后援强化物为一种奖赏。所以应扩大后援强化物的范围和强化级别，特别当实施对象是团体成员时，这一点显得尤为重要，使被实施者有更广阔的选择空间。

第二，应考虑后援强化物的种类。强化物固然被人们所喜欢，但是每个人的喜好不同，同一个人也往往因时因地不同而有差异。因此，用来强化行为的后援强化物，其种类的多少与适宜，直接关系到强化的效果。特别是对于团体行为的改变时，当种类很多时，无论在任何时间，对被强化者而言，有比较足够的力量来维持代币的强化力量，也可避免出现饱厌现象。

（四）制订代币交换系统

在指定代币交换系统之前，应确保前面三个阶段的实施已经安排妥当，若前面的阶段未出现问题就可以制订代币交换系统。代币交换系统的制订主要包括以下三个方面。

1. 建立代币的兑换率

后援强化物必须由期望行为获得的代币来换取和购买。因此每种后援强化物都必须有一个价格。首先应确定每种后援强化物的价格，让被实施者知道须赚取一定数量的代币才能兑换相应的后援强化物。在实施过程中，可以根据实际情况调整价格，一般在程序开始阶段，将价格降低，吸引行为者有信心从事良好行为；在程序的后半阶段，一般提高后援强化物的价格，或增加一些价格较高的后援强化物。这种对后援强化物兑换率的改变，也需要实施者和被实施者之间签订一定的协议来确定。

2. 用代币来量化每项目标行为

代币发放的多少可以根据期望行为出现的频率、难易程度、改变的进程而定。在程序实施的开始阶段，行为者一旦表现出期望行为，就立即给予相应的代币以连续强化。当行为者出现较有规律的期望行为时，就采取"间歇强化"，即行为者必须连续几次出现期望行为才能给予以往出现一次期望行为的代币数。这样也有利于巩固行为者的期望行为和将行为者的期望行为迁移到自然情境中。当出现非期望行为时，实施者可以酌情收回代币。

3. 确定代币兑换的时间及地点

兑换的时间和地点应在被实施者积累代币前就公布出来，提前确立可以使整个实施程序更加一致。

兑换代币的时间可根据所建立的目标行为的具体情况来制订。如普通学生的课堂管理情况，就可确定为每周五下午放学前；有多动症或自闭症等问题行为的矫正，就可确定为每天下午放学前；如果是在进行某项活动中运用了代币制进行了管理，就应在该项活动结束后及时兑换。

兑换代币的地点可根据代币制管理的对象而定。如果管理对象是团体，可建立一个专用的、用于储藏后援强化物的"代币室"，以方便后援强化物的发放；如果是个人，则只需要在规定的时间内兑换即可。

（五）实施代币制

在实施代币制时，实施者应根据事先制订好的代币系统客观地执行，以保证实施的强化效果。当被管制者出现期望行为时，管制者应立即给予代币来强化，所以管制者应随身携带一定数量的代币以方便及时强化；在治疗团体行为时应尽可能让每一位成员获得代币，还要尽量避免出现团体成员间的破坏性竞争（如有的成员窃取其他成员的代币），所以应将每个人的代币个体化、专一化，这样每个人的代币对其他人来说就不具有代币作用；或要求每个人必须保管好自己的代币，若代币丢失或随便给别人，须接受一定的惩罚。同时，在发放代币和兑换后援强化物时，最好配合社会性强化物，以提高强化的效果。

（六）将期望行为成功地迁移到自然情境中

代币制的最终目标是让被实施者在实验阶段的期望行为成功地迁移到自然情境中，因而能否成功地将代币制情境中的期望行为迁移到自然情境中，是判断代币制成功与否的主要指标，我们可通过以下方法来迁移。

1．逐渐消除代币

调整代币交换系统，当被实施者出现几次期望行为时才给予行为改变前期出现一次期望行为时的代币数，或将期望行为与代币给予的时间间隔加大。

2．增加后援强化物的价值

行为改变前期用相同的代币就可以兑换的后援强化物，在后期则需要更多的代币才能兑换，以增加后援强化物的价值。

3．适时增加社会强化物

由于在自然情境中出现较多的社会强化物，所以在实施的后半阶段，当代币减少时，应逐渐应用社会强化物（如表扬、评级、提高的成绩等）来替换代币制。社会强化物不需耗费太多的人力、物力、财力，而对被实施者的强化效果十分有效。

三、运用代币制的注意事项

运用代币制方法来改变某些不良行为，尽管操作方便，效果较好，但如果运用不当，也会造成一些诸如混乱、破坏代币、把玩代币或被实施者对代币管理缺乏兴趣的问题。

（一）注意代币制管理规则的明确性

代币制在实施过程中，即使正确设计了实施程序，但如果没有与被实施者商量制订的明确规则，也很容易产生一些混乱，降低代币制运用的效果。因此，在实施前，就应制订明确的规则，并向被实施者讲明规则。在规则中就应规定，如果出现了破坏代币、把代币用来当玩具玩或用不正当手段获得代币等行为，应该做何处罚等条目。

（二）注意正确运用"反应代价"

"反应代价"是指在代币制管理中让被实施者失去代币的程序。在运用代币制方法进行行为管理的过程中，当被实施者出现期望中的目标行为时，被实施者获得代币；但当被实施者出现了一种非期望中的目标行为，与期望中的目标行为对抗时，就要加入"反应代价"。比如，某个被实施者表现出友好地关心同学的行为表现时，就给予代币作为奖励；但当他表现出打骂同学等行为时，就会被收回一定分值的代币，此时，实施者就加入了"反应代价"程序。反应代价程序应在代币制实施一段时间后才引入，因为只有当代币已经牢固地建立起条件反射后，在反应代价程序中失去代币才会成为一种有效的惩罚。

使用反应代价程序时，首先应考虑是否能从被实施者那里收回代币。如果当实施者收回代币，被实施者出现反抗或攻击，就最好不要应用反应代价。在这种情况下，实施者在确定代币时，可考虑尽量不用实物，而用象征性的分值等作为代币，这样，代币因没有被保管在被实施者手里，就可预防在应用代价反应程序中的攻击行为。

（三）注意工作人员的训练和管理

实施代币制方案时，尤其是针对一个团体实施的代币制，需要对行为作观察、记录，并及时发放代币，以及确定兑换的规则、时间和地点。这需要大量工作人员参与其中。为能正确使用该程序，所有参与其中的工作人员都需要接受训练。这就需要写出该程序的所有步骤、行为技能训练及计划来指导该程序。同时要求工作人员必须学会识别所有目标行为中的每种情况，并在目标行为出现后及时给予代币；必须学会识别所有确实的问题行为中的每种情况，并在问题行为出现时立即实施反应代价；要求工作人员必须完整保护好代币以防止偷窃或伪造。此外，工作人员还应了解兑换率、兑换时间及相关的兑换规定。

第三节　代币制应用案例分析

一、正用

(一)案例呈现

7 岁的小剑，有小便失禁的毛病，每隔几天就会在晚上熟睡的时候把小便排在床上，每次起来都说自己是在梦里找不到厕所，很着急，又不能控制自己不小便的冲动。早上起来，妈妈并没有大声地训斥他，而是心平气和地告诉他，建议以后上床之前先上厕所，睡觉前不要喝很多水，但是小剑还是不能控制自己排小便在床上的习惯。

于是，妈妈在心理治疗师的建议下，先带他去医院进行了生理检查，发现他膀胱括约肌发展正常，大脑皮质发育正常，排除了神经系统缺陷和躯体疾病。心理治疗师经过与妈妈的详谈，初步诊断小便失禁是由于每次一尿床，爸爸就大声责备他，导致了小剑内心的恐惧、自责、羞愧情绪的产生，这种恐惧心理的日益增长，导致他越来越不能控制自己的小便失禁行为。

在妈妈与爸爸的一番商量之后，父亲在每次小剑尿床后，不仅表示出强烈的关心和同情，还主动帮他换床单。这样在减轻了小剑的羞愧、恐惧感之后，妈妈建议小剑做个实验，并帮他做了一张表格，两个星期内，每次只要早上起来尿湿了床单，就在表格上画个勾。这样做有利于他对自己尿床问题的重视，也清楚自己所承担的责任。而如果连续三次都做到不尿床，妈妈就答应带他去公园玩一次他最喜欢玩的旋转木马；如果连续五次以上不尿床，就带他去郊区的农家乐玩一天。

实施后的第一个星期，小剑只有一次尿床的经历；第二个星期再也没有一次尿床的经历了。显然，小剑还是比较积极地改善了这个不良行为。

(二)分析

生理上的疾病，有的必须要经过医生的治疗才能治愈；但有些生理上的疾病，与个人的意志力有关，如儿童的小便失禁问题。如果能把握这个关键，适当的时候采用代币疗法，这些生理疾病也是可以治疗的。

遗尿症是指儿童 5 岁以后仍然不能自己控制排尿，白天或夜间时有排尿，每月至少两次。其中，由糖尿病或抽搐引起的除外。遗尿在儿童中的发生率一般为 4%～7%，在使用行为疗法之前应先排除遗传、神经系统缺陷、躯体疾病等生理因素。

在使用代币疗法的过程中，应首先消除儿童的自卑感和羞耻感，耐心鼓励和训练正常的排尿能力和习惯。

二、误用

（一）消除两兄弟争吵行为误用的案例分析

1. 案例呈现

方方和圆圆是一对双胞胎，哥哥方方已经上小学一年级了，弟弟圆圆因为先天原因，脚有点问题，不能正常走路，还没有上学。方方每次写完作业就主动和圆圆玩耍，但是他们经常发生冲突，有时甚至动手打架，还在双方身上留下伤疤和指印。妈妈决定运用"代币制"来改变两兄弟冲突的现状，她对方方说："你是哥哥，应该要主动让着弟弟，上学的孩子应该是很懂事的，不能与弟弟老是相争。妈妈决定观察你的表现，如果你三个小时不与弟弟争吵一次，妈妈就奖励你一张《西游记》的卡通贴画，等你存到十张的时候，妈妈就带你和弟弟一起去吃汉堡；但是如果你在这期间和弟弟争吵一次，就扣除一张贴画。"方方最喜欢吃汉堡了，为了不和弟弟争吵，他尽量不和弟弟一起玩耍，一个星期后他用十张贴画换取了一次吃汉堡的机会。

逐渐地，兄弟俩之间争吵的次数明显减少了。但是，妈妈发现方方很少与圆圆一起玩耍了，宁愿自己单独一人玩耍，或者做其他的事情也不去找圆圆，这使得本来走路有点问题的圆圆更孤僻了。

2. 分析

方方的妈妈在使用代币制的过程中，顾此失彼，没有考虑周全，主要失败原因是在确立目标行为时，没有明确指出方方应该有什么样的良好行为才能获得代币。她要求两兄弟不再争吵，但没有明确指出他们应该如何好好相处，只是单方面要求方方不去和圆圆争吵。所以我们应做到矫正不良行为和塑造良好行为同时进行，才能达到良好的效果。

建议不同行为换取贴画的数量应不同，累计到一定数量可以兑换一次吃汉堡的机会，界定和划分不同的行为价值。如争吵了扣除一张贴画；自己能平息争吵，奖励两张；在一起玩且不争吵奖励三张；当兄弟俩三个小时内可以和睦相处的现状比较稳定之后，可以逐渐延长到三个半小时、四个小时……待他们能完全和睦相处之后，后援强化物可以改为社会性强化，如口头表扬。

（二）提高儿童学习成绩误用的案例分析

1. 案例呈现

小文的父母是个体户，平时忙着生意上的事情，对她的成绩没多少时间和精力来管理。在小文小学三年级期间，父母为了提高她的成绩，采用金钱的方式来激励她，对她说，只要每次成绩达到了90分以上，无论是平时的小考还是每学期的大考，都可以得到了一百元的奖励，这对于一个小学三年级的学生来说，是个很大的诱惑和学习动力。加之小文是个聪明的孩子，本来基础也不差，成绩一直处于班上中等水平，这使得她比较容易就能每次考到90分以上，而且每次都是拿着考卷大声叫着要钱。经过一个学期之后，小文对于能考到90分的好成绩的结果并没有花费太多的时间和精力，这使得她学习的动机和目标完全是为了获取金钱。父母也发现她嘴里经常塞满了零食，还买了很多漫画书，而且没有一分钱的储蓄。

2. 分析

金钱作为后援强化物的效果是比较快和明显的，很多家长都比较喜欢采用。但是如果使用不当或不与其他措施配合使用，就会产生弊端。在上述个案中，小文父母以学习成绩为获取金钱的代币，金钱则成为小文良好成绩的后援强化物和学习的动力。金钱对于儿童来说又是换取自己想要东西的重要媒介，固然就强化了小文不断以分数来兑换金钱的行为，金钱越多就越能得到自己想要的东西，最终导致了小文的浪费行为，还养成了爱吃零食的坏习惯。

建议应配合储蓄行为一起实施，鼓励小文把奖金存起来。比如，没有花完的钱应存起来，然后以相对的金钱来奖励储蓄的金额；如果花掉了一定的金额，就加倍扣取金钱。有些钱非花不可，在经过父母的同意之后可以花，储蓄奖金全额照给。

第四节　行为契约概述

在美国的一个再婚家庭，少年阿尔伯特是个非常不听话的孩子，他与继父关系很紧张，平时对继父总是绷着脸，对立情绪很严重，甚至为一点小事用菜刀威胁继父，吓得继父找来警察管他。后来，心理学家采用订立契约法，解决了这个家庭的问题。心理学家了解到阿尔伯特特别喜欢开汽车，希望自己有一辆汽车。继父借给阿尔伯特 400 美元买一辆二手汽车，以后每周阿尔伯特须要偿还继父 5 美元，但只要做到图 11-2 中列的各项就可以充抵 5 美元。继父和阿尔伯特订立了这样的契约：

行　为　契　约

契约日期_____到_____

我，阿尔伯特，同意在每周完成下列行为。

①周日到周四晚上能留在家里，或在 9：30 之前把汽车钥匙交到继父手里（每晚 40 美分）；

②周五、周六晚上能留在家里，或在 12：00 之前把汽车钥匙交给继父（每晚 60 美分）；

③每周一次，在白天（具体时间由阿尔伯特定）把门前屋后的草坪修整好（每周 60 美分）；

④周一到周五每天晚饭前把家里养的狗喂好（每次 10 美分）；

⑤每天 6：30，或按早上母亲说的时间按时回家吃饭（每次 5 美分）；

⑥早晨离家前，最迟不超过中午，收拾好房间（每天 5 美分）。

我们，作为阿尔伯特的继父和母亲，也将严格执行以上条款，如果他不能做到，就将采取以下的惩罚。

①按不能做到的条款价值，对阿尔伯特在下周限制使用汽车，每缺 5 美分就限制使用 15 分钟；

②上述限制由继父执行；

③如果什么都做不到。则在下一周完全剥夺汽车使用权。

如果阿尔伯特做了其他的好事，他可以向继父和母亲提出来，商量这些好行为的价值。契约双方只要提出要求，均可以修改甚至重新订立契约。

签字_____　　_____

阿尔伯特　　继父和母亲　　　　　　　日期：

图 11-2　行为契约案例

订立这份契约后，阿尔伯特很快改变了不听话的行为，为了尽快地得到这辆汽车，他还表现出了很多意想不到的好行为，他与继父之间的关系也变好了。等到这辆汽车属于阿尔伯特自己所有之后，他与继父之间已经建立起了亲密的情感联系。[①]

代币制是一种强化与处罚相结合的方法，常用于指导性的治疗环境中，能够系统地管理该环境中的个体的行为。在阿尔伯特与继父签订的行为契约中，仍然运用了强化与处罚相偶联，帮助个体管理行为。本节将从行为契约的相关概念、原理着手，介绍行为契约的组成内容、类型、运用方法及其注意事项。

一、行为契约的含义

人们在生活中经常使用契约，如人力资源管理中的劳动关系契约，组织行为学中的心理契约等。行为改变技术中的行为契约是，由被改变者在自己或他人的要求下，为了改变某些行为，与契约监理者或冲突对象通过协议达成的。契约的内容包括一方或双方同意在一定的时间段内必须达到的目标行为。此外，行为契约还规定了该目标行为出现的强化和奖励，以及没有出现的惩罚后果。例如，上述阿尔伯特与继父和母亲之间的行为契约，就是心理学家为了改善阿尔伯特和继父之间的关系、改变阿尔伯特与父亲的对立行为而签订的。内容规定了阿尔伯特每周应完成的目标行为；一旦完成，不但可以得到 5 美元作为汽车借款的抵消，还可以拥有汽车的使用权，作为奖励；否则，则以不但不能全额得到 5 美元，使用二手车的权利还会受限作为惩罚。为了避免惩罚，阿尔伯特不得不遵守契约的规定，使契约中的目标行为不断出现，从而得到强化。契约还规定了时间限制。如阿尔伯特的契约就是以一周为一个特定的时间段，规定出一周之内应完成的目标行为，并明确要求他对执行结果负责。

二、行为契约对行为的影响原理

从前面的章节中我们可知，要强化或削弱一种目标行为，通常是在当这种目标行为出现时立即给予强化或惩罚。但是，行为契约尽管指明了被改变者想要改变的行为及这些目标行为的后果，然而这种后果是一种延迟的后果，也就是说这种后果并不跟随目标行为出现而立即出现。如阿尔伯特所做的一切都是为了完全得到汽车的使用权，也就是还清所有的车款，但他即使在一周内完成了目标行为，也得到了 5 美元，可完全得到汽车使用权这一后果并不能在那时得到，必须要经过一段时间，凑齐了车款后才

---

① 引自 http：//www.chenhc.com/phparticle/article.php/38

能得到。因此行为契约并不能用简单的强化或惩罚原理来解释其导致的行为改变过程。

在行为契约中，签约的人写明了自己将要采取的特定的目标行为，希望以此来影响将来出现的目标行为。因此，可以说行为契约是一种前提操纵类型。对于那些总是不断地说要做什么的人，规定目标行为的作用就是增加他们实施目标行为的可能性。比如，一个人知道吸烟不好，很想戒烟，可就是做不到，如果有行为契约的管理，那么就有可能促进他戒烟行为的实施。另外，契约监理者、契约参与者或其他知道这项契约承诺的人，都能够提醒或暗示签约人在适当的时间采用目标行为，或者当他们观察到签约人表现出目标行为时，能够提供强化或惩罚。这样，行为契约事实上就作为一种公众制约形式在运用。比如，一个想戒烟的人，他把他一半的工资收入拿出来，与他的监理者签订了契约，如果他一月之内抽了一支烟，那一半工资就会被捐给慈善机构。这样，在戒烟者想抽烟时，契约监理者、参与者或其他知道这项契约的人就会提醒他如果抽烟就得不到一半工资这一后果。除了起公众制约的作用外，行为契约还相当于一项规则，签约人规定在以后的适当环境中把它作为一项提示或自我指令，督促自己采取目标行为。比如，当签订了行为契约的戒烟人想抽烟时，他的规则就是"要么抽烟，要么失去半个月的工资"。这一规则也是自我管理的一种形式，它暗示并提醒着目标行为，也就是说，早期签订的契约，可以使签约人在后来容易出现问题的时候，更有可能考虑目标行为，并督促自己采用目标行为。

三、行为契约的类型

行为契约的类型根据被改变者的具体情况而定。如果只是为了改变被改变者一方的行为，可签订单方契约。如果是为了改变被改变者与他人之间的冲突关系或形成和保持良好关系，则需签订双方契约。

(一)单方契约

单方契约是指由寻求改变的患者这一方与实施监督管理的另一方一起来共同制定惩罚和强化的方式。单方契约主要用于个体想要增加的期待性行为(如学习、体育锻炼、做家务等)，或减少非期待性行为(如减少上网的时间、减轻体重、减少上学、上班迟到的次数等)。如戒烟者与监理者签订的契约就是一种单方契约(见图11-3)。契约的监督管理者可以是心理医生或是同意执行这项契约的亲人、朋友。

行 为 契 约

我，明明，同意不抽一支烟，从这周的周一开始，到下周的周一结束。

不抽一支烟的定义是，在任何地方都不能抽烟，不但不能自己主动抽，他人主动递上的烟也不能抽。

如果我一周之内抽了一支烟，交在王老师那里的资金将全部捐赠给慈善机构。

签字_____　　_____

受治者：明明　　　监理者：王老师

图 11-3　单方契约案例

在单方面契约中，监督管理者不能从契约的强化和惩罚中获得利益。例如，戒烟者如果在一月之内吸了烟，监理者不能把那个半个月的工资据为己有。这样做是不道德的，也不能做到公平地执行这项契约。

单方面契约中的监督管理者最好应是在行为矫正中受过训练的人，要求与患者关系比较亲密的亲朋来扮演监督管理者这一角色，可能是不明智的。因为当患者没有很好地执行契约中的规定时，亲朋要实施惩罚，患者就会恳请亲朋不要实施惩罚，如果实施了就会发怒，亲朋可能不再实施惩罚，这样也就破坏了监督的效力。除非监督管理者对患者有一定的权利和权威，如父母对子女的监督或上司对下属的监督等，存在这样的问题才会减少。

（二）双方契约

双方契约是指签约的双方都想改变对方的一种目标行为。在双方契约中，由双方共同确定目标行为和实施什么样的强化、惩罚。签订双方契约的人相互之间对对方的某些行为感到不愉快，契约签订中行为的改变是使双方都感到愉快和有益的。签订双方契约的人之间通常是有关系的，如夫妻、兄妹、同事、朋友等。比如，小涛和小军是两兄弟，由于父母工作比较忙，没多少时间来很好地做家务，于是父母把部分家务分配给两兄弟。但是两兄弟经常比较谁做得多谁做得少，互相推卸责任，有时还斗嘴，导致很大一部分家务还是必须等到父母下班回家后来做。为了改变这种混乱的局面，父母只好求助他们的班主任，班主任在了解基本情况之后，帮助他们签订了如下的契约（如图11-4）。

```
                        行 为 契 约
    日期：_____ 到 _____
    在将到来的这一周里，我，小涛同意做到以下任务：
    1. 每天早上起来把床铺整理好。
    2. 每天放学后把家里的垃圾倒掉。
    3. 自己用洗衣机洗自己和弟弟小军的衣服。

    作为回报，我，小军同意做到以下任务：
    1. 负责打扫家里的地板。
    2. 负责浇花。
    3. 负责每天晚饭后洗碗。
    签字_____  _____
           小涛          小军              日期：
```

图 11-4　交换式的双方契约案例

　　小军和小涛签订的是双方契约。在契约中，双方确定了要执行的特定的目标行为。一方的行为改变充当另一方行为改变的强化物。小涛的目标行为是小军期待的，小军的目标行为也是小涛期待的。因此，小涛执行目标行为的同时也期待着小军执行目标行为，反之亦然。事实上，小涛和小军目标行为的实施都是以对方目标行为的实施为交换条件的。像这样的行为契约也称为交换式的双方契约。这种交换式的契约也有可能导致当一方没有执行契约中约定的行为时，另一方也可能不执行其目标行为，使问题行为仍然存在。后来，由于小军逐渐开始不执行目标行为，班主任老师只好根据两兄弟都喜欢吃麦当劳这一特点，重新修订了行为契约的内容（如图 11-5）。

　　在这项契约中，小涛和小军的目标行为性质是一样的，都必须要完成契约上所规定的家务，而且他们双方的奖励方式都是每周日下午去快餐店吃快餐。因为他们双方都喜欢这种强化物，所以这种强化物对他们都是一种很好的强化，而且，如果一方不能完成目标行为也不会影响另一方，因为他们的目标行为之间并没有联系，而是每个人有不同的具体目标行为，他们之间的行为契约是一种平行的契约形式。在这种对等的行为契约中，每一方都同意按对方的期望改变自己的行为，由双方来安排他们期待的行为改变的后效。

237

```
                        行  为  契  约
       日期：_____到_____
       对将到来的这一周，我，小涛同意做到以下任务：
       1. 每天早上起来把床铺整理好。
       2. 每天放学后把家里的垃圾倒掉。
       3. 自己用洗衣机洗自己和弟弟小军的衣服。
       如果我在周日前完成上述任务，就可以在周日下午与父母去快餐店吃快餐。


       对将到来的这一周，我，小军同意做到以下任务：
       1. 负责打扫家里的地板。
       2. 负责浇花。
       3. 负责每天晚饭后洗碗。
       如果我在周日前完成上述任务，就可以在周日下午与父母去快餐店吃快餐。
       签字_____  _____
           小涛          小军            日期：   年   月   日
```

图 11-5　平行的双方契约案例

第五节　行为契约的运用

　　行为契约是一种教育方法或手段意义上的"君子协议"，即使它并不像法律条文那样严格、正规，但对签约双方都具有约束力，避免了口说无凭和随意更改，体现了签约人之间讲诚信、相互尊重和平等的人格关系。

一、行为契约运用的意义

　　行为契约适用于想要提高或降低期望的或非期望的目标行为水平的人。因此，行为契约不仅在行为改变技术中运用广泛，在日常生活或教育中也经常运用。

　　行为契约法常用于提高儿童或成人的目标行为。比如，已有不少研究表明，行为契约用来帮助成人减肥及保持体重很有效。如在一项减肥研究中，减肥者们带一些贵重的物品（如衣物、珠宝、纪念品）到诊所来用于他们的减肥契约。然后他们与研究者签订契约，在契约中规定，要通过减掉一定的体重来挣回他们的贵重物品。其结果是，这些契约使所有的受试者都减少了体重。霍尔用行为契约来帮助一些大学生增加他们每周参加有氧运动的训练量。每个学生都拿出自己的一些贵重物品交给研究者作抵押。

然后写下行为契约，说明他们要以每周一定的运动量把这些东西赎回来。运动量由其他的参与者或研究者来记录，以核实目标行为的出现。在这些学生开始使用这种行为契约后，他们常规的运动量增加了。

行为契约法常用于改善儿童、青少年及大学生的在校学习。如斯托克对一些表现差的职高学生使用行为契约及教育程序以帮助他们完成学业。每个学生都写一份行为契约，说明每日及每周要正确完成一些规定的项目作为目标。他们在完成了契约中规定的目标后，就能取回一些钱。由于使用契约，所有学生的表现都得到了改善。米利埃教一些小学四、五、六年级孩子的家长使用行为契约，以改善孩子家庭作业的完成情况。契约写明了，如果出色地完成作业，就可以参加他们所期待的活动；而不完成契约规定，就要承受一定的后果。由于使用了与父母签订的契约，所有孩子的家庭作业的完成情况都有了改善。①

行为契约法还有助于改善亲子关系。行为契约法用于父母与子女之间，反映了两个层面的亲子关系，即父母与子女之间在教育地位上的不平等关系，以及在人格地位上的平等关系。对于学生而言，父母是教育活动的发起者，在教育目标和内容的选择上体现出自上而下的教育者与被教育者之间的关系，这种不对等关系保证了父母的教育责任和权利。同时父母在生活中也会犯错误，也应该接受孩子的质疑、监督和批评，还要尊重孩子的独立人格，在这一点上，亲子之间又是平等的。如阿尔伯特与继父之间的恶劣关系通过利用行为契约法得到了改善，就是一个很明显的例子。

行为契约还可应用于夫妻间的行为改变。双方契约由冲突的双方协定。每一方都同意采取一些对方所期待的行为，并写下对等式（平行式）或交换式契约。一旦行为契约付诸实施，任何一方的行为改变都会使双方的关系更为满意。

二、行为契约的形成过程

无论是单方契约，还是双方契约，在其形成的过程中，都离不开签约人之间的协商。通过共同的协商来确定所要达成的目标行为，规定出如何测量目标行为，确定执行该行为的时间及强化与惩罚的方式等，最后双方签字形成有效的行为契约。

---

① 参考 R. G. Miltenberger 著，胡佩诚等译．行为矫正的原理与方法．北京：中国轻工业出版社，2004，395.

(一)确定目标行为

签订行为契约的第一步就是要明确契约中的目标行为。契约中的目标行为必须是客观的、可测量的和可操作的，目标行为应包括非期望行为的减少和期望行为的增多。确定的目标行为应对求助者有意义。前面的例子中，阿尔伯特的目标行为是每周要做以上的 6 个条款规定的行为才能获得 5 美元，只有获得 5 美元才能充当汽车的费用，这些目标行为会使他们生活的很多方面得到改善。

(二)规定如何测量目标行为

测量目标行为是指被改变者通过何种标准和途径来证明自己的目标行为是否出现。如在阿尔伯特的例子中，他必须周日到周四晚上能留在家里，或在 9：30 之前把汽车钥匙交到继父手里；周五、周六晚上能留在家里，或在 12：00 之前把汽车钥匙交给继父等六项指标。其他的可以用作测量标准的还有减肥契约中的体重，治疗网络成瘾症契约中的每次上网时间等。

(三)确定执行契约中行为的时间

每项契约的内容中必须规定该行为出现或不出现的时间范围。如阿尔伯特完成契约中规定的六项内容的时间是一个星期，而且每一项内容都规定了具体的时间。时间限制能更好地规范被改变者的行为和测量被改变者的行为质量。

(四)确定强化和惩罚的方式及其实施者

契约中对目标行为的作用有两种，一种是对期望行为采取强化方式；另一种是对非期望行为采取惩罚方式。如阿尔伯特能在一周内顺利地完成所规定的六项内容，就能充抵欠继父的 5 美元；如果不能完成其中的一项，按照不能做到的条款价值，对阿尔伯特在下周限制使用汽车，每缺 5 美分就限制使用 15 分钟等。契约的内容必须明确。同时也要确定好由谁来执行强化和惩罚。如在阿尔伯特执行契约的过程中，是由继父和母亲两个人共同执行强化、惩罚、监督的。如果阿尔伯特做了其他的好事，他可以向继父和母亲提出来，商量这些好行为的价值。契约双方只要提出要求，均可以修改甚至重新订立契约。这样就使患者清楚地明白自己的行为是对谁负责，能更好地督促患者执行契约。

(五)行为契约通过双方签字生效

行为契约只有在双方互相同意的基础上才能生效。行为契约的签订也至此完成。行为契约签订完成后的下一步工作就是严格实施行为契约中所规定的内容。

三、行为契约的签订原则

为了保证行为契约的有效性和公平性，在行为契约的签订中应遵循以下原则。

(一)协商原则

参与行为契约的成员必须商定契约中的组成，使大家都能接受这项契约。在单项契约中，契约的监理者与求助者商定他们能接受的目标行为程度、适宜的结果及契约的时间限制。受过行为改变训练的契约监理者，帮助求助者选择与契约的时间限制有关系的、可达到的目标行为，并选择一种相互偶联的强化与惩罚方式，以确保执行目标行为的成功。在双方契约的商定中，由于签约的双方往往处于冲突矛盾之中，关系紧张，不满对方的行为。每一方都认为对方是错的，同时坚信自己的行为没有问题，所以都期待改变对方的行为，而看不到自己的行为应该改变。这就要求第三方参与契约的商定，帮助他们签订一项双方都能接受的契约。第三方往往需要经过专业训练的人担任，才能够与冲突的双方商定双方契约。如阿尔伯特与继父和母亲的行为契约的商定，就是心理学家参与的结果。

(二)目标行为的重要性和可行性原则

行为契约必须只能选定一个目标行为或几个与目标行为非常接近的行为，且确定的目标行为对患者是真正重要的。一般不要与 6 岁以下的儿童签订行为协议。所签订的目标行为必须是被改变者有能力完成的，不宜过难和过易，应采取渐进策略。因为如果契约中的目标行为，求助者能够成功地执行，那么他的努力就会被强化，也就更有可能进入下一步的契约；如果目标行为太容易达到，就会需要计划出更长的周期，才能达到行为改变的最终目标。

(三)内容的全面性与具体性原则

行为契约由双方共同达成，内容必须全面、具体。全面是指，要考虑到需要完成和达到多个方面的行为，不能有遗漏，避免造成对需要完成目标行为的不合理的强化。具体主要是指，要包括行为描述及结果描述两要项，使得整个行为有明确的操作性，能了解和确定个体的某一项行为和整个行为契约的具体执行状况。行为契约最好以正向的词句来描述，给双方以正面导向的引导，共同促进行为的改善。

四、行为契约运用中的注意事项

行为契约签订后，求助者就可依照契约执行。但在行为契约实施的过程中，应注意以下几方面。

（一）注意契约的可继续协商性和修订性

根据实际情况的变化，双方都可以提出更改契约内容，经过互相协议后，达成新的契约内容，这样有利于行为契约更好地执行和保证成功。比如，在戒烟的行为契约中，对于一个烟瘾很大的人来说，一周内一支烟也不吸也许很难办到。在实施了一周以后，治疗者就有可能放弃，最终达不到戒烟的目的。在这种情况下，双方就可继续协商，从一周内准吸三支逐步到一支也不吸，这样来修订契约，逐步达到戒烟的目的。

（二）注意保存目标行为的执行情况记录

在实施行为契约的过程中，同样应随时观察并及时记录所出现的目标行为，这样既方便当目标行为出现时给予及时强化物，也有利于了解行为契约实施的进展情况，为下一阶段行为契约的修订做好准备。

（三）注意行为契约的及时渐隐

实施行为契约法的最终目的是提高期望的目标行为，降低非期望的目标行为。因此，当期望中的目标行为得到提高或非期望的目标行为得到降低时，应逐步取消行为契约，让被改变者在没有行为契约约束的情况下，也能达成期望的目标行为或不再出现非期望的目标行为。

第六节　行为契约应用案例分析

一、正用

（一）治疗电脑游戏成瘾的案例

1. 案例呈现

张晓（化名），初二学生。根据张晓妈妈讲，张晓从初一下学期开始打电脑游戏后就一发不可收拾，只要有人叫他，他就去打电脑游戏。为了不让他去网吧，家里甚至买了一台电脑给他打电脑游戏，可是他还是经常离家去网吧，经常逃课，考试时随便写几个字就交了，有时候甚至不交考卷，初二上学期期末语文只考了几分，数学考了十几分。为此，父母给他办了休学，后来看他可怜，又将他安插到另外一所学校临时读书。期间，他也没停止到网吧打电脑游戏，在班主任的劝说下，本来已打算放弃的张晓的妈妈来到学校的心理咨询室。经过协商，最终形成这样一份行为契约（见图 11-6）。

关于张晓同学在 18 岁之前不再打电脑游戏的正式契约

张晓，14 岁，现重庆市某中学初二学生，我郑重向我的父母、班主任、心理老师承诺以下义务：18 岁以前不打电脑游戏。以一个学期为限，如果我做到一周，请奖励我，家庭内部口头表扬，说我有毅力，有自制力，能管理自己；如果我能做到一个月，请奖励我，较大范围口头表扬，说我有毅力，有自制力，能管理自己，请同时奖励一本我喜欢的书；如果我能做到一个学期，请奖励我，请认可我不是真的迷恋电脑游戏，请在更大范围内给我口头表扬，说我有毅力，有自制力，能管理自己，同时奖励我一部手机。如果我做不到，我甘愿接受的惩罚是：每周打扫一次卫生间（两个），清洁标准由父母决定。

签约人：张晓

签约人：父——张江（化名）；母——李美（化名）；班主任——王刚（化名）；心理老师——周虹（化名）

签订时间：2003 年 9 月 28 日

备注：本契约每周签订一次

图 11-6 不再打电脑游戏的契约案例

摘自：熊克蓉，邹红．一份神奇的契约．教书育人．2004(11)：43—44.

2．分析

上述契约中的强化物采取的是物质强化和精神强化两种方式，有口头表扬、奖励喜欢的书、手机，最终重在精神强化。

整个契约的实施过程循序渐进，如表扬的范围从家庭内部口头表扬到较大范围口头表扬、更大范围内口头表扬，使张晓对自己的行为发展有一个逐渐的认识过程。

（二）消除学生不良学习习惯的案例分析

1．案例呈现

小丽经常不能按时交数学作业，数学成绩也不是很好。后来数学老师李老师想到了运用行为契约法来改变这种状况。契约的内容是，如果班上每一个同学都能在每周预定时间按时按量交出所布置的作业，就能在周末的最后一节课开展一个小型联欢会，在会上大家可以自由活动、自由表演节目。从此以后，班上的同学都很努力、积极地完成数学作业，小丽在这种环境的带动下，也很努力地按时完成作业，数学成绩也提高很快。

2. 分析

针对小丽不能按时交数学作业的不良学习行为，并不是与小丽单独签订行为契约，而是与全班同学一起签订，规定班上每一个同学都能达到在每周内按时按量交出所布置的作业，才可以开展一个小型欢乐会。

这不仅可以提高小丽数学学习成绩，也可以提高全班的成绩，还在全班形成了一种互相学习、互相帮助的学习气氛。

（三）改善亲子关系的案例分析

1. 案例呈现

王宝贝的妈妈一直希望自己的独生子比同龄人优秀。从上幼儿园开始，她就经常问他一些问题，渴望了解他在外面的生活，想帮他少走弯路，做一个懂事聪明的孩子。他上小学后，王女士就更关心了，每天不是问学习，就是问成绩，要不就问他与同学的关系，还陪着他做功课。

其实，王宝贝是一个勤奋好学、性格开朗的四年级学生，在班上成绩一直名列前茅，是第五届宋庆龄奖学金获得者。王宝贝说，他很努力地学习，希望妈妈满意。本来在学校一天的生活已经很紧张了，回家还要应付妈妈没完没了的问题，不回答吧，妈妈就很不高兴，他特别无奈。特别是吃饭的时候，妈妈坐在一旁，又是夹菜又是夹肉，还不停地说："儿子，你多吃点蔬菜，补充维生素和纤维！""儿子，别吃那么多主食，当心发胖！"本来香甜的饭菜，让妈妈搞得没了胃口。他说："我已经9岁了，妈妈还当我是不会吃饭的婴儿。"

于是，新学期开学没几天，聪明的王宝贝主动对妈妈实施"行为契约"法。当妈妈又在吃饭时说些老生常谈的话题时，王宝贝把筷子一放，站起来郑重地说："妈妈，咱们签份合同吧！"，合同如图11-7所示。

王宝贝和妈妈的合同

1. 以后妈妈不在吃饭时间问王宝贝的学习情况；作业不会时，妈妈不许发脾气，不许敲桌子，要耐心讲解；周末晚上给王宝贝放松时间，不能硬性规定必须9点睡觉。

2. 王宝贝要主动跟妈妈谈心，不乱花钱，不瞒着妈妈做事情，每天洗自己的碗，叠自己的被子。

3. 合同有效期：本学期。

双方签字：　　　　　　　　　　　　　　　日期：

图11-7　改善亲子关系的合同

整理自晏红. 儿童教育就是培养好习惯. 北京：北京出版社，2004.

母子俩都签了字，然后按照协议行事，很快母子关系消除了紧张。妈妈再也不在吃饭的时候问个不停："儿子，今天功课学会了没有？""老师提问你了没有？""数学题有错的吗？"王宝贝的变化也很明显：不乱花钱买玩具，回家主动告诉她当天在学校的情况，按时做作业，自己洗碗，还承担了全家的扫地任务。

2. 分析

孩子的行为规则一旦约定俗成，就不用三令五申，照章考核孩子的行为就行了，而长期唠叨啰唆只会降低父母在孩子心目中的威信和地位，起不到好的教育效果。

签协议的表述方式帮助孩子自我观察，建立良好行为，父母省去了许多说教，亲子之间的情绪冲突大大减少。孩子因此学会自主管教，是科学有效的教育方法。

二、误用

(一)矫正注意力缺陷的案例分析

1. 案例呈现

小娟，女，8岁，在某小学念2年级，聪明可爱，生理上正常。但是有注意力不集中方面的缺陷，做事情比较粗心，不能在较长的时间内精力集中，在课堂上经常走神，数学作业的正确率较低，在课间休息和活动中不能保持安静等。父母意识到如果不及时改变这个不好行为，将会对小娟以后的生活和学习带来不好的影响。于是，在心理咨询师的建议下，父母与小娟签订了如图11-8所示的一份行为契约。

我(小娟)同意在一天内做到以下几点。

1. 在吃晚饭前，完成教师当天布置的数学和语文作业，并保证至少有80%以上是正确的。
2. 当老师在班上对我讲话时，或者对全班讲话时，集中注意力，不东张西望。
3. 课间休息或在操场上时，保持安静并遵守指令。

在一天内如果我做到以上这几点，我将可以选择如下活动之一作为奖励。

1. 在学校的最后15分钟为自由活动时间，可以与同学玩游戏。
2. 每天可以看动画片15分钟。
3. 可以帮助老师完成某一任务，如收数学作业等。

如果坚持一个月，我可以与父母一道外出度假，如吃麦当劳或者去动物园。如果做不到，我将没有自由活动时间。我将尽最大努力履行这一协议。

学生签名：　　　　　　父母签名：

　　　　　　　　　　　　日期：

图11-8　矫正注意力缺陷的契约

2. 分析

行为契约设定的目标行为要符合儿童实际能力，注意力缺陷儿童，一旦面对复杂的、长时间的任务，注定要失败。因此，如果让一个 8 岁并注意力有缺陷的儿童连续一个星期的数学作业的准确率都必须保持在 80％以上才能得到奖励，是一件难以做到事情。所以，要设定一个适当的目标行为水平。开始时，一定要设定少一些的行为目标，任务要相对简单一些。

契约中规定，只要小娟坚持一个月能做到上述条款，就能得到更大的奖励，但是在一个月的长时间内去执行同样的任务，得到同样的奖励，对于注意力有缺陷的她来说，强化物的吸引力不够，容易产生饱厌现象。应当保证儿童一开始的行为约束要成功，要形成他们的成功体验，树立信心。行为目标的设定一定要循序渐进，越来越复杂，强化物也应越来越有吸引力。

建议数学作业的正确率应先定在高于小娟原来正确率的 20％左右，之后循序渐进，慢慢增加；行为契约的内容最好每隔几天就需做出调整，特别是在小娟出现比较明显的积极改变的时候；强化物的选择面也应更多样。

(二)强化良好行为出现的案例分析

1. 案例呈现

某体育老师用行为契约来提高高中生晨练的运动量。每个学生都拿出自己的一些贵重物品或对自己比较重要的东西交给体育老师作抵押。然后写下行为契约，必须要每周达到一定的运动量才能赎回这些东西。以时间为运动量的指标，运动量由参与运动的学生轮流记录。这些学生参与这种行为契约后，其运动量比以前并没有显著的提高。

2. 分析

运动量由参与运动的学生轮流记录，记录过程中不能保证公正，就容易使学生产生作弊行为；以时间为运动量的指标，指标过于单一，不能全面反映学生的运动量，应配合具体的运动强度来综合作为指标。

建议记录人员应选用不参加此项运动的其他人员，这样可以避免出现作弊现象；应配合具体的运动强度来综合作为指标，如每天如果规定运动时间为一个小时，那么就明确规定每次运动时间内必须完成哪几个运动项目。

本章摘要

1. 代币制是指在问题行为者出现目标行为（期望行为）时，立刻给予一种"标记"或代币加以强化，然后再用累积起来一定数量的"标记"或代币换取各种奖赏（原始强化物）的一种行为矫正方法。

2. 代币系统由目标行为、代币、后援强化物三部分组成。

3. 代币制的优点主要体现在强化的及时性与有效性，对实施者行为的控制性及其能增加被实施者技能的获得性。因此，运用范围较广。

4. 代币制的实施步骤包括在明确目标行为、确定代币、确定后援强化物、制定代币交换系统之后，实施代币制，最后将期望行为成功地迁移到自然情境中。

5. 在运用代币制进行行为改变时，应注意代币制管理规则的明确性，注意正确运用"反应代价"及注意工作人员的训练和管理等。

6. 行为契约是由被改变者在自己或他人的要求下，为了改变某些行为，与契约监理者或冲突对象之间通过协议达成的。契约的内容包括一方或双方同意在一定的时间段内完成所必须达到的目标行为；此外，行为契约还规定了该目标行为出现的强化和奖励以及没有出现的惩罚后果。

7. 行为契约之所以能影响行为是因为行为契约起着公众制约的作用，同时，行为契约所形成的规则也支配着目标行为的出现。

8. 行为契约包括单方契约和双方契约。

9. 行为契约由目标行为、目标行为的测量标准、强化和惩罚的方式及其实施者等部分组成，最后行为契约要通过双方的签字才能生效。

10. 行为契约的签订应根据协商的原则，注意目标行为的重要性和可行性，行为契约应全面而具体。

11. 在实施行为契约的过程中，应注意目标行为的执行情况的记录，行为契约的继续商定和不断修订，同时应注意达到目标行为后应减少行为契约的运用。

练习题

1. 李女士是一位职业妇女，不仅公事忙碌，而且家事也使她头昏脑涨，尤其对于 6 岁儿子的管教，更让她力不从心，最后只好请教行为改变专家的意见。

专家建议她采用代币制，用积分方式，使得小孩自动且有效地处理自己的事务，积分制的记分方法是这样的：孩子能准时起床、睡觉各得 2 分，能整理自己的床铺、书包和书桌、按时吃饭、上学、按时回家各得 1 分，准时做完作业得 2 分，成绩得 80 以上加 3 分，说谎扣 3 分，打架扣 3 分，骂人、顶嘴扣 2 分。

李女士为方便有效，设计如下表格，张贴在白板上，每周一张。每天晚上由李女士询问当天情况和表现，再在积分表上填写，一星期结算一次。一周满分为 90 分。这个代币制的实施合理吗？如果不合理请分析不妥之处。

积　　分　　表　　　　　　　　　　　　　　　月　　日至　　月　　日

姓名	星期	加 分										扣 分				合计	总计
		起床2	整理床铺1	吃饭1	上学1	放学1	书包1	书桌1	作业2	成绩3	睡觉2	说谎3	打架3	骂人2	顶嘴2		
小童	一																
	二																
	三																
	四																
	五																
	六																

依据李女士平时对孩子的观察、了解以及孩子自身的实际需求和喜好，拟订以下后援强化物和兑换分值。

积分与奖品兑换表

后援强化物	分值
每天看动画片 30 分钟	5
买喜欢的漫画书一本	20
买喜欢的玩具一件	30
吃快餐一次	20
去公园一次	20
带他去外婆家一次	20

2. 王老师是位刚从中师毕业的新任老师，对教学非常热情，可是第一次模拟考试他所任教的班级成绩非常不理想。为提高班上学生的成绩，他采取代币制，凡是平时考试成绩在 90 分到 95 分的给星星 1 颗，95 分以上给 3 颗星。实施一段时间后，班上的学生较以前更努力了，第二次模拟考试班上成绩明显进步了，期末考试也进步了。

经过一年的实施，越来越明显，班上成绩优劣分明，表现优秀的小朋友更加优秀，但表现较差的小朋友不但成绩没有进步反而更差了。试分析为什么会出现这种情况。

3. 某小学 2 年级 1 班是个比较活跃的群体，学生性格都较外向，学生整体成绩较差，组织纪律涣散，难于管理。这学期学校安排有较丰富经验的唐老师担任班主任，唐老师在观察一段时间后，决定采用代币制来解决班上组织纪律涣散的现象。她制作了一张表格记录每个学生的旗帜数目，具体实施如下。①每次考试成绩达到 80 分就可得到小红旗一面，在此分数上每上升 5 分就可多得一面；作为惩罚，80 分以下得小黑旗一面，在此基础上每下降 5 分就多得一面。②上课期间不出现违纪现象可得小红旗一面，每违纪一次得小黑旗一面。③每天能按时交作业者，累计一周得小红旗一面，一周累计两次以上不交作业得小黑旗一面，一次不能按时交不得任何旗帜。④参加班集体活动得小红旗一面，不参加者不得任何旗帜。⑤累计 3 面红旗可获得自动铅笔一支，6 面红旗获得记录本一个，9 面红旗铅笔盒一个……累计 3 面黑旗罚扫教室一次，6 面黑旗罚扫教室一周，9 面黑旗通知家长反映情况……⑥每周最后一节班主题活动课上，由老师组织大家一起在班上评估旗帜的获得、奖品的兑换、惩罚名单的公布。唐老师实施在实施代币制过程中有什么不妥之处？

4. C 市某高校聚集地附近的大型超市营销策划部为改变日渐下滑的销售业绩，与其他超市竞争，决定采取代币制来刺激周围居民的消费行为。广告宣传单内容如下。①在活动期间，凭当日单张购物小票达到 40 元，即加盖超市的商标图章 1 个，80 元加盖 2 个，以此类推，单张小票最多不可超过 5 个图章。②小票只可累积一次，烟酒和电器柜台恕不参加本次活动。③凭 1 个图章加 1 块钱即可兑换酱油 1 瓶，凭 2 个图章加 2 块钱兑换香菇 1 包，凭 3 个图章加 3 块钱兑换 1.8 升食用油一瓶，凭 4 个图章加 4 块钱兑换 2.5L 食用油一瓶，凭 5 个图章加 5 块钱兑换精美茶具一套。本活动实施 3 天后并未达到开始所预想的销售业绩，消费者对于超市的奖品表现更多的只是观望。试用代币制的相关原理分析这次促销策划的不足之处。

5. 小陈，大一学生，有中度的网络成瘾症，每天都要持续上网打网络游戏 5 个小时以上，且没有疲倦感，反而越来越兴奋。如果短时间内不上网，就会出现精神恍惚、无精打采、失落感。他的学习成绩也急剧下降。为了改变这一现状，他决定去寻求学校的心理咨询师的帮助，心理咨询师和他签订了一份行为契约。他拿出自己下个月的生活费 400 元给心理咨询师作为抵押，签订的契约中注明：他将在接下来一个星期内完全不花费一分钟在网上，如果违规一次，就要扣取 100 元。为了确定他是否上网，心理咨询师叫和他同宿舍的朋友一起监督，并填写记录表。请问：这个行为契约存在什么问题？

6. 在暑假到来之前，为了使同学们更好、更有意义地度过暑假，班主任李老师决定要同学们在暑假里读 3 本世界名著，并和班上每一个同学签订了行为契约。在这份契约中，每个同学必须保证要读 3 本世界名著；作为报酬，如果顺利地完成了阅读任务，就在开学时以当地快餐店的现金兑换券作为奖励。请问：只凭阅读量就能说明学生真正阅读过名著吗？李老师如何来衡量同学们是否真正读过三本书？

7. 小灵和华强是一对刚结婚两个月的新婚夫妇，两个人都是朝九晚五的工薪阶层。结婚前，华强还算是一个较勤快的人；但婚后，他除了上班以外，家里任何家务和日常生活开支都漠不关心，一下班回来不是看电视、杂志，就是打游戏，把所有的家务都抛给小灵。刚开始小灵还能忍受，可一段时间后，当小灵每次拖着疲惫的身子回家还要应付两个人的晚餐和一大堆家务的时候，她终于忍不住开始向华强提出强烈的不满，有几次甚至还争执得很激烈，导致小灵的脾气越来越暴躁，而华强丝毫没有改变的迹象，夫妻关系陷入一定危机。假如你是小灵，请你拟订一份共同承担、合理分配家务的契约来帮助改善他们的夫妻关系。

第十二章 类化原理

1920 年，华生和雷纳共同发表了一篇题为《条件情绪反应》(*Conditioned Emotional Responses*)的论文。论文中展示了一个实验，实验对象是一位名叫阿尔伯特的 11 个月大的男孩。阿尔伯特起初并不害怕诸如白鼠、白兔、小狗之类的小动物，但每次在他打算去摸一只放在面前的小白鼠时，实验者都从其背后用铁锤敲打一根金属条，金属条发出的出其不意的尖厉响声让小阿尔伯特从一开始只表现出退缩，到后来的哭喊。就这样，将小阿尔伯特伸手摸小白鼠的动作与锤敲金属声结合在一起，在一周之内演示了 7 次之后，阿尔伯特就变得只要看到白鼠，即使没听到铁锤敲打金属的声音，也会害怕，哭喊着爬离现场。到后来，阿尔伯特就连看到白兔、白狗、棉花或母亲的大衣等白色物体都会表现出惧怕情绪。

霍尔亚克(Holyoak)等(1980，1983)曾要学生解答登克尔在 1954 年提出的放射线问题[①]。这个放射线问题是：假设你是位医生，有位胃癌患者经诊断确定不能以开刀方法治疗，但若不治疗又会危害到生命，唯一可行的方法是使用放射线破坏癌体组织。但使用此法遇到的困难是：如果放射线强度不够，将无法破坏癌体组织；但如果强度增加，则在破坏癌体组织之前，会先伤害身上的其他健康组织。你怎样做才能在不伤害健康组织的原则下达到放射治疗的目的？

正当许多学生都为解决这个问题绞尽脑汁、一筹莫展之时，一个学生想到了他曾经读到的另一个故事，这个故事帮他解决了老师出的难题。这另一个故事是如下。

某个小国被一独裁者控制，他住在全国国土中心的城堡中，由城堡向外有许多放射状的小路通往各地。反叛的一位将军奉命攻下城堡。他有足够的军队，可全军不能由同一路线进攻，因为这会引爆埋在小路上的地雷，并危害到四周农田，但若以小队方式，军队则能安全通过。于是，将军把军队分为许多小队，分别同时从不同小路出发，并且要求军队能同时到达城堡，以便集中进攻。就这样，这位将军很快就占领了城堡，顺利地完成了任务。

---

① 参考 http://www.doc88.com/p-600927567452.html

那个学生就这样从攻城故事中获得启发，很容易地解决了放射线难题。

华生和雷纳用实验证实了类化现象是如何产生的，放射线问题的解决则说明了类化原理如何在实际生活中得到了运用。对类化现象产生的深层原因机制的了解，不仅能使人们有效地预防或控制不期望的类化结果出现，还能让人们懂得如何引导出我们希望出现的类化结果。类化原理在实际生活中的运用非常广泛，无论是在日常教育、学习与生活行为之中，还是在对某些特定行为的塑造与矫正之中，人们都会经常运用到类化原理。特别是在对特定行为的塑造与矫正之中，更是经常需要通过类化来发展、促进和保持目标行为在非训练情境中出现的可能性，这就需要正确运用类化原理。本章将主要介绍类化原理的定义、分类、形成条件、影响因素，以及如何运用这一原理来促进目标行为的类化。最后还将列举类化原理的一些运用实例，并对其进行分析。

第一节　类化原理概述

在行为改变技术实施过程中，应将类化纳入计划之中。因为无论是对个体的某种行为实施强化来增加积极行为出现频率，还是通过塑造以促进期望新行为的产生，或是运用惩罚使个体不当行为得到抑制等，最终都希望其行为改变结果在生活中各种相关情况下能够再现，这就需要运用类化原理。

一、类化的含义

在华生和雷纳的实验中，小阿尔伯特由于在每次去摸白鼠时都听到了令人恐惧的尖锐的声响，他就将所受的恐惧刺激与白鼠联系起来了，所以会一见到白鼠就怕。然而，他后来不仅害怕白鼠，也害怕白猫，甚至连无生命的白色有毛的玩具动物、妈妈的白色毛大衣都怕了，这种现象在日常生活中也经常出现，"杯弓蛇影""一朝被蛇咬，十年怕井绳"就是此类现象的生动描述。如何攻下城堡的问题与如何用放射线杀死癌体组织的问题，表面上似乎不相干，但其深层结构却相同，因而那个学生能从攻下城堡的问题当中得到启发，顺利地解决了如何利用放射线杀死癌体组织的问题。这就是人们常说的"举一反三""触类旁通"。像"杯弓蛇影""触类旁通"这类现象，用心理学的术语来描述，就是类化现象。什么是类化？它是指个体对某一刺激反应的联结一旦建立后，当遇到与该条件刺激相类似的其他刺激时，虽未经特别的练习，也能引起个体的类似反应倾向。也就是说只要有与最初的刺激相关或相类似的刺激呈现，最初的那种刺激行为就会出现，这就是类化。阿尔伯特每次摸白鼠时都听到令人恐惧的声音，从而建立了他害怕小白鼠的这种最初的刺激，当他遇到有类似特征的白兔、白狗、棉花等时，也就是相关或相似刺激呈现时，他产生害怕心理，引起类似于最初的那种反应倾向。这种类化现象常被运用于行为改变技术中，因为其目的就是塑造人们期望的目标行为。因此，在行为改变技术中，类化被定义为，在训练情境之外，所有相关或相似刺激呈现时都出现这种行为。如一个智力不足的儿童能把在家里接受的穿衣行为也运用到学校这个训练情境之外的环境，也是一种类化。

二、类化形成的条件

类化的形成是需要条件的，并不是任何刺激都能引起类化的发生。

(一)相关的刺激必须与最初的刺激具有相似性

关于类化，斯金纳在他的著作中对其的界定是："……描述刺激需要的控制被其他具有共同特性的分享这一事实的词语。"[①]"分享"一词生动地说明了这二者之间的共性或相似性。否则，即使有原始刺激与其他刺激出现，由于这二者之间没有相似性(不能分享)，类化现象也不可能发生。利用如何攻下城堡问题解决如何用放射线杀死癌体组织问题，实际上就是因为放射线与通向城堡周围的小路具有相似性，这种相似性就是分享。换言之，没有相似性，就无法分享，如当妈妈用卡片教小明认识的是"月"字，却要他由此认识"亮"字时，他通常可能就不认识，因为原始刺激"月"和"亮"没有相似之处，无法分享。

(二)目标行为能够在不同的情境下出现

类化现象的发生，除了相关的刺激与最初的刺激具有相似性外，还要求目标行为在不同的情境下都能发生，只有这样才可以称之为有类化现象的发生。前者是类化现象得以产生的必备条件，后者是类化现象得以成立的必然结果。小阿尔伯特是在实验室里受到的恐怖声音的刺激，并且与之相配对呈现的动物只是白鼠，但他无论在哪儿见到白鼠甚至白狗、白猫都

---

① 参考 R. G. Miltenberger 著，胡佩诚等译. 行为矫正的原理与方法. 北京：中国轻工业出版社，2004，118.

会害怕，这就产生了类化现象。智力不足、已有10岁的小明在学校里学会了"月"字之后，无论是在外面的广告牌上，还是在电视上、报纸上或是他自己的卡通书上，一看到"月"字，他就马上会念"月"，这也是一种类化现象。如果这两个条件中只具备其一，就不能称之为类化现象。

三、类化、分化与辨别

从以上的概念描述可知，类化是指一些相似的条件刺激或一系列大范围的条件刺激引起相同的条件反射。相比之下，分化的条件反射则是由单个或一组狭窄范围内的条件引起的。如阿尔伯特只怕实验室里的白鼠，其他地方的白鼠都不怕，更不怕白狗、白猫等其他小动物，这就是分化。如果他不仅怕所有地方的白鼠，还怕类似的白狗、白猫等小动物，那就是类化。换句话说，分化现象，需要最初的那种刺激呈现时才能出现；而类化现象，则只需相关或相似的刺激呈现就会出现。然而，如果某个小孩因为一次偶然被小狗咬后，就变得连小猫、小兔甚至连玩具小狗都害怕，父母或其他人明确告诉她并不是所有的小动物都咬人，玩具小动物更不会咬人，让她对相类似的刺激物能区分，使她能消除恐惧，那就是辨别。因此辨别就是从相类似的刺激物中区分出不同的性质，根据不同的情况作出不同的反应。如在小明认识了"月"字之后再教他认识"目"时，就应教会他学会辨别，从相似中找出区别。在幼儿的成长教育中，教孩子学会辨别是很重要的一个环节。如在过公路时，教孩子学会辨别红绿灯与人行和车行的关系就可避免很多悲剧的发生；教孩子学会辨别友善的人与不良分子就可少让孩子上当受骗，避免受到伤害；教孩子在运动场上蹦蹦跳跳，与在家里，特别是在别人家里做客时的蹦蹦跳跳的区别，就可引导孩子良好的礼貌行为。

四、类化的分类

由于类化产生的条件、产生的结果以及类化的运用等的不同，形成了不同的类化分类标准。对于类化的分类，一般可以采用以下一些方法。

（一）依据刺激反应划分

依据刺激反应划分，可以把类化划分为刺激类化和反应类化。

1. 刺激类化

刺激类化是出自经典的条件反射观点，指条件刺激在单独引起条件反应之后，与该条件刺激相类似的其他刺激，虽然从未在该条件过程中伴随强化刺激出现过，但也可以引起个体条件的反应。也就是说，由相关或相似的刺激引起的类化现象就属于刺激类化。比如阿尔伯特对白鼠及相类似的白猫、白兔的恐惧，就是一种刺激类化；利用攻城策略解决放射线问题也是一种刺激类化。

2．反应类化

反应类化是指经过训练，在原来的习得行为受阻或受干扰时产生的某种与原来相似的反应。小明在卡片上通过老师的教（教是一种训练）认得了"月"字，他从广告牌上读"月"字的行为就是一种反应类化。在生活中还有许多反应类化的例子，如体育训练、演奏乐器、雕刻玉器等都会涉及反应类化的问题。反应类化的目的是通过训练达到期望的结果。如一个运动员就必须经过多年的反应类化的训练，才能做出一直期望的反应动作。

3．刺激类化与反应类化的区别

刺激类化与反应的主要区别在于，刺激类化的刺激与原来不同（相似或相关），而反应则相同（但可能反应强度有别）。如一个最初学会修电视机的人（会修电视机是最初的刺激），如果让他修收音机、洗衣机、音响等其他电器（与原来不同或相似相关的刺激），他也同样能修（出现相同反应）。反应类化是刺激与原来的相同，而反应不同（相似或相关）。如一个枪手，最初的刺激是瞄准靶心，以后的刺激也还是瞄准靶心，但经过一段时间的训练后，其反应结果有可能与最初不同（获得了进步，瞄得更准）也有可能与最初相似（没有进步，还是瞄得不准）。

一般而言，刺激类化要比反应类化多。

（二）依据类化产生的结果划分

类化是一种行为在与最初的刺激相关或相似的刺激呈现后就能在不同的情境下出现的现象。但是，并不是所有的类化现象都是人们期望出现的。因此，通常把人们期望出现的类化现象称作积极类化，把人们不期望出现的类化现象称为消极类化。

1．积极类化

积极类化是指某一行为经过最初的刺激后，在相关或相似的刺激出现后，即使是在不同的情境下，都能达到人们所期望的结果。这种类化行为多是通过人们有意识的训练获得的。如父母教了3岁的小孩在家里自己使用厕所后，如果他能把这种行为带到幼儿园或亲戚、同伴家甚至公共场所，那他的行为就是一种积极的类化行为。同学们在了解了如何攻下城堡的问题后解决了如何用放射线杀死癌组织的问题，也是一种积极类化的行为。由于积极类化行为能达到人们所期望的良好行为效果，因此多运用于家庭与学校教育，如对孩子良好礼仪行为的培养，对不良情绪的改善，对学生遣词造句的训练等。一般情况下，积极类化行为多得到发展、促进、增强和保持。

2. 消极类化

消极类化是与最初的刺激相关或相似的刺激呈现后，在不同的情境下出现的并不是人们所希望出现的行为反应，也就是行为所涉及的反应在不该出现的时候仍然出现。阿尔伯特受到恐怖声音与白鼠相联系的刺激后，扩大到对白猫、白狗都害怕的行为是一种消极类化行为。另一个很明显的消极类化行为的例子是孩子的口吃行为。根据言语病理学专家的解释，口吃是在亲子相互作用的情境中，特别是在亲方对子方的言语行为过分操心的情境中习得的反应。而口吃行为一旦习得，就会在几乎所有的情境下出现，不管父母是否在场，孩子都会口吃。这与人们所期望出现的行为正好相反。由于这是一种人们不希望出现的行为，因此，当消极类化出现时，一般采用消退方式进行消退后，再做其他处理。

综上所述，类化行为的发生必须至少具备两种刺激：一种刺激是早就已经发生的；另一种是当前正在发生的、与曾经发生过的刺激相类似的。如果只是原来发生过的刺激情况的再现，也不能叫类化，只有当发生环境扩大，才可称之为类化。类化是不同于分化与辨别刺激的。类化可以是积极的，也可以是消极的。

第二节　影响类化效果的因素与促进类化的方法

类化原理在运用过程中也有可能受到许多因素的影响，如刺激物或刺激情境的相似性程度不够，强化物的使用不当等，都可能影响到类化的进行。因此，常采用一些方法来促进类化。

一、影响类化效果的因素

由于类化的产生是在与最初的刺激相关或相似的刺激呈现的情况下而出现的一种与最初的刺激相关或相似的行为，因此，类化效果主要受相关或相似的刺激与最初的刺激的相似性影响，同时也与在训练情境中所使用的刺激种类、情境及强化等有关。

（一）类化效果受刺激的相似性的影响

有关研究表明，若其他条件相同，两种刺激（或情境）之间越相似，发生类化行为的可能性就越高。这实际上形成了一种类化梯度。图 12－1 展示了一个研究类化梯度的例子。研究者强化了鸽子在某种波长的灯光照亮钥匙时啄钥匙的行为，即在灯光的刺激控制下，只要灯一亮，鸽子就会啄钥匙。图 12-1 显示，鸽子在波长相似的灯亮下也会啄钥匙。当灯的波长变化与最初的灯的波长相差越来越大时，鸽子啄钥匙的行为也就减少了。类化梯度显示了类化行为发生频率和相关或相似刺激与最初刺激之间的相似性差距成反比；相关或相似刺激与最初刺激相似性差距越小，行为发生的频率越高。

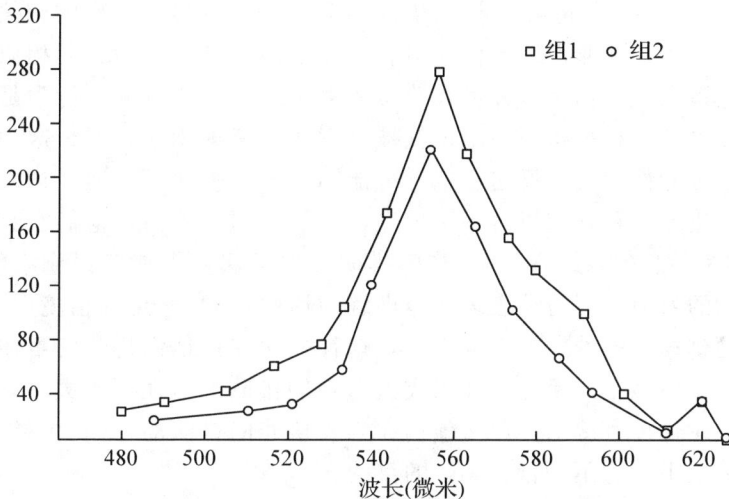

图 12-1　刺激类化梯度

摘自：R. G Miltenberger 著，胡佩诚等译．行为矫正的原理与方法．北京：中国轻工业出版社，2004，118.

当 550 微米的灯光亮时，鸽子啄钥匙行为被强化。以后，当相似波长的灯光亮起时，它们也会啄钥匙。灯光与最初的刺激越相似，鸽子就越有可能啄钥匙。

（二）类化效果受最初的刺激种类或情境的影响

某一行为在最初受到刺激时，最初的刺激的种类或情境越多，在有相关或相似刺激呈现时，就越容易出现类化行为。尼夫及其同事就曾做过这样的实验，他们教有智能障碍的成年人（被试）使用洗衣机和烘干机。有些被试学习并掌握使用各种各样的洗衣机和烘干机，另一些被试只学习使用一种洗衣机和烘干机。结果发现，那些学习使用过多种洗衣机的被试比那些只学习过一种洗衣机的被试操作某种新型洗衣机的成功率高。（本例选自：R. G. Miltenberger 著，胡佩诚等译．行为矫正原理与方法，2004，392.）这说明受的原始刺激越多，越有利于日后类化行为的出现。最初接受刺激时进行多种情境的训练，也会产生类似的结果。如训练智能不足儿童的良好姿势时，如果只利用教室这个情境来保持良好姿势，就不易类化到图书室、餐厅、亲友人家里；但如果除了教室外，也利用图书室、会议室等情境来保持良好姿势训练，就比较容易类化到其他地方。

（三）类化效果受类化出现时是否受到强化影响

斯托克和贝尔[①]将类化定义为"在各种非训练情境下出现的相关行为"。而相关行为能否在非训练情境中出现，除了最初刺激与相关或相似刺激的相似性差距大小、训练的种类及情境的多少外，还要看这一行为是否获得强化。如果某一相关行为一出现就被有意或无意地强化，那么这种相关行为出现的可能性就大；反之，就有可能因得不到强化而消退，达不到类化的效果。比如，在学校里对小学生进行排队习惯培养后，他们在其他的生活情境中（上下车、进餐、购物等）排队，如果偶尔也能获得成人的赞扬，他们排队的习惯就可持续表现在非训练情境中（即日常生活情境）。因为成人偶尔的赞扬是一种间歇性的强化，这种强化使得他们排队的习惯能够类化在非训练情境中。反之，如果成人对他们排队的习惯不予关注，甚至在他们排队时还冷言冷语，那么他们在学校培养的排队的习惯就不能类化到非训练情境中，达不到行为类化的目的。

此外，类化效果还受训练程度的高低、类化与工作的难度、学习者的自身条件等因素的影响。

二、类化的促进方法

当用行为改变技术的各种方法来发展、保持或增加某些期望行为时，就是希望这一行为在各种非训练情境（通常指日常生活情境）中的所有相关情境中出现，也就是说希望这一行为得到类化。在必要时，一般要采取一些措施来促进类化，以提高相关行为在非训练情境下发生的概率。一般说

---

① 参考 R. G. Miltenberger 著，胡佩诚等译．行为矫正的原理与方法．北京：中国轻工业出版社，2004，323.

来，可以运用以下一些方法来促进在非训练情境下的类化作用。

(一)对非训练情境中出现的类化进行强化

由于强化能影响类化效果，因此在非训练情境中，当类化出现时就对其进行强化。也就是说，当训练之外的相关或相似刺激呈现，出现训练中的行为时，就对这种行为进行强化。用这种方法，所有的相关刺激都可发展出对这种行为的刺激控制作用，从而促进行为的类化。如某教授在训练临床心理学的研究生如何进行治疗后的实际治疗过程中，当看到学生能正确运用治疗技巧时，就通过点头或微笑的方式给予强化。强化对类化行为的促进作用在非训练情境（即日常生活情境）中一般可以通过以下的方式进行。

1. 利用自然发生的强化条件来鼓励目标行为

例如，一位胆小、孤僻的孩子在学校经过行为改变技术训练后，能够在校内与同龄孩子接近、交谈。如果他在校外也尝试着与同龄孩子接触、交谈，甚至参与他们的游戏，那么他就能体会到与朋友相处过程的快乐。这种快乐就是自然发生的强化条件。这种强化条件对于维持和促进期望中的行为（即与朋友交往）的类化有很大的帮助。

为了能充分利用这一种自然发生的强化条件，训练者在实施此类改变方案的初期仍需用持续性强化方式；当期望行为形成之后，就可逐渐换为间歇性强化。如果能使受训者在训练情境所能获得的强化数量不超过在自然生活情境中所能获得的数量，将会极大地提高目标行为的类化成效。

2. 安排自然情境中的相关人物来参与训练工作

自然情境中的有关人物一般是指经常与受训者接触、交往的人，如父母、兄弟姐妹、同学、朋友、老师甚至邻居等。在行为矫正训练中，如果能取得这些自然情境中的相关人物的合作、甚至参与训练工作，不仅将大大加快训练的进度，而且还非常有利于行为的类化。例如，要训练一位爱发脾气的孩子不再任意耍脾气。开始时，必须先在训练情境里实施，如设计一个游戏室，里面陈列各种不同的玩具。若受训者能够不发脾气地去玩这些玩具，就给予一定的强化物（如糖果等）。目标行为（即受训者不再任意发脾气）在训练情境中得到建立后，就可逐渐转移到家中实施训练，以达到类化的目的。这就需要家里的相关人员的配合与参与。为了能让家里相关人员参与训练工作，训练者首先得教他们学会适当强化的方法。在实施初期，训练者要经常访问受训者的家人，给予适当的指导；当他们完全熟练后，可逐渐退出，把训练工作完全交给家人来执行。当家人发现孩子不再任意乱发脾气，能逐渐独自玩玩具后，就会因训练后的成效而高兴，从而也进一步增强对孩子实施训练的信心。孩子的目标行为也将逐渐从家里向其他非训练情境中转移，即目标行为因此而得以类化。

3. 适当地运用不固定的强化方式也可产生类化作用

在强化分配方式中，一般认为新行为的建立之初应运用固定的强化分配方式，但要想维持这一行为，必须逐渐改用不固定的强化分配方式（包括不固定比率与不固定时距强化方式）。尤其是在日常生活情境里，更需实施不固定强化分配方式来维护终点行为。比如，小华在学校培养了尊敬师长的礼节后，当他在校外看到认识的王伯伯、李奶奶，也会礼貌地招呼"王伯伯，您好！""李奶奶，您好！"时，如果他们能偶尔赞扬他，说"小华真有礼貌！"或"小华真是个好孩子！"之类的话，就是一种不固定比率的强化方式，这种强化方式对于行为的类化有相当的激励作用。

4. 运用强化物的自然属性可以促进类化

如果强化物的自然属性本身是利于类化的，那么类化就容易发展、保持或促进；否则类化行为就会受阻。比如，在准备教给生活在福利院的残疾儿童娱乐技能时，首先应该考虑的是选择那些在他们生活区域内可以开展的娱乐项目，这样他们才会有机会从事这些活动并得到强化；如果教给他们那些无法得到强化或没有机会参与的娱乐项目，这些娱乐技能就不太可能类化到活动中去。

（二）训练时纳入各种相关的刺激种类和情境

训练时纳入各种相关的刺激和情境来促进类化，是指尽可能多地利用各种刺激物和各种刺激场景来促进类化，或利用一般性刺激促进类化，同时，还可以教授一些功能相当的反应来促进类化。

1. 通过尽可能多地纳入各种相关的刺激种类和情境来促进类化

由于类化行为受刺激种类和情境数量的影响，因此，为了促进类化行为，我们可以在训练时尽可能多地纳入各种相关的训练种类和情境。也就是说，如果使学习者在对多种相关刺激情境（刺激范例）中受到进行正确的训练，那么行为就更可能类化到所有的相关刺激情境中去。如在对孩子进行防诱拐技能训练时，在训练中设计出各种诱惑条件或诱惑场景，让孩子在各种场景、各种诱惑下都能做出正确的反应，这样当他们真的遇到诱拐时，这些防诱拐技能才有可能类化到实际的情境中。

2. 利用一般性刺激促进类化

如果训练和非训练情境具有某些共同的特征或刺激，则类化就比较容易发生。这一方法与各种相关的刺激情境纳入的方法相似，但这种方法在训练时对非训练情境中的某些方面（一种物理的或社会的刺激）加以应用。例如，当训练者对孩子进行防诱拐训练时纳入相关的范例或情境。如果训练场所转移到外面（如游乐场），就纳入了一种一般性的物理刺激，因为室外是诱拐很可能会发生的地方。

3．教授一些功能相当的反应来促进类化

除了在训练时纳入各种刺激和一般性刺激外，还可教给个体一些可以引起相同结果的反应方式。可以引起相同结果的不同反应称为功能相当反应（functionally equivalent responses）。也就是说，每种反应对个体产生的功能是一样的。特别是在社会技能的训练中，个体通常要学习适用于各种情境的社会技能，掌握一些可以产生同样结果的不同方式。例如，一个害羞的男青年学会与女性约会的一些方法后，如果在一个特定的场合用其中一种方法与女性约会失败，用另一种方法则可能会成功；如果这个青年只学会一种约会方法，他就可能会失败，而且这种技巧类化到其他类似场合的可能性就很小。

（三）纳入自我产生的类化媒介

斯托克等[①]将类化媒介称为"作为治疗一部分的，一种由患者保持和传送的刺激"。这种媒介可以是一种物理性刺激，也可以是个体表现的一种行为。这种媒介对目标行为具有刺激控制作用，所以，当媒介存在时，行为可以类化到训练情境之外。常用的自我产生的类化媒介有笔记、自我记录、自我指导等。

1．笔记

通过笔记，可以在需要类化时复习以前训练时的内容，从而促使类化产生、发展和促进。比如，小江在老师的指导下学了如何制作电脑动画，并且详细地把老师的讲解记录下来。当他在家里想制作电脑动画，而又没有老师在旁边指导时，他就复习笔记以指导自己的行为。这样笔记就成了一种自我产生的类化媒介，促使学校学的电脑动画制作类化到家庭情境中去。

2．自我记录

自我记录，就是自己记下自己练习的次数，以督促自己坚持练习行

---

① 参考 R. G. Miltenberger 著，胡佩诚等译．行为矫正的原理与方法．北京：中国轻工业出版社，2004，327.

为，促进类化，达到目标行为。如青青长大了还有点口吃，为了解决这一问题，他特意找了专家帮他纠正。专家教了他如何通过正确的呼吸来解决口吃问题。但是，要纠正口吃的毛病，他必须在家天天练习调整呼吸。为了帮助他把促进调整呼吸技术类化到治疗时间之外，专家还要他做好自我记录。于是，他就在办公室的桌子上和家里的冰箱上各放一张纸，记录练习的次数。记录单和做记录的行为就是自我产生的类化媒介，促使青青在治疗时间之外做练习。

3. 自我指导

自我指导也是一种自我产生的类化媒介。当一个人复述一项自我指导时，就为在适当的时间从事适宜的行为提供了一种线索。小江对笔记的复习实际上也在进行自我指导。自我指导帮助他把学校学的电脑动画类化到在家里也能自己操作。又比如，当有人故意激起自己的愤怒时，就对自己说："别理他们，走开，别惹麻烦"，这也是在运用自我指导。

三、类化的促进步骤

如果需要对某种行为进行类化，为了使类化行为更有效，通常运用以下步骤来促进其发生。

（一）找出行为的目标刺激情境

行为矫正的目的就是使行为得到改变且能类化到所有的相关情境中去。为了促进行为类化到适宜的情境中去，必须在训练前就找出目标刺激情境。只有找到了相关的情境，才能有的放矢，才能应用促进类化的措施来提高这种行为在这些情境下发生的可能性。如果在训练前没有找出目标刺激情境，训练时就会显得盲目无序，训练后发生类化的可能性也不大，即使有类化发生，也只能是偶然现象。另外，对目标刺激情境的分析还有利于将多种相应的情境结合进训练过程。

（二）找出强化行为的自然属性

找出了自然存在的强化物，训练时就可以着重于那些适于自然情境下的行为。如果事先没有进行这方面的分析，训练时的行为有可能不适用于非训练情境，这样类化发生的可能性或许就小得多。对自然存在的强化物属性进行分析，可以帮助训练者选择最可能得到强化的行为进行训练，从而增加类化的可能性。

（三）应用适当的类化促进措施

当找出行为的目标刺激情境和强化行为的自然属性后，就可选择适当的类化促进措施了。比如，通过对目标刺激情境的分析，就可以在训练时对促进措施作出选择，看看是用一般性刺激还是促进行为类化到类似情境的类化媒介。

(四)对行为类化情况进行衡量

当采用了行为类化促进措施之后，应收集行为在目标情境中出现的资料以确定类化的努力是否有效。在行为已被证实已经在有关情境出现后，还应确定行为改变是否得以保持，因此还应定期对行为进行评估。对行为的评估应包含自然属性的有关信息，以确定行为在目标情境中得到持续不断的强化。如果通过行为评估，发现行为还没有类化到目标情境，就要进一步应用促进类化的一些措施，并不断对行为和自然属性进行评估，直到能够证明行为已经类化和保持。

以上的类化影响因素说明了类化效果既受当前刺激与最初或原始刺激的相似性的影响，还受刺激种类和情境的影响，同时强化方式也影响着类化效果。因此，对非训练情境中出现的类化进行强化，在训练时纳入各种相关的刺激种类和情境，纳入自我产生的类化媒介等方式，可消除这些影响。但是，在促进类化的过程中，还要注意运用适当的类化促进措施，同时注意对行为类化情况随时进行衡量。

第三节　类化原理的运用

类化原理因其能达到举一反三、触类旁通的效果而被运用得十分广泛，但要更有效地运用类化原理，还应注意类化原理运用的原则，掌握一些运用类化原理的技巧。

一、类化原理的运用意义

类化原理的运用非常广泛，特别是在教育与行为改变技术中更是非常重视类化原理的运用。在教育情境中，人们常常运用类化原理来达到举一反三、触类旁通的目的，加快教育进程，获得良好的教育效果。比如，对孩子进行礼貌行为、社交技巧等的教育，通常要通过类化原理来对这些行为进行类化，以达到在其他相关情境下也能出现同样的行为的目的。教师在教学过程中，也要经常用类化原理来加强学生对知识的理解。在行为改变技术中，实施行为改变技术的目的就是对积极行为给予强化，对消极行为给予消退，或是对不良行为进行塑造，最后都要进行类化，使之从训练情境转移到非训练情境，最终达到理想的目标行为。如对恐惧心理的消退、对口吃行为的矫正等。因此，了解类化原理，对人们有意识地运用类化原理来进行教育、行为改变具有重要的意义。

二、类化原理的运用原则

为了让训练情境中所培养的良好行为能够有效而长期地类化到实际生活情境中去，为了让教学情境中所教授的知识能类化到其他相关知识的学习，在类化原理的实际运用中，应遵循以下一些原则。

（一）目标行为的有用易达原则

教育或行为改变都应选择那些对学习者或受训者显然有用、而且又容易在自然的生活环境里获得增强的行为作目标行为。只有这样，学习者或受训者才能通过尝到目标行为的好处，进一步促进类化。如果目标行为在日常生活中或学习中运用不多，学习者或受训者很少能体会到目标行为的好处，他们进行类化的积极性就会降低，类化行为发生的可能性就会减少。同样，如果目标行为难度过大，学习者或受训者实施起来觉得很困难，也会降低类化行为的实施。如英语单词的学习，如果教师在第一次听写时，就让初学者一次听写20个单词，学生觉得记起来很困难，第二次就有可能放弃；如果在第一次听写时只写5个单词，学生觉得很轻松，在第二次或以后听写时就不太可能放弃，即使有时增加几个单词，也能继续坚持听写练习，这样类化行为不仅得以产生而且得到增强。

（二）训练情境的相似性原则

在选择训练情境时，尽量考虑选用目标行为容易发生的自然生活环境为训练情境。训练情境若无法与自然生活环境完全一致，至少也应该越相似越好。如对孩子进行防诱拐训练，就可在游乐园、电影院、溜冰场、校门外等场所进行，因为这些地方是诱拐行为容易发生的地方，与自然生活情境是一致的。

（三）塑造过程的循序渐进原则

在对目标行为进行塑造时，尽可能多地利用几种适当的情境，连续性地分段塑造。塑造过程应当是由易到难、由简到繁的循序渐进过程。如教孩子认识英文单词"egg"时，就可先写在卡片上，先教读几遍后让孩子读。轮到孩子自己读时，刚开始他可能读不出，这时教授者就可先提示一个音[e]，这样孩子就有可能读出。通过多次训练后，孩子只要一看见"egg"，就能正确读出这个单词。然后，就可对孩子进行单词的意义教学。刚开始孩子看到这个单词不知道意义，就可把实物与英文单词结合起来教学，直到孩子不通过实物提示也能说出"egg"这个单词的汉语意思。最后类化到无论什么地方看到"蛋"，都能想到或说出英文的"egg"；或者无论在什么书上、广告牌上看到"egg"都能想到就是汉语的"蛋"。这当中，从提示到不提示，从读音到意义的教学就是一个由易到难、由简到繁的循序渐进的塑造过程。

（四）训练情境中强化次数渐减原则

一般说来，训练时使用的训练情境在不发生改变的情况下，在训练情境中所使用的强化次数应当逐渐减少，一直减少到比自然情境里所能获取的强化次数还少为止。只有这样，受训者才能摆脱训练情境，融入到自然情境中去。如上例中提到的对"egg"一词的教学，发音和展示实物的提示就是一种强化行为。如果在孩子学习过程中不把这一强化行为的次数逐渐减少，孩子就无法独立学会发音和知道其汉语意思。但是，当训练情境发生改变时，就应当增加强化次数，这样才能使受训者对辨认新训练情境与旧训练情境的不同，有一个适应的过程，从而避免受训者因受训情境的改变而发生的怠慢情绪或倾向。

（五）情境转换期的促进力量增强原则

在促进目标行为从训练情境类化到自然生活情境的早期阶段，首先应确认是否有足够的强化力量，使目标行为能够维持在自然生活情境里。在必要的时候，还得通过对与培养受训者的目标行为有关联的人物（如父母或师长）的指导，增强情境转换期的促进力量。最后，应随着类化成效的增加而逐渐撤退强化力量。如对孩子礼貌行为的培养，就需要在情境转换期的促进力量来强化。

（六）促进类化行为应遵循道德原则

促进类化现象虽然是评价行为改变方案成效的一个重要项目，但不应该促成不适当的类化，特别是违背道德标准的类化。如在训练情境里，训练智能不足儿童要懂得礼貌。训练后，如果他能对师长及同学表示亲近和礼貌行为，自然就达到了理想的目标行为。但如果在放学的路上对陌生人也表示亲近甚至随便拥抱，就有可能对他自己或他人造成伤害。因此，在运用类化原理来改变受训者的行为时，应防止误用，特别是不应该有意识地造成违背道德的行为。如华生利用条件反应学习历程将一位幼儿塑造成极端害怕老鼠，后来类化到不但怕老鼠，连其他小动物，如小白兔、小狗等也怕的结果，是极为不道德的。在生活中，父母、教师和其他成人常常也有意或无意地塑造了儿童怕动物、怕黑暗、怕学校、怕回家等焦虑症状。这是成年人应当注意和尽量避免的地方。

三、类化原理的运用技巧

在运用类化原理的过程中，常用以下一些技巧来促使期望行为的发生。

(一)找出自然的强化情境

自然情境会惩罚机体所犯的错误，忽视无关紧要的反应，并强化正确的动作表现。例如，如果直接用手拿烧热的铁锅柄，手就会被烫。这就是一种自然情境惩罚机体所犯错误的情况。受到手被烫的惩罚后，下次再拿烧热的铁锅柄时，就会用布包着拿，从而强化了动作的正确表现。

(二)教足够的例子

当老师想获得行为改变效果时，往往易犯只举一个例子便期望学习者从这个例子就能类化的错误。事实上，学习者很难通过一个例子就达到类化目的。因此，必须列举很多的相关例子，学习者才能从中领悟问题的实质，从而达到举一反三、触类旁通的效果。

(三)从简单的类化到复杂的类化

刚开始教时选择较简单的例子，简单的学会之后，再教难的例子。这也和教学中通常所说的循序渐进的原则相一致。学习者在学会了简单的例子后，在学习难的例子时，实际上也是在进行一种类化，因为难的例子中包含着简单例子中的所有因素。

(四)制造一项普通的刺激

当行为改变无法从教学或训练情境类化到其他预期出现的情境时，设法在训练情境中制造一种功能性的刺激物，以便轻易地转移到要类化的情境中。

(五)延宕强化

假设某项已建立起来的行为改变，无法从教学或训练情境类化到其他情境中去，试着将提供强化物的时间延宕到该行为在其他情境出现后才给予强化。

（六）让智力正常的学习者尝试自我检查及口语冥想

智力正常的学习者具有正常的学习能力，因此他们必须成为自己的观察员，必须自行观察、记忆或记录，并向老师正确地报告自己的行为。

总之，在类化原理的运用过程中，要注意其实用性，更要注意不违背职业道德；要注意其有效性，更要注意不能操之过急。教足够多的例子、从简单类化到复杂类化、延宕强化等，都是促进类化的重要技巧。

第四节　类化原理应用案例分析

一、正用

（一）应用在消退行为类化的案例

1. 案例呈现

文强已经 40 岁了，他患有轻度精神迟滞，由于父母年迈，哥哥姐姐忙于工作，他不得不住进了福利院。在福利院，他表现出很强的大男子主义，特别是在工作人员，尤其是女工作人员训练他一些诸如烹调、清洁、洗衣等独立生活技能时，他会争吵，拒不服从命令。其理由是"那是妇女做的工作"或"这根本不是男人该干的活"。于是福利院在专家的指导下，采用了消退程序。即当女工作人员提出要求，文强表现出性别歧视言论且拒绝完成任务时，工作人员离开，不予理会。同时结合强化策略，也就是当女工作人员提出要求，文强服从时，立即对他进行表扬。这样经过一段时间后，文强在福利院能服从女工作人员的要求，学会了一些独立的生活技能。接着，工作人员又通过与家里人配合，让他偶尔回到家里时，也能服从父母或哥哥姐姐的要求。到后来，文强无论是在福利院还是父母家或哥哥姐姐家，都能服从要求，做一些在福利院里学会做的事。有时，甚至是亲戚、邻居的要求他也会去做了。

2. 分析

这个例子说明了一种刺激情境下习得的反应可能在其他相似情境下产生。行为塑造与矫正的目的就是获得良好的行为，过更好的生活。文强作为一个精神迟滞病人，以前一直在父母的悉心照料下生活，但父母毕竟不可能一直照料下去，因此训练他一些基本的独立生活技能是非常必要的。而阻碍其学习这些技能的一个主要原因是他的大男子主义。因此通过消退不良行为,强化良好行为表现来塑造其正确的行为。然而这样的行为需要得到类化,才能真正达到行为矫正的目的。因此工作人员又把这些行为进一步强化到了父母家、哥哥姐姐家。亲戚与邻居家则完全是一种非训练情境下的类化了。

(二)应用在礼貌行为的案例

1. 案例呈现

3岁的佩佩明天将开始上幼儿园了,妈妈特别在今晚将书包等有关上学用品准备好,并当面告诉佩佩说:"佩佩从明天开始要上学读书。下面几项若能做到,那就是一个聪明的好孩子,否则妈妈会不高兴。"

"第一项,准时上学,按时回家。"

……

"最后一项,每次离家前要向妈妈和家人说再见,回来时说:'妈妈,我回家了。'"

第二天一大早佩佩就起床,一切准备就绪,吃完早餐,7点40分出发去幼儿园。

——"妈妈再见。"——"再见。"

——"爸爸再见。"——"再见。"

——"爷爷再见。"

不久,有一次邻居王阿姨见到佩佩妈妈,高兴地对她说:"你家佩佩真有礼貌,每次上学时碰到我,都要跟我说'再见'。"

2. 分析

儿童在人生历程中要学习的地方很多,无法样样都透过教与学的历程获得,有赖于应用类化原理。用不着教儿童在每种可能遇到的刺激情境下都做出合适的反应,训练他在某种或多种情境下做出反应后,他就可以在相似的情境做出相同的反应。本例中佩佩学说再见的反应就是如此。这也说明刺激类化若能善加利用,则具有积极的教育意义。

(三)应用在避免痛苦经验的案例

1. 案例呈现

平平在他大约8岁时,习惯将在外面拾到的细石、铁钉之类的硬物放在口袋内,母亲有一次在洗衣服时发现了,严厉教训了他一顿,但他仍然我行我素。有一天,平平和他的一个朋友闹着玩,扭打在一起,朋友力气大,没几个回合,他就被扑压在一块大石头上。突然,平平尖声大哭起来，他的朋友吓得赶忙松开他，连声道歉。没想到平平连忙翻过身，把手伸进口袋里，掏出一些石块、铁钉，其中有一根铁钉已经扎破了皮肤。

从那以后，平平不敢再在口袋里装硬物了，不仅如此，他后来连纸巾，钱夹等都不敢装在口袋里，更不用说打火机、钥匙、手机之类的了。

2．分析

平平因一次被衣袋里铁钉扎伤的经验，而不敢在衣袋里放任何东西，显示了"一朝被蛇咬，十年怕井绳"的心理。儿童行为中有好的经验，也有不好的经验。部分不好的经验虽然令人恐惧害怕，引发情绪问题，但却具有警示作用。假如能运用类化原理，就可以使儿童避免很多不应该出现的危险。只是，需要注意的是，之后要采用分化的措施，使儿童形成辨别能力，让儿童知道和形成哪些东西可以放在口袋中，哪些东西不能放在口袋中，可以避免"一朝被蛇咬，十年怕井绳"的消极影响。

（四）应用在语言训练的案例

1．案例呈现

小林在两岁半时经医院检查诊断为耳聋，听力损失在 100 分贝以上，四岁八个月大时又被医院诊断为智力发育落后，同时小林还表现出多动行为，注意力难以集中，这些障碍使他的语言康复训练变得很困难。

经过多次探索，老师最后决定采用以活动为基础的干预方法对小林进行语言训练。比如，为了让小林学习"妈妈"这个词及其含义，老师向家长要了照片，把它贴在墙上，小林看到自己妈妈的照片很兴奋，一个劲地笑。这时，老师出示印有"妈妈"二字的卡片，让他找妈妈的照片，进行配对学习，并多次反复，让他理解二者的内在联系。然后，又让他拿着自己妈妈的照片找写有"妈妈"二字的卡片，经过这样反复练习，最后再进行手语训练。训练成功后，老师要求小林在妈妈接他回家时用手语把"妈妈"一词表达出来。这样，小林很快就掌握了"妈妈"一词的意思，并能用手语正确表达出来。

利用上述方法，很快就让小林学会了"开门""关门"等词的含义及手语和书面语的表达。就这样，小林的词汇量逐渐扩大，手语和书面语的运用日益娴熟，后来发展到能用手语和一支笔与人交流，能基本看懂有字幕的电视剧。

2．分析

要想训练一个具有严重听力障碍、智力发育落后且伴有多动症的儿童的语言能力，运用普通的聋人训练方法肯定是行不通的，老师在努力探索与创新的基础上成功地教会了小林运用语言的能力，使其发展到能用手语和一支笔与人交流，基本能看懂有字幕的电视剧，这与老师在训练过程中运用了类化原理分不开。老师把教会小林学"妈妈"二字的方法运用在了教"开门""关门"等词语中，同时也类化到其他场景中。

二、误用

（一）误用在潜意识上的案例

1. 案例呈现

有一位小女孩，在她 7 岁的时候，父母因外出旅游，把她交给姑母照看，临行时交代她要听话。

在姑母家居住的期间里，有一天她竟偷偷离开姑母独自跑出去玩。等到姑母发现，到处寻找，不见人影，经过很长的时间，才在一条小河中发现，原来她已不慎落水。当时曾有一道小瀑布在她的头上冲击，使她惊恐万分，连声呼救。姑母把她从河中捞起来并答应她不告诉她的父母。这一段往事被压入潜意识，造成恐惧症，只要见到流动的水，她就惊恐万分。不仅如此，后来她连在洗澡的时候也会恐惧，听到学校喷水池的声音也惶恐不安，甚至乘火车经过有瀑布的地方，都闭目不敢注视。她对这些无谓的恐惧也深感痛苦。直到她 20 岁那一年，阔别 13 年的姑母来访，她听到姑母对她母亲说"这件事我都不敢告诉你"时，顿时勾起幼年期的那段恐怖回忆，才把这一段压抑很久的恐怖经历，从潜意识中发掘出来，她的恐惧症不药而愈了。

2. 分析

这一例子说明了类化不仅出现于意识中，而且还反应于潜意识中。心理分析学家强调人在幼年时代，某些痛苦的经验或心理冲突的结果，被压入潜意识以后造成所谓情绪。这种被压抑的倾向，已不为本人所记忆，但仍可产生类化恐惧的作用。

要改善此种问题，必须采用心理分析法，将潜意识的倾向召回意识中，恐惧症就自然治愈了。

（二）误用在讲话方面的案例

1. 案例呈现

3 岁的冰冰开始会说话，能跟别人进行交谈，可是妈妈总觉得似乎有什么缺憾的感觉，因为冰冰有时候跟她讲话显得不甚流利，于是决定改善。每当冰冰跟她讲话的时候，她特别注意，稍有口齿不佳或咬字不准的情况，立即予以矫正。

冰冰在妈妈的这种矫正下，每次和妈妈说话都会很紧张，充满了不安和焦虑，从而形成了压力，结果说话也越来越显得不顺畅。越不顺畅，妈妈就指正得越多，结果慢慢就形成口吃的现象。

冰冰的口吃开始仅限于和妈妈的谈话中，但后来越来越严重，不管妈妈是否在场，他都口吃。

2. 分析

一般研究认为，有很多压力都可能造成小孩出现口吃现象。通常要一个人说话流利，就要让他能悠然无拘，如果处于紧张、不安、焦虑之中，就可能造成儿童的口吃。冰冰的焦虑、紧张，是妈妈对冰冰说话施予压力的情绪冲突所形成的结果。

解决的办法在于，妈妈不要过分关心孩子的说话。一般情况下，儿童开始学习讲话的时候，都有不流畅的情形，不宜给予太大的压力。在这个案例中，如果能解决冰冰的内在心理冲突，克服焦虑情绪，自然就可以改善口吃的毛病。

（三）误用在情绪反应上的案例

1. 案例呈现

小华从幼儿园放学回来，经常在客厅弄得乒乒乓乓，妈妈越来越觉得头痛。现在妈妈又听到"呼"的一声，探头一看，发现小华正在客厅练习翻筋斗，已经把客厅弄得乱七八糟了。于是妈妈进去叫儿子停止，他也听话照做；可是妈妈才刚踏出客厅，小华又开始翻筋斗。妈妈不得已，采用了刚从好友李太太那里学来的隔离方式，把小华关到一个很小的房间，作为惩罚。

从此以后，小华再也不敢在客厅翻筋斗了。妈妈正在窃喜自己的管教方法有效时，却渐渐发现小华单独进入小房间时会产生恐惧感，后来小华竟然演变到不敢一个人搭乘电梯。

2. 分析

当孩子行为不好，尤其在屡劝不听时，把他隔离起来，可能会收到吓阻效果。但对于一个幼小儿童，在实施这项措施时，若持续太久、室内光线不好，往往会带来恐惧症。而这项恐惧如果没有得到适时改善，就可能类化到其他情境，如小华怕电梯就是一例。

在采用隔离策略来改善儿童的不当行为时，必须考虑隔离地点的选定。一般而言，2～4 岁使用有靠背的椅子即可；5～12 岁使用单独房间较适宜，但要注意灯光、通风等。

(四)误用在社交技巧中的案例

1. 案例呈现

童童因出生时处理不当，智力受到影响，有轻微的智能不足，懂点特殊儿童教育知识的妈妈，从小就不仅特别注意他的生活自理能力的训练，而且希望他也能从事简单的社交活动。通过几年的努力，妈妈的心血总算没有白费。童童在家中生活起居都可以应付自如，外人来到他家，他也能做简单的问候和交谈。尤其最近，亲戚朋友甚至不熟悉的人，只要来到家里，他都很有礼貌，说"叔叔您好！""阿姨您好！"甚至也会做与他们拥抱的动作来表示友好。

有一次他跟妈妈到公园里去玩，走累了，妈妈在椅子上休息，他也稍停了一下。就在妈妈没有注意时，他向一位小姐叫阿姨，而且拥抱她，这位小姐莫名其妙被他抱，吓得惊叫起来："干什么？干什么"妈妈见状，赶快跑过去拉开童童，并向小姐道歉。

2. 分析

对智能不足儿童而言，培养他能自己照顾自己和简单的社交技巧是正确的，要是能在恰当的情境下表示这些行为，当然是很理想的；但是如果在不适合的情境下表达这些行为，后果有些不堪设想了。

解决这个问题的办法，是教导童童分辨适合表达的社交情境和不适合的社交情境，本案例是个由家庭情境类化到社会情境的不当行为。

(五)误用在环境适应上的案例

1. 案例呈现

这是一个古老的故事。

临江一位猎人，一天打猎抓到一只小麋鹿，携带回家打算畜养它。进入家门，成群猎狗，只只馋涎欲滴，翘尾冲来。主人见之，一一怒打。从此以后，每天主人都抱着麋鹿去跟猎狗玩，久而久之，猎狗们都知道主人的意思，均能跟小麋鹿和平共存。麋鹿慢慢长大，忘记自己是麋鹿，以为狗都是它的朋友，跟狗游玩亲嘴。就这样过了 3 年，一天麋鹿走出门外，看见道路上有一群猎狗，以为这些狗像家里的狗一样，就前去跟它们游戏，却被这群猎狗咬死分食，当然小麋鹿至死不知为什么被吃。

2. 分析

猎狗杀食麋鹿是出于本性。家里的猎狗之所以跟它友好游戏，是因为经过主人的训练；而外面的猎狗没有受过训练，仍维持着它们的本性，麋鹿因此遇害。如果从教育的观点分析，这是由于家里的环境与外面的环境不同造成的。人类生活环境包括家庭、学校、社会等，其内容、条件，不尽相同，对儿童行为的影响也有差异。假如家庭或学校条件与社会脱节，差距太大，儿童长大进入社会后，往往不能正确类化，产生社会适应问题。

因此，教育者应尽可能使控制的教育环境与自然的社会环境一致，可起到训练学习者辨别刺激的作用，就不会产生临江之麋那样的后果。麋鹿因为缺乏辨别的机会与能力，才会依据旧经验，采取走向其他猎狗并欲与之游戏的动作，因而至死也不能领悟了。

本章摘要

1. 类化就是个体对某一刺激反应的联结一旦建立，与该制约刺激相类似的其他刺激，虽未经特别的练习，也能引起类似反应倾向。在行为改变技术中，类化被定义为在训练情境之外，所有相关或相似刺激呈现时都出现这种行为。

2. 以下两种情况出现才能叫做类化，一是相关的刺激必须与最初的刺激具有相似性；二是目标行为能够在不同的情境下出现。

3. 类化、分化与辨别的区别。类化是指一些相似的条件刺激或一系列大范围的条件刺激引起相同的条件反射。而分化则是指条件反射由单个或一组狭窄范围内的条件引起的情况。辨别就是从相类似的刺激物中区分出不同的性质，根据不同的情况作出不同的反应。

4. 类化依据刺激反应划分，可以分为刺激类化与反应类化。依据类化的后果划分，可以分为积极类化与消极类化。

5. 影响类化效果的因素主要与相关刺激与最初刺激的相似性、训练情境中所使用的刺激种类、情境及强化等有关。另外，类化效果还受训练程度的高低、类化与工作的难度、学习者的个人条件等因素的影响。

6. 类化的促进方法主要有：①对非训练情境中出现的类化进行强化；②训练时纳入各种相关的刺激种类和情境；③纳入自我产生的类化媒介。

7. 类化的促进步骤主要有：①找出行为的目标刺激情境；②找出强化行为的自然属性；③应用适当的类化促进措施；④对行为类化情况进行衡量。

8. 在类化原理的实际运用中，应遵循以下原则：①目标行为的有用易达原则；②训练情境的相似性原则；③塑造过程的循序渐进原则；④训练情境中增强次数渐减原则；⑤情境转换期的促进力量增强原则；⑥道德原则。

9．运用类化原理的技巧包括：①如找出自然的增强情境；②教足够的例子；③从简单的类化到复杂的类化；④制造一项普通的刺激；⑤延宕增强等。

练习题

1．解释下列术语

类化　刺激类化　反应类化　类化梯度　功能相当反应

2．判断下面的例子中是否有类化现象发生

(1)莉莉正在学习辨认正方形。当老师向她出示正方形的纸板时，她说出"正方形"；当老师向她出示正方形的书的封面、正方形的盒子的一面、甚至在黑板上画一个正方形时，她也能说出"正方形"。

(2)约翰喜欢进卧室时不换拖鞋。在他的妻子为此事对他大喊大叫后，他进卧室时就换拖鞋了；即使他的妻子不在家的时候，他也是如此。

(3)4岁的小芳跟着妈妈去上街，过了几次马路，马路上设有红绿灯。妈妈告诉小芳对着人的红灯亮时不能过马路，只有在绿灯亮时才能过马路。从此以后，小芳就学会辨别人行时的红灯和绿灯了，而且非常遵守交通规则。

(4)表哥曾用他自己的车教表弟学会了驾驶手动挡的汽车，但是他的表弟除了表哥的那辆手动挡的汽车外，其他的车都不会驾驶。

(5)小强从他爸爸那里学会了自动挡的汽车驾驶，从此以后，无论什么车，只要是自动挡的，他都会驾驶了。

3．列举发生在你周围的类化现象。

4．某排球教练要教给她的球队一种比赛用的新打法。她用图示的方法让每个队员明白打球时应做什么，然后让球队进行练习，指导他们学会这种打法。试述这个教练可以用什么类化促进措施使球队在比赛时可以正确应用这种新打法。

第十三章　惩罚原理与厌恶疗法

小龙酷爱骑自行车，车技也越来越熟练。为了寻求新鲜与刺激，他还特别喜欢双手不握车把，把双手张开作飞翔状；或是把手抱在胸前，使人与车形成一字状。大人们看着都觉得很危险，每次见他这样骑，都劝他要好好骑车，可他仍然我行我素。这天，小龙又没有用手握着车把，而是把双手抱在了胸前。当他骑到一个十字路口时，从右边道上突然跑出来一个小孩，小龙连忙伸出手，想扶着车把，以便及时调整方向，避免撞伤小孩，可慌乱中，右手却被左袖口笼住了，好半天都没拿出来，结果不但撞伤了小孩，自己的手臂也被摔断了。从此以后，小龙再也不敢放开双手骑车了。

小玉十分喜欢小动物，每次遇见邻居家的小狗她都要逗一会儿，用手中的零食喂它，时间长了，小狗和她也有些熟了，见着她就会摇尾巴。一天，小玉又遇见了刚洗完澡、被主人打扮得漂亮的小狗。小玉见它干净又可爱，就情不自禁地伸手抚摸小狗的头，没想到却被小狗狠狠地咬了一口。原来，刚洗完澡的小狗不喜欢被外人抚摸。从此以后，小玉在任何时候都不敢再抚摸这只小狗了。

明明最喜爱踢足球，也是全校学生中踢球踢得最棒的一个。但就是有一个让老师们都非常头痛的毛病，即上课时爱随便说话，老师们想了很多办法都不能改变他这一坏毛病。后来，班主任老师了解到他刚参加了学校的足球队，每天下午最后一节课外活动时都要训练。于是就告诉他，只要当天上课时因为讲话被老师点名超过三次，下午最后一节的课外活动课他就不能上，只能待在教室里。于是，明明逐渐减少了上课随便说话的次数。

以上都是人们在日常生活中，运用惩罚原理来消除不良行为的例子。在行为改变技术中，惩罚是一个具有特定含义的术语。行为学家们谈到惩罚时，他们指的是某一行为的结果导致了这个行为未来发生次数减少的过程。这与大多数人所理解的惩罚的消极含义是不同的。本章将通过对惩罚的含义、类型、运用的前提条件、方式及惩罚的影响因素等方面的分析，介绍在行为改变技术中如何使用惩罚原理来消除不良行为。

第一节　惩罚原理概述

惩罚是某一行为的结果导致了该行为未来发生次数减少的过程，主要用于消除个体的不良行为或他人非期望的行为。

一、惩罚的含义

通过以上举出的例子可以看出，构成惩罚应有以下过程。

(1)一个具体的行为发生了。

(2)这个行为之后立刻跟随着一个结果。

(3)将来这个行为被弱化或者被消除。

在行为改变技术中，惩罚是指在某种情境或者刺激下产生某一行为后，及时给予行为者以厌恶刺激或者撤除其正在享用的正强化物，以降低该行为在相同或相似情境或刺激下的出现率。实施惩罚的关键是要有惩罚物的出现，如小龙骑自行车撞了人并摔断了胳膊，小玉的手被狗咬，明明的课外活动被取消，都是惩罚物。没有惩罚物，个体不能体验不良行为带来的痛苦刺激，不良行为也不会减少，惩罚也就失去意义。所以惩罚物是指，使某一特定行为在将来发生的可能性减小的刺激。

二、惩罚的理论基础

在前面的章节所介绍的强化、塑造、链锁、渐隐等，是用于增强行为的原理和技术，而惩罚原理则是用于减少行为的程序，它也是行为主义条件反射理论强调的一个重要概念。行为主义创始人华生主张用心理学研究人的行为，提出S—R(刺激——反应)模式，后来，俄国的巴甫洛夫和新行为主义者斯金纳又分别建立了经典条件反射理论和操作性条件反射理论，这为惩罚原理奠定了理论基础。

巴甫洛夫的经典条件反射就是一种刺激的代替过程，即由一种新的中性刺激(称为条件刺激)代替原先自然引发反应的刺激。异常行为的习得也是由条件刺激和无条件刺激的不恰当联结造成的。经典条件反射理论的治疗关键就是通过实验性消退，解除条件刺激与无关刺激的联结，使条件刺激还原为原来的中性刺激。华生根据巴甫洛夫的经典性条件反射原理，进行了模拟恐怖实验。他在原来很喜欢动物的幼儿伸手去玩弄可爱的小白兔时，在幼儿背后击锣发出巨响，引起恐怖反应，反复数次后，在小白兔与巨响间建立了条件反射。于是，当小白兔出现时，幼儿就恐惧、哭闹不安。进一步发现，儿童的这种反应发生了类化，只要一接近白色有毛的动物或类似刺激物时，儿童就会变得恐惧。惩罚的终止作用主要也是根据这一条件反射原理而来的。惩罚的终止原理是使儿童某些不良行为与焦虑或恐惧联系起来，一旦建立条件反射，这些不良行为本身就会导致焦虑或恐惧，儿童为了避免这种焦虑或恐惧反应，就不得不终止不良行为。研究人员根据"惩罚一般引起行为者焦虑或恐惧"这一条件反应，建立了一个"惩罚的终止效应模式"，共分三个阶段，如图 13-1 所示。

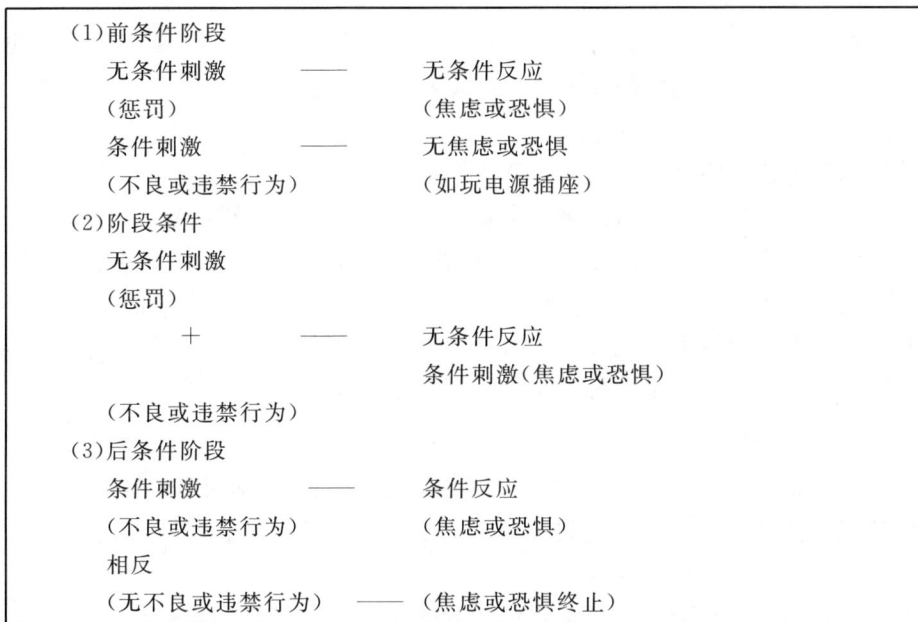

```
(1)前条件阶段
    无条件刺激          无条件反应
    (惩罚)              (焦虑或恐惧)
    条件刺激            无焦虑或恐惧
    (不良或违禁行为)     (如玩电源插座)
(2)阶段条件
    无条件刺激
    (惩罚)
         +                无条件反应
                          条件刺激(焦虑或恐惧)
    (不良或违禁行为)
(3)后条件阶段
    条件刺激            条件反应
    (不良或违禁行为)     (焦虑或恐惧)
    相反
    (无不良或违禁行为)  (焦虑或恐惧终止)
```

图 13-1 惩罚的终止效果模式

厌恶疗法也是这一原理的体现，又称惩罚消除法，是一种利用通过处罚手段引起的厌恶反应，去阻止和消退原有不良行为的治疗方法，后面我们将具体讲解厌恶疗法。

三、惩罚的分类

斯金纳认为人的行为主要由操作性条件反射所构成，他用白鼠进行了著名的"奖励性学习"和"惩罚性学习"的操作性条件反射实验。即在"斯金纳箱"中，一只饥饿的白鼠偶然撬压杠杆而获得食物，经过几次反复，就学会了撤压杠杆来获得食物，由于食物的出现是对撤压动作的强化和奖励，故又称为"奖励性学习"。后来又将"斯金纳箱"从中隔开，但在隔板上面可以通过，在箱子右侧的底部有电击装置，左侧则没有，把白鼠放进箱的右侧，老鼠会因受到电击在箱右侧乱跑，最后学会一有电击就逃到箱里左侧去的行为，又称为"惩罚性学习"。这两个操作性条件反射实验证明，行为是在奖励或惩罚的作用下形成的。因此，针对不良行为，他提出两种惩罚类型：正性惩罚和负性惩罚。

(一)正性惩罚

正性惩罚是指当"不受欢迎的行为"出现时，及时施予一种厌恶刺激或惩罚物，以便收到遏阻的功效。正性惩罚的过程如下。

①一个非期望行为的发生。

②行为之后跟随一个厌恶刺激物的出现。

③厌恶刺激物出现后的结果使该行为将来不太可能再次发生。

正性惩罚是伴随着厌恶刺激物的出现而实施的。如小龙骑自行车不但撞了别人，还伤了自己就是一种厌恶刺激，这个厌恶刺激出现的后果是小龙以后再也不敢按非常规方式骑自行车了；小玉的手被狗咬就是一种厌恶刺激，使得她以后用手去抚摸小狗的行为不再发生。

(二)负性惩罚

负性惩罚是指每当不受欢迎的行为出现时，及时"撤销"个体正在享用的"正强化物"，迫使个体不敢再犯。负性惩罚的过程如下。

①一个非期望行为的发生。

②行为之后跟随着一个正强化物的撤销。

③正强化物撤销造成的结果使该行为将来不太可能再发生。

负性惩罚是伴随着正强化物的撤销而实施的。如明明上课讲话这一行为出现之后，他就不能去上课外活动课，实际上也就撤销了他最喜欢的踢足球活动。小强在幼儿园最喜欢玩玩具，但又总爱和小朋友抢玩具，这时老师就会拿走他正在玩的玩具，并要求他在教室角落里呆上 10 分钟。这样的惩罚也是伴随着强化物的撤销(玩具被拿走、玩的权利暂时被剥夺)而实施的。

正性惩罚与负性惩罚的主要区别是由行为的结果所决定的。

不管使用上述两种类型中的哪一种，惩罚都是建立在条件反射基础上的行为改变手段，其目的均为革除或减弱不受欢迎的反应，只是正性惩罚是施予厌恶刺激，而负性惩罚是暂时"撤销"正强化物。所以惩罚原理的公式可表示为 $S \longrightarrow R \longrightarrow S^{R-}$ 或 $S \longrightarrow R \longrightarrow S^{R+}$。S 代表一种刺激，R 代表在这种刺激情境下发生的反应，S^{R-} 为反应发生后所受到的惩罚物，S^{R+} 为反应发生后所撤除的正强化物。

第二节　惩罚原理的运用

惩罚在提高期望行为和降低非期望行为方面非常有效。因此，当行为改变技术中的其他方法对于问题行为的改变无效时，人们常常运用惩罚来改变问题行为。

一、惩罚运用的意义

行为改变技术意义上的惩罚，自古就得到各国教育学家的认同。如夸美纽斯曾经在他的《大教学论》中专章论述过纪律问题。他一方面不希望"学校充满呼号与鞭挞的声音"；另一方面又明确指出："我们可以从一个无可争辩的命题开始，就是犯了过错的人应该受到惩罚。他们之所以应受惩罚，不是由于他们犯了过错（因为做了的事情不能变成没有做），而是要使他们日后不再犯。"[①]杜威是以主张尊重儿童而著称的现代教育思想的代表人物，但他仍然认为，"儿童是一个人，他必须或者像一个整体统一的人那样过他的生活，或者忍受失败和引起摩擦……儿童必须接受有关领导能力的教育，也必须接受有关服从的教育。"[②]苏联著名的教育学家马卡连柯也曾指出："合理的惩罚制度不仅是合法的，而且是必要的。这种合理的惩罚制度有助于形成学生的坚强性格，能培养学生的责任感，能锻炼学生的意志、增强人的尊严感，能培养学生抵抗诱惑和战胜诱惑的能力。"[③]美国德克萨斯大学教育学院的鲍里奇博士（G Borich）在他的《有效教学方法》[④]一书中强调"惩罚不能确保理想反应"，但同时也指出，我们可以"用

---

① 夸美纽斯著，傅任敢译．大教学论．北京：教育科学出版社，1999．

② 赵祥麟，王承绪．杜威教育论著选．上海：华东师范大学出版社，1981，99—101．

③ 引自巴班斯基主编．李子卓，杜殿坤，吴文侃等译．教育学．北京：人民教育出版社，1986，393．

④ 鲍里奇著，易东平译．有效教学法．南京：江苏教育出版社，2001，337—341．

惩罚来减少某一行为发生的可能性或倾向性……为了让丹尼待在座位上，有两种选择——惩罚他做额外作业，或奖励他从事某项兴趣盎然的活动"。鲍里奇还在该书中列举了 20 种针对轻微、中等和严重的违规行为的反应（主要是惩罚）。

运用惩罚，有助于改变有特殊行为障碍的人的问题行为。如使用惩罚的方法帮助治疗机构中的智障青少年减少危险的自我伤害行为。其中一人总是打自己的耳光。每次她这样做的时候，研究者就用一种手持装置对她实行一次短暂的轻微电击（遭受电击的人虽然很痛，但不会受到伤害）。这种治疗方法使她每小时打自己耳光的次数从 300～400 次立刻降低到接近于零。

二、惩罚运用的方式

惩罚是一个基本的行为准则，惩罚发生时行为跟随的后果导致行为将来出现的可能性减少。跟随于行为之后的后果包括刺激事件的存在（正性惩罚）或刺激事件的转移（负性惩罚），通过这两种形式的惩罚，行为都会减弱。因此，惩罚的方式常常采用这两种形式。

（一）正性惩罚常用方式

正性惩罚是依照问题行为的发生，提供厌恶事件，从而使问题行为在将来发生的可能性降低。在正性惩罚程序中，主要使用两类厌恶事件，一是进行厌恶活动，二是施加厌恶刺激。

1. 进行厌恶活动

厌恶活动是指当事人不愿意做、做起来不愉快的事。如由于小峰没有完成老师布置的作业，老师让他把一学期以来所有的课后作业重新做一遍；由于涛涛上课时喜欢离开座位，老师就让他放学后在座位上一动不动地坐上一个小时才回家。厌恶活动是基于普里马克法则，即当实施低可能性的行为（厌恶活动）的前提是高可能性的行为（问题行为）发生时，后者未来发生的可能性将减小。在行为改变技术中，常运用的厌恶活动包括矫枉过正、体力劳动、身体限制等活动。

（1）矫枉过正。矫枉过正要求当事者在每次问题行为发生的一段时间内进行费力的活动。矫枉过正是福克斯创立的程序，他创立的目的在于减少精神发育迟滞患者的攻击和捣乱行为。重复练习与过度补偿是常用的两种矫枉过正形式。重复练习是当事人每次出现问题行为后所采取的正确的相关行为的练习。如在教学中，老师常常让因为粗心写错字的同学把每个错别字改正后抄写 10 遍或 20 遍。这种活动必须在随后的一段时间(5～15分钟)内进行或直到重复一定的次数后才能停止。这种方法之所以被称为"矫枉过正"是因为，当事者必须在重复练习中采取正确的行为。由于小强出门时总不爱把保险锁锁上，导致家里被盗，他的父亲就让他练习"关门，锁上保险锁，离开几步"反复 20 次。小强重复练习的是一种正确行为。过渡补偿是指在每次问题行为之后，当事者必须纠正问题行为造成的环境影响并把环境影响恢复到比问题行为发生前还要好，在过度补偿程序中，当事者对问题行为造成的环境影响矫枉过正。例如，彬彬在同学们刚刚扫干净的教室里乱扔纸屑，老师让他不仅要扫干净他扔在地上的纸屑，还要打扫教室外的走廊和阶梯。

(2)体力劳动

矫枉过正中的厌恶活动是针对相对问题行为的正确形式进行重复练习或矫正由问题行为造成的混乱(即过度补偿)，这两种方式都与问题行为有关。而如果在问题行为出现时，让当事者进行某种形式的体力劳动来减少问题行为在将来发生的可能性，这种厌恶活动就与问题行为无关。运用体力劳动来实施惩罚，必须是当事者有能力完成又不会造成伤害的体力活动。比如，丽丽在家总是爱乱发脾气，每次她出现这种行为后，父亲就让她把家里彻底清扫一遍；此后，丽丽发脾气的行为得到减少，因为彻底清扫家里是丽丽最厌烦做的事。

(3)身体限制。身体限制是依照问题行为发生与否去控制当事人参与行为的部分身体，使之停止行动。因为人的行为受到限制也是一种痛苦的体验，令人反感。例如，一个 4 岁的孩子爱把玩具放进嘴里，母亲在发现这种行为后会立刻把玩具从嘴里拿出来，并且抓住他的双手持续半分钟再放开，并且告知他不能把玩具放进嘴里。

由于厌恶活动通常是当事人不愿意从事的活动，在实施时，往往需要改变人用身体引导当事人完成厌恶活动。因此，对当事人实施厌恶活动时，首先应考虑道德问题，并考虑改变人是否有足够的体力提供身体引导；其次应在实施前就能对当事人在开始时会抵制身体引导有所预料，并且要能预计当事人身体抵抗时是否能执行程序；最后，还应评估改变人在执行程序时是否会对当事人或改变者自身造成危害。

2. 施加厌恶刺激

厌恶刺激是指运用当事人不喜欢的刺激物引起当事人不愉快的反应。常用的厌恶刺激方式有言语惩罚、体罚等。

(1)言语惩罚。言语惩罚是指儿童表现出不良行为后，通过警告、批评、斥责等言语方式，对儿童实施惩罚，使儿童改变不良行为。例如，孩子不守诺言，跟不好的朋友乱跑，没有依约打电话向父母报告，则可刺激说："我警告你，如果再犯就罚你……"若父母或老师能令出如山、言出必行，则可收到某种程度的效果。当一个小孩子出现某种较严重的行为（如危险动作）或屡劝不听时，及时对孩子进行斥责，也有成效。

(2)体罚。对于普通儿童的不良行为出现而一般方法无效时，或许要考虑体罚。所谓体罚，是以带有一点身体疼痛的刺激来纠正不良行为。打手心、打屁股都是体罚的方式。例如，在豆豆上学期间，妈妈从来不给他零花钱。有一次豆豆回到家，妈妈发现他书包里有一元钱，几番询问后，豆豆才说出是邻桌同学掉的，他看见后捡到自己包里了，妈妈为了惩罚他，打了豆豆的屁股，并且让豆豆将钱还给邻桌的同学。此后，豆豆再也没有捡别人掉的东西。因为打屁股让豆豆体验了疼痛这种厌恶刺激，为了避免以后再有这种体验，必须减少自己不良行为的出现。但我们并不提倡家长频繁使用这种惩罚方式，因为体罚毕竟容易对儿童造成伤害，家长在矫正儿童行为时，应该在尝试了其他方法无效后再考虑使用体罚，同时家长必须向儿童讲明自己受到体罚的原因，并告诉他以后该怎样做。体罚还有一种形式，就是受到自然因素的威胁。儿童在生活中通过亲身尝试，体验到自然物质给他们身体带来的痛苦刺激，从而学习什么事情可以做，什么事情不能做。比如，儿童玩弄火柴被烧伤，或玩弄电线受到电击，事后即可使儿童远离火柴或通有电流的电线。

施加厌恶刺激应注意的是，改变者必须能够肯定这个刺激物确实能使当事人厌恶。对不同的人，在不同的情况下，不同的刺激功能可能是强化物，也可能是惩罚物。比如，如果老师在课堂上对适宜行为固定地给予表扬，责备就是惩罚物；如果老师在课堂上对适宜行为不给予注意，责备就起着强化作用。

(二)负性惩罚常用方式

在需要使用惩罚来减少不良行为时，负性惩罚是使用较多的惩罚方法，即转移不良行为后的强化事件。负性惩罚的核心是隔离正在享用的强化物，方式有三种：第一种立即停止正强化活动；第二种是拿走或减少其他强化物；第三种是立即撤除过度的注意。

1.立即停止正强化活动

立即停止正强化活动是指当不良行为发生时，在一段时间里失去了接近正强化物的机会，结果使不良行为在未来发生的可能性减少。例如：当全班儿童正在教室玩自己喜爱的乐器时，小明若表现他惯用的恶作剧（如推击邻座儿童等），教师就及时拿走他所使用的乐器，让他在角落站五分钟或者令他离开现场，到休息室独站五分钟。五分钟后，教师让小明回到原来的位置并继续玩乐器，小明没有再推击其他儿童，此时教师表扬了他。这就是运用立即停止正强化来减少问题行为。这一例子体现了两种惩罚情况。一是行为当事人仍然在强化环境中，但已失去接近强化物的机会。教师拿走小明的乐器，让他在教室的角落站五分钟，虽然小明仍然在教室，但是他自己已经不能玩乐器，只能看别人玩，惩罚效果就会产生；如果小明站在教室角落看别的儿童玩和自己玩乐器没有区别，那么这种惩罚无效用。二是行为当事人离开强化环境，离开所有正强化的来源。教师命令小明离开教室，到休息室站五分钟，目的也是让他失去接近强化物的所有来源，此时惩罚也是有效的。

使用这种惩罚方式也要考虑以下因素。第一，立即停止正强化活动适合于不良行为是由社会性的或有形的正强化物维持的情况，同时环境必须包括正强化活动或相互作用。第二，在实施此方法前，要考虑有没有现成的隔离房间或者地方，使行为者脱离正强化物，以保证惩罚效果。同时也要将不安全因素考虑周全，防止儿童自伤行为出现。第三，惩罚时间不宜过长，一般为1～10分钟。如果行为者在隔离期间仍然试图有不良行为，可以适当延长惩罚时间。第四，教师或家长在实施这种方法期间必须保持平静的情绪状态，不能和行为者有社会性的相互作用。如孩子哭闹，教师或家长应予不理睬，直到隔离时间结束，否则惩罚效果会被削弱。第五，注意在运用隔离室时的若干限制。如喜欢撞头的特殊儿童，就不宜单独把他禁闭在隔离室，因为容易伤害他；尤其在处理自闭症儿童时更要格外注意。最好在隔离室的四周及地板上装置厚厚的海绵垫，并设置一个观察窗口，随时注意儿童的反应，以防止意外事件的发生。有些儿童会故意在隔离室里排便并弄脏自己的身体，以便让大人接近他、照顾他或开释他；有些儿童则特别喜欢单独一个人在隔离室内消耗时间。对这些儿童就不适宜使用隔离室来矫正其问题行为，而宜改用其他辅导策略。

2. 拿走或减少其他强化物

拿走或减少其他强化物是指，根据不良行为出现，拿走一定数目的强化物，使不良行为在未来发生的可能性减少。如有人驾车时闯红灯，交警就会开罚单，此人就会失去一定数额的金钱，以惩罚他不遵守交通规则的行为，以后他驾车闯红灯的行为就会减少。这就是减少其他强化物的惩罚方式。惩罚物就是失去一定的强化物（金钱）。这种方法常常被政府机关、执法部门广泛应用。

使用这种方法也需要注意一些原则。在实施这种惩罚时，需要考虑好拿走或减少哪种强化物及强化物数量的多少。选择的强化物必须是行为者所重视的，拿走或减少的强化物的数量必须足够多，使行为者认识到这是因不良行为造成的损失。如果交警开罚单，只惩罚行为者 10 元钱，那么大多数人不会因为区区 10 元钱而停止闯红灯。现在多采取罚款一定数额，同时扣罚一定的分数的办法，一旦扣罚分数达到一定数量，就会吊销驾照重新考试。扣分这种强化物是驾驶员比较在意的强化物，这种做法相对比较有效，容易减少驾驶员闯红灯的问题行为。

3．立即撤除过度的注意

立即撤除过度的注意是指，每当儿童表现不受欢迎的行为时，教师（或训练人员）不再刻意注意他。因为有些儿童故意表现不受欢迎行为，以引人注意，因此老师越注意他，这种行为的出现频率就越高，教师的注意俨然变成"正强化"。处理这种个案，只要教师不再给予过度注意（即不再给予正增强），即可减弱其不受欢迎行为的出现率。这一种隔离方式的特点是，不必移动行为者的位置，而只要把教师的注意力转移，即可达到目的，故实施较为简便，也不易发生不愉快的情节。

三、惩罚的运用原则

适当惩罚可以减少不良行为的出现，但如果运用不当就会产生副作用，比如，过度的惩罚不但不能起到减少不良行为的效果，反而会树立起攻击榜样，并让孩子产生消极情绪。所以，整体把握好惩罚的基本使用原则是必要的。

（一）适度性原则

究竟处罚强度与处罚成效之间有何关系，也是研究者所关心的问题。一般而言，倘若其他条件相同，处罚的强度增加，不当行为的反应倾向就受抑制。一项矫治酗酒个案的研究显示，当处罚的强度增加，患者绕过杠杆去取得酒的速率也就减慢；另一项矫治抽烟的个案研究也显示，当患者因打开烟盒而遭受的电击强度增加，抽烟率就降低。我们当然不能单靠这些研究结果就强调说，对付任何个体，一律要使用强烈的处罚。事实上，一位"执法者"不得不施行强烈处罚时，正是暴露出处罚者本身的无力感；

进一步来说，处罚者的正增强属性也随着强烈的处罚而趋于减弱，因为被处罚者将设法逃避处罚，这样处罚者对被处罚者的影响也就越少。所以在使用惩罚时，必须要坚持适度性原则，处罚的强度要因人而异。比如，使用言语惩罚时要把握分寸，过分地责骂孩子，侮辱他们的人格，或者乱贴标签等，都伤害孩子的自尊，打击他们的自信心，反而对心理健康造成不良影响。如"你比猪还笨！""你真是个白痴！"等类似的语言都是应该避免出现的。体罚在短时间内收效迅速，但是使用体罚也要把握尺度，过度的体罚会演变成暴力或者虐待，这不但不能矫正儿童的不良行为，反而会给儿童的身心造成严重的伤害。实施体罚时，实施者必须控制好自己的情绪，掌握体罚的力和量，不能让儿童在接受体罚后产生怨恨或恐惧的心理，这不但影响亲子关系，同时也影响儿童人格的正常发展。

（二）一致性原则

一般专家常常劝告父母说：惩罚子女时态度务必一致。因为根据一般的研究结果显示，惩罚子女若想获得一定效果，不仅父母之间的态度要一致，而且前后所采取的处罚方式也最好一致，否则会使儿童存在侥幸心理，希望他们的不良行为有时候不会受到惩罚；不一致的处罚方式甚至会使儿童不知道何种行为是错误的，这样惩罚频率也会增加。一项父母与子女相互作用的研究显示，父母的管教态度若宽严不一致，造成的惩罚频率最高。更不幸的是，常惩罚子女的父母，特别是常采用体罚方式的父母，为其子女树立了攻击行为的楷模。也就是说，父母在无形中，告知其子女，当一个人生气时，可以借"打"人来发泄其挫折感。因此，有些研究显示，儿童在校的攻击分数显著与受体罚的次数有关。曾经还有人利用经典条件反射原理，在实验室使狗产生神经官能症的症状。实验者先将椭圆和电击联系起来，将圆形和食物联系起来，之后实验者逐渐将椭圆变圆，将圆形变成椭圆，狗失去了辨别能力，竟出现神经官能症的症状。可想而知，如果教育者对孩子的态度不一致，孩子不知道怎样的行为是会受到惩罚的，他们会形成怎样的习惯呢？

（三）及时强化原则

在操作性条件反射原理中，白鼠就是通过不断强化，学会揿压杠杆而获得食物的。同理，惩罚由于效果的短暂性，只能暂时遏阻不良行为的出现频率，本身无法取代良好行为。因此，教师或家长如果在不得已的情况下要使用惩罚，务必做到奖惩兼顾，并致力于引发与不受欢迎行为相对抗的受欢迎行为。倘若教师或家长能有效设计足以引发受欢迎行为的情境，则相对地，不受欢迎的行为也会自然而然消失。例如，要矫正常在水泥地上打滚及撞头的小强，除了要针对打滚撞头这一类反应施予惩罚之外，若能增强小强端正坐在座位上听故事、拍手唱歌、或站着投圈等行为，则小强在地上打滚或撞头的行为，自然而然也就消失了。就这一系列个案来说，"在地上打滚""撞头"都是"不受欢迎的行为"；相反地，"坐着听故事""拍手唱歌"或是"站着投圈"均属"受欢迎行为"，只要强化足以引发这些受欢迎行为的情境，就可以减弱在地上打滚的不受欢迎行为。如何强化有利的情境，自然是人们关切的问题，也是教师、家长应该动脑筋思考的问题。如把小强带到一群小朋友正在投圈的游戏情境或是唱歌情境中去，小强自然而然，受到环境气氛的熏陶，参与活动的机会就会大大提高；相反，表现打滚、撞头的行为频率也就减少。

(四)直接性原则

当一位儿童表现不当行为时，究竟在何种时机施予处罚才容易收效，是学者关注的问题。例如，当过度肥胖的小明擅自伸手要拿橱柜里的饼干时，应该及时处罚他呢，还是让小明拿了饼干、并吃下饼干时才予以处罚？一般研究结果显示，这一类问题的答案是，在行为发生之初就及时给予处罚的成效，大于行为完成之后再给予处罚。进一步来说，不良行为的发生与施予处罚之间的时间，延误越长，处罚效果越小。即需要处罚的行为一发生，训练者就要马上给予适当的处罚。因为处罚的延误时间越长，不仅对于主要行为的影响效果越微弱，而且也容易介入不相干的行为，结果反而惩罚了那些不相干的行为。以智能不足儿童的训练为例，由于这些儿童的注意力较差，短时记忆能力也比较弱，再加上语言能力的限制，所以，如果承受处罚与行为后果的时距相差太长，根本无法察觉受惩罚的原因何在，处罚效果自然也就大打折扣。例如，训练智能不足儿童的卫生习惯，最好是对每一错误反应马上给予适度的纠正或处罚，切勿间隔一段时间后才含混地说一句"不好"。在一般家庭里，也常常听到母亲恐吓正在捣乱的孩子，说："你再捣乱，晚上等爸爸回家，就叫他狠狠地打你一顿！"像这种处罚方式是最不可取的，因为不良行为发生在早上，而一定要等到晚上才给予惩罚，不易收效。

(五)低频率使用原则

很多实验结果证明，惩罚并不能持久地减弱不良行为反应。我们说通过奖励可以使以前的某种行为持续增强，但惩罚却不一定能永久地消除某种行为。我们要想根除某种不良行为，最好的方法是消退，而不是惩罚。当其他方法效果不明显而不得不使用时，我们又提倡多使用负性惩罚，少使用正性惩罚。正性惩罚的力度难以把握，稍有不当，容易伤害孩子的身心健康。而负性惩罚只是一种隔离和剥夺，拿走孩子最喜欢的东西，让他们自己去体验失去最爱的感受。比如，在家里，孩子不认真学习，父母可以采取不理睬的态度，这是一种爱的回收，对于孩子来说，失去父母的关爱是损失重大的，他们会因此改正自己的行为以唤回父母的爱。在使用惩罚时，还需要及时告知孩子被惩罚的原因，只有在个体认识到自己行为适当与不适当的标准以后，才能主动抑制不良行为，促进行为标准的内化，增强自我强化的能力，这样既达到了惩罚的目的，也避免了频繁使用惩罚带来的不良影响。

第三节　惩罚原理的具体运用——厌恶疗法

古时候，由于避孕工具不发达，为了达到避孕的目的，人们就采用延长哺乳期的方式，但同时也造成了儿童到 6、7 岁时还未断奶且断奶困难等不良习惯。因此，民间常用两种方式来断奶：一种办法是在乳头上涂些黄连一类的苦味剂，儿童在吸吮 1、2 次后，就不敢再提吮乳要求；另一种办法是在乳房上涂难看的颜色，使儿童望而生畏，此后连吮奶的尝试都不敢再有。这两种断奶方法就是利用了惩罚原理中的厌恶刺激来减少儿童吸奶的行为，这也是心理学中常说的厌恶疗法。

一、厌恶疗法的含义

厌恶疗法(aversion therapy)是指通过惩罚手段抑制或消除患者不良行为的治疗方法。此方法是将厌恶刺激(负强化的刺激物)作为惩罚性的无条件刺激，使之与引起不良行为的条件刺激相结合(如让电击与饮酒行为同时出现)，从而引起患者对原有条件反应(饮酒)的厌恶、恐惧或回避。经多次应用惩罚性刺激，使患者消除已形成的不良行为。

厌恶疗法的一般原理是，利用回避学习的原理，把令人厌恶的刺激，如电击、催吐、语言责备、想象等，与求治者的不良行为相结合，形成一种新的条件反射，以对抗原有的不良行为，进而消除这种不良行为。因此，厌恶疗法又叫"对抗性条件反射疗法"。

厌恶疗法的特点是，治疗期较短，效果较好。现代临床心理医师也在使用这种方法帮助人们戒酒：让嗜酒者服吐酒石，或注射阿扑吗啡、吐根碱，在即将出现恶心时，让嗜酒者饮酒。如此每天一次，重复 7～10 次，直到嗜酒者不使用药物而单纯饮酒也出现恶心，对酒产生厌恶情绪为止。这说明条件反射已充分建立，以后每年仍可做 1～2 次巩固性治疗。据卡梅隆和哈罗（Cameron & Harlow，1943）进行的 4096 例以这种方法戒酒的案例效果统计，一个疗程治疗后，维持戒酒 5 年以上者占 38%，维持 10 年以上者占 23%。

二、厌恶疗法的治疗原理及应用范围

厌恶疗法的治疗理论基础是巴甫洛夫的经典条件反射学说，把令人厌恶的刺激，如电击、催吐、语言责备、想象等，与求治者的不良行为相结合，形成一种新的条件反射，以对抗原有的不良行为，进而消除这种不良行为。1937 年尼克莱夫曼等用 8 条狗做实验，先让狗站在木架上，随后注射阿扑吗啡作为无条件刺激（皮下注射 40 毫克阿扑吗啡即可引起恶心、呕吐、发颤及大量流唾液等症状），这种过程每日重复，达数月之久。其实这个实验开始不久就使狗有了复杂反应，刚上木架等待之时，虽尚未注射阿扑吗啡，狗就开始恶心、呕吐。这是典型的巴甫洛夫式的条件反射实验。根据这个实验原理而设计的厌恶疗法，在临床上对于戒烟、戒酒等均有效。以革除酗酒为例，具体操作如图 13-2 所示。

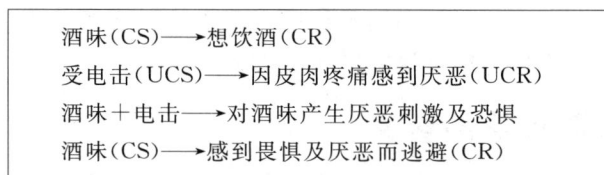

酒味（CS）──→想饮酒（CR）

受电击（UCS）──→因皮肉疼痛感到厌恶（UCR）

酒味＋电击──→对酒味产生厌恶刺激及恐惧

酒味（CS）──→感到畏惧及厌恶而逃避（CR）

图 13-2　利用厌恶疗法革除酗酒的操作

从这个治疗过程来看，厌恶疗法中的厌恶刺激和不良行为是同时出现的，酗酒者在几乎同时体验到酒味和受电击的刺激，因皮肉疼痛而感到恐惧，酗酒者闻到酒味（或喝一口酒）即感到厌恶而想逃避，这种反应以反应性条件反射为基础；而惩罚是在不良行为之后给予厌恶刺激，从而减少行为，这种反应以操作性条件为基础——这是厌恶疗法和惩罚的最大区别，所以也导致厌恶疗法是由治疗者指导，被动地从事伴有惩罚的不良行为；而惩罚时的不良行为是主动发生的，之后再给予厌恶刺激。

厌恶疗法的治疗范围广泛，既可用于消除单个行为，如咬指甲、拔毛癖或吸烟等，也可用于强迫观念或强迫行为，还可用于酒精滥用、药物瘾癖、同性恋及各种性欲倒错者，对于婴儿孤独症或重度精神发育迟滞患儿的自伤行为同样可采用厌恶治疗。

三、厌恶疗法的治疗方式

厌恶疗法常用的治疗方式有下列四种。

(一)电击厌恶疗法

电击厌恶疗法是将求治者习惯性的不良行为反应与电击连在一起，一旦这一行为反应在想象中出现就予以电击。电击一次后休息几分钟，然后进行第二次。每次治疗时间为 20～30 分钟，反复电击多次。治疗次数可从每日 6 次到每两个星期一次，电击强度的选择应征得求治者的同意。如对性变态者或者同性恋者，采用电击法比较有效。将金属环作为电极套在男同性恋者阴茎上，并令其观看各种裸体人像的录像或幻灯片，每当看到男性裸体形象引起阴茎勃起时就遭电击，产生剧烈的疼痛，反复的疼痛刺激导致男同性恋者对同性不再引起性欲冲动。

(二)药物厌恶疗法

药物厌恶疗法是在求治者出现贪恋的刺激时，让其服用呕吐药，产生呕吐反应，从而使该行为反应逐渐消失。药物厌恶疗法多用于矫治与吃有关的行为障碍，如酗酒、饮食过度等，其缺点是耗时太长，且易弄脏环境。如前面已经提到的帮助人们戒酒时，让嗜酒者服吐酒石或注射阿扑吗啡、吐根碱。再如，有一个 33 岁的男性特别迷恋皮夹子与童车，并通过损坏它们来发泄其性欲。治疗过程中，专家给他注射脱水吗啡，他一觉得恶心，就给他看一大堆皮夹子和童车以及这些东西的彩色照片。这种治疗每隔两小时进行一次，不分白天黑夜持续进行。在他睡觉的四周也全放着他曾迷恋过的物品。到了第九天，他终于失声哭泣起来，一个劲地大叫："把这些鬼东西统统拿走！"

(三)橡圈厌恶疗法

橡圈厌恶疗法是厌恶疗法中的一种，主要就是利用拉弹预先套在病人手腕上的一根橡圈，以作为非条件性的厌恶刺激。用以抑制病人已发生的各种病态现象，如强迫性焦虑或行为及性变态行为等。这种方法简单易行，但操作必须正确，否则常影响效果甚至无效。操作时要求：①拉弹必须稍用力，以引起腕部有疼痛感；②拉弹时必须集中注意力计算拉弹次数，直到病态现象消失为止；③拉弹如果在 300 次以上，病态现象仍不消失，必须考虑拉弹方面是否有问题，如方法正确无误，可能此法对这一病人无效；④每日必须做治疗日志记录。

（四）想象厌恶疗法

想象厌恶疗法是将施治者口头描述的某些厌恶情境与求治者想象中的刺激联系在一起，从而产生厌恶反应，以达到治疗目的。如在恋物癖求治者头脑中出现窃取恋物的观念或出现此种行为之际，令患者用通电或是用针刺痛自己，重复结合多次之后，可以减轻或消除患者此类适应不良行为。

同时，也可通过在想象中主动呈现厌恶景象，并让这一景象与某种适应不良的冲动（或行为）相结合，以达到治疗目的。如性变态患者，当其出现这方面的欲望或行为时，让其立即闭上眼睛，想象面前站着一个高大警察，面孔冷峻，手里拿着镣铐在盯着他；或是回忆过去被拘留、被群众愤怒申斥的场面，以达到减少与控制此种适应不良行为的效果。除此之外，有心理医师还设计用想象恶心呕吐来抑制酒瘾或贪食症，但想象的方法终究不如实际的、具体给予的刺激那样有效。通过想象厌恶刺激来矫治适应不良行为的方法，又称内隐致敏法（Covert Sensitization）。对于隐入悲观失望状态的失恋青年，内隐致敏法对于消除其痴情有一定的效果。

此外，近年来用作厌恶性的刺激还有随身携带的袖珍电刺激盒，或套在就诊者手腕上、随时可自弹致痛的橡皮圈，还有巨声、恶臭、烟熏、针刺等。

四、使用厌恶疗法的注意事项

尽管厌恶疗法应用广泛，但要想达到较为令人满意的效果，还应注意以下一些事项。

第一，认真掌握患者的情况，详细了解其不良习惯严重的程度，把治疗方法毫不隐瞒地告诉患者，并确信他真诚地愿意接受治疗。要选准患者厌恶的刺激，因人制宜地制定治疗方案。

第二，运用厌恶疗法进行治疗时，厌恶性刺激应该达到足够强度，保证通过刺激确实能使求治者产生痛苦或厌恶反应，持续的时间为直到不良行为消失为止。治疗中随时掌握治疗情况，一经发现不良习惯不再复发，立即停止治疗。

第三，厌恶疗法会给求治者带来非常不愉快的体验，施治者在决定采用此法之前，务必向求治者解释清楚，在征得求治者的同意后，方可进行治疗，并且施治者一般应把厌恶疗法作为最后一种选择。

第四，在使用厌恶疗法的同时，应努力帮助求治者建立辨别性条件反应。例如，对一位同性恋者使用厌恶疗法，施治者应将呈现厌恶刺激限制在求治者的同性间性行为表现的范围内；同时，让求治者形成对正常的异性间性活动的愉快反应。只有这样才能在消除非适应性行为的同时，建立适应性行为。

第四节　惩罚原理与厌恶疗法的应用案例分析

一、正用

（一）用厌恶活动矫正儿童故意破坏行为案例分析

1. 案例呈现

5 岁的单单喜欢玩变形金刚，家里已经有很多个了，但单单又多次要求爸爸再给他买一个最新的，可每次都被爸爸拒绝，单单十分不高兴，于是他把自己房间里的垃圾全部倒在地上，把桌子和床也弄得一团糟。后来爸爸发现了他的这些行为，但是并没有指责单单，只是严肃地对单单说："你不应该把垃圾倒在地上，更不应该将桌子和床弄得如此凌乱，现在你必须把你的房间打扫干净。"他把扫帚递给单单，要求他马上打扫。单单非常不情愿，不停地抱怨，但爸爸不予理睬。当单单停止打扫时，爸爸会亲自动手引导他。当单单打扫完并整理好自己的房间时，爸爸又把单单带到书房，要求他把书房也打扫一遍。实施过程中，爸爸除了会给单单提供身体上的引导之外，不会与他发生其他相互作用。之后，当单单再出现类似的不良行为时，爸爸都采取同样的方式惩罚他，2～3 次以后，单单这种行为就基本消失。

2. 分析

这个案例显示，孩子为了让家长满足自己的要求，往往会通过一些故意破坏行为来达到目的。如果家长就此屈服，那么不但不能矫正他们的这种不良行为，反而是对不良行为的一种强化。

案例中，爸爸为了矫正单单的故意破坏行为，采用的是实施厌恶活动来惩罚单单。对于单单来说，厌恶活动就是打扫房间，同时爸爸还针对单单的破坏行为进行了过度补偿惩罚，让单单再打扫书房。即行为者必须纠正不良行为造成的环境影响，并且把环境恢复到比不良行为发生之前还要好。在这个过程中，单单就会对自己的不良行为造成的影响矫枉过正。

(二)用厌恶活动治疗遗尿症案例分析

1. 案例呈现

半夜 3 点，6 岁的东东总是在这个时候开始尿床。东东的妈妈在他床边安置了一个蜂鸣器，床下有一个传感器，每当东东尿床，蜂鸣器就会发出声音把东东叫醒，此时妈妈也会被声音吵醒，并来到他的房间告诉他换掉衣服和床单，然后把床垫整理干净。尽管东东不停地抱怨，但是在妈妈的要求下，他还是完成任务才去睡觉。这样过了几周后，东东几乎不再尿床了。

2. 分析

遗尿症一般是由于神经功能不协调所致，比如膀胱的压力感受器反应阈偏低，导致膀胱贮有少量尿液时，即可引起压力感受发出排尿信号引起排尿。

这个案例也是运用厌恶活动来减少问题行为的发生。妈妈的指导是控制此行为的刺激变量，厌恶活动是反复地起床、换床单。妈妈为了矫正东东遗尿的习惯，运用了专门的设备，这种设备的目的是帮助患者形成一种条件反射，达到治疗的目的。

(三)用隔离法消除攻击行为案例分析

1. 案例呈现

6 岁的铎铎长得虎头虎脑、高高大大，是一个很招人喜欢的小男孩。在家里有一个比他大 7 岁的姐姐，姐姐时时处处都谦让着他，加之父母的宠爱和袒护，久而久之，铎铎就成了家里的"小霸王"。"小霸王"到了幼儿园后仍我行我素，凡事要以他为中心：玩玩具要由他先挑；玩游戏，如"老鹰捉小鸡"，他要一直扮演"老鹰"，若小朋友不答应，他便出手攻击。那天，铎铎欺负遥遥时被老师看见，并因此受到老师的批评。没过几天，铎铎趁人不注意，便将可怕的毛毛虫放到遥遥的书包里。遥遥是一个比较胆小的小女孩，当她打开书包发现有毛毛虫时，顿时就被吓哭了。

铎铎精力旺盛，活泼好动，接受能力强。平时他喜欢参加集体活动，喜欢和小朋友玩，但不懂得如何与小朋友相处，加之霸道和任性，所以遇到问题就会以武力解决。老师曾多次教他怎样与小朋友协商、如何谦让等，都没有产生效果。另外，铎铎的自尊心很强，为避免被老师当众批评，他常常趁老师不注意时攻击小朋友。

制定和实施行为改变计划如下。

鉴于铎铎是一个活泼外向的孩子，其攻击性行为发生频率高，程度较严重，决定对其实施绝缘式隔离法，以消除其不良行为。

（1）确定目标行为：消除铎铎的攻击行为。

（2）确定隔离法的种类：当铎铎表现出攻击性行为时，立即将他带出当时的活动情境，将他送到幼儿园设有的隔离室。

（3）确定隔离时间：铎铎已满 6 岁，依据铎铎当时攻击行为发生的严重程度，将隔离时间确定在 2～8 分钟之间。

（4）实施隔离法：一旦铎铎发生攻击性行为，立即对其实行隔离，同时在隔离记录上记录相关信息。

（5）在解除隔离时，老师要告诉铎铎自己为什么会被隔离，自己以后怎样做才不会被隔离。

行为改变的结果如下。

（1）在未实施隔离法前铎铎每天平均发生 7.8 次攻击性行为（4 月 3 日～7 日）。

（2）实行隔离法的第一周（4 月 10 日～14 日），铎铎攻击性行为发生的频率下降较小，平均每天 6.4 次；但是到了第二周（4 月 17 日～21 日），平均每天发生 3 次攻击性行为，在这周的最后一天，只发生 1 次攻击性行为。

2．分析

该实验选择了隔离法消除儿童攻击性行为，研究者在实施行为矫正之前通过观察，对铎铎进行多方面的分析，准确了解了他的个性特点，如活泼好动，自尊心强，但是不懂得如何与人相处。所以研究者选择了负性惩罚方式，避免了对铎铎的直接批评，保护了他幼小的自尊心，同时也达到矫正行为的目的。

隔离法一方面暂时避免铎铎对其他人的伤害；另一方面也让铎铎体验到了自己攻击行为带来的后果，不能参与集体活动的痛苦刺激会让他思考自己以后该怎样做。

该实验实施时间持续两周，到第二周最后一天，铎铎的攻击行为减少到一次，可以看出实验效果是明显的。但铎铎在第二周的攻击行为表现总体还比较频繁，所以实验可以考虑继续持续 1～2 周，巩固前期矫正的效果。

（四）以橡圈厌恶疗法治愈强迫症案例分析

1. 案例呈现

某女，13岁，中学生，2010年3月21日来心理咨询。两年来一见男性（不论年龄）即产生可能要与他谈恋爱、结婚的想法，虽明知不可能，但脑内反复思考不已，无法控制，以致影响生活与学习。另外，到商店去或在门口经过，便产生害怕被售货员说少付了钱的想法，明知不会，但也不可控制，以致怕去商店。

2. 分析

此女生病前个性好静，喜欢看书。体格检查除长得较高大外，无异常。诊断为强迫症（强迫性思虑）。

咨询师采用了橡圈厌恶疗法。在其左手腕上套一橡圈，要求当见到男性或进商店出现上述强迫观念时，立即拉弹橡圈至有痛觉，并计算拉弹次数，直到强迫观念消失为止。每日需作记录。结果第1周平均每天出现上述强迫观念3～6次；开始实施拉弹橡圈以后，前3天须要拉弹30～50次才消失，后3天拉弹3～5次即可消失。第2周平均每天出现强迫观念2次，拉弹橡圈2～5次即消失；第3～6周，平均每天约有1次强迫观念出现，拉弹橡圈5～10次即消失。从第9周起强迫观念不再出现，橡圈解除。偶有轻微关于性的想法，能很快自己控制而消失。以后追踪观察3个月，强迫现象无复发。病人称橡圈是"救命圈"。

二、误用

1. 案例呈现

D老师的班里有一名女生叫顾蔚，是女生中少有的多动分子，D老师苦于她的不安分已经好长一段时间了。一次语文课上，D老师正讲得投入，却发现顾蔚用手拖住下巴，呆呆地望着窗外，D老师停顿了一会，希望引起她的注意，可她却置若罔闻。D老师火冒三丈，直奔过去把顾蔚从座位上拎出来，冷冷地对她说："这样吧，既然你不想听，老师不勉强你，你自由活动吧。"顾蔚的眼睛里顿时盈满泪水，小手揪着裤子，可怜地看着D老师。D老师把她推了几步，让她不要挡着其他同学的视线。下课后，D老师示意顾蔚去解释原因，顾蔚走过去低声地说："老师，我错了，我不应该看窗外的小鸟。"这时，马上有大胆的学生在一旁应和："我们也看见了，真漂亮！""我们下课就出去找它，可它已经飞走了。老师，小鸟不喜欢我们学校吗?"在七嘴八舌的讨论中,顾蔚好像已经忘记自己是一个等待发落的"罪臣",笑容洋溢在她的脸上。而此时,D老师也认识到任何歉意的言语与她的笑容相比都是苍白的,也无法弥补她对顾蔚心灵造成的伤害和打击。全班同学都看到了小鸟,为什么自己就没有看到呢?

　　2. 分析

　　这则案例体现的是教师教育过程中使用惩罚不当。一方面,D老师在考虑实施惩罚之前,没有充分了解情况,凭着自己对学生长期的主观判断就给予惩罚,这样无缘无故的惩罚会给学生带来更大的伤害。对待顾蔚这样的问题学生,D老师缺乏耐心与方法,以为运用教师惩罚的特权就能解决问题的想法是错误的。另一方面,D老师采用的是言语惩罚,在全班同学关注的情况下给予了顾蔚言语批评,势必会影响学生的自尊心。所以,在使用惩罚之前,教育者必须充分了解情况,同时选择恰当的惩罚方式,避免惩罚带来的负面影响。

本章摘要

　　1. 惩罚原理以操作性条件反射为基础,构成惩罚有三个条件:①一个具体的行为发生了;②这个行为之后立刻跟随着一个结果;③将来这个行为被弱化或者被消除。

　　2. 惩罚的类型有两种。一种是正性惩罚,包括厌恶活动(体力劳动、身体限制)与厌恶刺激(言语惩罚、体罚、厌恶疗法)。一种是负性惩罚,包括立即停止正强化活动、拿走或减少其他强化物、立即撤除过度的注意。

　　3. 惩罚的使用原则有:适度性原则、一致性原则、及时强化原则、直接性原则、低频率使用原则。

　　4. 厌恶疗法以巴甫洛夫的经典条件反射为基础,方式主要有想象厌恶刺激、药物厌恶刺激、橡圈厌恶刺激、电击厌恶刺激。使用厌恶疗法需要遵守一些注意事项,以确保治疗顺利成功地进行。

练习题

　　1. 阐述惩罚的定义和构成惩罚的条件。

　　2. 惩罚的两种类型是什么? 各有什么性质? 各举一例说明。

　　3. 使用惩罚需要遵守什么原则?

4. 常常和旺旺经常被高年级的王鹏欺负，而王鹏的家就住在学校的后门。有一次，常常和旺旺决定报复，他们捡了很多石头准备砸向王鹏的窗户。在扔了 5 个石头之后，他们碰见了班主任张老师。试述张老师如何使用厌恶活动来减少常常和旺旺再采取类似行为的可能性。

5. 在幼儿园里，小西的行为表现很让老师头疼，因为每次小西达不成自己的愿望时她都会又哭又闹，比如，看见自己喜欢的娃娃在别人的手里，自己又得不到时，她就会大闹一场。老师应该如何使用隔离法来矫正小西的行为？

6. 丝丝五岁半，她有一种不好的表现就是不听妈妈的话。每次，妈妈要求她起床后要叠被子，她都故意不理睬或者回答说"等一会儿"，然后就自己去看小人书去了。为了矫正丝丝的这种不良行为，妈妈制订了一个方案，当丝丝不听从要求时妈妈就会把她拉到书房，告诉她因为她不听从要求，就得罚她坐在板凳上 3 分钟。惩罚期间，丝丝不停抱怨，妈妈站在旁边要求她保持安静，否则就会再罚她多坐几分钟，她们之间的这种交流直到惩罚结束。妈妈实施的惩罚方案正确吗？如果不正确，存在的问题是什么？应该如何实施？

第十四章　消退原理

在操作性制约情境中，斯金纳曾用白鼠做过实验研究。他将白鼠放在斯金纳箱内，箱内有一个杠杆和一个盛食物的盘子，白鼠在箱内任意活动，无意之间碰到杠杆，随之盘子内的食物掉下来，白鼠得到食物。这样重复几次后，白鼠掌握了杠杆和食物的联系，并不断地去压杠杆，且速度越来越快。可是当白鼠连续几次压杠杆都得不到食物时，它压杠杆的次数就会越来越少，如果一直得不到食物，则压杠杆的行为就消失。斯金纳也用鸽子做过这个实验，也获得了相同的结果。

明明升入小学四年级后开始喜欢讲脏话，班主任王老师对此的反应开始是吃惊、生气和担心，然后禁止明明继续讲脏话。可是当明明讲脏话的次数越来越多时，王老师惩罚他抄书、责骂他都无济于事。而且还形成了恶性循环：王老师越骂他，他越不听话；王老师越是禁止他讲脏话，他讲的就越多。王老师拿他真没有一点办法。五年级时，明明班上换了一个新班主任李老师，明明的行为不但没有改变，反而更加严重。但李老师对他说脏话的行为既不惩罚也不理会，只有当他能不讲脏话表达他所要表达的意思的时候，李老师才认真倾听，并对他所说的话作出反应，同时表扬他不说脏话的行为。就这样，李老师当班主任后没过一个月，同学们就很难再听到明明说脏话了。

从斯金纳实验可知，当情境发生改变时，行为者如果重复以前建立起来的行为反应而没有得到所期望的强化物，那么这种行为出现的次数就会逐渐减少，甚至消失。因此，不仅研究者在行为矫正学中运用这一原理来降低问题行为的发生率，在日常生活中，人们往往也自觉或不自觉地运用这一原理来减少非期待行为的出现，李老师对明明讲脏话的行为所采取的策略就运用了这一原理。这一原理在行为改变技术中叫消退原理。本章将逐一介绍消退原理的含义、消退现象的种类、影响消退原理的因素和运用原则，最后还将列举一些消退原理应用的实例并加以分析。

第一节　消退原理概述

强化物可以塑造期望中的目标行为，增加目标行为出现的频率，同时也可能起着维持问题行为的作用。要消除维持问题行为的强化物，就需要运用消退原理。

一、消退原理的含义

一般而言，某一正强化物对于某一项行为的强化作用，或某一惩罚物对某一行为的遏制作用，并不是永不改变的。也就是说，经由强化所递加的某一行为出现率，也可能因该强化效果的终止而又趋于递减；已制约成功的某一项行为，若其出现不能再获得强化，则其出现率将趋于递减。因此，可以将消退原理(Extinction Program)定义为，个体任何一种行为，在经过多次发生后，都不能带来满意后果，也无法获得所期望的强化物，其强度渐趋衰弱，最后在个体的行为领域完全消失。简言之，有意地忽视不当行为，或对问题行为不直接作反应称为消退。如李老师就通过不理睬明明讲脏话这一策略，消退了他讲脏话这一问题行为。

二、消退过程中的特征

消退就是消除维持问题行为的强化物的过程，从而使问题行为减少。强化物是被改变者最喜欢的，因此，强化物的消失，可能会爆发出更大的问题行为，或者由于过一段时间后，强化物的再次呈现，也有可能造成问题行为的再次反复。

(一)消退爆发

一种行为，在经过多次发生，没有得到强化之后，其行为频率、强度可能在减少或消失之前出现暂时性的增加。这是消退过程中的特征之一，即消退爆发。在消退爆发中一般会出现一些异常行为和情绪反应。如4岁的小孩安安每次睡觉前会哭15分钟左右，父母只好到她床前和她说话，给她讲故事，安安才能安静入睡。父母来到她房间并给她讲故事的行为强化了孩子睡觉前哭闹的行为。后来，儿科医生给父母建议，以后安安睡觉前哭闹时，父母不要再去她的床前强化她的哭闹行为，父母接受了儿科医生的建议。在实施这个方案的第一个晚上，安安仍然哭闹，哭闹的时间比以前更长，而且声音更大，伴有尖叫、捶打枕头的行为。这天晚上安安的行为表现就是典型的消退爆发。第二天，安安还可能会出现消退爆发，只是强度可能会降低一些。之后随着该方案的实施，安安在睡觉前哭闹的行为会消退。

(二)自动恢复

消退过程中的特征之二，是行为可能在消退一段时间后又再次出现，这叫行为的自动恢复。它是行为在该行为消退之前的类似情境下再次发生的倾向。如果该行为的消退过程一直在继续，而且没有得到任何强化，那么该行为就不会持续很长时间。如爱哭闹的小孩，在没有得到父母的积极关注时，哭闹行为就不会经常表现或持续时间不会很长。如果在消退爆发过程中，行为被强化了，那么消退爆发就得到了个体所期望的效果，这样就会激发个体下次更大频率消退爆发行为的出现，行为出现了自动恢复的特征，其消退效果也会消失。

三、消退现象的种类

我们的日常行为通常可简单划分为反应性行为（respondent behavior）和操作性行为（operant behavior）。反应性行为是直接依赖刺激而发生的行为，如吹气所引起的眨眼反射，或尝到食物所引起的流口水反射，以及由突发而强烈的刺激所引起的内脏器官的反应等。操作性行为则指个体为满足自身需要而主动表现的行为，如大学生为了赚生活费而骑自行车去作家教，小孩为了吃冰淇淋而耍脾气等。反应性行为及操作性行为既然均可经由制约历程而培养，自然也可以通过消退历程来消除。

（一）反应性消退

反应性消退指运用消退原理来消除由制约历程所建立的反应性行为。例如，曾被蛇咬伤的个体，可能有一段很长的时间会"谈蛇色变"，表现出非常强烈的恐惧心理。假如又过了一段时间看到蛇或接触到蛇，没有被蛇伤害到，那么个体以前经常发生的制约反应"谈蛇色变"，将逐渐消退。华生与雷纳（Watson & Rayner，1920）曾以"强烈的尖锐声"为非制约刺激，让幼儿阿尔伯特对老鼠产生极度恐惧反应。华生认为，既然阿尔伯特的恐惧反应属于一种经由制约历程所形成的反应性行为，如果让阿尔伯特看到老鼠（制约刺激）时，不再出现强烈的尖锐声音（非制约刺激），则阿尔伯特将逐渐对老鼠不再感到极端的恐惧（制约反应）。这种想法后来由华生的学生琼斯（Jones，1924）在实验中的得到了验证，她利用消退原理很顺利地改善了一位小孩对小动物的惧怕反应。琼斯所采用的方法是：把小孩子所惧怕的老鼠单独呈现在他的视野内，但要保持一段相当的距离，让小孩感到安全。每次呈现老鼠时，并不再出现非制约刺激（如强烈的尖锐声），这种实验过程反复进行一段时日，直到小孩对惧怕对象的存在不再感到不安或惧怕。根据琼斯的实验报告，这种消退原理的应用，对某些个体的确有效，但对某些个体有时候也会产生相反效果，个体差异很大，所以实验者应谨慎操作。

（二）操作性消退

操作性消退指利用消退原理来改变经由制约历程所建立的操作性行为。此种原理的应用效果，又可根据所要消弱的行为不同而分为两种。

一种是由积极操作制约历程所建立的行为的消退，消退起来比较容易，效果也比较明显。例如，在家庭里，儿童的无理取闹或哭叫，往往是为了引起父母的关注或获得食物。每当儿童采取此种不当行为，父母立即给予安慰或食物，此种关注即属于强化作用，结果使孩子的吵闹行为变本加厉。所以父母要改正这种经由操作制约历程所建立的不适当行为，也只有采取消退原理才能有效，即不但不要过分关注儿童的无理取闹行为，还要进一步去关心儿童的良好行为：诸如儿童在看故事书、独自玩玩具或是唱歌时，父母若能适时给予赞许，或直接加入活动中，可慢慢消除儿童的无理取闹行为。

另一种是由消极操作制约历程所建立的行为，消退起来比较困难。心理疾病患者所拥有的许多症状，往往是经由消极操作制约历程所建立，所以常常根深蒂固，不易根除。消极操作制约历程是借停止厌恶刺激为手段以迫使个体建立某一种行为。巴尔特等（Baltes，Reese & Lipsitt，1980）曾以猴子为实验对象，说明经由消极操作制约历程所建立行为的不易消除。他先训练猴子学会按下铁杆柄以避免遭受电击，只要它在每十秒钟之内按下铁杆柄一次，就可以免遭电击。经由这一种消极操作制约历程，猴子准时按下铁杆柄的行为比较牢固，甚至关掉电击线路后，它仍然不停地表演按铁杆柄的举动。

现代社会里有不少吃迷幻药成瘾的不良青少年，往往是为了逃避来自家庭、学校或社会所给予的痛苦或不安而吸食药物。他们只有吃迷幻药，才能暂时停止一切的痛苦或焦虑。感受了痛苦或焦虑，即为厌恶刺激；吃迷幻药即为消极操作反应。因为吃迷幻药的结果，使个体的痛苦或焦虑得以暂时解脱。这会使个体自欺欺人、愈陷愈深。对这类消极操作制约历程所建立的行为来说，消退原理的效果比较难出现。原因有两个：第一，个体所感受到的痛苦或是焦虑，不是外人轻易可以解除的；第二，养成的吃迷幻药行为，本身具有成瘾特性，尽管导致痛苦的外在压力已不存在，但是吃迷幻药本身已成为生理上的需要。为了补救消退原理对这类行为的治疗效果，需要配合应用其他治疗方法，如可以借助第十三章中提到的厌恶疗法（将辣椒掺入迷幻药），或是利用艾里斯的理性情绪治疗法（本书第十六章将重点介绍该治疗方法），引导个体能靠自己的意志力去克服吃迷幻药的行为，并能逐渐放弃他的"非理性观念"（即非理性的思维方式），并树立理性观念（即理性的思维方式），让个体知道吃迷幻药来逃避痛苦或焦虑，并不是唯一有效的手段。

第二节　消退原理的运用

人们的行为多是由强化物来维持，通过取消维持问题行为的强化物，可以减少人们的问题行为，在行为改变技术和日常生活中，人们正是运用这一原理来减少问题行为的发生。

一、消退原理运用的意义

卢梭在他的自然主义教育体系中，提出一种"自然后果律"的教育方法，即让儿童亲身体验自己的错误行为带来的不良后果，从中受到教育，并改正错误。这种教育方法是与"消退法"紧密联系的。卢梭认为凡是合乎自然、顺应儿童天性的，就准许儿童去做，反之就应予以制止。对于儿童的需求满足也要适可而止，控制在自然所容纳的范围之内，否则儿童会得寸进尺。儿童对于一些无理要求得不到满足而表现出大哭大闹，这已经是非自然状态，家长和老师应采取坚定、不妥协、不予理会的态度，若稍有放松痕迹，或因疼惜而心软，那就一发不可收拾。

儿童的若干不良行为（如哭叫、攻击倾向等），往往是受到父母无意中的"社会强化"（如注意他、过分关切他）所促成的。因为有些儿童，能力有限，平常很难采取正常手段（如参加学业竞赛、艺能比赛等）以引起教师与同学们的注意和赞许。因此，反而常采取不正当的手段（如故意推击邻座儿童、装鬼脸、敲打桌椅及发出怪声等）引人注意。由于每当他用这些不正当手段时，教师立即喊他的姓名，同时把眼光投射到他身上，全班同学的眼光也集中于他，甚至教学活动也因此停顿片刻，使他受到了社会关注。所以，周围的这些反应，不但无法纠正他的不良行为，而且易使其变本加厉。老师点名、同学的目光就是强化物。要减少这种问题行为，首先就应消除强化物，即老师和同学不去关注。

因此，消退原理一般常用于教育中的儿童问题行为的减少和治疗多种行为障碍、情绪障碍、神经性呕吐等。

二、消退原理运用前应考虑的问题

引起问题行为的强化物是实施消退策略的关键，因此在实施之前就应找准是什么样的强化物引起了问题行为的发生。另一方面，对消退过程中可能出现的问题也应有基本准确的评估，才能更好地实施消退策略。

（一）找准问题行为和强化物之间的关联性

消退是消除维持问题行为的强化物的过程，因此实施消退原理的关键是找准问题行为与强化物之间的关系。确切地说，找准是什么样的强化物维持着问题行为。因为尽管是同一问题行为，但也可能不同的人是由不同的强化物来维持的。如一个孩子的攻击行为是由父母的注意强化的，而另一个孩子则可能是为了从兄弟手中得到玩具。有时候，即使是同一个人的同样行为，在不同的情况下出现也可能是不同的原因维持的。如有一个小孩收拾书包时会哭闹，当父母帮他收拾书包的时候行为受到了强化；但这个孩子可能在父母让其扫地时也哭闹，这时的哭闹是父母允许他不用完成任务强化的。因此，成功的消退程序取决于能否找准问题行为与特定的强化物之间关联性。

只有找准引起问题行为的特殊强化物，才能运用不同的消退程序使问题行为消失。也就是说，问题行为的强化物不同，消退程序也是不同的。以三个发育缺陷儿童的自伤行为为对象的研究发现，自伤的强化物对每个儿童是不一样的。对第一个孩子来说，自伤是由大人的注意强化的；第二个孩子的行为是由逃避学习强化的；至于第三个孩子，他的自伤是由行为本身引起的感官刺激强化的。因此，研究人员对他们采用了不同的消退程序。对于第一个孩子，在采取了防止孩子受伤措施的前提下，当他撞头时不给予注意，不撞头时一定注意；对于第二个孩子，老师则手把手地教他，使他不能逃避任务，在他完成任务后给予表扬；而对于第三个孩子，则给他戴上一个装有软衬的头盔，使他撞头引起的感觉发生改变。如果撞击不再产生相同的感官强化，行为就会消失。伊瓦塔和他的同事对三个自伤儿童的消退程序都产生了效果，减少了问题行为。在运用消退原理时，关键是找准与问题行为相关联的强化物，而不能假设某种问题行为都是由某个特定的强化维持的。

（二）评估消退原理运用的可行性

在找准了是什么样的强化物维持着问题行为之后，行为改变者还应评估消退原理运用的可行性。因为消退是维持问题行为的强化被取消的过程。因此运用消退原理之前，首先应评估强化物能否被改变者控制，实施消退是否会给当事者或其他人造成危险或者安全问题，消退过程中可能会出现什么样的消退爆发，爆发应控制在什么样的程度才算是合理的。

1. 强化物是否可控

与问题行为相关联的强化物不一定都是能被改变者所控制的。如一个肥胖儿喜欢吃甜点，甜点是吃的强化物，父母可以藏起甜点，不让他吃得过多，这是可控制的；但如果他喜欢常坐在家里听音乐，并且把音响开得很大，打扰了家里其他人的休息，这一行为的强化物是震耳的音乐（在排除了其他强化物，如为了引起父母的注意的情况下），音乐的音量是不可控的，因此，父母可以让他关小音量或实施惩罚来减少这种行为，而不能使用消退。

2. 消退是否安全

消退会不会给当事人或周围的其他人带来安全问题，这是在决定使用消退前应考虑的重点。如，对于两个争吵很厉害、已经开始出现扭打行为的学生，老师仍然采用消退策略，不给予理睬，让他们自己去解决，就有可能让这两个学生打得更厉害，甚至互相打伤。一个为了引起父亲注意的小孩，故意去摸电源插座。父亲看到他，就会阻止他，如果他不听，父亲就会去拉他离开，父亲的阻止就是强化。然而此时父亲不能使用消退，因为小孩摸电源插座是不安全的。

3. 爆发能否容许

消退的使用常伴随着问题行为的爆发，也就是问题行为发生的频率、持续时间、强度等反应更大，甚至还可能出现新的问题行为。比如，有一个孩子每次到商场都要父母买玩具，现在家里玩具已经多得可以开个玩具店了，但每次去商场他仍然要闹着买玩具，父母觉得玩具已经够多，就不想买，他拉着父母，大哭大闹，加上周围人们的劝说，父母只好买了。就这样一次又一次，家里又增添了许多玩具，有些基本上是没玩过的。后来父母决定孩子无论怎么哭闹，都不买，但他们没想到，孩子哭闹得更厉害，在地上打滚，甚至哭晕过去。后来他们妥协了，这就是父母在使用消退过程中没有根据孩子的特点来估计可能出现的消退爆发，从而导致消退策略的失败。因此，如果估计到改变者在消退爆发时不能坚持控制强化，或者不能防止消退爆发导致的危害，就最好不使用消退程序，而采用其他办法。比如，父母可以尽量少让孩子进商场，更要避免让他去玩具部，或用其他有益于他的物体转移他对玩具的关注。

三、消退原理运用过程中应注意的问题

尽管运用消退原理能减少问题行为的发生，但也需要正确运用，才能行之有效。

(一)注意把消退与正强化配合使用

通常，对于在实验室里的动物或社会关系中人类的一般行为，固然可以通过强化原理来建立良好的行为。但是很少可以通过强化原理来改善不适当的行为。对不适当行为的消除大都采用消退原理。但单独使用消退原理不容易表现积极良好行为，为发挥消退原理的更好效果，在个体的不良行为逐渐消除的时候，最好应配合正强化的使用，这样才能使行为改变的效果更好。

例如，若小明常借耍脾气以引起父母的关注或获取糖果，则要消退小明的这一种耍脾气恶习。最好的策略是，一方面对小明耍脾气行为不再过分注意；另一方面还要多赞美他的良好行为，如当他和妹妹友好相处、主动帮忙做家务或是很认真地做功课时，可以适量给予强化物(夸奖、物质奖励等)。采用这种双管齐下的方法，不仅可以早日消除小明爱耍脾气的恶习，且可培养合作、主动学习的良好学习习惯。父母在决定实施消退原理时，可以先告诉小明说："从今天起，你无论怎样耍脾气，都不再给你任何东西。只有乖乖地和妹妹玩或安静、认真地完成作业，妈妈才会自动奖励给你想要的东西!"有些个案中，只采用这种指导语，也能加速消弱其不适当行为。但是，父母必须言出必行，贯彻始终，如常常一味承诺而不兑现，不仅会引起孩子对父母的不信任，还可能更加激发孩子不良行为的出现。

(二)注意消退过程中的一致性

运用消退原理减少问题行为的关键是强化物的消除。因此，在消除强化物的过程中，一定要保证强化物消除后的永久消失性。如果在实施消退策略的过程中，引起问题行为的强化物又偶尔出现，就很容易导致问题行为的再次出现。再以小明耍脾气的例子来说，母亲正在运用消退原理，以改善小明的恶习，而且已有些成效了。但父亲没有耐性而不愿意配合，下班回家一进门听到小明哭着讨要糖果，就埋怨说："你没有听到儿子在哭叫吗? 吵死人了! 小明过来，爸爸给你钱，你自己去买好啦!"，这一招，可能使母亲几天来所有的努力成为泡影。由此例子可知，在使用消退原理

的过程中，特别要注意所消退的不适当行为，不能再度获得其他任何强化物。因为这些强化物，不管是来自第三者，或是变相所得，都足够抵消原已出现的消退效果。所以实施者应严加管理强化物的来源，保持前后客观一致。

(三)考虑运用消退方案时的背景因素

运用消退原理所需要的背景，也会影响到消退的成效。这些背景的精细程度相当有层次，包括用来处理复杂行为设计背景和处理较易去除的日常举动的简易背景等，训练者应依据个体的具体行为特征来设计。

一般所说的难于消退的行为，指经长时期塑造成的不良习惯，尤其是在间歇性强化条件下所养成的恶习更不易消除，所以需要精心巧妙的设计背景，以帮助恶习的改善。现以马丁等(Martin & Treffry，1970)所训练的个案为例，说明训练者如何设计巧妙的装置，以纠正一位脑麻痹女性患者的弯曲姿势。被试法拉莉，是一位十六岁的重度智能不足女性，兼患脑麻痹，她的右半身瘫痪。在接受训练之前，她在一所特殊学校待了八年，全然不会走路。四年前就开始训练她使用支架练习走路，但她都不愿意走动，除非工作人员扶着她走。如果工作人员强迫让她独自行走，她就趴在地板上。她常表现两种不适当行为，一是用左手非常用力地打击面部和头部；二是每次让她坐在椅子上时，她就把头弯向地面。在运用行为改变技术培养良好行为以前，曾经也试过其他方法，但一直未见效。后来决定运用消退原理来处理此不良行为，训练者先仔细观察个案的这些不良行为，经过两个月的观察得知，工作人员过分注意她的自行虐待行为和头向下弯的姿势，导致这些不适当行为的出现率提高。矫正策略是兼用消退不适当行为和强化适当的行为，并事先布置特别情境。每天早上穿好衣服后，她就被带到电视间，坐在放置在角落的一把椅子上。椅子正前方横放着一张大沙发，平常是让学生们坐着看电视用的。训练者在大沙发上放置一块垂直的厚纸板。法拉莉若端正坐着，正好可从厚纸板上端看到电视屏幕；如果她头向下弯曲，就无法看到电视。在实验期间，每天除吃饭时间外，每隔15分钟就由护士小姐来观察一次。若看到她坐姿良好，正从厚纸板上端望过去，就立刻给予赞美，并赠予糖果或水果等强化物；如果她弯曲着身体，护士就不理睬她，更不和她讲话。经过22天的实验，她的弯曲姿势已经完全消失。

(四)分清维持问题行为的强化类型

已有研究表明，在间歇强化条件下建立的行为比在连续强化条件下建立的行为更难消退。如卡兹丁等证明了在持续性强化和间歇性强化下，消退的效果有所不同。他们使用代币制原理强化福利工厂两个轻度精神迟滞患者工休时的社会交往行为。在代币强化实施前，这两个人都很少有社会交往行为。然而当他们在工休时与别人交谈就能得到代币时，两人的社会交往行为都大大增加了。当不再受代币强化时（消退），两人的社会交往都停止了。在消退期之后，心理学家重新作用代币强化社会交往。不同的是，其中一人每次与人交谈后都能得到代币（持续强化）；另一人则是间歇性地得到代币，他与人交往的时候，有时会得到代币，有时得不到代币。在这个强化阶段后，心理学家们实施了第二次消退。经过这次消退，受到持续性强化的工人停止了社会交往，另一位工人却一直保持交往。

由于连续强化是每当行为一发生就立即给予强化，并且每次都有强化，当行为发生后得不到强化时，行为者不会期望下次会得到强化，可能不会出现下次行为。所以，由连续强化建立起来的行为较容易消退。而间歇强化是偶然地、并不是对每一次行为都进行强化，间歇强化包括不固定比率强化与不固定时距强化。在间歇强化中，行为必须出现多次才能得到一次强化，当一次行为没能得到强化时，行为者会期望下次或下几次能获得强化，因此不会轻易终止行为的发生。所以，由间歇强化所建立起来的行为相对于连续强化所建立起来的行为更难消退。

因此，训练者应先清楚，要消退的目标行为究竟是在何种强化分配方式下塑造的。如果是在间歇强化分配方式下建立的行为，那么需要投入更大的精力及更长的时间才能消退；如果是在连续强化分配方式下建立的行为，实施消退原理后，效果就相对要明显些，行为消退得比较快。

正如正强化作用一样，应用消退原理必须先对消退的含义有深刻的理解，掌握其行为的不同塑造种类，正确应用，才能发挥效果；反之，则适得其反。

第三节　消退原理应用案例分析

一、正用

（一）消退儿童哭闹的案例分析

1. 案例呈现

有位 11 岁正在上小学的男孩吉米，在他所读的特殊班里，常爱打岔、模仿婴儿的哭叫声或净问些无关痛痒的问题。不仅如此，脾气来时，每每在教室门前翻滚，大哭狂嚎，引来教职员围观，指指点点，你一言我一语地评论。一位心理学家观察了几次后，告诉吉米的老师：教职员的围观、注视和评论，无意间构成吉米哭闹行为的强化物，要根除此恶习，必须先杜绝他们的围观。在下次吉米哭叫时把门关起来，叫他坐在老师附近，随他去哭、去叫、去踢，不要理他，待他停止后，才立刻给他充分的关怀和注意。老师完全照"锦囊妙计"而行。起初，吉米如同以往一样，又哭、又踢，老师自顾自地在忙，无动于衷，连正眼也没瞧他一下，故意装出一副满不在乎、完全把他忘了的样子。两三分钟后，吉米把哭声放低、放轻下来，抬头望老师，老师立刻说："只要你愿意，老师随时可以教你。"吉米的哭声更轻、更低了。再过四五分钟左右，他的低泣变成无声的啜泣。最后他终于说："老师，我现在愿意了。"老师马上抬眼望他，面露微笑，走到吉米的书桌旁说："很好！我们开始吧！"这时老师的注视、微笑、称赞成为吉米好行为——表示愿意工作的强化物。

就这样，老师在吉米表现良好行为（如看书、做作业）时，给予充分赞扬、关注。在表现不忍受行为（如哭叫、说婴儿语）时，则相应不理睬。几星期后，吉米的行为大致改善，不哭、不闹、不说无聊话了。

2. 分析

吉米的哭闹引起教职员的围观、注视和评论，无意间构成吉米哭叫行为的强化物，要改正这种经由操作制约历程所建立的不适当行为，只能采取消退原理。

除了对吉米的哭闹行为采取不积极关注以外，老师还在他表现良好行为时给予积极关注、微笑、赞扬等社会性强化物，这样可以更快地促进吉米哭闹行为的消退和良好行为的出现。

（二）消退课堂上不良行为的案例分析

1. 案例呈现

小安是王老师任教的五年级（2）班的一位很积极的学生，每次数学课上都喜欢提出一些钻"牛角尖"的问题。王老师一提问题，他就迫不及待地把手举得很高，大叫"我，我会这道题，老师我要回答！"一开始，王老师觉得小安是个学习很积极、喜欢动脑筋、聪明的学生，但是经过一段时间后，王老师发现，每次都是小安一个人在那里叫着要求回答问题，而其他同学的反应却很冷漠。她知道，长此下去，就会使全班同学学习和动脑筋的积极性下降。为了改变这一现状，每次当小安大叫、主动要求回答问题时，王老师不叫他，而是笑眯眯地问其他同学："请问除了小安举手以外，还有哪个同学能把手举起来回答这个问题?"故意不叫小安回答,等其他同学回答问题后,王老师再回过头来夸奖小安,说他也很棒,也知道答案。这样反复几次之后,其他同学回答问题的积极性明显提高了,小安在课堂上大叫"我!我!"的次数也逐渐减少了,到最后能安静地举手要求回答问题了。

2. 分析

如果将注意的焦点放在小安大叫回答问题的事上,会产生不良的效果,不仅挫伤小安的自尊心,还会影响课堂气氛。当王老师询问其他同学是否也愿意回答问题时,其实是在暗示小安,这个问题想要其他同学来回答,这样既可以保持良好的师生关系,又可以改变小安的不良行为。

必须注意的是,当小安不再大叫着要求回答问题,而是安静地举手要求时,老师应对这一良好行为给予鼓励,适当主动地让他来回答问题。

(三)消除争吵的案例分析

1. 案例呈现

课间休息时,张老师被告知自己的小学三年级(2)班的明明和萧萧两个同学正在教室门口争吵,甚至还动起手来了。张老师在教室外面就听到了两个同学的争执声:"这是我的卷笔刀!""不是你的,是我的!""为什么和我的一模一样呢?""把它还给我!""不还,本来就是我的!"当他们看到张老师站在旁边时,两个人都声音提高了几十个分贝,争执得更起劲了,还互相要张老师来为自己做证,证明卷笔刀是自己的。张老师望着他们两个,口气严厉地说:"好了,你们争执的原因我都听到了,我现在不希望听到你们继续争执,这个卷笔刀先给我,上课铃声马上要响了,你们都给我进教室去。至于这个卷笔刀,先保管在我这里,等放学后,我再来决定这个卷笔刀是谁的。"

2. 分析

小学生之间为了一些小东西的归属问题争执是很平常的事情,当他们发生争执时,最好的处理方式是不去理会他们。

在这个案例中,张老师用短短的几句话就把问题解决了。她故意回避了判断两个人谁对谁错和东西到底归属谁的问题,让他们先把课上完,气消了的时候再去解决这个问题,不仅使问题容易解决,也不影响他们上课。

二、误用

(一)努力学习行为消失的案例分析

1. 案例呈现

小林，小学五年级，学习努力程度一般，成绩一直在班上居于中下等，父母对于他成绩的提高也不抱什么期望。但是这个学期换了一个数学老师。这位数学老师经常在课后对成绩中下等的学生进行训练，加之小林这个学期比以前努力，所以在这个学期的期中考试中，数学成绩从以前的中下等上升到了第十名。老师在班上还公开表扬了小林的进步，小林自己也很高兴，回到家里把好消息告诉父母。结果父亲听到后，马上否定地说："是不是抄别的同学的？凭你自己能考那么好么？走一边去，我还要忙着去店里帮忙呢!"小林感觉像有盆水泼在自己身上一样，心凉了一半。

此后，小林每次考完之后都不主动跟父母说成绩的事情了，成绩也恢复到了以前的水平，有几次甚至还排在班上最后十名左右了。

2. 分析

很多父母一直站在自己的角度去评价子女，有时候还带着一成不变的眼光去看待子女的变化，对子女不抱什么期望，当子女有可喜的进步时，表现得很冷漠，不给予强化。这种对良好行为采取消退的反应，时间长了，会导致良好行为的消失，甚至出现不良行为。

当小林拿出有所进步的成绩时，哪怕只进步了一点点，父母都应该表现得很为小林骄傲，应积极、及时给予强化，使小林获得满意感和成就感。这样自然可以强化他努力学习的行为，以后再逐渐从学习成绩方面的自我肯定，类化到其方面。

(二)随便丢渣滓行为恶化的案例分析

1. 案例呈现

小君，小学三年级，是个比较聪明的孩子，学习成绩在班上处于中等水平，对人有礼貌，但是有个喜欢吃零食的毛病，每次吃完零食就乱丢渣滓，因为教室每天都有学校的卫生监督人员来检查，他随便丢渣滓的行为，曾几次影响了全班参与评比卫生班集体的资格。因为他父母长期在外工作，他一直和奶奶一起住，他在性格上表现得比较内向。老师认为他这种随便丢渣滓的行为是为了引起对他的注意，于是老师采取消退原理，对小君的这种行为不予理睬。结果，小君爱吃零食、随便丢渣滓的行为并没有得到制止，反而越来越频繁了。

2. 分析

消退原理是用来减少行为发生的，但是也要看行为的性质。例如，如果孩子的行为有自伤、自杀、对他人有严重损害的倾向，当这些行为发生时，一般是不能用消退原理置之不理的。小君随便丢渣滓的实质是一种不良习惯，这种不良习惯也影响了班集体的荣誉，其行为意图并不是为了引起周围人对他的关注。采用不制止的错误反应，会强化这种不良行为的继续恶化。

老师可以采取一些间接措施，对小君的这种行为进行消退，如叫他担任卫生委员，监督教室的卫生，这样做还可以使性格内向的小君在与同学的交往中性格逐渐开朗、更自信。对于他的一些进步，可以给予正强化，如可以在公开场合进行表扬等，以更快地促进小君随便丢渣滓行为的消退和良好行为的出现。

本章摘要

1. 消退是指个体的一种行为，经过多次发生后，都不能带来满意后果，也无法获得所期望的强化物，其强度渐趋衰弱，最后在个体的行为领域完全消失。

2. 消退爆发指一种行为，在经过多次发生、没有得到强化之后，其行为频率、强度可能在减少或消失之前出现暂时性的增加。

3. 在实施消退过程的同时，应配合正强化物的使用，识别问题行为是由何种强化方式来维持的。一般情况下，在间歇条件下建立的行为比在连续强化条件下建立的行为更难消退。另外，还应使消退后的问题行为得以泛化和保持。

练习题

1. 请举出在你生活中出现消退爆发的例子。

2. 如果老师在课堂上看到某个学生在讲话，立即叫他的名字，然后这个学生停止了讲话，这个学生讲话行为的减少是运用了消退原理吗？

3. 阿毛晚上睡觉的时间到了，便到厨房找妈妈，见了妈妈脱口而出喊了一声："妈妈晚安！"结果妈妈没有反应，可能是妈妈和爸爸在闹脾气，闷闷不乐；也可能是昨天向隔壁张太太借钱，遭一顿冷言，余怒未息，因此就爱理不理的，连正眼也没瞧阿毛一下。阿毛傻愣愣地站在那里，心里大惑不解。不过，第 2 天晚上，他还是照说一声："妈妈晚安！"结果仍如石沉大海，没有回音。如此一来，阿毛的"妈妈晚安"就不再出现了。试分析为何阿毛以后再也不说晚安了。

4. 小丽说肚子疼，让妈妈同意她不去上学。小丽今年上小学四年级，她已经有好几次说肚子疼，待在家里不去上学了。小丽的妈妈认为她是在装病，因为这样就可以不去上学，于是决定采用消退原理。她知道如果不是用上学来强化了小丽所谓的肚子疼，那么送她上学就可以消除此强化，小丽也就不再抱怨了。她的方法可行吗？为什么？

5. 明明，9 岁，父母是个体户，平时没时间照顾他，闲暇时也只顾打牌，明明大多数时间是独处。这段时间，明明的左手不能控制地经常性地抽搐，在父母关注时抽搐得更剧烈，父母带他去大医院照 X 光后并未发现有任何器质性的病变。在心理咨询师的建议下运用消退原理，只要明明的手一抽搐，父母马上回避，对症状表现出不关注，但有几次明明的手没以前抽搐得剧烈，但父母还是表现得很冷淡。一个月后，明明的抽搐一次比一次更剧烈了。为什么会出现这种情况？

第十五章　系统脱敏法

据《儒门事亲》载：卫德新的妻子在旅途中，在旅舍的楼上住宿，夜逢盗贼烧房子，因受惊而坠下床来。自此以后，每听到声响，便会受惊昏倒不省人事。家人也只得蹑足而行，不敢贸然弄出声响，逾年不愈。医师戴人诊断后即让二侍女执其两手，按于高椅之上，在面前放一张小桌几。戴人说："娘子，请看这木头！"便猛击桌，妇大惊。戴人说："我用木头击桌，有何可惊呢？"妇人吓后稍显安定，戴人又击桌，惊已显然减缓。又过一会儿，连击三五次，又用木杖击门，又暗中令人击背后的窗子。妇人慢慢从惊恐中安定下来。晚上又叫击其卧房的门窗，接连数日，从天黑直到天亮，两个月后，虽听雷鸣也不惊恐了。

1958 年，沃尔普（Wolpe）[①]医生将一只饿猫置于笼中，当食物出现它将取食时，使其突然遭到强烈电击。多次实验后，不但猫出现强烈恐惧反应，拒吃出现的食物，而且对猫笼和实验室环境也引起恐惧反应，形成了猫的实验性神经症。每当食物出现时，猫既有因饥饿要取食的反应，又有怕电击而退避的反应，前者为正常反应，后者为反常反应。然后沃尔普施与治疗，先在原来实验的环境之外给猫以食物，此时只有因饿而进食的正常反应，虽然仍有轻度恐惧反常反应，但因进食的正常动机强烈，使正常反应抑制了反常反应。此后，逐步将进食移到原来的实验环境，只要不再电击，猫最终能在原来恐怖的环境中进食而恐惧反应消失。

《儒门事亲》里记载的这一事例说明了我国早在几百年前就知道如何通过诱导患者缓慢地暴露于导致神经症焦虑的情境当中，并通过心理的放松状态来对抗这种焦虑情绪，从而达到消除神经症焦虑习惯的目的。而沃尔普于 20 世纪 50 年代用实验的方法又进一步证明了这一治疗方法的原理——交互抑制原理。《儒门事亲》里记载的案例所用的方法就是交互抑制原理的具体运用——系统脱敏法。本章将在介绍系统脱敏法的基本含义后，对交互抑制原理的产生、抑制焦虑反应的策略做简要介绍，最后还将介绍系统脱敏法的运用原则及实施步骤。

---

① 参考教育部师范教育司主编．行为矫正基础．北京：人民教育出版社，2003．

第一节　系统脱敏法概述

人们要想减少某个个体的问题行为或非期望行为，通常会运用两种方式：一种是通过惩罚、消退原理直接减少问题行为；另一种是通过设法在个体与个体的问题行为之间建立相对抗的（或相互抑制的）另一项反应（或习惯），从而使问题行为逐渐消失。

一、系统脱敏法的含义

俗话说"一朝被蛇咬，十年怕井绳"，说的就是一旦我们对某种刺激产生了不愉快的反应，就会在头脑里形成相应的条件反射，日后再遇到或想象到此类刺激便会产生恐惧、紧张、厌恶、焦虑等感受。日常生活中普遍存在着类似现象，比如，小孩子生病治疗后总是害怕"穿白大褂的人"；成人有晕车、晕船体验的，总是害怕乘车、坐船；对演讲、考试、比赛有过过度紧张体验的人，难免有怯场心理；因某种原因一时对某种食物产生厌恶的人，就再也不敢食用那种食品。所有这些都是由先前有过对某种刺激不愉快的体验而导致主观上对那种刺激过分敏感而引起的。那么怎样才能克服这种日常恐惧症呢？目前比较有效的方法就是"脱敏"，即国外流行的"系统脱敏法"。系统脱敏法是通过一系列步骤，按照刺激强度由弱到强、由小到大，逐渐训练心理承受能力、忍耐力，增强适应力，从而达到最后对真实体验不产生"过敏"反应，保持身心的正常状态。因此，系统脱敏疗法（Systematic Desensitization）也可以说主要是通过诱导求治者缓慢地暴露在导致敏感的神经症（如焦虑、恐惧）的情境中，并通过心理的放松状态对抗这种敏感情绪，从而达到消除神经症（如焦虑、恐惧）习惯的目的。《儒门事亲》中所记载的戴人医治卫德新妻子对声音的恐惧，用的就是系统脱敏法。他先让卫妻听木头敲击桌子的声音，然后听木杖击门声，听出其不意的敲窗声，最后听半夜击其卧房的门窗声，这样缓慢地暴露出导致恐惧的情境。同时，又给予她安慰，让其放松，如在第一次用木头敲击桌子后，见她大惊，以"我用木头击桌，有何可惊呢？"来给予安慰。经过一两个月之后，达到了虽听雷鸣也不惊恐的效果，治愈了卫德新妻子对声音的恐惧之症。

沃尔普(1973)①认为逐渐降低患者对焦虑刺激的敏感性有两种方式：第一种是逐渐改变刺激的特性，如形状、颜色、大小等，也就是引起患者焦虑的刺激为"制约刺激"。然后设计几种在某一种特性上稍微不同于"制约刺激"的刺激物，称为"类化刺激"，让患者逐一适应这几个"类化刺激"。第二种是逐渐改变通往焦虑刺激的距离，即先由远方试探，然后再逐渐拉近焦虑刺激。每一步骤必须要等到完全不同质而引发剧烈的生理变化，才可向前推进。两种方式的差异见图 15-1。

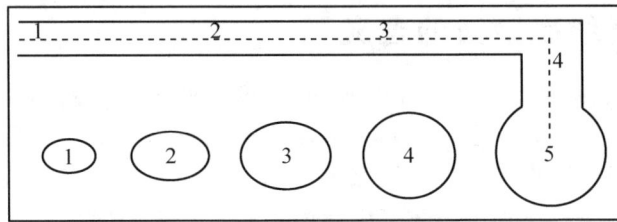

图 15-1 两种刺激变化图

（摘自教育部师范教育司主编. 行为矫正基础. 北京：人民教育出版社，2003.）

以图 15-1 来说，如借改变刺激特性而实施系统脱敏训练，则首先要使用①类化刺激。因为①是很明显的椭圆形，与制约刺激⑤显然不同；当患者适应①后，再试试②号刺激，依次试用③，④，⑤号刺激物，至全不引起焦虑反应为止。如借改变通往焦虑刺激的距离而实施系统脱敏训练，首先要把焦虑刺激放在 1 处，适应之后再移近到 2 处，以此类推，直至移到 5 处而不再发生剧烈的生理反应为止。

二、系统脱敏法的理论基础

英国生物学家谢灵顿(S. C. Sherrington)曾指出，如果一组肌肉受到刺激产生兴奋，则另一组对抗肌肉必受抑制；反之，如果一组对抗肌肉受到刺激而产生兴奋，则另一组肌肉必受到抑制。他把这一现象称之为"相互抵制"，并假定可以用于说明神经系统的历程。行为心理学家们受此启发，提出了交互抑制原理(reciprocal inhibition)。交互抑制原理指的是，一个人的行为方式在同一时间及同一空间上，只能有一种倾向：即在兴奋时，不可能平静；在平静时，也不可能兴奋。哭的时候不可能同时笑，笑的时候不可能同时哭。兴奋与平静、哭与笑是不可能在一个人的行为上在同一

---

① 参考教育部师范教育司主编. 行为矫正基础. 北京：人民教育出版社，2003.

时间发生的。如小玲有吮拇指的行为，这是一种不好的习惯，所有人都不希望这种行为发生。由于吮手指和吃食品不能同时发生，因此，当小玲的家人看到她吮拇指时，就给她一个含糖量很低的棒棒糖。这样吃棒棒糖的行为就有可能增加，而吮拇指的行为就得以减少。也就是说，小玲吃棒棒糖的行为，抑制了她吮吸拇指的行为。

沃尔普所创立的行为治疗法，主要是根据交互抑制原理。他认为神经性焦虑症是一种习得的行为，可以利用另一种与此行为"相对立的行为"予以抵制。神经症的起因是，在焦虑情境中，原来不足以引起焦虑的中性刺激与焦虑反应多次，结合形成非常稳定的焦虑刺激，之后产生异常的焦虑情绪或紧张行为。将焦虑刺激与和焦虑反应不相容的另一种反应（如松弛反应）多次结合，由于这两种反应是不能在个体身上同时存在的，就逐渐消弱了原来的焦虑刺激与焦虑反应之间的联系，逐步减轻了个体对焦虑刺激的敏感性。沃尔普于1958年的实验证明了这一设想，从而逐步形成了系统脱敏疗法①。

三、系统脱敏法的变式

一般将想象（恐惧的事物）与（抑制焦虑的）放松反应的结合，看作经典的系统脱敏法。这种经典脱敏法的主要缺点是训练者难以对病人的想象活动实施有效的控制。另一方面，临床工作限于条件，治疗者不可能陪同每位病人到真实的生活情境中去脱敏。此外，病人所害怕的某些情境或事物不可能被展示出来，如害怕亲人会死去。因此，经过对原有方式的一些改进，系统脱敏法产生了一些变式，主要包括以下几种。

（一）快速脱敏法

快速脱敏法也称真实生活脱敏法，这种方法的主要特点是用造成恐惧反应的实际刺激物代替对它的想象，治疗者陪伴病人通过一系列令病人感到恐惧的情境，直到抵达原先最害怕的情境而不再紧张为止。这种方法比较适用于广场恐惧症和社交恐惧症病人。例如，对于一个害怕拥挤和同陌生人接触的恐惧症病人，可以让他在治疗者的陪同下于清晨外面人少时乘车到闹市区去。到达后先让病人在车内坐几分钟，如果不感焦虑，可鼓励他下车到商店门口走一走，直到病人敢于进入拥挤的商店购物而无焦虑反应为止。

---

① 参考车文博．心理治疗手册．长春：吉林人民出版社，2000，284．

（二）接触脱敏法

接触脱敏法特别适用于特殊物体恐惧症，如对蛇和蜘蛛的恐惧症。接触脱敏法也采用按焦虑层次进行的真实生活暴露方法，与其他脱敏方法的不同之处在于增加了两项技术——示范和接触。让病人首先观看治疗者或其他人处理引起病人恐惧的情境或东西，而后让病人一步一步地照着做。如果病人害怕的是一种东西，如蛇，那就让病人观看过治疗者触摸、拿起和放下蛇的示范后，先从事一些与接近、触摸蛇有关的活动，而后逐渐接近蛇、触摸蛇，直到敢于拿起蛇而无紧张感为止。

（三）自动化脱敏法

自动化脱敏法是指，根据同病人的一系列交谈的结果，治疗者将所识别出的病人的焦虑情境（如喧闹嘈杂的声音、拥挤的人群或爬行中的蛇）的录音、录像，而后利用这些制备好了的录音、录像对病人进行治疗。这种方法的突出优点是：①病人可以在家里独立使用，而不必花费治疗者太多的时间；②病人可以依自己的情况，自己决定脱敏的速度和进度，这有助于减少脱敏治疗中的一些不良反应；③录音和录像中可加入治疗者的指导和有关的治愈范例，也可起到指导与示范作用。自动化脱敏法可用于对即将接受接触脱敏和快速脱敏的病人的准备中，也可以作为其他脱敏法的一个补充，在其他脱敏治疗的间歇期作为一种家庭作业采用。此外，对于非恐惧症患者，如对即将到来的临床检查和治疗感到有些紧张不安的病人，自动化脱敏法也可发挥其独特的作用。

（四）情绪性意象法

这个方法由拉扎鲁斯（1962）[①]等最先提出。这种方法的主要特点是通过形象化的描述，诱发病人兴奋、骄傲和欢乐等积极的情绪情感活动。这些积极的情绪情感活动显然与由恐惧刺激物所引起的焦虑反应互不相容，从而可以逐渐抑制和消除恐惧的心理。据报道，情绪性意象法最适用于儿童。

第二节　系统脱敏法的运用

系统脱敏疗法对由明显环境因素引起的某些恐惧症、强迫症特别有

---

① 参考车文博．心理治疗手册．长春：吉林人民出版社，2000，287.

效。其应用一般包括三个过程：一是深入了解患者的焦虑和恐惧是由什么样的刺激情境引起的，找出各种条件和相应的焦虑反应，由弱到强按次序排列成"焦虑层级"；二是训练患者学会一种与焦虑对抗的松弛反应；三是把松弛反应逐步地、有系统地和不同焦虑层次的反应由弱到强地配对呈现，形成交互抑制情境。如此循序渐进，最终把焦虑状态消除，让患者重新建立一种习惯于接触有害刺激而不再敏感的正常行为。

一、系统脱敏治疗的操作步骤

当训练者准备运用系统脱敏原理去处理患者的恐惧或焦虑情绪时，应首先考虑下列要项及步骤。

（一）建立焦虑（或恐惧）等级表

通过资料收集，深入了解患者的焦虑和恐惧是由什么样的刺激情境引起的，找出各种条件和相应的焦虑反应，由弱到强按次序排列成"焦虑层级"。焦虑（或恐惧）层级是指患者对某一刺激情境所表现焦虑（或恐惧）的不同程度。等级表的建立是系统脱敏法的重点工作，是系统脱敏法的难点所在，也是系统脱敏进行的依据，它直接影响到脱敏的成败。通常焦虑等级表是将患者有关某一方面的神经症的一连串刺激，按照其引发焦虑的强弱程度排列成等级或层次的一种表示方式。在排列强弱刺激的等级方面，沃尔普习惯于将最强的刺激排在等级表的最上端，然后依照患者所感觉到的焦虑程度由强到弱依次往下排列，将最弱的刺激排在最末。这个过程主要分为以下几个步骤。

1. 资料收集

沃尔普认为建立焦虑等级表所需要的原始资料，不能凭主观想象，应从下面三个途径中获得。

（1）患者生活史资料的收集与整理。训练者需要了解形成患者病症的情境以及如何由条件历程衍生出对各种刺激的害怕，这就需要训练者通过访问、观察以及心理测验等方式来收集患者的早年家庭生活史、教育背景、现有社会关系等方面的信息，从而作出深刻的分析。

（2）恐惧调查量表资料。沃尔普和朗格[①]曾列出足以产生恐惧的一系列刺激情境，让患者依据自己感到害怕的程度，在五点量表上逐一解答，从而找出目前患者感到非常恐惧的事情。这项量表被称作恐惧调查量表，在

---

① 参考陈荣华. 行为改变技术. 台北：五南图书出版公司，1990，237−238.

临床上应用较广。实施测验的指导语是："在这问卷上所提出的项目，都是一些曾经引起你恐惧的事情，现在请你将表上这些事情按照恐惧的程度，逐一在下列各项目的适当等级上打钩。"下面是沃尔普恐惧调查量表的部分材料。

表 15-1　沃尔普恐惧调查量表的部分材料

困扰等级　　　项　目	① 全不困扰	② 有点困扰	③ 感到困扰	④ 相当困扰	⑤ 非常困扰
清洁器空转噪音	①_____	②_____	③_____	④_____	⑤_____
大伤口	①_____	②_____	③_____	④_____	⑤_____
独处的时候	①_____	②_____	③_____	④_____	⑤_____
处在陌生地方	①_____	②_____	③_____	④_____	⑤_____
大声	①_____	②_____	③_____	④_____	⑤_____
死人	①_____	②_____	③_____	④_____	⑤_____
在大众面前讲话	①_____	②_____	③_____	④_____	⑤_____
通过马路	①_____	②_____	③_____	④_____	⑤_____
下降	①_____	②_____	③_____	④_____	⑤_____

（3）国内有关这些方面的问卷尚不多，国外比较流行的有《威罗比问卷》，它是一套用来诊断患者由人际关系障碍造成的焦虑情况的量表，全卷共 25 个问题，要求患者根据自己的实际情况在五个等级上选答，约有一半的题目可测知患者的神经症反应，另一半题目可探知患者一般的情绪敏感程度。用这个量表测得的分数越低，表示症状越轻微。每一题目后均列出 0～4 五个号码，代表不同的感受程度。这五个号码代表的意义如下：

0——完全不是；从来不；完全没有

1——有点是；有时候；有一点

2——中等

3——经常是；许多

4——非常繁多；全然地

范例：

①当你必须在一群陌生人面前表演或演讲时，你会焦虑吗？（0，1，2，3，4）

②当你从很高的地方下来时，尽管不会有真正的危险，你害怕下来吗？（0，1，2，3，4）

③在社交场合你是不是躲在人背后？（0，1，2，3，4）

④你曾经感到心情变化而不知其原因吗？（0，1，2，3，4）

患者答完后，调查者将有关的焦虑刺激依据主题加以归类，进行内容分析。由此可见，这类调查表与沃尔普的恐惧调查量表有些相似。

2．等级的排列

通过上一步骤三种资料的收集和分析，训练者可以找出患者焦虑的主要原因，然后在参考这些资料的基础上建立焦虑主题的具体细目。如患者怕乘电梯，可通过治疗师的等级排列和患者测试结果的比较，构成患者的焦虑等级调查表，如表15-2所示。

表 15-2　怕乘电梯的恐惧等级表

等级	情 境 体 验
九	电梯中很拥挤，挤得人贴在墙上
八	电梯中有 3/4 的人
七	电梯中只有 1/4 的人
六	电梯中有 4 个人
五	电梯中有 2 个人
四	站在电梯门外等候电梯到来
三	从 7 米远处走向电梯
二	从大楼的前门走向有电梯处
一	走向有电梯的高楼

（二）教患者学会放松

放松训练是达到肌肉和精神放松所采用的一种治疗方法，比较常见的方法主要有呼吸放松法、音乐放松法、想象放松法、肌肉放松法、催眠放松法等。治疗中常常将它与系统脱敏疗法联系在一起作为一种预备性的手段，目前广泛用于治疗焦虑症、恐惧症、紧张性头痛、失眠等。

1．运用呼吸放松法

呼吸放松法是在众多放松疗法中操作比较简便的，可以达到身心放松，提供氧气的作用。患者虽然不能直接控制自己的心跳、血压等，但可以控制自己的呼吸频率和呼吸部位。就频率来说，平时一分钟大约呼吸 12～16 次；而在紧张、焦虑时，患者的呼吸频率会变快，大约在 16～20 次/每分钟；在深度睡眠或放松的情况下，我们的呼吸会降到 10 次/每分钟左右，随着患者呼吸频率的降低，其心跳与血压也会跟着降低。

一般的呼吸放松法是指腹式呼吸，也叫深呼吸，是一种慢节奏式的呼吸方式，以达到深度放松。腹式呼吸主要是靠胸腹之间横膈膜的下降来扩张胸腔，所以腹部的起伏会比胸部的起伏明显，如果在呼吸的时候能够将注意力放在自己的腹部上，让自己的腹部随着呼吸起伏，便能有效地让横膈膜升降，并降低肩部肌肉的紧张，促进身体的放松。做呼吸放松时应坐在舒适的躺椅上，保持最舒适的坐姿。指导语是："吸气——呼气——吸气——呼气——深深地吸进来——慢慢地呼出去——深深地吸进来——慢慢地呼出去——"一般以重复做六次左右为最佳。

2. 运用音乐放松法

音乐放松法指，借助于音乐手段来放松患者的心情、缓解压力、安定情绪等。由于每个人的性格、爱好、情感、处境不同，对音乐的喜好、选择也不同。有助于放松心情、平缓焦虑情绪的音乐最好是纯音乐；精神状态不佳、情绪低落的时候，应该选择明快的乐曲来倾听；当情绪被激怒或充满敌意时，应选择轻松的乐曲来倾听。系统脱敏疗法主要是治疗焦虑症和恐惧症，所以应最好选择一些纯音乐，如《田园交响曲》《少女的祈祷》《蓝色的多瑙河》《水上音乐》《雨打芭蕉》《平沙落雁》《春江花月夜》《夜曲》等。在进行音乐放松训练前，还应注意到以下两个要点：① 训练场景应是室内，空气清新，环境较幽雅，光线、色彩柔和度适中，不宜过于黑暗。② 在开始训练前，最好先清醒一下头脑，闭上眼睛，做几次深呼吸，将心情平和一下。

3. 运用想象放松法

想象放松主要是通过患者想象一些比较舒服和美好的情境来达到缓解焦虑和身心放松的效果。例如，想象自己正躺在过去经历过而又令人神往的境界，或者是在海滨松软的沙滩，或是在花园温馨的草地，沐浴着温暖的阳光等，只要是能使患者达到放松目的的美好情境都可以用来想象，同时全身心放松，缓缓进行深呼吸。环境方面的要求与其他放松疗法相似，训练者在旁边利用语言进行指导的时候，要将这些美好情境通过自己的语言灵活地描述出来，以帮助患者想象，并注意语气、语调，节奏要注意配合对方的呼吸，逐渐变慢、变柔和。能促进想象放松的其他因素主要有：

患者头脑里有一种与放松状态相联系的清晰情境；有很好的想象技能，使这种情境在心理上的眼睛能清晰地看到。

4. 运用肌肉放松法

以一般情况来说，肌肉放松训练的程序是，要求患者先紧张身体的某一部位（如用力握紧手掌十秒钟），然后再放松。经过紧张与松弛的多次交互练习，患者在需要时，就能比较容易充分放松自己的身体。通常实施紧张与松弛训练的身体部位是手臂、脖子、脸部、肩部以及腿部等肌肉。

肌肉放松训练时，要求患者尽量放松心情，舒适地坐在椅子上，环境最好在遮光和防音设备非常好的房间内进行。先让患者摘掉所戴的眼镜、手表、领带等，关闭手机等能妨碍身体充分放松的物件。指导语是："从事下列身体活动，可以帮助你完全地放松身体，所以请根据下列步骤细心进行。当你操作每一个动作而仍然感到紧张时，必须持续操作该动作五秒钟，感觉紧张到极点时，才可以完全放松下来，让有关部位的肌肉显得四肢无力。特别要注意到放松后的一种快乐感觉"。训练步骤如下。

紧握你的左拳头，注意手和前臂的紧张（五秒钟），然后请放松——紧握你的右拳头，注意手和前臂的紧张（五秒钟），然后请放松——自左腕关节向上弯曲你的左手，尽量使手指指着肩部，注意手背和前臂肌肉的紧张，放松——自右腕关节向上弯你的右手，尽量使手指指着肩部，注意手背和前臂肌肉的紧张，放松——举起双臂，用力将手指触击双肩，注意双臂双头肌和上臂肌肉的紧张，然后放松——耸耸肩膀，愈高愈好，注意肩膀的紧张，然后放松——请皱起额头，注意紧张，并略微闭上眼睛，然后放松——紧紧合上双眼，试探紧张与放松的感觉，再轻轻闭着眼睛用力将舌头顶住口腔上部，注意口腔内的肌肉紧张，请放松——紧闭双唇，注意口腔与下巴（腭）的紧张，然后放松——用力向后仰起头部，注意背部、肩膀以及颈部的紧张，然后放松——用力低头，尽量将下巴靠住胸部，注意颈部与肩膀的紧张，然后放松——做弓形弯曲背部，并离开椅背，双臂向后推，注意背部与肩部的紧张，放松——做一次深呼吸，并持续一段时间，注意胸部与背部的紧张，吐出空气，放松——做两次深呼吸，持续一段时间，吐出空气，然后放松——用胃部吸入空气，尽量使其膨胀，注意腹部的紧张，感觉到你的呼吸更加稳定，放松——抽紧腹部的肌肉，注意到腹部骨肉的紧张，放松——臀部用力并压住椅座，注意到臀部的紧张，放松——抽紧腿部肌肉，伸直双腿，注意到腿部肌肉的紧张，将双腿放回原姿势，放松——双脚脚趾向上，并逐渐抬起双脚，注意双脚和小腿肌肉的紧张，放松——向下卷曲脚趾，就像要将脚趾埋入沙土，注意双脚弯曲上的紧张，放松——

(三)在想象中试验

在学习了身心放松技巧后，就可以先在想象中实施系统脱敏法的试验。由施治者做口头描述，并要求求治者只要能清楚地想象此事，便伸出一个手指头来表示。然后，让求治者保持这一想象中的场景 30 秒钟左右。想象训练一般在安静的环境中进行，想象要求生动逼真，像演员一样进入角色，不允许有回避、停止行为产生，一般忍耐一小时左右视为有效。实在无法忍耐而出现严重恐惧时，采用放松疗法对抗，直到达到最高级的恐惧事件的情境也不出现惊恐反应或反应轻微而能忍耐为止。一次想象训练不超过四个等级，如果在某一级训练中仍出现较强的情绪反应，则应降级重新训练，直至完全适应。

(四)在现实中验证

上一步在想象中实验的目的，是为了让患者借放松身心去应付想象中的可怕情境，从而由"想到就害怕"淡化到"想到不再害怕"的地步。在现实中验证的目的，是为了让患者借放松身心去面对现实中引起他害怕或焦虑的情境，从而由"看到就害怕"淡化到"看到不再害怕"的地步。实地训练是治疗的关键步骤，其过程也是从最低级到最高级，逐级训练，以达到心理适应。一般均重复多次，直到情绪反应完全消除，才进入下一等级。每周治疗 1～2 次，每次 30 分钟左右。比如，对一个过分害怕猫的人，在治疗中，先让她看猫的照片，谈猫的事情，等到看惯了、不害怕了，再让她接触形象逼真的玩具猫，然后再让她靠近笼子里的猫，接着慢慢伸手去摸，最后去抱猫，逐渐除去怕猫的情感反应。

实施系统脱敏法的手续很繁琐，需要细心和耐心，才能取得效果，这是本法的不足之处，但它对恐惧、焦虑症以及神经官能症的矫治又确实有效。实际应用时，我们可以根据具体情况，权衡利弊，灵活地加以运用。

二、系统脱敏法运用注意事项

在实施系统脱敏训练过程中，应注意下列事项。

(一)注意刺激物呈现的方式和时机

训练者要非常谨慎而有系统地呈现有关的刺激物，或是引导患者想象有关的刺激情境。每一阶段只能让患者产生最低限度的焦虑，训练者要依照预先设计妥善的刺激强度层次表，谨慎而有系统地呈现该项刺激。如果患者面临改变过分剧烈的刺激，无法充分松弛心情、感受刺激，不仅无法收到预期的治疗效果，而且还有可能招致反效果，使患者更加惧怕那一项刺激。

(二)遵循循序渐进的原则

系统脱敏训练时，应先让患者利用放松训练法达到身心放松，然后依照训练者的指示，想象出焦虑等级表上最弱的刺激情境，或直接看到具体刺激物(如真的老鼠)。由于患者经过放松训练后，能使身心达到放松状态，所以想到(或看到)焦虑情境时，不会轻易地紧张起来。因为，"放松心情"与"焦虑心情"相互抵制。如果患者看到焦虑刺激时能体验到焦虑，就要求患者举起手指做信号。采用手指信号的目的，是为了避免打扰患者的放松状态。若患者没有示意有焦虑状态，7～10秒后，训练者就要指导患者放松，并停止想象(或看)该阶段的焦虑刺激。经过大约15～30秒的放松，训练者再度引导患者想象同一项焦虑刺激。如果两次尝试都很成功，就可进入较强一级的焦虑刺激训练。反之，若患者在体验第一次刺激时就感受到强烈焦虑，训练者必须命令患者停止想象或去掉刺激，重新做一次放松训练。在患者实施放松训练而感到全身放松以后，训练者才可以让患者再度接受刚刚试过的焦虑刺激(或想象该刺激情境)。训练者反复指引患者接受这种逐减敏感训练，一直到该焦虑刺激不再引起患者的焦虑时，才能进入更强一级焦虑刺激的逐减敏感训练，实施方式与上述方式完全相同。以此逐级类推，一直到焦虑层次表上的全部刺激都不能引起患者的焦虑为止。

(三)治疗程序需要多次重复实施

由肌肉放松训练所产生的放松心情只能对抗微弱的焦虑刺激，所以训练者不应操之过急。有时候仅仅为了某一项焦虑刺激，患者就要经历很多次的逐减敏感训练。有的专家认为，从头到尾，此项治疗过程需经10～20次的操作。

(四)对积极行为应给予适当强化

当患者在想象某项刺激情境而尚未报告焦虑体验时，训练者切勿任意提供强化(例如，说："很好""很成功"，等等)。因为这种强化可能阻止患者将体验到的焦虑报告出来；在患者能很成功地依照焦虑层次表上的顺序承受焦虑刺激后，训练者应在可能范围内，对于患者的良好行为表现予以适度的积极强化。

（五）跟踪辅导

应随时提供追踪考核，以确保治疗效果能维持下去。如果发现患者的焦虑状态已故态复萌，必须立即提供补助训练。

第三节　系统脱敏法应用案例分析

一、正用

（一）治疗恐高症的案例分析

1. 案例呈现

病人，男，26岁，中学教师，怕上高楼，上楼后有一种想从高楼上跳下去的恐惧感。患者平时个性较内向，不善言笑，工作负责。起因在于，某日给学生补课较疲劳，在四楼办公室工作，偶然抬头向窗外望去，突然感到身处高楼之上，从窗口跳出去，后果不堪设想。自此，这一瞬间的想法长期影响着他，好像老是要从窗口跳出去一般，以致无意识地把自己的座椅挪离窗口。这种想要跳下去的恐惧心理常使他心情不能平复，时常惊恐不已，不敢登高上楼。曾经多方求医、服药，均无效果。

治疗师诊断该病人患的是高空恐惧症，采用系统脱敏法予以治疗，并设计了一定的家庭登楼训练活动。第一周，要求每天至少有一次爬上二层楼，并站着向窗外看，此时病人必定会产生大量的惊恐反应，如心跳、出汗等，但不允许逃避，指导其用深呼吸来放松自己，直到心情平静下来。下楼后即写治疗日记，记录上楼后所经历的自我放松的时间和情况以及平复心情。经过一周的治疗，病人上二楼已不再害怕，但再高（即高于二楼）就不行了。

第二周起，治疗师重新规定病人活动，要求每天上三层楼一次，以后每隔三四天再加一层楼。同样运用松弛疗法来克服紧张情绪，逐渐提高高度。经八周后，终于成功地消除了病人的高空恐惧症，使之恢复正常生活。

2. 分析

应用系统脱敏疗法在现实中实践的方式治疗这位高空恐惧患者时，循序渐进，从低刺激开始训练，即从低层楼开始训练，等适应了前一段高度后，再适应更高的楼层，符合系统脱敏疗法的基本原则和步骤。

每次登楼后都要下来写治疗日记，记录上楼后所经历的自我放松的时间和情况以及平复心情，这样有利于患者通过自省对每一阶段自身问题有深刻理解，有助于强化治疗的效果。

（二）治疗乘机恐惧症的案例分析

1．案例呈现

某大公司的推销员经常乘飞机来往于国内外各大城市，由于近来飞机失事较多而对乘坐飞机产生了恐惧，患了乘机恐惧症，每逢要乘机外出就表现严重的焦虑，有时需要赶时间，不可能每次都提前出发去坐火车。病人的焦虑（恐惧）等级如下。

①乘汽车去机场，看到一指向机场方向的大指路牌。

②进入候机大厅。

③办理去某地航班的登机手续。

④进入安全检查口。

⑤进入机场检票大门口，准备登机。

⑥进入飞机舱内。

⑦坐上靠窗口的座位，从窗口望见机翼与机场。

⑧飞机开始启动，进入跑道。

⑨飞机升空，望见地面房屋逐渐变小远离自己。

⑩飞机进入天空白云之中。

治疗师将上述情境制成幻灯片，按顺序放在幻灯机内。病人坐在舒适的靠背椅子上，使自己全身肌肉放松。对面墙上挂一银幕，病人手握幻灯机开关。先放映第一张幻灯片，病人注视并进行放松训练。如果这一情境不再引起焦虑，也就是说，肌肉处于松弛状态，即转入注视第二张幻灯片；依次训练，循序渐进。当看到某一张幻灯片（如第 6 张，进入飞机舱内）时，突然感到焦虑恐慌，肌肉紧张，则可退回到第 5 张幻灯片，重新进行肌肉放松。确信看到第 5 张（进入机场检票大门口，准备登机）的情境已无焦虑，再重放第 6 张，依次反复，直至看到进入飞机舱内时不再焦虑，肌肉放松，再注视下一层次的幻灯片。如病人通过了全部情境，不再出现焦虑，肌肉处于松弛状态，即可以从模拟情境向现实情境中转移，即陪伴病人乘车去机场，在现场重复上述情境。

2．分析

如果未将焦虑层次制成幻灯片，需要病人记住焦虑层次，或由训练者按顺序下指令，要病人按指令想象这一焦虑情境，如果在想象时肌肉保持松弛，未曾引起焦虑，则要求病人进行高一层次的焦虑情境的想象。

一般说来，只要在模拟情境中能够做到全身处于松弛状态，不再出现焦虑情绪，那么绝大多数病人也能成功地在现实情境中做到，这时治疗即告完成。

（三）治疗异性社交恐惧症的案例分析

1. 案例呈现

小南，15岁，性格较内向，每次和女生交往时就面红耳赤，表情和举止都表现得很不自在和尴尬，张口结舌，有时甚至不敢正视对方，感觉一直在被人盯着，有时与女生走在一起都尽量与女生保持很大的一段距离。他对此非常的苦恼，内心非常希望自己也像其他男生一样，能与女生非常轻松自如地交往。

学校心理咨询中心的老师发现他对自己有点不自信，先从他的认知方面进行矫正，要求他对自己有一个新的自我评价，完善个性，暗示自己不要任何事情都求全，自己和其他人一样，都是社会集体中的一员，并教会了他一些基本的社交技巧。之后，在心理老师的指导下，运用系统脱敏疗法逐渐消除他的社交恐惧心理。具体操作是：小南先坐在躺椅上，保持舒适的坐姿，进行放松训练，每次大概20分钟左右；要求他每天都要主动和女生说话5次，说话的内容由自己来定；和邻座的女同学进行学习讨论，每次5分钟；以后逐渐增加说话的次数和时间，直到完全消除恐惧心理为止。

2. 分析

异性社交恐惧症是神经症中的一种，比较容易发生在青少年身上，处于青春期的青少年，大都比较喜欢在异性面前表现自己最好的一面，在这种心理作用下，一些性格内向、缺少自信的青少年比较喜欢过多关注对方是否在注意自己的言行，害怕对方会给自己不好的评价，从而在言行上表现为避开与他人交往。

在治疗时，系统脱敏疗法与认知疗法的联合应用，比单一地应用系统脱敏疗法能更有效地治疗异性社交恐惧症。如果恐惧症还伴随其他症状，如由焦虑而产生的抑郁情绪，应考虑药物治疗，具体需遵医嘱。

二、误用

(一)治疗儿童强迫行为的案例分析

1. 案例呈现

小毅，男，小学三年级，自述这段时间脑海里一直有同样反复的画面出现：即无论是闭上眼睛还是睁开眼睛，都感觉有很多并排的电线杆在自己眼前晃动，自己控制不住地想去数电线杆，如果不数就觉得内心焦虑不安、呼吸困难、头晕目眩。在他上学的路途中有一段路上有很多电线杆，这使得他每次上下学的路途中都要数着走过，有一次因为少数了一根，竟然又返回去重新数一遍。这样的情况已经严重影响了小毅的生活和学习。心理咨询师认为只对其采取"思维中止法"治疗就可以消除症状，并告诉小毅，当脑子里出现"强迫想法"和看到电线杆想数的冲动时，就弹手腕上的皮筋，并说指导语："这是我的强迫症，是自己强迫自己，应当马上终止！"可以反复做这个作业，不要"迁就"自己的症状。但是两个星期过后，小毅的症状并没有明显的改善，反而手上的勒痕越来越明显。

2. 分析

儿童强迫症是一种心理障碍，心理矫正是最有效的疗法。主要应当从改善心理环境，提高认知水平，阻断强迫思维，纠正强迫行为入手，进行心理治疗。如果在治疗强迫症的过程中仅仅阻断强迫思维，那么对于一个就读小学三年级的学生来说，意志力的坚强程度很难界定，治疗的效果就不明显，症状也得不到有效的根除。所以在治疗过程中应配合多种治疗方法同时进行，最好同时采取系统脱敏疗法。

首先，要深入了解患者的焦虑和恐惧是由什么样的刺激情境引起的，找出各种条件和相应的焦虑反应，由弱到强按次序排列成"焦虑层级"；接着，训练患者学会一种与焦虑对抗的松弛反应；最后，在想象中把松弛反应逐步地、有系统地和那些不同焦虑层次的反应由弱到强地配对呈现，形成交互抑制情境。在该患者在想象中能适应不同焦虑层级之后，训练者将患者引导到害怕事件刺激情境中，让患者体验这种焦虑，反复多次之后，使其逐渐适应这种情境，最终重新建立一种习惯于接触有害刺激而不再敏感的正常行为。

(二)治疗广泛性焦虑症的案例分析

1. 案例呈现

张先生，35岁，某广告公司的创意总监，自述平时工作节奏快、压力大，近一段时间常有恐慌的预感，终日心烦意乱，坐卧不宁，忧心忡忡，注意力难以集中，整日担心不幸和死亡将降临在自己或亲人的头上，害怕看到或听到有关死亡的报道和谈论，对日常生活中的事物失去兴趣，以至生活、工作受到严重影响。初步诊断张先生患有广泛性焦虑症。心理咨询师决定采取认知疗法对张先生的广泛性焦虑症进行治疗，帮助他认识焦虑症的本质主要是功能性的，而非器质性的，鼓励他减轻心理负担，消除顾虑，重建自信，恢复对现实的正确认知。经过一段时间后，效果并不显著，张先生还是不能控制自己去想那些引起他焦虑的事件。

2. 分析

广泛性焦虑症是以持续性的紧张不安，伴有显著的植物神经功能兴奋和过分警觉为特征的一种慢性焦虑障碍。如果在治疗过程中，只是通过在认知方面改变患者对外界刺激的"危险"评价以及教会患者应对技巧，效果比较缓慢。目前，人们倾向于把认知疗法和行为疗法结合起来使用，这样既可提高疗效，又可缩短疗程。

建议同时采用系统脱敏疗法和放松训练，使患者渐进地暴露在引发焦虑的情境中，逐渐减轻焦虑。焦虑系统脱敏的使用步骤是：首先，在想象中或现场诱发焦虑，进行胸腹呼吸交替的放松训练，减轻紧张和焦虑时的躯体症状。然后是自我检测，记录焦虑发作的次数、持续的时间、程度并逐日对比。最后是放松训练，即教给患者放松训练的方法，通过自我放松，锻炼身体，逐渐恢复对身体的控制感。

本章摘要

1. 系统脱敏疗法主要是诱导求治者缓慢地暴露于导致神经症性焦虑、恐惧的情境中，并通过心理的放松状态来对抗这种焦虑、恐惧情绪，从而达到消除神经症性焦虑、恐惧习惯的目的。

2. 逐渐降低患者对焦虑刺激的敏感性有两种方式：①逐渐改变刺激的特性；②逐渐改变通往焦虑刺激的距离。

3. 系统脱敏治疗的训练步骤包括：①焦虑（或恐惧）等级表的建立；②放松训练；③在想象中试验；④在现实中验证。

练习题

1. 如果你现在有焦虑和恐惧情绪，描述一下你如何应用本章的内容来解决。

2．有一位来自农村的大一新生不习惯待在人多的地方，在聚会和集会的地方会不适，心跳加速，胃不适，只能在会上待一小会儿。只要她一离开就会缓解。咨询人员告诉她，要学会放松训练，给她一盘教授如何放松的、有指导语内容的磁带。咨询人员的方法是否恰当？

3．有一位被诊断为患有疑病症的患者，自述经常性头疼，反复就医，到医院检查后并无疾病存在；表现为过于担心和怀疑自己患有脑瘤，内心非常焦虑和恐惧。心理咨询人员决定采用系统脱敏疗法来治疗。这种治疗方法能否彻底根治疑病症？

第十六章　认知行为改变理论

　　上大学时，张霞和李莫两人是同班同学。到了大四，两人都打算考研，可是最终都因为英语成绩考得不理想而未能考上。面对考研的失败，张霞感到非常难过和痛苦，认为自己付出了那么多，最后还是没考上，自己太没用了。从此之后，她郁郁寡欢，毕业后托关系找了一份当文员的工作。而李莫，面对考研的失败，虽然也十分难过，但是她在难过之余，深深地反思了一下自己没考好的原因，吸取这次考试失败的教训，努力复习备考，终于在第二年的研究生考试中取得优异的成绩，考入了自己理想的大学。

　　从这一事例我们可以看出，人对事物的不同认知，导致了人对事物的不同反应。然而，如何改变人们的错误认知，使其产生积极的情绪或反应呢？这就是认知行为改变理论所要解决的问题。认知行为疗法基于个体思想和信念的相互作用关系，主要着眼点是，力图通过调整思想和信念，使行为产生变化。它是行为疗法与认知疗法发展到一定程度相结合的产物。

　　认知行为疗法种类很多，本章我们将着重介绍产生于 20 世纪 60、70 年代有代表性的四种治疗方法。一是由艾里斯创始的合理情绪疗法；二是由贝克在研究对抑郁症进行治疗的基础上发展起来的认知疗法；三由梅晨保所倡导的自我指导训练法；四是由格拉塞开创的现实疗法。

第一节　艾里斯的理性情绪疗法

　　理性情绪疗法，是 20 世纪 50 年代由艾里斯（A. Ellis）在美国创立的，它是认知疗法的一种，因其采用了行为治疗的一些方法，故又被称之为认知行为疗法。

一、理性情绪疗法概述

　　艾里斯的理性情绪疗法（Rational Emotive Therapy，RET），又称合理情绪疗法，简称 RET 疗法，是以改变病人的认知为主的治疗方式。理性情绪疗法的理论认为，人的情绪是由人的思维、信念所引起的，不合理的信念往往使人陷入情绪障碍之中。不合理信念的几个特征是：绝对化的要求、过分概括化、糟糕至极。RET 的基本理论是 ABC 理论。艾里斯认为，人的情绪和行为障碍不是由于某一激发事件直接引起，而是由于经受这一事件的个体对事件不正确的认知和评价引起的信念，最后导致在特定情境下的情绪和行为后果，这就是 ABC 理论。通常认为，情绪和行为后果的反应直接由激发事件引起，即 A 引起 C。而 ABC 理论则认为，A 只是 C 的间接原因，B 作为个体对 A 的认知和评价而产生的信念，才是直接的原因。两个人遭遇到同样的激发事件——由于考研失败产生了很大的情绪波动，在总结教训时，李莫认为是自己努力不够，以后一定努力复习，争取第二年考上。由于有了正确的认知，李莫产生了合乎理性的信念，没有导致不适当的情绪和行为后果。而张霞则认为考研失败是件不光彩的事情，实在丢尽脸面，表明自己能力太差，怎好再见亲朋好友。由于有了这样错误的(或非理性的)信念，张霞再也振作不起精神来，导致不适当的、甚至是异常的情绪和行为反应。

理性情绪疗法以理性治疗非理性，帮助病人以合理的思维方式代替不合理的思维方式，最大限度地减少不合理的信念给他们的情绪带来的不良影响。

二、不合理信念及其特征

在理性情绪疗法中，主要关注的是合理的信念和不合理的信念，前者导致自助性的积极行为，而后者则会引起自我挫折和反社会的行为。

艾里斯曾经总结了西方社会中个体可能具有的 11 种主要的不合理信念。他把这些对个体带有普遍意义的、通常会导致神经症症状的不合理信念归结为三大类。第一类不合理信念，是人们对自己的不合理要求。例如：我这次考试必须考前三名，赢得家人和老师的赞许；否则，我会认为自己是一个没用的人。第二类的不合理信念，是人们对他人的不合理要求。例如："人们必须按照我所希望的方式来做事，否则，我就认为他们是不友善的、应受到责备的。"在这段话中，很明显，存在着对他人的绝对化要求。艾里斯认为，人们无权对他人提出绝对化的要求，要求别人按自己的意愿行事，而其他人也不可能按某个人的意愿行事。第三类不合理的信念，是人们对周围环境及事物的不合理要求。例如，"我周围的环境与条件，必须像我所希望的那样安排，而我不想遇到的事情，一件也不要发生。"这也是绝对化要求的一种体现。客观事物的发生和发展都有一定的规律性，不可能以某个人的意志为转移。艾里斯认为，令人不快的环境的确会引起人的情绪困扰，但它绝不是可怕的或灾难性的，除非人们自己把其看成一种灾难。

从我们对三类不合理信念的分析可以看出，不合理信念常常带有绝对化的要求和过分概括化以及糟糕至极等特征。其中绝对化的要求在言语表达上，多伴随着"必须""应该"等字眼。不合理信念特征的具体阐述见本章第二节，这里就不逐一详述了。

三、理性情绪治疗的基本过程

理性疗法的治疗过程一般分为四个阶段。

(一)心理诊断(psychodiagnosis)阶段

这是治疗的最初阶段。首先，治疗者要与病人建立良好的工作关系，帮助病人建立自信心。其次，要摸清病人所关心的各种问题，将这些问题根据所属性质和病人对它们产生的情绪反应分类，从最迫切希望解决的问题入手。例如，有位高三学生，在平时测验中她总能考进班级前三名，可是在最近的一次月考中成绩不理想，因此她感到非常伤心和失望。在这个阶段就要从找出来访者伤心和失望的根本原因入手，并以这个问题为中心，与来访者共同制订治疗的工作目标。

(二)领悟(insight)阶段

这一阶段的主要任务是，帮助病人认识到自己不适当的情绪和行为表现或症状是什么，产生这些症状的原因是自己造成的，寻找产生这些症状的思想或哲学根源，即找出它们的非理性信念。如让那位高三学生认识到自己伤心和失望的根本原因其实是她自己对这次考试所作的不合理评价和解释，而不是这次考试没考好这一事件本身。

(三)修通(working through)阶段

在这一阶段，治疗者主要采用辩论(disputing)的方法动摇病人非理性信念，即通过以与不合理信念辩论的方法为主的治疗技术，帮助来访者认识到其信念的不合理之处，进而放弃这些不合理的信念，产生某种认知层次的改变。对不合理观念，可采用质疑式和夸张式的方法与其辩论。

1. 质疑式。治疗者可直截了当地质询来访者，主要是询问病人所持信念是否有客观依据，是否合乎逻辑，是否现实等。如"你有什么证据能证明自己的这一观点？""难道除了考大学之外，就没有别的选择了吗？""有些没考上大学的人，不也一样生活得很好吗？"

2. 夸张式。即故意对来访者的不合理信念提一些夸张的问题，使来访者认识到其信念是不合理的。如"是不是你每次考试都考得这么糟糕？""要不要广而告之，说你这次考试没考好，以后就考不上大学了，以至于世界末日将要来临，提醒大家小心呢？"

来访者一般不会简单地放弃自己的信念，但这一过程的重复，治疗者不断地与其不合理信念的辩论，能使来访者真正认识到：①他的这些不合理的信念是不现实、不合逻辑的，是没有根据的；②要分清什么是合理的信念，什么是不合理的信念；③必须以合理的信念取代不合理的信念。

这一阶段是本疗法最重要的阶段，治疗时还可采用其他认知和行为疗法，如布置病人做认知性的家庭作业（阅读有关本疗法的文章，或写一篇与自己某一非理性信念进行辩论的报告等），或进行放松疗法以加强治疗效果（effect）。

（四）再教育（reeducation）阶段

再教育阶段是治疗的最后阶段，为了进一步帮助病人摆脱旧有思维方式和非理性信念，还要探索是否还存在与本症状无关的其他非理性信念，并与之辩论，使病人学习到并逐渐养成与非理性信念进行辩论的方法和用理性方式进行思维的习惯，这样就达到建立新情绪的目标。比如，治疗者可尝试让来访者展开思考：考试没有取得自己所预期的成绩时也不一定是最糟的事，就算做最坏的打算——没能考上大学，我还能够做其他一些自己感兴趣的事。

四、理性情绪疗法的应用领域

理性情绪治疗的主要目的是，帮助来访者以合理的思维方式代替不合理的思维方式，以合理的信念代替不合理的信念，最大限度地减少不合理的信念给他们的情绪带来的不良影响，以改变认知为主的治疗方式帮助来访者减少或消除他们已有的情绪障碍。虽然合理情绪疗法的实证性研究还并不多，但它已被成功地应用于不同人群的心理咨询与治疗中，如学校咨询、婚姻、恋爱、家庭治疗以及医院和健康咨询等不同领域。

理性情绪疗法的适应症有各种神经性、焦虑症和某些行为障碍，如失去宠爱的抑郁和极端的恐惧，性和婚姻问题，心身疾病，人格障碍如缺乏自信心，青少年犯罪等。但理性情绪疗法不适用于无领悟能力者及对此法有偏见者。

五、理性情绪疗法的实施案例

下面是艾里斯施行的一则理性情绪疗法的案例。

治疗目标：改变马丽卡的愤怒情绪。

来访者马丽卡正在与丈夫办理有关离婚的手续。在处理家产时，她丈夫来信说家中的每一件东西他都要。马丽卡对此非常愤怒。求诊后，艾里斯很快帮助她找到了她的问题 ABC：A——她的丈夫不合理地要家中的所有东西；C——她对她的丈夫感到非常愤怒；B——她认为"他不该那样对待我""他应该讲道理"。在找到了病人的信念 B 之后，艾里斯立即开始了与其不合理信念的辩论。

治疗者：……为什么他应该讲道理，为什么他必须讲道理呢？有什么理由？

来访者：……这只是我的看法。

治疗者：那只是你的看法。你现在有一个很严肃的命题，即他必须讲道理。现在，我需要证据，某些合理的证据……

来访者：因为我把 33 年的精力都用在这个家上了。

治疗者：这可能是他的无理之处。"我把 33 年的精力都用在这个家上了，因此我就应该获得更多的东西"，对这一点，可能大多数人都会同意。但是，为什么他必须分给你这些应得的家产呢？

来访者：不，他不是必须那样做。

在这一部分，艾里斯博士以发问为主，要求来访者对自己的信念拿出证据、说出理由来，为什么说丈夫必须或应该照来访者的想法去做。这是与不合理的信念辩论中最常见的。

治疗者：他不是必须那样做，为什么？

来访者：我们可以试着在一起讨论。

治疗者：要知道，他是可以做任何他想做的令人诅咒的事情的。他是可以去干像现在所干的那种不讲理的事情的。为什么他会有不讲理的行为，你知道吗？

来访者：他就是不讲理，很不讲理。

治疗者：因为那是他的天性？

来访者：是的……

治疗者：他会去干那些令人诅咒的事情，去干一些不讲理的事情。

来访者：我懂（笑）。

治疗者：这不正是你为什么要离婚的原因吗？不幸的是，他现在可能正期待着你那样做，那是他的天性。这并不意味着他总是干坏事情。但在分家产这样的事情中，有许多证据表明他通常都是不讲理的。他现在做的，与以前做的事是一样的。这不就是他的行为方式吗？但他自己还没认识到这一点，他仍旧是不讲理的。

这里，艾里斯博士是要使来访者认识到她丈夫会按自己的方式行事，这是不以来访者的意志为转移的。

来访者：是的。不过我还是很愤怒。

治疗者：嗯，因为你并不放弃"他不应该那样待我""他不应该不讲道理"的想法，你的问题是要放弃那些"应该"，并要与之进行辩论。我们正在做这样的辩论。要把这些想法变成"如果我丈夫做事讲道理的话，那我会感到满意。"

艾里斯博士在这里是在教育来访者，把其绝对化的要求转变为一种希望式的想法。这是比较现实的，是帮助来访者改变其认知的方法之一。

来访者：但他并不是那样的……

治疗者：所以"我怎么能受得了？怎么能不愤怒？不感到难受呢？"……我的意思是，他还是会以他的方式行事的，你明白吗？而你最好明确地看到他并没有使你愤怒，而是你自己使自己感到愤怒的，你选择了愤怒的情绪反应。你也可以选择悲伤、难过、感到受挫、烦恼，甚至对他的行为感到愤怒，而不是去诅咒他。因为一旦你想到他决不应该那样做时，你就会想到他是粗暴苛刻的，他很不好。你可以把这种想法改为"他这样对待我，那是很粗暴苛刻的，那是很不好的，事情还不是太糟……"

艾里斯博士在这里进一步帮助来访者认识到是她自己的信念使她产生了愤怒这种不良的情绪反应，她对自己的情绪负有责任。只有改变她自己的认识，把她对丈夫的评价改变为她对丈夫行为的评价，才能帮她从认知的恶性循环中解脱出来，避免过分概括化的错误，正确客观地认识当前的情况，由改变认知达到改变情绪的目的。

至此，治疗过程基本完成，以后是强化措施。

第二节　贝克的认知疗法

一、贝克认知疗法概述

通常意义上的行为治疗要解决的是患者的不良行为，矫正行为的外在的不良表现，不涉及行为的动机以及指导行为的思想。贝克认为，我们的行为、情绪均受思想的支配，因此贝克认知疗法的重点是分析现实的思想活动，找出不良的思想基础，与这些不良的思想观念进行辩论，通过改变不适当的思想，来达到改变不良情绪和行为的目的。所以，贝克的认知疗法是行为治疗的新发展，它强调了患者对自己行为的认识，注重通过直接干预和重建等手段来改变患者的认知，从而改变患者的行为，使他恢复健康。

贝克指出，每个人的情感和行为在很大程度上都是由其自身认识外部世界的方式或方法所决定的。也就是说，一个人的思想决定了他的内心体验和反应。因此，情绪障碍不一定都是由神秘、不可抗拒的力量引起的，也可以从平常的事件中产生。如由于错误的认识、依据片面或不正确信息做出的错误推论，以及不恰当地区分理想与现实等。贝克还归纳了认知过程中常见的6种认知歪曲形式：①任意推断；②过分概括；③选择性概括；④夸大或缩小；⑤个人化归因；⑥两极式思维。基于以上观点，贝克认为，通过改变不良思维能够改变不良的情绪或行为。贝克的认知治疗不同于传统的内省法或精神分析法，他重视病人的认知对其心身的影响。

二、贝克认知疗法的基本技术

认知疗法对心理障碍的治疗重点在于减轻或消除功能失调性活动，同时帮助建立和支持适应性功能；鼓励病人监察内在因素，即导致障碍的思想、行为和情感因素。贝克于1985年归纳了五种认知疗法技术[①]。

(一)识别自动式思想

自动式思想是介于外部事件与个体对事件的不良情绪反应之间的那些思想，大多数病人并不能意识到在不愉快情绪之前会存在着这些思想，因为这些思想已经构成他们思考方式的一部分。病人在认知治疗过程中，首先要会识别自动式思想，尤其是识别那些在愤怒、悲观和焦虑等情绪之前出现的特殊思想。治疗师可以采用提问、指导病人想象和角色扮演的方法，来发掘和识别自动式思想。

(二)识别认知歪曲

焦虑和抑郁病人往往采用消极的方式来看待和处理一切事物，他们的

观点往往与现实大相径庭，并带有悲观色彩。一般来说，病人特别容易犯概念或抽象性错误，其中典型的认知错误与我们在上文中刚刚提到的贝克归纳的6种认知歪曲形式有很多重叠的部分，包括：任意推断、选择性概括、过度引申、夸大或缩小、全或无思想。大多数病人一般比较容易学会识别自动式思想，但要他们识别认知错误却相当困难，因为有些认知错误相当难评价。因此，为了识别认知歪曲，治疗医师应该听取和记下病人诉说的自动式思想以及不同的情境和问题，然后要求病人归纳出一般规律，找出其共性。

(三)真实性检验

识别认知歪曲以后，就应该同病人一起设计严格的真实性检验，即检验并驳斥其错误信念。这是认知治疗的核心，不这样就不足以改变病人的错误认知。在治疗过程中，治疗医师要鼓励病人将其自动思想作为假设，并设计一种方法调查、检验这些假设。结果病人可能发现，在95％以上的调查时间里，他的这些消极认知和信念都是不符实际的。

(四)去中心化

大多数抑郁和焦虑病人感到他们是人们注意的中心，他们的一言一行都受到他人的"评头论足"。因此，他们一直认为自己是脆弱、无力的。如某一病人认为他的服装式样稍有改变，就会引起周围每一个人的注意和非难，治疗计划则要求他不要像以前那样衣着整洁地去沿街散步、跑步，然后要求他记录不良反应发生的次数，结果他发现几乎很少有人会注意他的言行。

(五)监测紧张或焦虑水平

许多慢性甚至急性焦虑病人往往认为他们的焦虑会持续不变地存在下去，但实际上，焦虑的发生是波动的。监察焦虑水平，是要病人认识自身情绪波动的规律。如果人们能够认识到焦虑有一个开始、高峰和消退的过程的话，那么人们就能够比较容易地控制焦虑情绪。因此，鼓励病人对自己的焦虑水平进行自我监测，促使病人认识焦虑波动的特点，增强抵抗焦虑的信心，是认知治疗的一项常用手段。

三、贝克认知疗法的基本过程

贝克认知疗法一般分为以下四个治疗过程。

(一)建立求助的动机

在这一过程中，要认识适应不良的认知—情感—行为类型。病人和治疗师对目标问题达成认知解释上意见的统一；对不良表现给予解释并估计矫正所能达到的预期结果。比如，可让病人自我监测思维、情感和行为，治疗师给予指导、说明和认知示范等。

(二)适应不良性认知的矫正

在这一过程中，要使病人发展新的认知和行为来替代适应不良的认知和行为。比如，治疗医师指导病人广泛应用新的认知和行为。

(三)在处理日常生活问题的过程中培养观念间的竞争，用新的认知对抗原有的认知

在这一过程中，要让病人练习将新的认知模式用到社会情境之中，取代原有的认知模式。比如，可使病人先用想象的方式练习处理问题或模拟一定的情境，或在一定条件下让病人以实际经历进行训练。

(四)改变有关自我的认知

在这一过程中，作为新认知和训练的结果，要求病人重新评价自我效能以及自我在处理认识和情境中的作用。比如，在练习过程中，治疗师通过指导性说明，强化病人自己处理问题的能力。

四、贝克认知疗法的具体实施方法

贝克认知疗法主要着手于和错误的认知模式及不良信念进行辩论，并对其加以改正。具体治疗步骤如下。

第一，使患者能够了解自己所具有的特殊的认知，或是消极的自动化的想法。即治疗者在治疗过程中，首先要了解、分析病人的认知活动，了解其存在的错误想法。比如，因为害怕失败而出现退缩、逃避行为的儿童，可能这样诉说他害怕的原因："如果我做错了，妈妈就不喜欢我了。"或"如果我失败了，我就不是一个好孩子。"当问到他为什么退缩、逃避时，他可能说："我不能做好任何事情"或"我觉得我肯定会失败"等。根据以上他所暴露的思想问题，治疗者应帮助儿童分析，究竟哪些是客观的现实，哪些是自己认知方面的错误。在这个例子中，分析"失败以后别人的现实反应究竟是什么"的关键，是系统地记录儿童的失败、别人对他失败的真实反应和儿童自己的思想之间的差异。

第二，揭示正反两面的证据，客观地检查其错误的认知。帮助患者根据事实去分析他的想法与客观现实的差异。

第三，在检查错误想法的过程中，鼓励患者矫正其认知上的歪曲与错误，逐步教会他一些新的、正确的认知，并用这些新认知去塑造新的行为。这种认知的重新塑造，主要是通过分析、交谈，分阶段进行的。

第四，由治疗者针对患者的各种良好表现，给予适当的反馈与强化。

五、贝克认知疗法的应用

贝克认知疗法可以用来治疗许多疾病和心理障碍。其中最主要的是治疗情绪抑郁病人，尤其对于单相抑郁症的成年病人来说，是一种有效的短期治疗方法。但对于精神病性抑郁病人，认知治疗可能效果较差。

认知治疗还可作为神经性厌食、性功能障碍和酒精中毒等病人的治疗方法之一。例如，酒精中毒病人常存在一定程度的认知缺陷，尤其是刚开始戒酒的最初几周里，他们往往表现为记忆困难和解决问题困难。因此，在治疗开始阶段应重复进行几次分别会谈，要求病人做会谈笔记，并且记录每天家庭认知、行为作业完成的情况。通过言语交谈、行为操作、想象技术以及声像图片教育等多种渠道给病人输入信息，对于酒精中毒病人的治疗也大有帮助。当然，这些技术的应用并不是对于所有病人来说都有效。有些病人往往在开始治疗的时候便不合作，甚至中断治疗，对此，医生可能会认为这些病人"没有求治动机"或"不准备治疗"；实际上，可能是治疗方法不完全适合这些病人。因此，在对这些病人的治疗中，治疗师应该了解和识别病人存在的认知错误，并进行适当的诘难和矫正，使病人配合治疗师进行戒酒。

在对神经性厌食病人的治疗中，除了药物治疗、饮食治疗和家庭治疗外，还要注意这些病人的认知歪曲，因为这些病人往往存在着对自身外形、脸庞等方面的认知异常，所以必须矫正他们的错误认知。例如，可以通过下述合理认知的对话和自我监察来进行："消瘦的人是吃得过少""消瘦的人进食方式与正常体重人的进食方式不一样""消瘦的人不像正常体重的人那样健美、强壮"。要求病人完成一定热量食物的摄入，并自我监察体重、情绪和自动式思想，逐步改变不良认知。神经性厌食患者治疗多不主动，注意处理好医患关系，取得患者信任是非常重要的。

另外，认知治疗还适用于治疗焦虑障碍、社交恐惧、偏头痛、考试前紧张焦虑、情绪的激怒以及慢性疼痛病人。对于海洛因成瘾病人，认知治疗可以作为辅助治疗手段，加强治疗作用。近年来有些报道认为，认知治疗与药物治疗合用，可治疗某些精神分裂症病人的妄想。

六、贝克认知疗法的实施案例

下面是一个运用贝克认知疗法的治疗案例。

患者女性，17 岁，半年前目睹其姨因无法进食而饿死，心里很难过。自此，每餐多吃一点，意以替姨进食；并因恋爱而烦恼，进食量明显增加，每日达 10 次以上，每次 215～500 克。吃不下则自己采取引吐——进食——引吐——再进食的办法。由于呕吐频繁，导致严重营养不良，体重由 70 公斤减轻至 40 公斤。闭经 3 个月，明显消瘦，不能上学。入院检查：体重 35 公斤，消瘦。精神检查：意识清晰，有体象障碍，认为自己的身体并不瘦，对肥胖恐惧。认为自己的胃有问题，大量进食就愉快，不进食就烦。诊断为神经性贪食症。对患者进行系统认知治疗，步骤如下。

（1）1 周内完成各种量表测定，进一步作心理评估。

（2）控制进食：每日最多 4 餐，每餐限量 200 克。

（3）确定患者的消极想法：①一旦发胖就像猪一样丑，没人理我了；②我必须完美；③只有进食才快乐。

（4）采取苏格拉底提问式盘诘这些消极想法，医生问：你看她（指旁边的女工作人员，稍胖）丑吗？患者答：非常漂亮。医生问：她胖吗？患者答：胖。医生问：胖就一定丑吗？患者不答。医生问：你知道古代有四大美人吗？患者答：知道，并且杨贵妃就是胖美人。

（5）行为训练：嘱患者记录每日进餐次数、进餐量，如患者能每日进餐 3～4 次，并控制进食量，给 100 分；否则按次数减分。记录每日所测体重，并评价体重对健康的影响。

（6）进一步盘诘：对患者的消极想法进一步盘诘，每周 2 次会谈（周一、周五），每次 45 分钟，会谈结束后留作业。作业内容：记录每日活动，进食、呕吐状况和情绪变化。

经 28 天的治疗后，进食正常，无呕吐，体重达到 45 千克，且有 1 次月经来潮，精神状态好，想要上学，痊愈出院。

第三节　梅晨保的自我指导训练法

自我指导训练法是由认知行为治疗家梅晨保在 20 世纪 70 年代所倡导的。

一、自我指导训练法概述

自我指导训练法认为个人的行为和情绪受自我指导性语言所控制，通过学习新的指令，采用想象技术来解决问题，可达到治疗情绪和行为障碍的目的。从理论上说，它来源于维果斯基的高级心理机能理论和班杜拉的社会学习理论。自我指导训练法主要是教会病人自我指导，面对产生焦虑和应激的情境采取适宜的对策，其重点是对付消极的情绪而不是彻底消灭它。要抵制消极的自我判断或自我评价，在应激情境出现时引入放松训练，有时还包括重新解释某种情绪，使患者认识到消极情绪并不很令人厌恶，对肯定的自我判断及时强化。

二、关于内部对话的观点

梅晨保认为，人的行为受认知活动的影响，而内部对话或内部语言又是认知的具体反应形式，因此内部对话或内部语言也是影响人的行为活动的因素之一。个体受到某种特殊刺激后，并不是直接产生某种特殊的行为反应，而是通过内部对话这一中介产生的。即某种特殊的行为反应是跟随着特殊的内部对话而出现的。内部对话为行为反应提供了某种规则或原理。人们可以利用改变内部言语的方式，改变某种特殊的行为反应，自我指导训练法就是由此发展而来的。

梅晨保认为，内部对话对行为的作用就是自己用内部语言对自己行为的指导过程。他还认为，儿童学会对其行为的自我控制，一般要经历以下三个阶段：首先，儿童的行为最开始是受外部人物的言语指导影响的；然后，儿童开始通过自己的自言自语来调整自己的行为；最后，儿童的这种自言自语就变成了内隐的对话。

内部对话的第一个重要机能是，能够影响和改变人们的认知结构。梅晨保这里所说的认知结构，是指监督指导着策略和思想选择的一种思维组织。梅晨保还认为，内部对话与认知结构之间是一种相互联系、相互影响的关系。认知结构是内部对话的基础，它为内部对话的产生提供依据。认知结构还决定着人们何时应该终止、继续或是改变当前的思想。总而言之，认知的改变决定着内部言语的特征，而内部对话又可以改变人们的认知结构。

三、自我指导训练法的基本过程和方法

梅晨保经过十多年的临床研究，提出了一种自我指导训练的方法。该

方法与其他一些认知疗法有些相似(如艾里斯的理性情绪疗法和贝克的认知疗法),只是在侧重点上有所不同,梅晨保的自我指导训练法强调以改变内部对话来改变认知,进而改变行为。下面就以某五年级学生为例,具体说明该法的基本步骤。

某五年级学生 A,生性调皮,经常破坏学校公物,比如打碎教室里的玻璃、弄坏桌椅等。因为他做的这些事情,其父母已经被老师多次叫来学校了。每次经老师和父母批评、教育之后,他总是会承认错误并保证以后不会再做,可是没过多久他又会再犯。

自我指导训练的第一步,是找出问题环境并确定更适应环境的期望行为。识别在所处的环境中可能会干扰期望行为的对抗行为,这一点非常重要。对于以上例子,期望行为是遵守学校规章制度,爱护学校公物;对抗行为则是破坏学校公物。

第二步,是识别那些在问题环境中有帮助的自我指令。对于学生 A,治疗者可以教会他这样一条指令:"等等,我不能这样做,否则,爸爸妈妈会非常伤心的,老师也会不喜欢我。"

第三步,是运用行为技能训练教授自我指令。这一过程是整个自我指导训练中最重要的一步,该过程又分为 5 个步骤。

步骤 1:认知示范。即治疗师必须在模拟的角色扮演中练习自我指令,并执行期望行为。例如,让学生 A 看着治疗师坐在教室里,就好像是学生 A 自己坐在教室里一样。每当他离开座位欲做出破坏公物的行为时,就大声地复诵自我指令,并立即回到座位上。而当他回到座位上时,就要表扬自己。

步骤 2:外部出声指导。即治疗师和咨询者一起大声地复诵自我指令,并执行期望行为。例如,让学生 A 坐在教室里,治疗师在一旁指导。当 A 离开座位欲做出破坏行为时,A 就和治疗师一起大声地复诵自我指令,并立即回到座位上,然后表扬自己。每次治疗师与学生 A 一起完成表演后也表扬他。

步骤 3:出声的自我指导。即咨询者大声地复诵自我指令,并执行期望行为,没有治疗师的帮助。这一步骤与步骤 2 非常相似,所不同的就是,当 A 离开座位欲做出破坏行为时,是 A 自己大声地复诵自我指令。

步骤 4:逐渐隐退的自我指导。即咨询者复诵自我指令,逐渐成小声,并执行期望行为。

步骤 5:不出声的自我指导。即咨询者复诵自我指令,不出声,并执行期望行为。

四、自我指导训练法的应用

自我指导训练法适用于治疗儿童多动症、冲动、退缩、焦虑、恐惧、愤怒及痛苦等心理行为问题。对于成人精神分裂症患者的注意力异常的矫正也颇具成效，并且对于减弱各种焦虑问题，如考试焦虑、人际关系焦虑、演讲焦虑等，也颇有临床效果。

五、自我指导训练法的实施案例

下面是一个运用自我指导训练法的治疗案例。

一个二年级学生吴欣（化名），今年 7 岁，她经常在老师的课堂上搞破坏，每次上课时都要离开座位很多次。她每次离开座位都会跑到其他同学那里说话，欺负同学，还从同学的桌子上拿东西，以及做出一些破坏性行为。吴欣被诊断为注意缺陷障碍和多动障碍，父母正在考虑给她服用利他林。但是，他们在决定给吴欣用药之前，还是想看看是否能用行为矫正法使她留在座位上专心听讲。

后来，吴欣的父母带着她找到了一位儿童心理专家张医生，张医生对她的问题行为采用了自我指导训练法。张医生首先对吴欣及其父母讲解，自我指导训练法就是要教会孩子自己对自己说一些话，以帮助控制自己在课堂上的行为。通过运用这种方法，吴欣就能够学会对自己发出自我指令，使自己留在座位上，专心听老师讲课。

在张医生的办公室里，张医生用行为技能训练法对吴欣进行自我指导训练。张医生先给吴欣做行为示范，他自己坐在一张椅子上，假装是在刘老师的课堂里听课。每当他开始离开座位时，就停下来大声地说，"等等，我就要离座位了。我必须待在座位上，否则又会给大家添麻烦。"他一边复诵着这些自我指令，一边又坐回到座位上。然后，他又大声地说："很好，我正在自己的座位上。刘老师喜欢我这样做！"在示范了这种行为及自我指令后，张医生就要求吴欣照他的样子自己做一次。当吴欣在角色扮演中练习这种行为及自我指令时，张医生给予表扬并及时纠正错误。他们这样反复练习很多次，直到吴欣每一次都能做对为止。当吴欣能在离开座位时大声地运用自我指令使自己坐回位子时，张医生就让她逐渐减小自我指令的声音并继续练习，直到吴欣使运用自我指令成为一种隐蔽的行为，这样就没有人能听到她的自我指令了。吴欣在办公室进行这些技能训练时，张医生给予一些实质性的表扬及其他强化，如一些小礼物和一些零食等。在练习结束时，张医生告诉吴欣，回去以后，每当她在课堂上准备离开座位时，就使用自我指令，使自己立即坐回到座位上，同时要像他们练习的那样进行自我表扬。在采用了这些方法后，吴欣在课堂上比以前更多地留在了座位上，并能更专心听讲了。她在学校的功课也有明显地改善，取得了更好的成绩。

第四节　格拉塞的现实疗法

一、现实疗法概述

现实疗法（Reality Therapy）是由美国精神病学家威廉·格拉塞（William Glasser，1925— ）所开创的一个心理咨询和治疗流派。它是帮助来访者控制自己的行为和帮助来访者在生活中做出选择的疗法，这些选择往往是新的和困难的。这种方法以控制论为其理论基础，假设人们可以对他们的生活、行为、感受和思想负责。从基本倾向来看，现实疗法属于认知——行为的治疗，因而具有这一取向的若干特色。它的理论明白易懂，符合常理；它依赖人的理智和逻辑能力，以问题为中心，以现实合理的途径求得问题的解决；它注意思维和行为，较少直接针对情感和情绪；它重视现在超过重视过去，强调过去的事实无法改变，因而应将眼光放在现在与将来的发展上；它反对以医学或"疾病"的模式来看待人的心理困难，强调人有自主自立的能力，也具有一种内在的成长动力；它还强调，人应该对自己的行为负责，而且人也能够对自己的行为负责；它十分注重承担责任对于个人成长的重要性；它也重视咨询者和来访者之间的关系；主张咨询者要"卷入"（involvement）关系，但它不像以人为中心的人本主义疗法那样，让咨询者采取一种被动、支持的姿态，而允许咨询者更积极主动，更多一些指导。

二、现实疗法的基本理论

现实疗法基于以下理论形成。

（一）人格理论

1. 人性观。格拉塞认为，人格或特质是整个自我运作的总和。它包括理智性的功能、情感性的功能以及每个自我独特的反应模式。而自我则是个体心理功能的总和的最理想代表。格拉塞还认为，需要获得满足的程度或状况将影响个人人格的特质，因为满足需求的程度或状况，常可决定个人是否能采取适当的行动。

2. 基本人性需求及满足方式。格拉塞将基本的人性需求分为五级：玩乐与乐趣的需求、权力与影响力的需求、自由与作选择的需求、归属感的需求、生存的需求。他认为基本心理需求超越时空，对人十分重要，但却需要经过学习才能得到有效满足。这样的学习从幼年时期开始直至生命终结，是个人一生的发展问题。他还认为，个体只有在共融的关系（involvement）中，通过负责（responsibility）、正确（right）及符合现实（reality）的行为才能满足自身的需求。

(二)控制理论

现实疗法对人的一个基本假定是，每个人都力求较好地控制自己的生活，以达到一种成功的认同感（success identity）。格拉塞对现实疗法的解释是建立在控制论的基础之上的。控制理论的基本理念是：人类的行为是有目的的，且这些行为源自个人的内在、而非外在环境的力量。虽然外在环境的力量会影响人们的决定，但人们的行为并不是由这些外在环境的力量造成的。格拉塞认为人们的行为是为了满足自身的基本人性需求。他还指出，人有归属、权力、自由、快乐等四种心理需求以及求生存的生理需求，这些需求正是驱动行为的强大力量。只有这些需求都得到较好的满足的人，才能体验到成功的认同感。与具有成功的认同感的人形成对照的是具有"失败的认同感"的人，他们相信没有人爱自己，觉得自己卑微渺小，没有能力做任何有意义的事情，对自己的问题也无能为力。在格拉塞看来，有心理困难，需要咨询和治疗帮助的人就是具有失败的认同感的人。

根据控制理论的观点，大脑的功能就如同一个控制系统，协助人们获得自己所需要的东西。当心理需求受到阻碍时，人们就会对选择的行为感到痛苦，并对生活感到不满。然而，当人们以一种负责任的方式满足这些需求时，便会产生成功认同及自尊感，并对自己所选择的行为感到满意。虽然人人都有这些需求，但满足的方式却不尽相同。他们会发展出一本内心欲望的"影像簿"，它是人们希望如何去满足需求的清晰影像。现实治疗法的主要目标就是协助有"失败认同感的人"改变不负责任的行为，学习面对现实及用负责任的行为去满足自己的需要，逐步迈向成功认同。

因此，控制理论反对决定论的人性哲学。决定论认为，如果一个人愿意朝着某一目标而努力，他必定能获得成功。而控制理论则更强调个人的选择不能侵犯别人的自由，只有当个体做出合适的选择和行为时，他才有可能获得他需要的东西。换句话说，只有当个人的行为既符合自己的需要，同时又不剥夺他人满足自己需要的机会时，这样的行为才是现实的、负责任的行为。

（三）控制理论对行为的解释

格拉塞认为人的综合行为（total behavior）是由决定生活方向的四个要素组成的：行动（doing）、思维（thinking）、感受（feeling）、生理反应（physiology）。根据格拉塞的行为控制理论，控制感受和思维比控制行为更难。因此，在四个要素中又以行动和思维最为重要。

在阐释综合行为的观念时，格拉塞特别重视行动及思维的作用。因为，要直接将感受与行动或思考分开是十分困难的，但无论如何，人们几乎都有足够的能力去改变正在进行的行动与思维。格拉塞指出，在现实疗法中，咨询师的工作重点应放在协助来访者去选择或改变他们所能改变的部分，即他们的行动与思维。这并不是说要忽视或否定感受及生理反应，而是不强调任何人都无法直接改变的东西。

人们的每个综合行为都是为获得自己所需要的东西的最佳尝试。因此，人类的任何行为都是具有目的性的，都是为了填补他们想要的和知觉到自己正得到的之间的差距，所以生活中各种特殊行为总是由上述差距所引起的。

格拉塞还认为，感到沮丧（being depressed）、感到头痛（having head-ache）、感到生气（being angry）或感到焦虑（being anxious）等说法，均意味着被动与缺乏个人责任感，是不正确的行为方式。而较正确的说法是将这些困扰想成综合行为的一部分，并用动词的形式来描述。比如，沮丧着（depressing）、头痛着（headaching）、生气着（angering）以及焦虑着（anxiet-ying）等。格拉塞认为，人们之所以会感到沮丧、生气并不是因为别人的逼迫，而是人们自己选择了这样的行为方式。因为他们认为采取这些行为通常能够得到自己想要的东西。格拉塞指出，人们之所以会选择沮丧，有以下四个理由：①使生气得到控制；②控制住我们自己或别人；③促使别人来帮助我们；④为自己不愿意做更有效的事情找借口。由此可看出，沮丧可解释为个体所做的主动性选择。"我要表现沮丧"的过程是为了抑制怒气及寻求他人的帮助。

三、现实疗法实施的特点

现实疗法在实施过程中，要注意以下特点。

(一)相信求助者有能力改变自己

现实疗法对人的一个基本假定是，每个人都力求较好地控制自己的生活，以达到一种成功的认同感。也就是说，相信求助者有能力改变自己，是实施现实疗法的首要前提。格拉塞认为，只有相信求助者有能力改变自己，才有可能达到改变求助者行为的目的。

(二)反对医疗模式

现实疗法否定传统心理疾病如神经症与精神病等概念，认为这些症状都是不负责任或需求未能达成的结果。神经症或精神病的行为并不是发生在人们身上的某件事，而是人们自己选择了这些行为，作为一种企图控制自己内心世界的方法。即使某些行为(如神经症与药瘾或酒瘾)令人痛苦而且无效，但它们仍有某种程度的作用，否则我们不会再继续使用它们。

(三)强调意识领域的活动

现实疗法强调人格的意识层面而非潜意识层面。精神分析的理论认为，对于潜意识有所了解与洞察，是人格改变的先决条件。现实疗法强调，潜意识就是避开当事人不负责任的中心问题，并且给他一个逃避真实的借口。领悟固然极具意义，但现实疗法并不认为这是产生改变的重要因素。

(四)反对移情

现实疗法拒绝采用移情作用。格拉塞认为，传统的治疗者常通过移情方法，将自己的想法灌输给当事人。然而，现实疗法则要求治疗者不要将自己的角色想象成对方的父亲或母亲，而以本来的面目出现。格拉塞还强调，当事人在治疗中不会想要去探索过去不成功的生活，只想与一个真实存在的人愉快地相处。现实治疗者不重视当事人过去的失败，但是为了证明当事人有能力成功地控制自己的生活，他会去找对方过去成功经历的证据，并会协助当事人去处理与现实生活直接相关的各种情况。

(五)强调责任感

现实疗法十分强调责任的重要性，认为人应该对自己的行为负责，人也能够对自己的行为负责。同时，格拉塞将负责定义为：凡为满足个人需求，但不妨碍他人满足其需求的行为。负责的人具有自发性，知道自己在生活中需要什么，并会拟定计划来满足需求与目标。简言之，负责指个人已学会有效地控制其生活。格拉塞强调，不论治疗者或普通人，均应避免批评，因为如果我们学会过负责的生活，就不会苛求自己，寻找自己的缺点并加以批评对我们并无帮助。

(六)强调价值判断

现实疗法重视当事人所扮演的角色，鼓励当事人判断自身行为的本质，以决定到底什么因素造成他们生活上的失败。除非当事人能断定他们的行为具有建设性或破坏性，否则就不能产生任何改变。

(七)强调现在而不重视过去

现实疗法主张应把当事人看作为一个"具有广泛潜能的常人，而不应视其只是有问题的病人"。因此格拉塞不赞成浪费时间去追究问题与失败，并建议治疗者去探索当事人的成功经历，更应该在会谈中，强化这种长处；至于重述历史与探查过去，他均视为无用。

四、现实疗法的实施步骤

实施现实疗法常依据以下步骤进行。

(一)建立良好的咨询关系

现实疗法的第一步就是要与来访者建立良好的咨询关系，即治疗者需要与来访者建立起一种相互接纳和支持的关系。与来访者建立这种友好的关系，是获得有效治疗的重要保障，并且要贯穿于整个咨询过程的始终。格拉塞说，假如这种关系未能牢固地缔结起来，帮助的过程就很难有什么效果。治疗者必须善于把对来访者的信任、关怀和理解的态度以恰当的方式传递给他们。认真倾听来访者的谈话，通常是发展良好关系的最佳途径。治疗者对来访者的真诚关心会使来访者信任治疗者，这种信任对推动来访者产生积极的变化是必需的。治疗者需要适当暴露一些自己的信息，用第一人称鼓励来访者的投入。即使是在关系的初始阶段，治疗者的重点就应该放在行为上，而不是感受上；而且治疗者还应倾听来访者的感受，这是对来访者的关注。

(二)注重考察当前的行为

治疗者在治疗过程中常向来访者提这样的问题："你现在正在做什么?"把关注的要点放在外显的行为上。现实疗法认为，要改变和控制一个人的生活，靠的是行动，即做。尽管情感、思维等也会在咨询中涉及，但格拉塞认为，若不把这些内容与当前的行为联系起来，探讨就没有意义。治疗者提出的类似问题还包括："你今天都做了些什么?""你不想做些其他的事吗?""什么原因阻碍了你想要做的事?""明天你又打算做些什么呢?"等。

现实疗法不主动去探讨来访者的过去。现实疗法认为，过去已是确定和不可改变的了，人们能够做的是改变现在和将来。若治疗者偶尔问到来访者的过去，那也只是因为它与现在的问题有关，且涉及的大都是来访者成功的经历。格拉塞说，应当尽量避免去翻找过去的错误，对付和解决当前的问题已使我们手忙脚乱了。

治疗者还须让来访者接受这样的看法，即他们的问题是由他们自己造成和选择的。比如，一个来访者说他感到焦虑、压抑和一大堆身体上的不适，治疗者可向他提问："你是不是整天待在屋子里哪儿也不去?""你有没有为减低焦虑做些事情?""你如果四处走走或做些别的事情，就不会感到那么焦虑和压抑了。"

(三)帮助来访者评价自己的行为

治疗者鼓励来访者对自己的行为做价值判断，只有当来访者认识到自己当前的行为不能帮助他达到所设定的目标时，才有可能出现积极的变化。价值判断是由来访者做，而不是由治疗者做。治疗者可以通过有技巧的询问，帮助来访者做出自我评价。例如，治疗者可通过提出如下的问题促使来访者对自己的行为做出评判："你现在的行为对你有很大帮助吗?""你现在做的事情是你想要做的吗?""你这样做，能够得到你所需要的东西吗?"这样一系列的问题可以帮助来访者评估他们现在行为的效果，看这个行为是否值得、是否是自己想要做的。格拉塞相信，当一个关心你的治疗者问这些问题时，询问必定会引起深思熟虑的内在改变。这些问题还可以帮助来访者变得更有责任。例如，一个感到压抑的女士，在治疗者反复提问后，终会明白，整天待在家里等别人来改变自己是徒劳的。

(四)帮来访者订一个行动计划

对来访者的行为做出评价之后，下一个问题就应该是协助来访者制订一个行动计划。当来访者认识到自己当前的行为对自己并无帮助时，在治疗者的引导下，他们都愿意制订一个新的行动计划。治疗者应对计划的内容予以适当的把握，不可标准过高或离现实太远，计划中所包含的行为必须明确、具体和可测量。如果一个计划的效果不理想，就应及时加以评估，然后考虑用新计划取而代之。格拉塞认为，把计划写成文字是很有必要的，这可使来访者负起行为的责任。

(五)做出承诺

来访者在对自己的行为做出评判并在此基础上制订出行动计划以后，治疗者应促使其做出一个执行该计划的承诺，即与来访者使用口头和书面的形式签订一个合约，以保证计划的实施。书面形式的好处是，它可以很明确地确定要做什么，以及如果没有按约定完成计划怎么办。如果没有合约作保证，再好的计划也只能等于零。此外，承诺也会让个体认识到，我对自己是负责的，对治疗者以及对那些关心我的人也是负责的。

同时，承诺还可以推动来访者产生积极的变化。如果来访者只是把变化停留在口头上而不付诸行动，那么治疗者可以问他："你要实施你的计划吗?""什么时候开始?"

五、现实疗法的注意事项

在实施现实疗法的过程中，应注意以下几方面。

(一)不接受来访者的"借口"

在来访者做出承诺以后，现实疗法不接受他们为不执行计划而做的任何解释。治疗者应该忽视来访者的"借口"，关注实施其他计划。当计划未完成时，治疗者不要问来访者"为什么没有完成计划"，因为问"为什么"就意味着接受"借口"，它会将注意力从控制上转移开。此时，治疗者可向来访者发问："你制订的是一个现实的计划吗?""你是不是贪多求快了?""你要从什么时候开始实施你的计划?""我们是不是需要重新商量一下?"格拉塞认为，接受一个"借口"将会向来访者传达这样的信息："我接受你的看法，你没有条件做出改变。"他强调，在咨询和治疗中，治疗者应有足够的勇气拒绝接受来访者的"借口"，让来访者体会因计划未实施而带来的痛苦。然后，在治疗者的帮助下，重新制订出一个行动计划。

(二)不使用惩罚

现实疗法不主张在咨询和治疗的过程中使用惩罚，但现实疗法要求来访者自己承担行为后果。格拉塞认为，用惩罚的手段来促使行为的变化是不会奏效的，这样只会导致强化来访者错误的同一性以及损害来访者和治疗者相互关系的不良后果。因此，当来访者未能完成计划时，治疗者不应做批评性的评判或价值上的判断，而应反复询问来访者是否真的想要在行为上有所变化。

（三）要坚持不懈

正如前面所言，相信求助者有能力改变自己，是实施现实疗法的首要前提。因此，现实疗法坚决反对"某人是不可改变、无可救药的"这样的说法。虽然改变不是一个容易的过程，但是无论来访者持何种态度，治疗者永远相信他们有能力使自己产生变化。格拉塞还指出，现实疗法的治疗者是"顽固的"，他们清楚使来访者产生所期待的行为可能要花费很长的时间。然而，一旦来访者认识到治疗者决不会对他们失去信心，他们的归属感就会确定起来，这无疑会使咨询和治疗产生良好的效果。

六、现实疗法的应用

现实治疗法适用于个别咨询、婚姻与家庭治疗、团体咨询、社会工作、教育、危机干预、矫正与康复、机构管理以及社区发展等方面的短期辅导，此理论受到学校、矫正机构、一般医院、精神病院以及戒毒治疗中心等的欢迎，美国大多数的军队诊所在处理药物滥用与酗酒者时，也都采用现实治疗法。

现实疗法还适于"任何有心理问题的人，包括从轻微的情绪困扰到严重的精神退缩"[①]；对象不分男女老幼，唯一的限制是治疗者的技术水准。现实疗法能解决的问题包括：处理离婚的问题，治疗情绪沮丧的当事人，协助酗酒者找寻新生活，帮助自杀过的青少年确立生活目标，协助严重残障者，协助智能不足者学习担负责任，校长协助老教师，学校老师与咨询员帮助学生的各种方法，等等。在这些情况下，现实疗法大都能有效地帮助当事人检查其生活，协助其设计出各种建设性的行为方式。现实疗法还可应用于不同族群的人们身上，包括：儿童、青少年、乱伦受害者、受虐儿童、服过刑期的人，以及饮食异常者（如肥胖症、厌食症者），等等。

七、现实疗法的实施案例

下面是一个运用现实疗法的治疗案例。

小奇是小学五年级学生，今年 10 岁。他的问题是经常沉溺于电脑游戏，老师布置的课外作业总是不按时完成。他的父母对他十分担心，便找

---

① 车文博．心理治疗手册．长春：吉林人民出版社，2000，530－534.

到了学校的心理辅导老师。老师了解了他的情况后，便运用现实疗法对他的问题行为进行矫正。刚开始时，老师和小奇只是进行一般性的谈话，甚至还谈论到电脑游戏的攻略。在老师与他建立起信任关系之后，他便向老师说出了他的烦恼："老师，我真的不能控制自己，我忍不住要玩电脑游戏，开始我总是告诉自己就玩一会儿，可不知不觉就忘了做作业。"老师忙追问道："那么你打算怎么办呢？"小奇答："我改，我有时都会想把我的手剁掉！"老师为了让他自己来判断自己的行为对自己是否有好处，是否为社会和他人所接受，又问道："你这样做对你有帮助吗？"小奇答："没有，可我也不知道我该怎样才能不玩电脑？"当小奇意识到自己的行为不对，愿意改变自己的行为时，老师需要帮助他制订一个负责任的行为计划。通过老师与小奇的探讨，最后达成共识：放学到家的前两个小时做作业。制订了计划之后，接下来就是实施计划。为了保证计划的实施，小奇还向老师做出了书面承诺。小奇成功地实施了一个星期的计划，在第二个星期来咨询时，他对老师说："老师，因为我的表弟来我家，他要玩游戏，所以我教他玩，我又忘记做作业了。"老师问："那你打算什么时候继续实施你的计划？"他答："老师，我总是做不好。我真是没用！"老师又说："不对，上个星期你做得很好。你看，只要你想做好，你就能做好。"老师强调他自己应该对自己的行为负责。他们又重新做了一次价值判断，小奇确认他需要改正他的行为，继续实施他的计划。以后，间或还出现过不能完成计划的情况，但基本上他承认了自己的责任。半年以后跟踪，他已基本控制自己了。

本章摘要

1. 认知行为疗法是 20 世纪 60、70 年代在美国崛起的心理治疗方法。认知行为疗法是基于个体思想和信念的相互作用关系，它的主要着眼点是力图通过调整思想和信念，使行为产生变化。认知行为疗法种类很多，其中有代表性的四种方法分别是：①60 年代初由艾里斯创始的理性情绪疗法；②60 年代中期，由贝克在研究对抑郁症进行治疗的基础上，发展起来的认知疗法；③70 年代由梅晨保所倡导的自我指导训练法；④60 年代由格拉塞开创的现实疗法。

2. 艾里斯的理性情绪疗法，又称合理情绪疗法，简称 RET 疗法（Rational Emotive Therapy），是以改变病人的认知为主的治疗方式。合理情绪疗法是在来访者理解 ABC 理论，并认识到自己的情绪和行为问题是由自己的不合理信念所导致的基础之上，通过找到其不合理信念，并主要借助于辩论(disputing)技术来帮助来访者认清自己的不合理信念，进而放弃这些不合理信念，建立起新的合理信念，收到治疗效果(effects)的。合理情绪疗法的整体模型就成了 ABCDE 模型。

3. 理性情绪疗法的基本步骤如下：第一步，直接或间接地向来访者介绍 ABC 理论；第二步，找出来访者的不合理思维方式和信念；第三步，与来访者的不合理信念进行辩论。

4. 贝克的认知疗法是行为治疗的新发展，它强调了患者对自己行为的认识，注重通过直接干预和重建等手段来改变患者的认知，从而改变患者的行为，使他恢复健康。

5. 贝克认知疗法对心理障碍的治疗重点在于减轻或消除机能障碍，同时帮助病人建立适应性机能；鼓励病人监察内在因素，即导致障碍的思想、行为和情感因素。贝克归纳了下列 5 种认知疗法的基本技术和手段：①识别自动式思想；②识别认知错误；③真实性检验；④去中心化；⑤监测紧张或焦虑水平。

6. 认知疗法一般分为以下 4 个治疗过程：①建立求助的动机；②适应不良性认知的矫正；③在处理日常生活问题的过程中培养观念与观念的竞争；④由治疗者针对患者的各种良好表现，给予适当的反馈与强化。

7. 自我指导训练法主要是教会病人自我指导，面对产生焦虑和应激的情境采取适宜的对策，其重点是对付消极的情绪而不是彻底消灭它。自我指导训练包括三个步骤：第一步，找出问题环境并确定更适应环境的期望行为；第二步，识别那些在问题环境中有帮助的自我指令；第三步，运用行为技能训练教授自我指令。

8. 现实疗法(Reality Therapy)是由美国精神病学家威廉·格拉塞开创的一个心理咨询和治疗流派。现实疗法是帮助来访者控制自己的行为以及帮助来访者在生活中做出新的、困难的选择的疗法。它建立在控制理论的基础之上，假设人们可以对他们的生活、行为、感受和思想负责。

9. 现实疗法有以下 7 条原则：①相信求助者有能力改变自己；②反对医疗模式；③强调意识领域的活动；④反对移情；⑤强调责任感；⑥强调价值判断⑦强调现在而不重视过去。

10. 现实疗法的治疗注意事项如下：①建立良好的咨询关系；②注重考察当前的行为；③帮助来访者评价自己的行为；④帮来访者订一个行动计划；⑤做出承诺；⑥不接受来访者的"借口"；⑦不使用惩罚；⑧坚持不懈。

练习题

1. 合理情绪疗法的基本理论有哪些？
2. 简述贝克认知疗法的基本技术和基本过程。
3. 简述自我指导训练的实施步骤。
4. 简述现实疗法的治疗步骤。
5. 试分析以下例子有什么问题，应该做些什么。

李明上大学后，开始的几个月里总是独处，他在学校没有任何朋友，对周围的新人也感到不舒服。他不参加任何活动，也不交朋友。当他考虑要去参加聚会或其他活动时，他对自己说："没有人会对我说话，尝试有什么用？与新人交往太困难了，我也没有兴趣。人们会厌烦对我讲话的。"当有这些想法时，他就感到抑郁，并决定不参加聚会或活动。李明找到一位治疗师请求他帮助克服这个问题。治疗师确定低自我评价是其主要原因。他告诉李明，只要帮助他排除低自我评价，就会使李明高兴起来，就可能去参加活动，交朋友。

6. 某初中生小新因成绩不好，连续留了两级。当他在校园里行走时，常有人对他指指点点，并对他说出一些歧视的话。他便常用打架的方式来表示他的不满，他诅咒这些学生，如果他们再不停止或走开的话，他就要拳脚相加了。打架常常被老师或其他同学制止。小新已经有很多次的打架被制止了。请你描述一下，应如何对小新进行认知行为疗法，帮助他解决这个问题。

参考文献

中文参考文献：

1. http：//www. chenhc. com/phparticle/article. php/38.

2. J. M. Burger 著，陈会昌等译. 人格心理学. 北京：中国轻工业出版社，2000.

3. R. G. Miltenberger 著，胡佩诚等译. 行为矫正的原理与方法. 北京：中国轻工业出版社，2004.

4. T. J. Zirpoli 著，关丹丹等译. 学生行为管理——教师应用指南. 北京：中国轻工业出版社，2004.

5. Tawney 等著，杜正治译. 单一受试研究法. 台北：五南图书出版公司，1984.

6. Thomas J. Zirpoli 著. 关丹丹等译. 学生行为管理——教师应用指南. 北京：中国轻工业出版社，2004.

7. 巴班斯基主编. 李子卓，杜殿坤，吴文侃等译. 教育学. 北京：人民教育出版社. 1986，393.

8. 班杜拉著，林颖等译. 思想和行动的社会基础——社会认知论. 武汉：华东师范大学出版社，2001.

9. 鲍里奇著，易东平译. 有效教学法. 南京：江苏教育出版社，2001，337－341.

10. 布朗著，陈浩莺等译. 自我. 北京：人民邮电出版社，2004.

11. 岑国桢. 行为矫正述略. 四川心理科学. 1995，1：1－5.

12. 车文博. 心理治疗手册. 长春：吉林人民出版社，2000.

13. 陈贺芳，陈俊. 幼儿不良进餐行为矫正一例. 山东教育，2005（3）.

14. 陈琦，刘儒德. 当代教育心理学. 北京：北京大学出版社，2007，146.

15. 陈荣华. 行为改变技术. 台北：五南图书出版公司，1987.

16. 董奇. 心理与教育研究法. 杭州：浙江教育出版社，2005，354.

17. 高湘萍，刘春玲. 学校心理病理学. 广西：教育出版社，1999.

18. 郭姜燕，冯建军. 不该发生的惩罚. 思想理论教育·新德育. 2005(1)：19－20.

19. 胡保国. 行为矫正——对一个重度弱智儿童上课多动行为的矫正案例. 湖南特殊教育, 2003(6).

20. 江光荣. 心理咨询与治疗. 合肥: 安徽人民出版社, 2001.

21. 江文庆, 杜亚松, 辛秦等. 上海市 199 例网络成瘾中学生心理问题研究. 上海: 上海市精神卫生中心, 2000.

22. 教育部师范教育司主编. 行为矫正基础. 北京: 人民教育出版社, 2003.

23. 金盛华主编. 社会心理学. 北京: 高等教育出版社, 2005.

24. 库伯著, 王灿明, 朱水萍等译. 体验学习——让体验成为学习与发展的源泉. 上海: 华东师范大学出版社, 2008.

25. 夸美纽斯著, 傅任敢译. 大教学论. 北京: 教育科学出版社, 1999.

26. 李百珍编著. 青少年心理卫生与心理咨询. 第 2 版(修订版). 北京: 北京师范大学出版社, 2005.

27. 李峰编. 走向心理健康: 个案篇. 北京: 华文出版社, 2002.

28. 李正云. 学校心理咨询. 北京: 中国轻工业出版社, 2002.

29. 廖凤池著. 认知治疗的理论与技术. 中国台湾: 天马文化事业有限公司, 1996.

30. 林正文. 儿童行为的塑造与矫正. 北京: 北京师范大学出版社, 1998.

31. 吕静. 儿童行为矫正. 杭州: 浙江教育出版社, 1998.

32. 罗伯特. 斯莱文著, 姚梅林等译. 教育心理学——理论与实践. 北京: 人民邮电出版社, 2004.

33. 马丁, 皮尔著, 林殷沪, 林贻虹等译. 行为矫正——有效的心理治疗. 北京: 科学出版社, 1991.

34. 马丁著, 任俊译. 教出乐观的孩子. 沈阳: 万卷出版公司, 1996.

35. 米德著, 赵月琴译. 心灵、自我与社会. 上海: 上海译文出版社, 2008.

36. 潘晓红, 李清贤. 现实疗法用于青少年心理咨询. 福建教育, 2003(11): 60—61.

37. 彭聃龄. 普通心理学. 北京: 北京师范大学出版社, 2007, 516—517.

38. 皮连生. 教育心理学. 第 3 版. 上海: 上海教育出版社, 2004.

39. 钱铭怡编著. 心理咨询与心理治疗. 北京大学出版社，2004.

40. 沙燕. 运用倒返实验矫正智残学生多动行为案例，特教花苑，2003.

41. 檀传宝. 论惩罚的教育意义及其实现方式. 中国教育学刊，2004 (2).

42. 王翠，王世强，于文谦. 认知疗法治疗神经性贪食症1例. 临床精神医学杂志，2005，15(2)：67.

43. 王辉. 行为改变技术. 南京：南京大学出版社，2006.

44. 伍新春，胡佩诚. 行为矫正. 北京：高等教育出版社，2005.

45. 熊克蓉，邹红. 一份神奇的契约. 教书育人，2004(11)，43－44.

46. 徐俊冕，季建林著. 认知心理治疗. 贵阳：贵州教育出版社，1999.

47. 薛丽敏. 浅谈"正强化效应"在儿童游泳教学中的应用. 游泳，2003(04)，31－32.

48. 晏红. 儿童教育就是培养好习惯. 北京出版社，2004.

49. 岳慧兰. 在家庭中对幼儿实施惩罚的原理及原则. 洛阳师范学院学报，2000(4)，109－110.

50. 泽波利著，关丹丹，张宏等译. 学生行为管理. 北京：中国轻工业出版社，2004.

51. 张伯源主编. 变态心理学. 北京大学出版社，2005.

52. 张福娟，江琴娣. 特殊儿童个案研究. 上海：上海教育出版社，2005.

53. 张希清，叶平枝. 幼儿多动行为游戏矫正的实验研究. 中国特殊教育，2004(5).

54. 张子和撰，王雅丽校注. 儒门事亲. 北京：中国医药科技出版社，2011.

55. 赵祥麟，王承绪. 杜威教育论著选. 上海：华东师范大学出版社，1981，99－101.

英文参考文献：

1. Baltes，P. B.，Reese，H. W.，& Lipsitt，L. P. (1980). Life－Span Developmental Psychology. *Annual Review of Psychology*，31，65－110.

2. Bandura, A. (1969). *Principles of Behavior Modification*. New York: Holt, Rinehart & Winston.

3. Bandura, A. , Ross, D. & Ross, S. A. (1963). Imitation of Film-mediated Aggressive Models. *Journal of Abnormal and Social Psychology*, 66, 3—11.

4. Bryan, E. , Carlson, D. & Eagan, M. (1967). Getting Acquainted in Secondary Schools. *Journal of School Health*, 7, 362—365.

5. Cameron, N. & Harlow, H. F. (1943). Physiological Psychology Part I: The Functional Psychoses. *Annual Review of Physiology*, 5, 453—464.

6. Cooper, J. O. , Heron, T. E. & Heward, W. L. (1987). *Applied Behavior Analysis*. Columbus, OH: Merrill.

7. Dollard, J. & Miller, N. E. (1950). *Personality and Psychotherapy*. New York: McGraw Hill.

8. Drabman, R. , Spitalnik, R. , & O' Leary, K. (1973). Teaching Self—control to Disruptive Children. *Journal of Abnormal Psychology*, 82, 10—16.

9. Eysenck, H. J. (1960). Learning Theory and Behavior Therapy. In H. J. Eysenck (Ed.), *Behavior Therapy and the Neuroses: Readings in Modern Methods of Treatment Derived from Learning Theory*. London: Pergamum.

10. Fuller, P. R. (1949). Operant Conditioning of a Vegetative Human Organism. *American Journal of Psychology*, 62, 587—590.

11. Garlington, W. K. & Dericco, D. A. (1977). The Effect of Modeling on Drinking Rate. *Journal of Applied Behavior Analysis*, 10 (2), 207—211.

12. Horner, R. D. (1971). Establishing Use of Crutches by a Mentally Retarded Spina Bifida Child. *Journal of Applied Behavior Analysis*, 4, 183—189.

13. Hull, C. L. (1943). *Principles of Behavior: An Introduction to Behavior Theory*. New York: Appleton—Century.

14. Jones, M. C. (1924). The Elimination of Children′s Fears. *Journal of Experimental Psychology*, 7(5), 31—35.

15. Jones, M. C. (1924). A Laboratory Study of Fear: The Case of Peter. *Pedagogical Seminary and Journal of Genetic Psychology*, 31, 308—315.

16. Jones, M. C. (1924). A Laboratory Study of Fear: The case of Peter. *Pedagogical Seminary and Journal of Genetic Psychology*, 31, 308—315.

17. Kazdin, A. E. (2000). Behavior Modification in Applied Settings. Belmont: Wadsworth Publishing.

18. Lovaas, O. I. & Newsom, C. D. (1976). Behavior Modification with Psychotic Children. In H. Leiteberg (Ed.). Handbook of Behavior Modification and Behavior Therapy. Englewoood Cliffs, N. J. : Prentice—Hall.

19. Martin, G. L. & Treffry, D. (1970). Treating Self—destruction and Developing Self—care Skills with a Severely Retarded Girl: A Case Study. *Psychological Aspects of Disability*, 17, 125—131.

20. Melamed, B. G. & Seigel, L. J. (1975). Reduction of Anxiety in Children Facing Hospitalization and Surgery by Use of Filmed Modeling. *Journal of Consulting and Clinical Psychology*, 43(4), 511—521.

21. Premack, D. (1959). Toward Empirical Behavior Laws I: Positive Reinforcement. *Psychological Review*, 66, 219—233.

22. Redd, W. H., Porterfield, A. L., & Andersen, B. L. (1979). *Behavior Modification, Behavior Approaches to Human Problems*. New York: Random House, Inc.

23. Skinner, B. F. (1938). *The Behavior of Organisms: An Experimental Analysis*. New York: Appleton—Century.

24. Skinner, B. F. (1968). *The Technology of Teaching*. New York: Applenton—Century—Crofts.

25. Slife, B. & Rychlak, J. F. (1982). Role of Affective Assessment in Modeling Aggressive Behavior. *Journal of Personality and Social Psychology*, 43, 861—868.

26. Sprafkin, J. M., Liebert, R. M., & Poulos, R. W. (1975). Effects of a Prosocial Televisised Example in Children's Helping. *Journal of Experimental Child Psychology*, 20, 37—41.

27. Ullman, L, P. & Krasner, L. (1965). *Case Studies in Behavior Modification*. New York: Holt, Reinhart & Winston.

28. Watson, J. B. (1913). *Psychology as the Behaviorist Views It*. *Psychological Review*, 20, 158—177.

29. Watson, J. B. & Rayner, R. (1920). Conditioned emotional Reactions. *Journal of Experimental Psychology*, 3, 1—14.

30. Watson, R. I. (1962). The Experimental Tradition and Clinical Psychology. In A. J. Bachrach (Ed.), *Experimental Foundations of Clinical Psychology*. New York: Basic Books.

31. Yates, A. J. (1970). *Behavior Therapy*. New York: John Wiley.